지방정치문화와 참여

지방 정치문화와 참여

지방자치 실시이후, 전국적 차원에서 정치문화의 특징과
유형에 대한 연구의 필요성이 절실하게 요청되어 왔다.

이러한 요구는 정치문화의 역동적 상호작용을 비교할 방법론과
분석 틀을 설계하고 연구결과의 보편성을 확보하기에 충분하다.

오 관 석 지음

탈 현대사회 논의   철저한 유교주의 국가들   정치참여와 영향   분산유형에 관한 설명모형

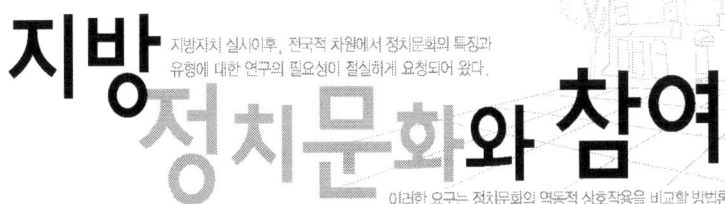

kosi 한국학술정보㈜

머리말

 지방자치 실시 이후, 전국적 차원에서 정치문화의 특징과 유형에 대한 연구의 필요성이 절실하게 요청되어 왔다. 이러한 요구는 정치문화의 역동적 상호작용을 비교할 방법론과 분석 틀을 설계하고 연구결과의 보편성을 확보하기에 충분하다. 지방 정치문화는 지역사회 주민들이 가지고 있는 고유한 가치체계 및 정치의식 그리고 정치행태를 이해하는 데 첩경이 된다.

 지방 정치문화는 문화전수의 지속성과 사회과정의 변화성을 유지하면서 지역적 특성으로 발전하여 왔다. 그러나 한국에서 지방 정치문화의 특징은 중앙 정치문화의 예속적 틀과 지방 간의 불균등 발전으로 여전히 낮은 민주주의의 수준에 머물고 있다. 즉 지방 정치문화는 전근대적 향리형 또는 시민형 정치문화의 모습을 탈피하지 못하고 시민참여는 여전히 저조한 실정이다. 지방화 시대에 뒤처진 지방 정치문화의 현실과 문제점을 직시하고 지방 정치발전을 위한 방법을 모색할 시점에 있지 않는가 생각한다.

 본 저서는 정치문화의 개념을 이해하고 지역사회의 문화의 보편성과 특수성을 이해하는 차원에서 지역 문화적 특성과 지방 정치모형을 설명하기 위한 도서이다. 지방 정치문화는 지역사회 권력구조와 대비하여 구조적 특성과 지역 주민들의 정치적 행태의 특성을 갖는다. 또한 지방정치에 대한 주민참여 의식과 수준은 풀뿌리 민주주의를 결정하는 요체가 된다. 주지하다시피 우리나라 지방정치에 대한 참여의식은 상당히 낮은 수준에 있다. 따라서 지방 주민들이 어떻게 정치에 참여하고 관여하는가는 연구하는 것은 의미 있는 일이다.

본 도서는 지방정치에 대한 주민들의 참여의식과 행태를 분석하여 주민참여의 방안을 모색하였다. 특히 지방정부의 참여의식과 참여행태 간의 함수관계의 특징을 모색하고 체계적인 분석에 기본 틀을 정립하는 문제는 중요한 과제이다. 따라서 지역사회의 주민참여에 심층적 연구와 전국적 차원에서 도시민의 사회 환경적 요인과 지방정치에 대한 의식수준을 상호 비교하여 논의하였다. 특히 경기, 충청, 호남, 영남 지역의 도시 지역민들의 의식수준과 참여 행태를 분석하였다.

본 저서는 제3편으로 구성되었다. 제1편 정치문화와 주민참여 문헌 이해는 외국문헌을 번역 요약하였다. 제1장은 탈현대사회 논의, 제2장은 철저한 유교주의 국가들: 한국 타이완 및 베트남, 제3장 사회적 환경으로부터 정치참여와 영향, 제4장은 정치참여의 분산 유형에 관한 설명모형을 요약 번역한 내용이다.

제2편은 지역사회 정치문화를 논의하였다. 제5장은 지역사회 정치문화의 특징과 유형 ― 전주지역을 중심으로 ―, 제6장은 전주지역 정치문화 Q방법론, 제7장은 정치문화의 특징과 유형 ― 익산과 남원지역을 중심으로 ― 을 연구하였다. 제8장은 지역주민의 지역편견에 관한 연구를 하였다.

제3편은 지역사회와 주민참여를 논의하였다. 제9장은 전주지역 주민참여 유형을 논의하고 제10장은 전북지역 주민참여 의식과 행태를 연구하였다. 그리고 마지막으로 제11장은 도시민의 주민참여 유형과 행태를 연구하였다.

본 연구는 저자가 충남대학교 사회과학연구소에서 2년간 학술진흥재단 연구사업을 추진해 온 연구의 성과물이다. 2002년 8월에서 2003년 7월까지 과제명 「지역사회 권력구조와 정치문화」와 2차년 과제명 「한국 하부정치문화의 Data Base 구축」의 과제를 수행했던 계기가 집필의 동기가 되었다. 연구과제는 보고 완성하기까지는 적지 않은 시간이 소요되었고 연구과제의 바탕에 저자가 저서를 위해서 자료정리와 연구결과를 모아서 집필하게 되었다. 본 저서의 일부의 내용을 지난 과제명을 완성하기 위한 연구 결과물의 일부의 내용을 자료원본을 사용하였다.

본 저서가 출판되기까지는 적지 않은 많은 분들의 수고와 도움이 있었다. 학국학술진흥재단 1차 과제 "지역사회 권력구조와 정치문화"와 2차 과제 "한국 하부 정치문화와 Data Base 구축"을 수행하면서 참여하신 각 지역 대학 교수님, 박사님들의 적지 않은 학문적 공헌과 격려가 있었다. 따라서 저자는 직접적 계기가 되었던 고마운 분들의 격려와 노고를 잊을 수 없다. 충남대학교 박대식 교수와 신진 교수, 강경태 교수, 김상태 교수, 길병옥 교수, 김영민 교수, 김익식 교수, 김태룡 교수, 라미경 교수, 안희정 박사, 양병창 박사, 양진석 박사, 유병선 박사, 윤여상 박사, 이강로 교수, 이상봉 교수, 이한규 박사, 이해영 교수, 임경환 박사, 장연수 교수, 지병문 교수(국회의원) 지충남 박사, 최정진 박사, 최진혁 교수님들의 고견과 학식이 저자가 미력하나마 이 책을 출판하게 된 원동력이 되었다.

또한 복잡한 자료정리와 원고 교정을 인내심을 갖고 도와준 저자의 아내에게 감사의 말씀을 전하고 싶다. 본 저서의 원고 교정에서 출판까지 번거로운 과정을 마다하지 않고 출판하도록 배려해 주신 한국학술정보(주) 채종준 사장님과 관계자분들께 감사의 말씀을 전하고 싶다.

아무쪼록 이 한 권의 책이 지역사회 정치문화를 이해하고 주민차치를 활성화하는 데 도움이 되기를 희망한다. 나아가 지방화 시대에 지방정치의 활성화와 풀뿌리 민주주의 발전에 작은 도움이 되기를 바란다.

2007. 10

전라자치연구소에서
오 관 석 씀

01 | 정치문화와 주민참여 문헌이해

02 | 지역사회와 정치문화

03 지역사회와 주민참여

정치문화와
주민참여 문헌이해

01

Part 1 탈현대사회 논의[1]

Ⅰ. 들어가는 말(포스트모던의 등장)

모던(Modern)과 포스트모던(Post-Modern)의 논의는 현대적 사회조직의 양식이 붕괴됨으로써 야기된 위기들과 다른 한편으로는 새로운 포스트모던 지형의 도래를 예측하게 한다. 미디어와 정보기술의 발달은 자본주의의 재구조화와 새로운 문화양식의 대두 그리고 시·공간에 대한 새로운 경험들은 문화와 사회 전 영역에 걸쳐 변화를 예견케 한다. 포스트모던의 사회문화적 조건들 이론과 정치에 있어서 새로운 양식은 광범위하게 진행되어 왔고, 일관된 입장의 집합은 존재하지 않는다고 본다. 다만 포스트모던의 입장에서 다양성이 존재할 뿐이라고 한다.

포스트모던은 현대사회에서 서로 상반된 견해의 극단이 대립되어 오

---

[1] 이 글은 Best, Steven and Douglas Kellner, (1997), *The Postmodern Turn*,의 내용 중에서 제1장과 제6장을 번역 요약한 내용이다.

고 있다고 본다. 하이데거나(Heidegger), 마르쿠제(Marcuse)가 보는 포스트모던은 모든 사물들은 신성(神聖)이 망각된 존재망각의 시대로 보고 모든 인간들을 사회의 기능인자로 환원시키는 기술적인 전체주의를 향해서 치달리는 시대로 보았다. 그런가 하면 프레드릭 제임슨(Fredric Jamesons)이나 데이비드 하비(David Harvey) 같은 마르크스주의자들은 포스트모던 사회는 근대사회와 본질적으로 구별되는 새로운 사회가 아니라 자본주의의 축적양식이 유연하게 변한 사회라고 주장한다. 이와는 상반된 입장에서 지식에 기반을 둔 기술발달은 토플러(Toffler), 벨(Bell), 네이스빗(Naisbitt) 등의 주장처럼 사회의 구조의 근본적인 변화를 주도하고 변화된 사회의 모습은 자본주의 사회와는 생산구조가 다른 모습으로 발전하고 있다고 주장한다.

그러나 모던과 포스트모던의 단절이나 부정을 인정하든 아니하든 정보기술은 사회의 변화의 깊이 개입되어 왔고 사회변화의 증후는 새로운 패러다임을 모색하기에 이르렀다. 여기에 포스트모던의 대가인 스티븐 베스트(Best, Steven)와 더글라스 켈너(Douglas Kellner)의 "포스트모던의 전환(The Post-modern Turn)"은 현대사회의 미래를 예측하는 초석이 될 것이다.

II. 후기(Post)의 시대

많은 사람들이 우리는 지금 '후기(Post)'의 시대에 살고 있다고 말한다. 즉 후기 산업주의, 후기 포드주의, 후기 마르크스주의, 후기 인본주의, 후기 역사, 후기 모더니즘 등을 말한다. 이때 '후기' 혹은 포스트라는 용어는 이전의 사태가 대체되고, 새것이 온다는 종말론적인 의미와 관련된다.

많은 서적들이 산업시대의 종말 및 지식과 통신이 새로 편성되는 산업사회 이후 시대의 도래를 묘사해 왔다(Bell 1976; Frankel 1987; Poster 1990). 어떤 사람들은 포드식 대량생산 체제로 대표되던 낡은 산업사회는 붕괴되고, 노조의 쇠퇴와 지역적인 대량실업이 수반되는 새로운 형태의 세계적이며 보다 융통성 있는 생산체제로 이행되는 과정에 있다고 주장하기도 한다(Bluestone & Harrison 1982; Harvey 1989).

일부 과학자와 과학사가들은 위대한 과학적 약진은 더 이상 불가능하며, 우리는 "과학의 종말기"(Horgan 1996)에 와 있다고 주장한다. 지도적인 포스트모던 이론가들은, 현대는 끝났으며, 새로운 포스트모던 세계(Baudrillard 1983a, 1983b, 1993)에 들어섰다고 선언한다. 이러한 주장들은 이전의 모든 이론 체계를 의문시하게 하고, 새로운 이론과 정치가 현대의 두드러진 특징인 것처럼 생각하도록 강요한다.

그러나 그 어떤 주장도 '후기'에 관한 이런 모든 담론이 최근에 왜 주의를 끌고 확산되어 왔는지 만족스럽게 설명하지 못한다. 우리는 1980년대와 1990년대에 포스트모더니즘의 전환을 떠안았던 'X세대'의 경험을 토론하고, 포스트모더니즘의 담론이 왜 그러한 정열적인 자원을 동원할 수 있었으며, 현 상황에서는 왜 그처럼 미친 듯한 공격을 불러일으키고 있는지 다양한 이유들을 논하고자 한다. 이어지는 여러 장에서는 이론, 예술, 과학, 및 정치에서 포스트모더니즘의 전환에 관한 좀 더 상세한 역사적, 분석적 설명을 제시하고, 우리가 믿는바 현대의 가장 중요한 특징 중의 하나인 신생 포스트모더니즘의 패러다임 변화에 관한 매트릭스를 만들어 볼 것이다.

1. 후기(Post)의 등장

1960년대 중, 주요한 포스트모더니즘의 선구적 이론가 집단에 속했던 지식인과 행동가들은 현대사회와 문화의 결정적인 단절이라고 믿었던 것을 경험했는데, 그들은 이러한 유의한 변화가 베트남전, 제국주의, 인종차별주의, 여성차별 및 자본주의적 사회 등을 전체적으로 반대하고, 혁명과 전적으로 새로운 사회 질서를 요구하는 신사회 운동의 도래와 함께 발생했다고 믿었다. 대부분의 주요 포스트모더니즘 이론가들—Faucault, Lyotard, Baudrillard, Deleuze, Guattari, Jameson, Laclau, Mouffe, Harvey 등—은 1960년대의 소요에 참여했고, 깊이 영향받았으며, 그러한 단절의 경험은 역사적 단락과 중단의 담론에 대한 즉흥성과 개방성을 받아들이게 하는 데 기여했다.

미국과 서구세계 및 그 밖의 여러 다른 곳에서 경험한 것들 중 특히 두드러진 사건은 1968년 봄, 학생들이 베트남 전쟁에 반대하는 항의와 봉기를 일으키고 컬럼비아 대학을 접수했던 일이었다. 이 사건은 많은 사람들에게 혁명이 진행 중이며, 이전의 사회와 문화와의 단절이 이루어지고 있고, 새로운 시대가 시작되고 있다는 사실을 깨닫게 하였다.

한편, 1970년대 포스트모던 이론의 주도자들이었던 많은 프랑스 이론가들은 1968년 프랑스에서 전개된 정치 현상에 깊이 낙심하였다. 학생과 노동자들이 드골 정권을 전복할 수 있었던 순간에, 프랑스 공산당은 드골의 새로운 선거 요청과 정상 회복, 즉 대통령을 권좌에 복귀시키고 따라서 혁명의 희망을 분쇄하는 데 기여한 순응적 타협을 지원했던 것이다.

이처럼 프랑스 최초의 포스트모더니즘은 마르크시즘의 실패로 특징지어졌다. 언급된 것처럼, 보드리아드(Baudrillard)와 같은 초기 포스트모더니즘 이론의 비관주의와 허무주의는 부분적으로는 공산주의와 1960년대 급진주의의 실패의 산물이었다. 그러나 단절과 중단에 대한 강조는 헤겔과 마르크스적 사고방식과 일치하며, 포스트모더니즘의 개념은 혁명적 마르크스 이론을 기호화하는 동시에 그것의 비판적이고 급진적인 정신은 사회적 변형의 마르크스적인 주제를 포함했다.

새로운 이론적 반동이 1960년대에 프랑스에서 일어났으며, 정치적 격변과 동시에 분출한 이 이론적 혁명은, 전 세계를 통해 포스트모더니즘의 전환을 촉진하는 데 기여했다. 푸코(Foucault), 데리다(Derrida), 요타드(Lyotard) 및 데레즈(Deleuze)와 같은 사상가들은 니체(Nietzsche)와 하이데거(Heidegger)로 방향을 전환하고 현대의 이론과 모더니티 자체에 반대하는 비판적 담론을 전개했다.

윌리엄 바렛(William Barrett)의 합리적 인간(1958)은 철학, 예술, 과학과 포스트모더니즘 이론의 등장이라는 환경에서 형성된 사회적 동요에 대한 증후를 잘 보여준다. 그는 실존주의에 경도했는데, 실존주의는 1945년 7월 16일 지구상에서 터뜨려진 원자폭탄의 첫 성공적인 실험과 함께 글자 그대로 폭발하면서 등장한 이론이었다. 그래서 "실존주의는 원자력 시대의 철학"이라고 표현되었다.

실존주의는 문명과 계몽운동의 주요 가치가 철학적이고 역사적인 사건에 의해 의문시되어 왔을 때, 위기에 처한 유럽의 현대적 산물로써 생겼다. 1880년대까지 니체는 허무주의를 시대의 병으로 진단해 왔으며 이후 60년 내에 연출된 대량살상과 세계전쟁의 기괴한 장면을 예고했다. 키르케고르는 그의 영혼을 흔들었던 죽음에 대한 두려움의 감정을 탐험했으며, 하이데거는 칼 야스퍼스와 함께 탈개인화된 존재의 본질로서 유한성과 우연성을 강조하였다.

실존주의는 해체 상태에 있는 "부르주아 사회의 산물"이라고 바렛(Barrett)은 주장한다. 바렛(Barrett)이 주장하듯이, 실존주의는 위기, 붕괴, 절대 가치와 토대의 상실, 합리주의에 대한 불만을 나타내는 철학, 예술, 문학에서 표명되는 패러다임의 변천과 연계되어 있다. 상대성 이론, 양자 역학, 물리학의 상보성, 수학에서의 불완전성 원칙 및 과학에서의 새로운 형태의 불확정성은 지식의 절대적인 기초와 질서 있는 우주에 대한 믿음을 훼손시켰다.

푸코(Foucault)에 의해 논의된 바와 같이, 다양한 이론가와 행동가들은 노동 착취 지주에 의한 모든 형태의 억압과 저항을 거절했다. 이런 까닭으로 여권신장론, 게이와 레즈비언 행동주의, 평화와 환경운동을 포함하는 '신사회 운동'이 1970년대와 1980년대에 확산되었고, 다양한 투쟁이 인종과 민족들 사이에서 기동성 있게 전개되었다. 학자와 행동가들은 새로운 형태의 여권신장론, 진기한 이론, 문화 연구나 후기 식민주의 이론 및 광범위한 인종에 기초한 이론들을 고안해 냈다. 이런 추세와 결합하여 많은 개인들은 선택적인 포스트모더니즘 이론에 저항하고 양자택일적 반대를 넘어 신개념적 공간으로 이동했다. 그들 가운데는 현대와 포스트모더니즘 이론 양쪽에서 채취한 주제를 결합한 아이리스 영과 같은 이론가들이 포함된다.

그러나 여기에 언급된 많은 이론가들은 자신들이 포스트모더니스트라고 불리기를 피하고, 포스트모더니즘 이론의 과장 혹은 극단론과 일정한 거리를 둔다. 사실상, 포스트모던 영역은 그 자체가 경쟁적인 분야이고, 현대 이론과 종종 대비되는 다양한 입장에 있다. 그러므로 1980년대와 1990년대를 통해 전 세계를 폭발시킨 포스트모더니즘 이론은 심층적인 역사적 맥락화가 필요하다.

2 1980년대 이후 — 포스트모던의 시기

초기의 포스트모던 이론가들이 1960년 세대에 속하기는 하지만 1980년대까지 이 담론은 지배적인 이념이나 문화 세력이 되지는 못했다. 1980년대와 1990년대에 주로 젊은 개인과 집단들이 포스트모던 담론을 채택하기 시작했다. 그들은 때로 극단적이고 과격한 형태로 현대 이론과 정치를 부정했다. 그 외에 가부장적 유산에 대한 세대 간 반항심도

작용했다. 아마도 가장 과격하고 극단적인 포스트모던 지지자들은 교수, 예술가, 학생 및 행동가들이라고 해야 할 것이다. 가부장적 유산에 대한 저항은 여성과 유색인종 및 기성 조직의 언저리에 위치한 사람들을 끌어들이는 요인이 되었다.

지구적 자본주의의 변형과 새로운 기술에 대한 경험과 영향이 현재 시점에서 변화를 생성하는 가장 중요한 요소라고 믿는다. 정치 경제학자들은 우리가 새로운 '후기 포드주의' 사회에 진입하고 있다고 주장해 왔다. 그것은 대량생산과 소비로 특징지어지는 포드식 자본주의 형태가 보다 유연한 사회 정치적, 경제적 기구로 대치되고 있다는 의미이다. 이러한 새로운 형태의 포스트모던 경제와 사회는 초국가적 자본주의 단계에서 경제의 조정자로서 국가를 대신한 초국가적 기업에 의해 생성된 것이다.

초국가적 경제 변화는 흔히 엄청난 지방적 충격을 동반한다. 산업생산 시설이 더 낮은 임금과 정부규제가 더 적은 지역으로 이동되면서 폐쇄되면 지역 전체가 황폐화되기도 한다. 그러한 '비산업화'는 한때 번영했던 공업지역에 거대한 '적색 지대'를 형성하게 된다. 미시간 주 플린트 시는 제너럴 모터스 자동차 공장의 폐쇄로 인해 경제적 쇠퇴를 맛본 대표적 사례이다.

글로벌 경제 및 문화의 동질화 및 상품화에 대한 반동으로 특정 문화 및 사회 형식을 초국가적 매체와 소비문화로부터 보호하기 위한 하위 저항문화의 대규모 폭발도 있었다. 이러한 반동은 과거 소비에트 블록 등지에서의 국가주의 폭발, 전 세계 여러 곳에서의 종교적 근본주의, 및 종족 의식과 전통문화의 대두만큼이나 필사적인 것이었다.

글로벌 자본주의의 구조 조정과, 신기술의 극적 효과 및 이에 따른 사회 및 개인 생활의 변화는 우리가 특히 새로운 이론과 정치를 필요로 하는 복잡한 시대에 진입하고 있음을 암시한다. 포스트모던의 담론은 기껏해야 이러한 진기한 경험과 조건들을 설명하고 시대 현실을 반영하는 데 도움을 줄 뿐이다. 따라서 주요 포스트모던 이론들의 이면에 숨어 있는 요인들은 신기술과 초국가적 자본주의 세계적 재편이 진기한 형태의 사회, 문화, 정치 및 주체를 생성시키고 있으며, 우리는 이러한 발전을 구체화할 신기술이 필요하다는 점을 시사한다. 기존의 포스트모던 이론들이, 우리가 그 조류가 의존하고 있다고 믿고 있는 현상을 개념화하고 평가하는 최상의 이론적 토대를 제공해 주는가 혹은 그렇지 않은가 하는 문제는 우리의 연구가 제시하는 의문점이다.

3. 현대부터 후기 현대까지

포스트모던으로의 전환은 낡은 것의 타파와 새로운 것의 창조에 따른 위험과 흥분, 상실과 이득의 혼재를 의미했다. 마이크로소프트 사장인 빌 게이츠와 같은 사람은 새롭게 등장한 기술사회를 직업과 이익창출의 새로운 시대로 환영했다. 그러나 반대로 '공황'이니, '발작', 혹은 '파괴'와 같은 종말론적 용어로 낡은 현대 사회의 파멸을 강조하는 사람들도 많다.

이러한 문화적 및 사회적 변화의 극적인 혼란 가운데서 시대적 경향과 전개 및 화두 등을 엄밀하게 분석해 볼 시급한 필요성이 대두된다. 따라서 본서의 목표는 포스트모던 패러다임을 이론, 예술, 문화 및 과학의 전 분야에 걸쳐 파악하고 그 결과를 현시대에 조명해 보는 것이다.

포스트모던과 모던의 분기는 1940년대 이후 현재에 이르기까지 역사와 사회 이론에서 규칙적으로 다루어져 왔다. 예술 분야에서는 포스트모더니즘의 조류가 모더니즘을 부정하면서 등장했고 포스트모더니즘의 관행과 형식은 1960년대의 모든 예술 분야를 점령했다.

물론 현대의 패러다임은 매우 복잡하다. 예를 들어 계몽주의는 일반적으로 이성과 비평적 사고를 인간 해방의 관건으로 보지만 종교, 정치 및 인간 본성과 같은 주요 문제에 관해서는 분열되어 있다. 현대 패러다임의 반대자들은 과학의 형성 시초부터 존재했으며, 자본주의 경제와 부르주아 정치 혁명 및 계몽주의의 발아기부터 활동했다. 1960년대가 되자, 포스트모던 패러다임은 현대 패러다임의 권위와 문제에 대한 반동으로 여러 분야에서 모습을 드러내기 시작했다. 그러나 1960년대 이후에 발생한 엄청난 변화는 2차대전 전후 시기에 일어난 경제 및 기술 변화에 의해서 영향받은 것이기도 하다.

15세기와 16세기부터 여러 부문에서 태동되기 시작했고 미국과 프랑스 혁명 시기를 주도했던 근대의 패러다임은 현재, 휴머니즘에서부터 과학의 기계적 논리와 성장 및 발전 이데올로기에 이르기까지 모든 수준에서 큰 위기에 처해 있다. 이로 인해 오늘날 포스트모던 패러다임의 개념이 등장하게 된 것이다. 사회와 문화에서 나타나고 있는 모습을 우리가 보고 있는 포스트모던 패러다임은 특정 분야에서 이루어지고 있는 패러다임 변화의 누적된 결과이다. 많은 분야에서 포스트모던으로의 전환은 분명한 형태를 지니고 있는바 본서에서는 여러 부문과 주제에 걸친 일련의 포스트모던적 간섭 형태들을 검토하게 될 것이다.

포스트모던 담론은 학문적 연구 대상 이상의 것이 되어 이제는 언론과 일상생활에서도 사용되고 있다. MTV에서는 실제 약간 다른 내용이기는 하지만 '포스트모던' 부문 뮤직 비디오 프로그램을 방영했다. 신문 기사들도 광범위한 정치, 사회 및 문화 현상들을 설명하는 데 '포스트모던'이라는 용어를 고정적으로 사용한다. 예를 들어 1993년 5월 12일자 뉴욕 타임스는 '포스트모던 샌드위치 등장'이라는 표제어를 붙였고 플레이보이 잡지 1995년 7월호에서도 포스트모던 만화책에 관한 기사가 실린 적이 있다.

포스트모던 담론이 왕왕 실제보다 혼란된 상태로 적용되고 있기는 하지만 그것이 가진 증후적 가치는 있다. '포스트모던'이라는 개념은 흔히 구체적인 논리가 결여된 공허한 신호 장치 같은 것이면서 동시에 무엇인가 새로운 것을 지칭하는 기호이자 우리들에게 새로운 분석과 사고를 요구하는 번거로운 현상이기도 하다. 따라서 우리의 연구 목표한 가지는 포스트모던에 관한 현시대의 담론을 규명하고 그 개념과 혼란된 용법을 밝히는 것이다.

4. 포스트모던 화법: 개념 규정

포스트모던이라는 개념은 단순한 사물이나 현상이 아니라 문화적이고 이론적 구조를 가진 것임을 명심해야 한다. 즉 본질적으로 '포스트모던적'인 현상은 없다는 것이다. 그러므로 포스트모던이라는 개념은 기본적으로 특정한 해석적 혹은 설명적 과제를 수행하기 위한 개념 구조이다. 이런 점에서 두 개의 전혀 다른 형태의 포스트모던 이론을 구분할 필요가 있다. 하나는 극단적 포스트모던 이론이라는 것으로써 근대화와 후기 근대화 및 모던과 포스트모던 담론과 실천 사이의 급격한 파괴를 전제한다. 이러한 극단적 포스트모던 이론은 후기를 강조하며, 현대와의 단절을 강조한다. 이러한 경향으로 인해 흔히 현대의 담론과 정치는 진부하다고 공격하면서 과거와 단절하고 새롭게 시작할 것을 요구하는 경향이 있다.

보다 극단적인 포스트모던 이론과 관행은 기존 이론과 관행 및 현실을 보다 과격하게 도전한다는 의미에서 온건한 이론 및 관행보다 흥미를 끈다. 강력한 포스트모던의 장점 한 가지는 우리로 하여금 우리의 기본적인 가정과 방법 및 관행을 재고하도록 한다는 점이다. 그러나 다수의 강력한 담론들은 분리 주장을 적절히 주제화하거나 자신들의 주장에 대한 실증적 증거를 제공하지 않은 채 구체화되지 않은 과격한 주장을 편다는 문제를 안고 있다.

포스트모던으로의 전환을 알리는 선행 표지 간에는 분명히 큰 차이가 있다. 예를 들어 보수주의자들은 낭만주의자와 실존주의자가 지지하는 개인주의를 거부한다. 무신론적 실존주의자들은 실존주의자나 낭만주의자가 느끼지 못하지만 일부 포스트모더니스트들이 간파하는 우주적 불

합리감을 표현한다. 이들 세 부류의 운동을 함께 이어주는 유사성이 있다. 아마도 가장 중요한 것은 각 집단이 이성을 억압적 내지 퇴행적 세력으로 최대한 공격하고, 이를 통해 수많은 포스트모더니스트들과 연대세력을 형성한다는 점일 것이다. 따라서 포스트모던의 담론은 왕왕 후기의 이론이 아니라 반대의 이론이며, 격언적 혹은 수필적 저술 방식을 옹호하면서 이론 그 자체를 공격하는 것이라고 할 수 있다.

5. 모던과 포스트모던의 사이

가장 극단적인 포스트모던 담론은 우리가 전적으로 새로운 이론과 정치를 요구하는 극적인 시대에 들어와 있다고 주장한다. 그러한 포스트모던 이론은 현대의 역사적 전기가 완료되었으며 우리가 전적으로 새로운 사회 질서인 포스트모던시대에 살고 있다고 전제하면서 현대 문화 및 사회와의 단호한 분리를 요구한다. 이러한 요구는 일찍이 계몽주의가 유치한 과거(칸트)와 결별했고, 프랑스혁명과 산업혁명이 전통적 사회와 전적으로 다른 완전히 새로운 사회를 이루었다는 초기의 현대 이론과 일치한다.

일부 포스트모던 이론가들은 현대와 포스트모던 사회 사이에 일어난 것 같은 결렬은 역사의 모든 순간에 있어 왔다고 주장한다. 포스트모던 이론가들은 그러한 결렬을 모더니티에서 포스트모던니티로의 전환으로 파악하는가 하면 마르크시스트들은 글로벌 자본주의 구조 개편이면서 새로운 후기 포드주의의 등장으로 보았다.

현시대의 가설과 가치, 범주, 문화 및 정치를 진부한 것으로 치부한 극단적 포스트모던 주장을 전적으로 수긍할 수는 없다 하더라도, 유의한 변화가 진행 중에 있으며 종래의 많은 현대 이론과 범주들이 더 이상 우리의 현시대 문화와 정치 및 사회를 대표할 수 없다는 사실은 인정해야 할 것이다.

역사적 사건들이 깔끔한 형태나 정확한 연대적 순서에 따라 일어나거나 소멸한 것은 아니다. 아마 우리 시대 역시 어떤 의미에서는 현대의 종결 이후 포스트모던 사회의 등장 시점까지 오랜 전환 시기를 거쳤던 르네상스와 평행한다고 할 수 있을 것이다. 그러한 시기들은 불균등한 변화 수준과 새로운 시대의 분출이라는 산고를 특징으로 한다.

현대와 포스트모던 간의 경계 지점에서 생존하는 일은 긴장과 불안, 혼란, 그리고 심지어 공황까지 불러일으킬 수 있다. 그러나 그것은 변화의 기류에 관한 사회, 문화적 환경을 조성하고, 불안하지만 열린 미래를 보여준다. 포스트모던의 전환이라는 개념에는 현 사회 구조에 상존하는 위험을 인정하고 새로운 가능성과 희망을 갖는 것이 포함된다. 따라서 포스트모던의 전환은 현재의 기류와 경험과 깊은 관련을 가지며 현대의 상황에 중요한 요인으로 작용한다.

그러므로 포스트모던의 담론을 마치 이론의 훌라후프처럼 일시적 유행으로 간주하고 무시한다면 잘못이다. 많은 사람들이 이 현상을 머지않아 사라질 것으로 예측하지만 모든 학문 분야에서 포스트모던 담론의 확산을 소개하는 서적과 논문 및 회의들은 끊임없이 쏟아져 나오고 있다. 사람들은 포스트모던의 드라마에 열렬한 관심을 나타내며 이 담론은 분명히 우리의 문화와 정치상의 중요한 변화들을 대변해 준다.

우리의 결론은 현재 우리가 낡은 것과 새로운 것의 괄호 안에, 즉 현대와 포스트모던의 사이에 있는 경계 지점에 위치하고 있다는 것이다. 이와 같은 상황에서는 포스트모던의 담론과, 현대와의 차이 및 그것들의 상호작용을 현재의 상황에 적용할 필요가 있다. 다음 장들에서는 포스트모던으로 향한 일부 우회 경로들을 추적하고, 그 복합적 기원과 계보 및 현대의 의미들을 검토하면서 그것들의 다양하고 풍부한 여러 부면들을 살펴볼 것이다. 그렇게 하여 우리는 현재 진행 중인 패러다임의 변화 속에 살고 있으며 우리가 항해해야 할 현대와 포스트모던의 경계 지점에 우리가 위치해 있음을 확인하게 될 것이다.

III. 모던과 포스트모던의 사이

1. 이론과 정책의 패러다임 변화

과학 발전이 최근의 예술 및 사회 이론 발전과 매우 유사한 특성을 보여주기 때문에 지식과 예술의 복합 분야에서 포스트모던의 패러다임 변화가 일어나고 있는 것이 아닌가 하는 추측을 불러일으킨다. 패러다임의 변화란 쿤(Kuhn)이 사용한 용어인데 그가 정의한 패러다임은 "하나의 공동체가 공유하는 신앙, 가치, 기술 등의 총체적 배열"이다.

전형적으로 기존의 패러다임이 가진 적정성이 의문시되는 위기 상태에 이를 때 패러다임이 대치된다. 새로운 패러다임으로의 변화는 비누적적이고 불연속적인 발전이다. 새로운 패러다임은 새로운 종류의 연구를 요구하고 새로운 문제를 정의해준다. 패러다임의 초기 단계에서는 신지식의 성격에 대한 확고한 공감대가 형성되지 않는다. 쿤(Kuhn)이 지적한 바와 같이 이론가들은 패러다임에 대한 완전한 해석이나 합리화에 동의하지 않은 채 패러다임의 일체화에 호응한다.

패러다임의 변화를 어떻게 알 수 있는가 하는 의문이 즉각 제기된다. 다시 말하면 일어나고 있는 변화가 공통적인 문화 환경에서 유래되고 사고의 논리 변화에 추가되는 과정을 어떻게 알 수 있는가 하는 의문이다. 푸코(Foucault)의 관찰에 의하면 새로운 패러다임은 그것이 완전한 형태를 갖추기 전에는 정확히 묘사할 수 없다. 그래서 그는 1960년대에 이렇게 말했다. "무엇인가 새로운 것이 시작되려 하고 있고 지평선상에 으슴푸레한 불빛이 비쳐지고 있다. 아마도 미래의 사상으로 가는 문이 열리고 있는지도 모른다."

포스트모던의 패러다임이 현재 생성 단계에 있는 패러다임이며 아직 정상적으로 지배하고 있는 것은 아니라고 말했지만, 이 '미래의 사상'이 가진 형태와 효과를 정확히 예측하기는 어렵다. 그러나 모던에서 포스트모던으로의 변화가 깊이와 폭에서 다양하고 방법이 다르기는 하지만 그 이념과 차지하는 위치에 있어서는 서로 본질적인 유사성을 가지고 있다. 그중에서 네 가지 유사성을 주제별로 열거하면 다음과 같다.

첫째, 포스트모더니스트들은 통일, 전체화 및 보편적 도식을 거부하고 대신 차별, 복수 개념, 단편화 및 복합성을 강조한다. 따라서 데리다(Derrida)는 차이의 철학을 지지하고, 로티(Rorty)는 문화적 발언의 다양성을 주장하며, 잭(Jencks)은 복합 부호와 스타일 구조를 포용한다. 후기 현대 구조에서 불연속성이 강조되는 것은 푸코(Foucault)의 역사에 대한 고고학적 접근 방식과 궤를 같이한다. 불연속성이라는 주제는 또한 아원자(亞原子) 입자의 불연속성에 관한 양자(量子) 역학 이론과 동일한 용도를 가진다.

포스트모던의 상황에서 '위대한 설화의 종말'이라는 주제는 현시대 문화의 다양한 부문에서 각기 다른 역할을 수행한다. 철학과 사회 이론에서 그 주제는 위대한 철학 체계의 포기이자, 지방적 설화와 삼류의 지식, 역설적 과학 등의 지지이기도 하다. 그것은 또한 진보의 설화에 대한 부정이고, 보편론의 추구보다는 국지적, 지방적 확률의 추구라고 할 수 있다.

둘째, 포스트모더니스트들은 폐쇄구조와 고정된 의미 및 완고한 질서를 거부하고, 대신 불완전성, 불확실성, 모호성, 개연성 또는 혼돈을 선호한다. 불확실성 및 개연성의 강조는 수많은 분야에서 근본주의의 부정으로 이어졌고, 광선이 파장임과 동시에 입자라는 양자 이론은 후기 현대에 와서 자아 논리의 부정으로 확대되었다. 후기 현대 과학이 뉴톤 체계의 단순한 인과 모델을 초월하여 자연계의 복합성을 강조하듯이 포스트모던 사회 이론들은 현대 사회 이론가들의 전체화와 본질화가 의미론적이고 문화적인 이질성의 교잡을 왜곡시켰다고 주장하면서, 언어와 문자, 산만한 조형, 문화적 주체 등의 복잡성, 탈집중성, 개방성 등을 강조했다.

실로 중요한 구분은 유희적 포스트모더니즘과 대립적 포스트모더니즘 간의 포스트모던적 전환기를 관통한다. 유희적 포스트모더니즘은 이론과 예술 양면에서 현대 이론의 진지성을 무시하고 대신보다 실증적이고 역설적인 문화적 형태를 가진 유희적 태도를 옹호한다.

셋째, 포스트모더니스트들은 순수한 사실주의와 표현주의적 인식론을 부정하고 대신 반근본주의와 해석주의, 시뮬레이션 및 상대주의를 지지한다. 이러한 발전은 니체(Nietzsche)와 푸코(Foucault)의 시야와, 페미니즘과 주체 정책의 관점에서, 맥스웰의 전자기론과, 아인슈타인(Einstein)의 상대성 이론 그리고 보어의 상보성(相補性) 이론에서 발견된다. 이것은 또한 듀이(Dewey)와 로티(Rorty)의 실용주의, 데리다(Derrida)의 원본(原本)주의, 보드리아드(Baudrillard)의 초현실주의, 잭스(Jencks)의 기호 상대주의 그리고 페레라벤(Feyerabend)의 인식론적 '무정부주의'에서도 찾아볼 수 있다.

넷째, 새롭게 강조되는 것은 여러 다른 원리들 간의 경계 파괴에서 두드러진다. 따라서 데리다(Derrida)는 철학과 문학의 구분을 공격하고 푸코(Foucault)는 역사와 철학과 같은 학문적 경계를 초월하여 작업한다. 포스트모던의 메타픽션(metafiction)은 역사와 소설의 경계를 파괴하고, 팝 아트는 예술과 일상생활의 장벽에 도전한다. 그리핀(Griffin), 투울민(Toulmin), 하딩(Harding) 등과 생태론자들의 예에서 보듯이 포스트모던 과학의 선도자들은 사실 ― 가치와 이론 ― 실무의 이분법을 배제하기 위해 노력한다. 자기들 학문의 패러다임과 가설에서 벗어나지 못하는 사람들은 바로 현재 퇴행적 세력에 속한 그로스(Gross), 레빗(Levitt), 스칼(Sokal) 같은 사람들이다.

2 경계의 파괴

학문적 접근에서 학문 초월적 접근으로의 패러다임 변화는 이론, 예술 및 과학의 다양한 세계로 확대되어 왔다. 이러한 경계 파괴 현상에 관해 스티븐 존슨(Steven Johnson)은 이렇게 썼다: "실험실과 도서실 간의 적의를 극복하면서 문학 비평가들은 카오스(혼돈) 이론과 복잡성 이론의 경계 너머에서 새로운 문자 감각의 도구를 발견했다." 카오스 이론의 영향에 따라 소설과 문학작품들은 '복잡한 체계'로 새롭게 정의되었다(예를 들어 프랭크 모레티(Franco Moretti)는 조이스의 율리시즈를 질서와 혼돈의 '행동'이 균형을 이룬 것으로 보았다).

물론 예술이 과학에서 빌려 오는 오랜 전통이 있기 때문에 현대 희곡과 소설 및 문학 비평에서 카오스 이론과 복잡성 이론이 사용되는 것을 발견하는 것은 전혀 놀라운 일이 아니다. 왕왕 이론가들과 역사학자들은 과학이 다른 학문에 영향을 미치는 개념 변화의 진원지라고 지적한다. 많은 경우 이것은 사실이다. 근대 과학의 혁명이 계몽주의와 근대 철학자들에게 미친 영향을 생각해 보라. 많은 이론가들은 포스트모던 패러다임의 변화가 현재 일어나고 있다고 주장한다. 예를 들어 문학 비평의 관점에서 핸스 베르텐즈(Hans Bertens)는 존재론적 불확실성과 불확정성이 포스트모던 변화의 특징이라고 결론을 내렸다.

포스트모던 패러다임의 변화는 과학과 인간성이라는 '두 문화' 사이의 간격이 어느 정도 접근했음을 시사한다. 진리는 일반적으로 언어와 문화에 의해 조절되며 시간과 역사 방법론이 과학, 문학 그리고 철학에 융합된다는 점이 강조됨으로써 여러 분야 사이에 존재하던 경계가 허물어졌다. 두 문화 사이의 경계 침식은 바로 사이버펑크(cyberpunk) 소설의 핵심적 관점을 구성한다. 이 점에 관해 브루스 스터링(Bruce Sterling)은 이렇게 지적했다.

"과학과 인문학 사이에는 전통적으로 간극이 존재했다. 그러나 그 간극은 예상치 못한 방법으로 무너지고 있다. 기술 문화가 등장하고 과학의 발전으로 과학은 더 이상 폐쇄적 분야가 아니게 되었으며 그것은 문화 속으로 물밀 듯 밀려들어 오고 있다."

3. 포스트모던 과학 및 사회 이론의 생태학과 결함

포스트모던 과학과 사회 이론이 서로 극히 유사점을 가지고는 있으나 중요한 차이점도 여전히 존재한다. 두 가지 모두 현대의 합리성에 대해서는 비판적이지만 포스트모던 과학은 과학과 기술 및 합리성의 가치에 대해 사회 이론보다는 한층 낙관적이다.

예를 들어 양자 역학과 카오스 이론은 보다 크고 합리적인 영역을 가지고 존재하는 실체 혹은 사건을 이해하는 합리적 논리를 채택한다. 반면 포스트모던 사회 이론은 현대인의 의식과 경험 속에 내포된 정신 분열증적 성격을 강조한다. 포스트모던 과학과 사회 이론은 다 같이 진리와 지식에 대한 실용주의적 이론에 접근하면서도 사회 이론은 니체, 실용주의 철학자 및 양자 역학에 의해 주도되는 표상을 과격하게 타파하고 있다.

포스트모던 사회 이론에서 엔트로피는 현대인의 사회, 문화적 존재의 퇴보를 설명하는 불가분의 비유임이 증명되었다. 자연계의 불가피한 붕괴를 강조하는 과학의 입장은 현대의 묵시론적 종말을 주장하는 사회 이론과 일맥상통한다. 선진 산업 국가의 지배적 견해인 자원의 소진이라는 현대적 신조의 변화는 자원 보존에 대한 새로운 윤리와 생태학에 대한 새로운 이해를 잉태시켰다. 이러한 점에서 엔트로피 이론은 경제 활동이 바로 환경의 연장이라는 사실을 인정하며 따라서 폐기물의 재생과 가용 자원의 갱신이 생태계의 능력을 초과하지 않아야 한다는 점을 강조한다.

엔트로피 이론과 마찬가지로 카오스 이론 역시 중요한 생태학적 교훈을 가르친다. 종래의 관념에서는 하나의 체제 내에서 이루어지는 작은 변화는 작은 결과를 산출하는 것으로 알려졌지만, 카오스 이론에서는 최초의 사소한 변화가 엄청난 파급 효과를 가져올 수 있다고 경고한다. 엔트로피 개념과 마찬가지로 카오스 이론은 우리들에게 예민하고 나약한 세계의 가능성에 대해 경각심을 불러일으키고 있다.

포스트모던 이론가들은 우리가 얼마나 기술, 사회 및 기호 체계에 깊숙이 연루되어 있는지를 보여주었지만 프랑크푸르트학파나 후기 현대 과학과는 달리 자연계와의 관계를 분석하는 데는 실패했다. 역설적으로 포스트모던 이론에 미친 주요 영향들은 자연의 지배와 자연과의 새로운 관계에 대한 것이었다. 이로 인해 허버트 마르쿠제(Herbert Marcuse)가 새로운 가치와 자연계에 대한 새로운 관계를 포함하는 '신과학'을 주창했을 때 대부분의 포스트모던 사회 이론가들은 자연과 생태학적 관점의 필요를 부정하고, 사회가 어떻게 자연 환경을 파괴하고 있는가에 관한 비판 이론을 전개하지 못했다.

포스트모던 사회 이론은 기술 조직, 지식과 권력과의 결합, 그것의 정치적 분석 등을 강조함으로 그러한 비판 이론에 기여할 수 있었지만 여러 이론적 분파들이 가진 결함으로 인해 사회 내의 체계적 관계 파악이나 사회 변혁 시도와 같은 노력들을 부정하는 결과를 초래했다. 장차 포스트모던 과학과 생태 이론은 비판적 사회 이론과 통합되어 모던 및 포스트모던 이론을 모두 아우르는 통찰력을 갖게 되어야 할 것이다.

4. 포스트모던 정치학과 미래를 향한 투쟁

종전의 개념 및 정치 체계는 무너지고 새로운 형태의 질서가 혼돈 상태로부터 부각되어 나오고 있다. 과거의 이론, 관념 및 사고방식과 분석은 새로운 전략과 담론 및 관행을 요구한다. 정치 분야도 마찬가지다. 따라서 포스트모던의 패러다임은 정치적 성격의 변화를 논의하지 않고는 완전할 수가 없다.

일반적으로, 현대 정치의 과제는 자유, 평등, 정의와 같은 보편적 목표들을 정의하고 실천하는 것이었다. 그런데 이와 대조적으로 1960년 대에 수많은 정치 집단과 분쟁의 와중에서 형성되기 시작한 포스트모던 정치는 이상주의적 포스트모던 이론의 자유화 운동에 의해 강력한 영향을 받았다. 공공 기관의 지배 구조 변화에 중점을 두었던 과거의 경향은 문화, 개인적 주체 및 일상생활을 강조하는 형태로 바뀌었다. 1960년대의 영향을 받아 정치 소설과 모순되는 개념이 등장했다. 예를 들어 포스트모던 정치는 브로리야드(Baudrillard)와 그의 추종자들의 반정치를 포용했다. 또 다른 형태의 포스트모던 정치는 해방, 지구촌 정치 및 대규모 사회 변혁의 시도를 거부하고 대신 단편적 개혁과 지방적 전략을 옹호했다. 이와는 달리 세 번째 형태의 포스트모던 정치는 근본주의와 환원주의(還元主義) 등에 대한 포스트모던적 비판을 계몽주의적 가치와 사회주의 정치를 재구축하는 데 사용하기 위해 모던과 포스트모던 사이의 입장을 취했다.

마지막으로 네 번째의 포스트모던 정치 형태는 아마도 오늘날 '주체(主體) 정치'로 알려진 것으로써 왕왕 과격한 야망을 갖지만 곧잘 체계적 변화에는 이르지 못하는 새로운 형태의 과격한 투쟁과 관련되어 있다. 이 형태는 1970년대 및 1980년대의 '신사회 운동'에 뿌리를 두고 있고 좀 더 거슬러 올라가면 1960년대의 투쟁에까지 이른다. 주체 정치는 포스트모던 이론에 영향을 미쳤으며 현대의 환원주의, 추상적 보편주의 및 근본주의 등에서 명확히 드러난다. 현대 정치가 시민의 자유 획득이나 불평등 감소 등과 같은 보편적 목표에 치중할 때 포스트모던의 주체 정치는 집단의 특정 이해관계에 집중하고 집단의 정체성 투쟁을 통한 자아 구축에 진력했다.

포스트모던 정치 모델은 사회, 기술, 경제 및 매일의 생활을 기초로 '정치적'인 것을 새롭게 정의하고자 시도한다. 초현실주의자들인 그람시(Gramsci) 등과 상황주의자들인 레페브레(Lefebvre) 등의 통찰에 바탕을 둔 포스트모던의 문화 정치는 문화를 권력과 투쟁의 중요한 영역으로 본다. 사회적 재생산이 주로 문화와 일상생활의 수준에서 이루어지는 한 주관성과 이데올로기, 문화, 미학 및 유토피아적 사상이라는 문제들은 새로이 중요성을 갖는다. 따라서 사람들이 자본주의의 식민지화된 문화에 휩쓸려 살고 있을 때, 문화와 주관성 및 주체성을 향한 투쟁이 사회 투쟁의 2단계가 아니라 새로운 형태의 삶과 의식을 창조하고 지배적인 이데올로기로부터 벗어나기 위한 1단계 조치가 된다.

감각을 형성하는 것이 문화임으로 극단적 문화 정치는 보고, 느끼고, 생각하고, 말하는 새로운 방법을 제시함으로 지배적 문화의 문화화(文化化)를 거부한다. 오늘날 우리가 필요한 것은 지방화된 문화적 관행의 확대인데도 그러한 관행은 사회 전체가 변형을 위한 투쟁을 할 때에만 실질적인 의미를 갖는다. 이러한 체계적 강조 없이는 문화 정치와 주체 정치는 사회의 변두리에 머물러 있을 수밖에 없고 자기도취와 쾌락주의에 빠져들기 쉽다.

덧붙이자면 포스트모던 문화는 배타적이라기보다는 포괄적인 경향이 있고 복합적이며 차이와 타인을 인정한다고 할 수 있다. 좀 더 명확히 말한다면, 일부 주체 정치 형태는 분리주의적이며, 다른 집단의 입장과 이익을 배타주의적 방법으로 배제하지만, 보다 진보적인 포스트모던 문화는 그러한 배타성과 분리주의적 정치를 완화해 준다. 이 때문에 포스트모던 이론의 지배와 체계에 대한 공격은 인간 생활의 다양한 영역에서 보다 평등하고 민주적인 이상을 향한 기반을 제공해 준다.

모던과 포스트모던의 패러다임을 너무 선명하게 구분하려는 시도는 잘못일지 모른다. 모던과 포스트모던의 전통에는 각기 퇴행적 측면과 진보적 측면들이 있다. 우리가 주장하고자 하는 것은 모던과 포스트모던 모두 나름대로 이론적 조음과 담론, 대사 및 예술과 문화 표현 양식을 갖고 있다는 사실이다. 따라서 우리가 처한 현대 상황은 우리가 모던과 포스트모던, 낡은 것과 새로운 것, 전통과 현재, 지방과 세계 및 보편적인 것과 특정적인 것 사이에 위치하고 있음을 알려준다.

우리의 선택이 어떤 것이든 포스트모던으로 향한 복합적 경로는 새로운 사회 과정, 이론, 미적 실천, 과학 및 정치를 토대로 한 포스트모던을 향한 모험으로 우리를 인도하고 있다. 포스트모던으로의 전환은 보호받아 온 규범과 관행, 이론, 관찰 방법 등에 대한 도전을 제기했으나 새로운 사상과 행동을 개발할 수 있는 가능성을 제시하기도 했다. 모던과 포스트모던 사이의 미광(微光) 속에 펼쳐진 포스트모던으로의 행로는 새로운 시(時)-공(空)의 연속체를 만들어내고 지상에서의 괴로운 삶의 형태에 새로운 방향을 시사해 준다고 할 수 있을 것이다.

Ⅳ. 맺음말

본 장에서는 스티븐 베스트와 더글라스 켈너(Best, Steven & Douglas Kellne)의 "포스트모던의 전환(The Postmodern Turn)"이라는 두 편의 "후기의 시대"와 "모던과 포스트모던의 사이"의 내용을 번역 요약 정리하여 보았다.

우리는 정보사회의 도래를 후기 산업사회 또는 포스트모던 사회라고 칭하고 있다. 포스트모던 사회는 미래학들이 예측하듯이 몇 가지 증후를 통하여 깊이 관여되어 있음을 알 수 있다. 이러한 징후의 촉매 역할을 하는 것은 정보기술의 발달에 있다. 그러면서도 그 어떤 주장도 '포스트' 또는 '후기'라는 담론을 확실하게 설명하지는 못하고 있다. 스티븐 베스트와 더글라스 켈너(Best, Steven & Douglas Kellne)는 "포스트모더니즘의 전환"에 관한 한 역사적, 분석적 설명을 제시하고 있고, 현대의 가장 중요한 특징 중의 하나인 신생 포스트모더니즘의 패러다임 변화에 관한 매트릭스를 형성시키고 있다고 본다.

스티븐 베스트와 더글라스 켈너(Best, Steven & Douglas Kellne)는 대부분의 포스트모던 이론가들은 자신들이 포스트모더니스트라고 불리기를 피하고, 포스트모더니즘 이론의 과장 혹은 극단론과 일정한 거리를 둔다고 비판한다. 포스트모던은 자본주의의 변형과 새로운 기술에 대한 경험과 영향이 현재 시점에서 변화를 생성하는 가장 중요한 요소라고 말한다. 그것은 대량생산과 소비로 특징지어지는 포드식 자본주의 형태가 보다 유연한 사회구조로 대치되고, 포스트모던 경제와 사회는 초국가적 자본주의 단계에서 경제의 조정자로서 국가를 대신한 초국가적 기업으로 생성된다.

그러면서도 우리는 모던과 포스트모던의 사이에 있는 경계 지점에 위치하고 있고, 이와 같은 상황에서는 포스트모던의 담론과, 현대와의 차이 및 그것들의 상호작용을 현재의 상황에 적용할 필요가 있다고 말한다.

다음 스티븐 베스트와 더글라스 켈너(Best, Steven & Douglas Kellne)의 "모던과 포스트모던의 사이"는 패러다임 변화가 일어나고 이러한 패러다임의 '미래의 사상'이 가진 형태와 효과를 정확히 예측하기는 어렵지만, 모던에서 포스트모던으로의 변화가 깊이와 폭에서 다양하고 방법이 다르기는 하지만 그 이념과 차지하는 위치에 있어서는 서로 본질적인 유사성을 가지고 있다고 말한다.

모던과 포스트모던의 패러다임을 너무 선명하게 구분하려는 시도는 잘못일지 모른다. 모던과 포스트모던의 전통에는 각기 퇴행적 측면과 진보적 측면들이 있다. 우리가 주장하고자 하는 것은 모던과 포스트모던 모두 나름대로 이론적 조음과 담론, 대사 및 예술과 문화 표현 양식을 갖고 있다는 사실이다. 따라서 우리가 처한 현대 상황은 우리가 모던과 포스트모던, 낡은 것과 새로운 것, 전통과 현재, 지방과 세계 및 보편적인 것과 특정적인 것 사이에 위치하고 있음을 알려준다.

참고문헌

Antonio, Robert J., and Kellner, Douglas (1992) "Metatheorizing Historical Rupture: Classical Theory and Modernity," in Metatheorizing, ed. George Ritzer. Newbury Park, CA: Sage.

Antonio, Robert J., and Kellner, Douglas (1994) "Postmodern Social Theory: Contributions and Limitations" in *Postmodernism and Social Inquiry*, eds. David R. Dickens and Andrea Fontana. New York: Guilford Press.

Aronowitz, Stanley, and de Fazio, William (1994) The Jobless Future. Minneapolis: University of Minnesota Press.

Barrett, William (1958) Irrational Man: A Study in Existential Philosophy. New York: Anchor Books.

Baudrinard, Jean (1968) *Le systeme des objets*. Paris: Denoel-Gonthier.

Baudrinard, Jean. (1983) *Simulations*. New York: Semiotext(e).

Baudrinard, Jean (1982b) *In the Shadow of the Silent Majorities*. New York: Senliotext(e).

Baudrinard, Jean . (1990) *Cool Memories*. London: Verso.

Baudrinard, Jean _ (1993) *Symbolic Exchange and Death*. London: Sage.

Bell, Daniel (1976) *The Coming of Post-Industrial Society*. New York: Basic Books.

Bergman, Peter (1987) *Nietzsche*. Bloomington: Indiana University Press.

Berman, Art (1994) *Preface to Modernism*. Urbana and Chicago: University of Illinois Press.

Berman Marshall (1982) *All That Is Solid Melts in the Air*. New York: Simon and Schuster.

Berman Marshall (1995) *The Politics of Historical Vision: Marx, Foucault,*

Habermas. New York: Guilford Press.

Berman Marshall (1991) *Postmodern Theory*: Critical Interrogations. london and New York: Macmillan and Guilford Press.

Bluestone, Barry, and Harrison, Bennett (1982) *The Deindustrialization of America.* New York: Basic Books.

Cvetkovich, Ann, and Kellner) Douglas, eds. (1997) *Articulating the Global and the Local: Globalization and Cultural Studies.* Boulder) CO: Westview Press.

Ebert, Teresa (1996) *Ludic Feminism and After.* Ann Arbor: University of Michigan Press.

Foster, Hal (1983) *"Introduction," in The Anti-Aesthetic,* ed. Hal Foster. Port Townsend, W A: Bay Press.

Frankel, Boris (1987) The Post-Industrial Utopians. Cambridge) Eng.: Polity Press.

Fukuyama Francis (1992) The End of History and the Last Man. New York: Free Press.

Gorz, Andre (1982) Farewell to the Proletariat. London and Boston: Pluto Press and South End Press.

Grewal, Inderpal, and Kaplan, Caren, eds. (1994) *Scattered Hegemonies: Postmodernity and Transnational Feminist Practices.* Minneapolis: University of Minnesota Press.

Grossberg, Lawrence (1993) "The Media Economy of Rock Culture: Cinema) Postmodernity and Authenticity," in *The Music Video Reader,* eds. Simon Frith, Andrew Goodwin, and Lawrence Grossberg. London and New York: Routledge.

Hall, Stuart (1991) "Old and New Identities) Old and New Ethnicities:' in *Culture, Globalization and the World-System: Contemporary Conditions for the Representations of Identity,* ed. Anthony D. King. Binghamton: State University of New York Art Department.

Hamamoto, Darrell (1996) "Introduction," in *New American Destinies: A*

Reader in Contemporary Asian and Latino Immigration, eds., Darrell Hamamoto and Rudolfo Torres. London and New York: Routledge.

Harvey, David (1989) *The Condition of Postmodernity*. Oxford: Blackwell.

Hollinger, Robert (1994) *Postmodern Social Theory*. Thousands Oaks, CA: Sage.

Horgan, John (1996) *The End of Science: Facing the Limits of Knowledge in the Twilight of the Scientific Age*. Reading, MA: Helix Books.

Janleson, Fredric (1991) *Postmodernism, or, the Cultural Logic of Late Capitalism*. Durham, NC, and London: Duke University Press.

Kaplan, E. Ann (1987) *Rocking Around the Clock: Music Television, Postmodernism, and Consumer Culture*. London and New York: Methuen.

Kellner Douglas (1989) *"Jean Baudrillard: From Marxism to Postmodernism and Beyond*. Cambridge, Eng., and Palo Alto, CA: Polity Press and Stanford University Press.

Kroker, Arthur; Kroker, Marilouise; and Cook, David (1989) Panic Encyclopedia. New York: St. Martin's.

Kroker, Arthur, and Weinstein, Michael (1994) Data Crash. New York: St. Martin's.

Lash, Scott, and Urry, John (1994) *Economies of Signs and Space*. london: Sage.

Lewis, Lisa (1990) Gender Politics and MTV: Philadelphia: Temple University Press.

Lyotard, Jean Francois (1984) *The Postmodern Condition*. Minneapolis: University of Minnesota Press.

Nietzsche) Friedrich (1968) *Twilight of the Idols*. New York: Penguin Books.

Poster, Mark (1990) *The Mode of Information. Cambridge*, Eng., and Chicago: Polity Press and University of Chicago Press.

Rifkin, Jeremy (1995) *The End of Work: The Decline of the Global Labor*

Force and the Dawn of the Post-Market Era. New York: Tarcher/Putnam.

Ritzer, George (1997) *Postmodern Social Theory*. New York: McGravl-Hill.

Rosenau, Pauline Marie (1992) *Postmodernism and the Social Sciences*. Princeton: Princeton University Press.

Seidman, Steven (1994) *Contested Knowledge: Social Theory in the Postmodern Era*. Oxford: Blackwell.

Seidman, Steven) and Wagner, David G. (1992) *Postmodernism and Social Theory*. Oxford: "Blackwell

Shaiken, Harley (1984) Work Transformed. New York: Holt, Rinehart and Winston.

Smith, Huston (1982) *Beyond the Post-Modern Mind*. New York: Crossroad.

Ⅰ. 서 론

작은 유교국가인 한국과 베트남의 발전 과정을 면밀히 조사해 보면, 중국과 일본과의 관계처럼 이 두 나라가 여러 가지 다양한 면에서 공통점들이 있다는 것이 드러났다. 타이완의 경우, 두 나라 모두 수출 위주의 경제 정책 덕분으로 성공한 발전도상국이라는 공통점이 있다. 그렇지만 이 두 나라는 상당히 다른 발전 경로를 거쳐 왔다. 이와는 대조적으로, 베트남은 그들을 오랫동안 지배했던 중국 통치자들을 싫어했음에도 불구하고, 중국의 권력 체계를 모방하여 다른 비유교 국가 사회보다도 더 중국과 유사한 처지가 되었다. 하지만 여기에는 두 가지 근본적인 차이점이 있다. 첫째, 베트남에서의 권력은 지리적, 지역적

---

1) 이 글은 Pye, Lucian (1985) *Asian Power and Politics: The Cultural Dimension of Authority*, Cambridge MA: Harvard Univ. Press.의 내용을 번역 요약한 내용이다.

배경으로 인한 것이고, 가족 구성이나 결혼은 권력을 잡기 위해 공공
연히 사용되는 경향이 있다. 둘째, Hue 정부와 함께 직위를 가진 공직
관료들 아래에는 여전히 역사적으로 동남아시아 전통의 영향을 많이
받은 권력에 관한 생각을 지닌 다수의 국민들이 있었다.

Ⅱ. 한국: 위험을 감수하는 문화

일본으로부터 독립을 이룬 후, 한국은 국가 권위의 위기에 직면했는
데, 그 배경 원인은 중국이 겪었던 것과 유사하다. 한국인들은 한 가정
에서 이상적인 아버지가 하듯 국가의 모든 문제들을 해결해야 할 정부
가 궁극적으로 불완전하고 불충분하기 때문에 국가의 위신 문제가 생
기는 것이라고 생각한다. 그래서 힌톤(Harold Hinton)은 "아마 한국이
아시아에서 가장 획일적으로 다스려지는 전형적인 중앙 집권 국가일
것이다"라고 언급하기도 했다. 그러나 한국의 이러한 위기 상황은 중국
의 상황보다 더욱 복잡한데, 왜냐하면 현재 한국의 문화는 국가 정통
성이라는 기초적인 개념에서조차 모순적 견해를 가지고 있기 때문이다.
이전의 강한 중앙 집권 체제를 고집해 왔던 전통적 태도가 여전히 존
재하는 반면, 현대 지식층은 오히려 자유 민주주의를 선호하며, 대중의
여론을 존중해야 할 의무를 지닌 소극적 정권을 바라고 있다. 이러한
결과가 바로 국가의 정통성 문제를 재발시키고 있다. 한국인들은 그들
의 지도자가 슈퍼맨이 되길 원하거나, 아니면 아시아 문화권 중 최고
가 되어야 한다고 고집하며, 국민 개개인은 누구나 자신들의 주장을
펼 권리를 가지며, 존경받아야 하는 존재라고 주장한다. 국가를 인정하
지 않는 건 아니지만, 국민 개개인도 자신의 생각을 자유로이 주장할

수 있어야 한다는 것이다. 결국 한국인들은 그들이 따라왔던 방식을 버리고 호전적인 권리 주창자가 된 것이다.

위험이 항상 도사리는 세계에서 살아가는 한국인들은 극단적으로 신중하게 권력을 휘두르는 것 같아 보인다. 한국인들은 국가를 정당하며 공식적인 존재로 보는 것이 사실이다. 그러나 한국인들은 뚜렷한 목표가 보이지 않는 모험적인 일에도 기꺼이 뛰어드는 경향이 있다. 이러한 위험을 감수하려는 생각이 한국 전쟁 이후 소위 엘리트 계층의 행동에서 더욱 선명하게 나타나는데 그 이유를 다음의 두 가지로 설명할 수 있다.

첫째, 한국은 울펜스테인(Martha Wolfenstein)이 최초로 언급했던 '재앙 신드롬'이란 것을 겪었다. 한국의 경우 북한의 침입과 잇따라 일어난 전쟁으로 인한 삶의 파괴와 손해가 이 '재앙 신드롬'의 원인이 되었다. 전쟁에 참가했던 사람들 중, 자신의 친구나 동료가 죽어갈 때 기적적으로 생존할 수 있었던 사람들은 대개 전쟁이 끝난 후 죄책감을 겪게 되는데, 이는 자신의 동료들이 죽어갈 때 자신만 살아났다고 생각하기 때문이다. 이러한 죄책감을 극복하기 위해 그들 스스로를 다소 특별한 존재로 생각하게 된다. 그러면서 그들은 자연스레 앞으로도 자신들은 어떤 위험한 일이 발생하더라도 그들만은 문제없을 것이라고 생각하게 된다. 이러한 과정을 겪었던 한국인들은 그들 스스로를 뭔가 대단한 일을 성취한 사람이라고 자부하며 특별한 존재로 여기게 되었다.

둘째, 한국은 그동안 미국으로부터 엄청난 원조를 받아왔다. 그래서인지 국민들은 한국이 어려움이나 재앙의 영향권 밖에 있는 안전지대에 있다고 생각한다. 1953년부터 1962년까지 미국이 한국 수입량의 70%를 차지했고, 자본 투자에선 거의 80%를 점유했다. 1950년대에서 1960년대 초까지 계속된 거대한 양의 미국 원조가, 한국인들을 안전하다는 안이한 생각에 빠지게 했고 일본 지배 당시 생겨난 계급 사회를 더욱 지배적인 존재로 만들었으며, 나아가 개인 사업가와 정부 사이를 더욱 친밀하게 연결시키는 결과를 초래했다. 한국 정부와 국제개발기구, 그리고 기업 간의 지나치게 친밀한 관계는 부패적인 사회 분위기를 초래했다. 이와 동시에 국가의 정통성 문제가 꾸준히 지속되어 왔다.

한국은 중앙 집권 체제를 지니고 있지만, 역설적이게도 국가의 정통성에 관한 개념은 그 바탕이 미약하였고, 서로 다른 지도자들 역시 모순적인 발전 형태를 보여주었다. 이승만 대통령은 관료주의 체제를 채택했고, 군사 쿠데타로 집권한 박정희 대통령은 자신의 정통성을 내세우기 위해 군에서 전역했다. 그의 암살로 정권을 잡은 전두환 대통령 역시 군에서 전역하고 개헌을 실시하고 연임을 하지 않겠다고 약속했다.

III. 정통성 위기에서 한국의 발전

국가 정통성 문제야말로 한국이 직면한 가장 근본적인 문제일 것이다. 전두환 대통령의 정치에 대해 비판하는 일들은 다른 발전도상국에서는 일상적이고 평범한 흥밋거리에 지나지 않을 것이다. 그러나 대통령의 역할이 정당하지 못하다는 사회 전체의 회의적 태도 때문에 한국에서는 국가 정통성 문제가 다소 크게 부각되어 왔다고 할 수 있다. 국가 정통성 문제에 대해 열거하여 보면, 왜 정부가 이 정통성 문제들을 해결하기 어려운지 알 수 있다.

첫째, 박정희 대통령 암살 사건이 있은 후 많은 한국 국민들은 박정희 대통령이 저지른 억압적인 통치나 독재적인 헌법이 사라지고, 대신 자유주의적인 사회가 이룩될 것이라고 기대하면서 유토피아적 민주주의가 한국에 자리 잡기를 꿈꿨다. 1979년 후반에서 1980년대 초 사이에 이러한 꿈이 마치 실현되는 것처럼 보였다. 하지만 곧 국민들은 확실하고 안정된 정부의 지도가 없으면, 자신들의 사회 경제가 쉽게 흔들릴 수 있다는 것을 현실적으로 깨닫기 시작했다. 경제 성장과 정치적 질서가 바로잡힘으로써 갑작스러웠던 박정희 대통령의 암살 사건은 묻혀졌지만, 여전히 새 대통령의 집권 아래에서도 국가 정통성의 문제가 국민들 속에 여전히 남아 있게 되었다.

국가 정통성을 저해하는 두 번째 이유를 들자면, 바로 북한이 남한을 침략할 수 있다는 가능성을 국민들에게 계속 각인시키는 정부의 관행이다. 대부분의 국민들에게 북한은 국가의 안전을 심각하게 위협하는 존재이다. 그러나 이 문제를 수십 년에 걸쳐 끊임없이 문제 삼는 정부를, 소위 지식층에 속한 사람들은 소심하고 보수적이라고 볼 수밖에 없다. 아무리 위험을 자처하며 자신감에 찬 사람들도 외부로부터 침입을 당할지 몰라 계속 걱정해야 하는 나라에서 살기를 원치는 않을 것이다.

셋째로, 국가 정통성의 가장 심각한 문제라고 할 수 있는 것은, 소위 생각 있는 사람들이 야당의 속임수를 간파했다는 것이다. 물론 야당이라고 해서 정부에 충실하고 책임 있는 정치인이 없었던 것은 아니다. 그러나 실제로는 정부에 대한 의무만 지닌 정당 지도자들에 의해 정치가 좌지우지되어 왔던 것이다.

IV. 포위된 정부 - 소외당하는 한국의 대중

정부의 정통성 문제에 대한 반대편에서는 대중들의 소외 문제가 있다. 놀라운 경제 성장과 극적인 생활수준 향상에도 불구하고, 한국 국민들은 자신들이 가진 것에 감사하기보다는 오히려 불만을 지니고 있다. 이러한 소외감의 문제에는 한국 사회에서 볼 수 있는 갖가지 분야의 여러 가지 복잡한 좌절감들이 내포되어 있다.

한국 남성들은 화나 슬픔과 같은 감정을 쉽게 드러내는 것을 좋지 않게 보며 실망을 표현하는 일을 억제해야만 한다고 생각한다. 이러한 한국인들의 스타일에 비춰보면, 공식적인 불만을 표현하는 부분에 있어서 어느 정도 표현까지 인정되는지 그 경계를 확실히 파악하기는 힘들다. 하지만 정치권이 변화되기를 바라는 국민들의 공식적인 불만은 여러 차례 그 기반이 무너졌는데, 이유는 현재 질서를 대치할 만한 것이 없었기 때문이다. 이러한 변화의 한계 상황에서 특히 학생들이나 지식인들이 많이 좌절되는 현상이 생겼다. 이들이 정부를 비난함으로써, 정부는 더욱 문제 상황에 휩싸이게 되었고, 따라서 이에 대처하려는 정부는 학생이나 지식층을 더욱 강력하게 통제하려는 경향이 생겼다.

많은 사람들은 앞으로 사회의 일꾼이 될, 이제 갓 학생을 벗어난 젊은이들이 매우 반항적이기 때문에 한국의 미래가 극히 불안정하고 흔들릴 것이라고 예견했다. 하지만 1961년 이후로 경제 성장이라는 명분이 국가 정통성을 톡톡히 뒷받침해 주었다. 1970년대는 사회 전반적으로 노동 평화를 유지하기 위해 힘쓰며 사회 기반을 바로잡는 시기였다. 이때 경영자들은 실제로 노동자들과 맞서 경쟁을 벌였지만, 결국 노동자들의 임금이 급속히 상승하는 결과를 초래했다. 1980년대 초에 정부는, 노동비가 국가의 세출 균형을 위협할 정도가 되기 때문에 사회적 경쟁으로 얻을 수 있었던 여러 가지 이득을 잃게 될지 모른다고 걱정했다.

정부는 유교 국가인 한국에서 서양의 노사 관계와 같은 대화식 접근 방법은 필요 없다고 생각한다. 대신 국가의 복지를 위해 노사 간의 조화와 협동, 그리고 공통적인 헌신이 필요하다고 주장한다. 1980년 정부는 노사 대표자들을 부드러운 분위기로 유도한 후 자연스레 노동자와 경영자 사이에 노사 협정을 체결하게 만들었다. 이상적인 조화를 이루기를 기대했던 연합은 1983년 그 연합 관계를 유지할 힘을 잃게 되었고, 결국 20%에 가까운 노사 연합체의 구성이 깨어지게 되었다.

한국 정치 체제의 궁극적인 힘은 국민들의 강한 단결력이나 국가에 대한 자부심에서보다는 특정 기관이나 사회 집단에 더욱 의지하는 데서 생긴다. 한국인들은 서로 논쟁하기를 좋아하며, 국민 스스로의 개인적인 권리를 위해 치명적인 공격이나 독선적인 발언을 하는 경향이 있다. 그러나 그렇다고 해서 상대를 공경할 줄 모르거나, 자기를 희생하는 법을 모르는 것은 아니다. 정부는 절대적 권력을 가져야 한다고 생각하는, 즉 한국에서 국가 정통성의 기본이 되는 유교적 관념은 대통령으로 하여금 사회에 연합 조직을 만들거나 사회 전반적인 조직을 구성하는 일을 어렵게 만들고 있다.

V. 타이완: 반정치적 유교주의

대체적으로 남한과 타이완은 유사한 경우로 보고 있다. 이 두 나라는 수출 위주의 경제 정책으로 인해 크게 경제 성장을 이룩한 발전도상국의 인상적인 본보기들이기 때문이다. 둘 다 분단된 나라의 한 부분이고, 그래서 주변의 막강한 국가들로부터 위협을 받고 있다. 또한 두 나라 모두 강력한 지도자와 사회 지배적인 정당, 그리고 상대적으로 약한 야당을 가진 중앙집권적 국가이다. 이 두 나라에서 군대조직이란 정부 정책 수립에서 아주 막강한 결정권을 가진 존재라 할 수 있다.

그러나 아마도 이 두 나라 간에는 유사점보다 차이점이 더 많다고 할 수 있는데, 이것은 상당히 역설적이다. 예를 들어, 한국은 아시아에서 한민족으로 이루어진 가장 단일적인 민족일 것이다. 반면에 타이완은 1949년에 타이완을 정복하면서 이주해 온 이주민들과 원래 그곳에 살아오던 원주민인 타이완 주민들로 구성되어 있다. 또 다른 차이점을 보자면, 한국에서는 정부 통치자들과 국민들 사이에 다소 긴장감이 돌지만, 타이완에서는 비교적 지속적으로 안정적인 관계를 유지해 왔다. 또한, 한국 대통령들은 정통성 문제로 계속해서 시달려 왔던 데 비해, 타이완의 총통들은 꾸준히 국가 정통성의 개념을 유지해 왔다.

게다가, 이 두 나라의 경제 상황에도 상당한 차이를 보인다. 한국은 타이완에 비해 다양한 경제 활동과 상당히 큰 국내 시장을 보유하고 있으며, 정부가 경제를 결정하는 권한도 더 많이 행사하고 있다. 하지만, 타이완은 공기업 자체도 적을뿐더러 사기업에는 한국보다 더 많은 자유를 준다.

타이완의 정치적 분리 상황에 대해서는 자세한 설명이 필요할 것이다. 어떻게 유교적 태도를 가진 타이완 정부가 늘어나는 다원주의적 분위기를 인정하고, 정부 반대파들에게 겸손하게 인내하며 대처하는 것이 가능했을까? 국민당(KMT)이 1946년 집권했을 때, 이주민들은 원주민이었던 타이완 사람들을 정치도 모르는 미개한 족속들이라고 불렀다. 게다가 이주민으로 구성된 군대는 타이완 사람들을 일본인과 합작했다고 몰아붙이며 극악무도한 짓을 서슴지 않았다.

국민당이 타이완에 도착했을 때, 그들에게는 원주민이었던 타이완 사람들에게 자신들의 우월성을 보여주는 것보다 훨씬 더 큰 문제가 있었다. 장개석은 미국에 대해 국가 체면을 되찾아 와야 했었는데, 그는 미국이 타이완의 토지 개혁에 대해 매우 열성적인 태도를 보인다는 것을 알았다. 미국의 영향으로, 중화민국 정부는 원주민 토지주에게 땅에 대한 보상책으로 국가 채권을 지급했다. 그 결과 엄청난 기적이 일어났다. 타이완은 곧 아시아 전체 국가 중 가장 공평하기로 소문난 국가가 되었고, 미국과 국민당 정부에 의해 진행된 지방 재개발 사업은 새롭게 독립한 원주민 노동자들을 나라의 번영과 발전을 위해 꼭 필요하고 중요한 존재로 만들었다. 동시에 이 원주민 토지 소유주들은 그들의 채권을 자본으로 활용하여 놀랍게도 열성적인 사업가들이 되었고, 타이완의 기적적인 경제 성장에 발판을 제공했다.

전통적인 중국 정치 문화에서 사회 경제적 논리 자체가 뒤바뀐 특이한 상황은, 장개석 총통으로 하여금 그동안의 중국 정부의 관습을 버리게 만들었다. 그는 이주민과 원주민들 사이의 긴장을 완화시켜야 했고, 이는 더 이상 이주민들만의 독단적인 정치가 아님을 의미했으며, 원주민들을 정치로 끌어들여야만 했다. 게다가 그는 타이완의 독립을 부추기는 정도가 아니라, 실제로 독립을 성취해야만 했다. 하지만 이주민들의 경제를 향상시키기 위해 그가 할 수 있는 일은 많지 않았다. 그저 이주민들에게 국가가 소유한 기업에 일자리 정도를 줄 수 있었는데, 이들은 오직 임금만을 위해 일했으며, 그 외의 일은 하려 들지 않았고, 결국 이는 정부에게 손해만 줄 뿐이었다.

몇 가지 요인으로 인해 장 총통은 타이완 사람들이 확립된 정치적 삶을 살도록 촉진했다. 국민당 자체는 점차 원주민인 타이완 사람들의 정당이 되어 갔다. 1980년대 초까지 국민당을 지지하는 사람은 거의 타이완 전체 인구와 비슷하게 되었다. 심지어 더욱 중요한 것은, 지방 선거에서 대부분의 국민당 지지자가 타이완 사람들이었다는 사실이다. 젊은 이주민들은 오직 행정적 일만 담당했고, 타이완 사람들은 사기업 뿐 아니라 정치를 독점하기 시작했다.

국민당이 전통적인 중국의 권위적 성향을 버리지 않았기 때문에 반대파들과 타협할 수 있었지만, 역설적이게도 이 타협은 불순한 반대파들이 더욱 성장하도록 촉진시키는 계기가 되었다. 장 총통이 타이완 사람들을 정치적 삶으로 이끌어낸 노력은, 중화민국이 전체 중국의 유일 합법적인 정부라고 보는 과장된 신화를 만들어냈다. 초기 국민당 정권 아래서, 중화민국은 자주국가라는 주장을 타이완 주민들에 대한 이주민들의 지배를 정당화하기 위한 목적으로 사용하였다. 그러나 1970년대에 타이완에 상당한 반전이 일어났고, 그 주장은 오히려 반대 목적으로 이용되었는데, 자주국가라는 주장이 풋내기 타이완 주민들을 지도층으로 만들어 주었다. 특히 타이완 사람들은 통일을 외쳤던 국민당을 따르지 않으면서도 자신들의 정통성을 지킬 수 있었는데, 스스로의 결정이나 독립에 대한 의지를 나타내기 위해 "타이완의 미래는 타이완 사람들에게 달려 있다"와 같은 구호도 사용했다.

현실을 상징의 의미로 표현하는 것은 중국 정치 문화에서 하나의 전통이다. 그러나 타이완 사람들이 정치 과정에 통합된 일은 정치권력에 대한 태도가 변하지 않았다면 이루어질 수 없었을 것이다. 이러한 중국 정치 문화에 일어난 근본적 변화는 한국과 베트남, 그리고 일본 같은 나라에서는 일어나지 않은 것이었다.

한국과 타이완의 비교로 다시 돌아가서, 왜 타이완이 한국의 발전 경로를 밟지 않고 발전했는지 그 기본적인 정치, 경제적 이유를 살펴보겠다. 타이완은 겨우 1800만 명의 인구로 구성되어 있고, 한국이 가진 것 같은 거대한 국내 시장을 갖고 있지 않았다. 그래서 타이완의 거의 모든 기업들은 수출만을 생각해야 했다. 타이완은 자본 문제를 제외하곤, 한국과 일본처럼 수입 대체 단계를 겪지 않았다. 결과적으로 타이완의 경제 성장은 많은 기업가들이 외국, 특히 미국과 같은 연합 조직을 통해 수출 기회를 마련함으로써 이루어졌다.

Ⅵ. 베트남: 작은 용, 더 큰 '패권주의국'

이 장에서는 베트남이 맨 처음 프랑스를 몰아내고, 그다음 미국의 간섭을 극복하면서 남북통일을 이룬 뒤, 마지막으로 중국과의 국경 전쟁을 불사하며 캄보디아, 라오스, 인도차이나 일부를 지배하는 등 일련의 전쟁에서 겪은 고통들을 일일이 열거하지는 않을 것이다. 우리의 시각에서 볼 때, 베트남에서의 전쟁 행위는 그들 국민의 뿌리 깊은 문화적 특성 ─ 그것은 권력에 대한 베트남 국민의 가치관을 말하고, 중국과 프랑스의 식민지배하의 경험들이 영향을 미친 것이다 ─ 에서 비롯되었다고 할 수 있다.

유일하게 인도가 그들 스스로 '침략국과 심리적으로 동일시'하면서 이전에 그들을 지배한 국가들의 오만함을 받아들였다는 점에서 베트남과 많이 닮았다. 베트남은 다른 비중국 문화권 국가들보다 전통적 유교의 권력에 대한 이념들을 더 많이 받아들였다. 중국의 직접 통치가 끝난 후, Hue 황제시대에는 유교적 관료제를 통해 황제가 다스리는 중국의 제국주의 황실의 극히 사소한 세목까지도 똑같이 모방했다. 또한 프랑스 통치 시기에 베트남은 프랑스가 '가장 자랑할 만한 식민지 속국'이었다. 아시아의 다른 어떤 식민국들도 베트남만큼 제국주의 유럽의 문화를 잘 받아들인 나라는 없었다. 베트남 국민들은 의사, 변호사, 수학자, 과학자가 되었고, 이들 서구화된 전문 인력들은 프랑스 본토에서 프랑스인과 동등한 조건에서 활동했으며, 그 숫자는 영국에서 활동했던 인도인이나 네덜란드에서 활동했던 인도네시아인들보다 훨씬 많았다. 간단히 말해, 베트남 국민은 아시아에서 현대화의 중심에 설 수 있는 역사적 기회와 인적 재능을 가지고 있었다. 하지만 그들의 권력에 대한 가치관은 베트남을 다른 여러 유교 문화권 국가들과 남아시아의 ASEAN 국가들과의 관계에서 불리한 위치에 놓이게 만들었다. 이와 동시에, 처음엔 중국, 다음에는 프랑스 문화를 흡수하는 데 성공한 베트남 국민들은 모든 주변 국가들에 대해 우월감을 갖게 되었고, 자신과 오만이 넘쳐 전쟁에서는 믿기 어려운 일들을 성취하는 한편으로, 여러 아시아 국가들에 비해 덜 현대화된 정책들을 고집스럽게 추구했다.

중국과 프랑스 문화를 혼합한 베트남인들의 능력은 업적보다 신분을 더 중요하게 생각하는 경향을 형성하는 데 기여했다. 베트남 국민의 권력 이용은 전통적인 발리 주민의 권력과 비슷하다: 발리 주민들은 권력의 실제 분배보다는 권력의 극적 효과를 강조한다. 역사적으로 이것은 승리를 위해 특별한 보상이나 최소한의 이익도 없이 희생을 치러 왔던 대다수 베트남 민중들의 헌신적인 모습에서 엿볼 수 있다. 서기

939년, 베트남은 거의 1천년 동안 자신들을 지배해 온 중국을 마침내 몰아냈다. 그 결과, 소수 엘리트층에게는 보상이 돌아갔지만, 다수 국민들에게는 불행을 안겨주었다. 전국적으로 민생은 기울었고, 권력에 대한 탐욕과 욕망으로 엘리트층은 분열되었으며, 독립 이후 966년까지 무정부 상태가 계속되었다. 비슷한 경우로, 하노이 정권의 사이공(구 베트남의 수도) 정복은 베트남 국민들의 생활수준을 남, 북 할 것 없이 전반적으로 쇠퇴시켰고, 이러한 양상은 1978년 하노이의 캄보디아 침공과 그 결과로서 일어난 중국과의 국경 전쟁으로 인해 가속화되었다. 수년간의 전투와 죄 없는 민중의 희생을 조장한 베트남 엘리트층의 권력관은 그들 국민에게 더 가혹하고 궁핍한 생활수준을 가져다 준 확실한 요인이었다. 1980년대 중반, 아시아에서는 오직 베트남과 그들이 지배했던 이웃 캄보디아와 라오스 국민들만이 1930년대의 대공황 시절보다 더 낮은 생활수준을 유지하고 있었다.

베트남의 엘리트 계층이 국민에 대한 영향을 고려하지 않고 정책들을 수행한다는 사실은 그들이 가진 권력에 대한 유교적 온정주의의 관점에서 보면, 놀라워 보인다. 그 설명은 유교적이고 서구화된 엘리트층의 권력관과 유교 이전의 보다 대중적인 리더십과 권력에 대한 개념 사이의 문화적 차이에서 찾을 수 있을 것 같다.

베트남의 대중문화 속에 자리한 몇몇 특정한 개념들이 권력과 권위를 바라보는 유교의 기본적인 관점과 가깝다고는 하지만, 거기에는 본래의 중국 문화 개념들과도 미묘한 차이가 있다. 이런 권위에 대한 일반적인 견해 속에는, 지도자란 무릇 'phuc duc'을 장려해야 한다는 것이 있다. 이 용어에 해당하는 영어 단어는 없지만, 한 사전에서는 이것을 "선행을 베풀면 자식들이 그 득을 취하는 것"이라고 설명하고 있다. 즉 개인적인 노력과 업적은 가족 전체에게 중요하다는 것이다. 가족은 어떤 점에서 공동의 업보 또는 운명을 가지는데, 이것은 각 세대의 지도자들이 주로 희생과 극기를 통해 덕을 쌓고자 부단히 노력할 때, 그 후대의 가족이 더 번영할 수 있다는 것을 의미한다. 따라서 권위는 교

육되어야 하고, 만약 가족에게 불행이 닥친다면 그것은 부계의 어느
대에서 옳은 일을 하지 못했음을 가정할 수 있다. 하지만, 그 가족의
가장이 'phuc duc(부덕)'을 장려한다면, 가족의 나머지 구성원들은 스스
로를 위해 선례를 따라 더 많은 'phuc duc(부덕)'을 쌓아야 하리라는
것 또한 가정할 수 있다.

그들 대중문화에는 또 마찬가지로 'uy tin'이라고 부르는 독특한 '정
통성'이란 개념이 있는데, 이것은 '믿을 수 있는 권위' 정도로 번역할
수 있다. 이는 신뢰성, 확실성, 그리고 도덕적 책임성을 강조한다.
Young에 따르면, 'uy tin'의 본질은 다음 세 가지 개념의 조화이다.

첫 번째는, 실질적인 노련함을 강조한 'tai' 또는 '능력'이다. 따라서
정통성은 권위에 대한 유교적 개념의 일부로서가 아닌 어느 정도의 효
율성을 요구한다. 하지만 그것은 권위의 목적이 'duc' 또는 '덕'을 증진
시키는 것이기 때문에 완전한 의미의 실용성은 아니다.

정통성의 두 번째 측면은 'duc' 그 자체로써, '덕'이란 개념은 부처가
말한 욕망을 제거함으로써 선을 얻는 개념의 기초인 자기희생과 '자기
(ego) 파괴'의 차원을 수용하는 것으로서 이해해야만 한다. 사람들은
내세에서 더 나은 삶을 얻기 위해 현생에서 더 많은 '덕'을 쌓기 위해
노력해야 하는 것이다. 덕을 쌓는 가장 효과적인 방법의 하나는 남을
돕고 그것을 취하는 방법이다. 무엇보다 지도자들은 물질적 이익에 앞
서 스스로의 덕과 그들의 추종자들의 덕을 증진시키기 위해 노력해야
만 하는 것이다. 베트남 국민들의 정통성의 토대가 되는 덕 개념은 예
의바름과 자식으로서의 효를 강조하는 유교적 의미를 갖지만, 아울러
사회적 윤리를 뛰어넘어 여러 종교 세력들을 통합하는 설득력도 갖는
다. 사실상, 정통성의 일부로써 덕 개념은 권위에 대한 종교적이고 신
분 본위의 개념들의 혼합물이다.

정통성의 세 번째 요소인 'so' 또는 '운명'은 초자연적인 힘과의 관
계를 보다 명확하게 해 준다. 운명의 구성 요인으로서 정통성 있는 권
위는 항상 정치권 위에 놓여 있는 힘에 의탁하므로, 지도자 자신들은

운명의 희생자들이라고 말한다. 운명은 그들에게 호의적이거나 혹독할 수 있는데, 그것은 그들의 덕 표현과 그들이 집단의 이익을 위해 얼마나 행동하는지에 달려 있다. 하지만 그 누구도 완벽한 운명의 주인이 될 수 없으므로, 일어나는 많은 부분들이 설명할 수 없는 영역에 놓여 있다. 그렇기 때문에 어떤 지도자는 정통성을 잃은 듯이 보이지만, 그것은 단순히 여러 일들이 그의 뜻대로 되지 않았기 때문이다.

자존심을 소중히 여기는 경향은 오만해지려는 경향과 함께, 힘없는 사람들이 권위에 대해 냉소적인 태도와 버릇없는 경박함을 취함에도 불구하고, 엘리트층 사이에서 유지되고 있다. 베트남 국민들은 종종 권위에 대한 존경이 거의 없는 곳에서 위대한 척할 필요가 있다. 즉 권위가 필요한 사람은 체면에 대해 매우 민감하게 고려해야 하고 모욕에 대해선 즉각적으로 반응해야 한다. 그러기 위해선 특히 무례할 수 있는 사람과는 거리를 유지해야만 한다. 이런 지도자의 거리 두기에서 권력은 격리를 요구한다는 사실을 알 수 있다. 베트남 지도자들은, 황제든 공산당의 간부든, 일상적으로 대중 앞에 모습을 드러내지 않거나, 그들과 교류하지 않았다.

권위는 공공성보다 신분에 보다 치중해야 한다는 생각은 고집스러운 자존심과, 현실과 동떨어진 정책들을 만들어냈다. 예를 들면, 1977년 제4차 공산당 회의에서 베트남 지도자들은 외국 원조로 70억 달러를 유치한다는 5개년 계획을 선언했다. 당시 베트남의 선전 문구로, "세계 어느 곳에나 우리의 친구들이 있다"가 걸렸고, 진지한 정책 결정자들은 스스로 그 정도 수준의 원조는 가능할 것이라고 착각했다. 그해 전에 Phan Van Dong 수상은 이와 비슷한 현실감 부족을 보였는데, 싱가포르 방문에서 리콴유 수상과 공항으로 가던 도중, 그는 싱가포르의 현대 도시화된 스카이라인과 유료 고속도로에 입이 딱 벌어졌다. 그는 리콴유에게 이렇게 말했다. "우리는 미국으로부터 당신들을 보호하기 위해 싸웠고, 그래서 당신들은 이 모든 것을 지을 수 있었던 거요." 리콴유 수상은 아무 대꾸도 하지 않았다. 베트남 수상이 알았는지 알 수 없지만, 싱가포르의 존재는 미국 없이 상상하기가 매우 힘든 국가이다. 베트남 국민의 현실과의 괴리를 보여주는 또 다른 사례로서, 1978년 미국 동아시아 태평양 담당 차관보인 리차드 홀르룩과의 비밀 회담을 베트남 국민들은 과장해서 생각했다. 홀브룩 씨는 하노이 정권과 조기 정상화를 수용하는, 전략적으로 의문의 여지가 있는 약속을 했다. 하노이 정권은 공식적인 관계를 수립하는 대가로 워싱턴에 2억 달러를 고집스럽게 요구했다. 이 수치는 1972년 파리평화협정에서 언급되었지만, 하노이 정권은 1975년 협정 위반 이후 그러한 금액에 대해 미국 의회에서 단 한 번의 투표도 없었다는 사실을 알아야 했다. 하노이 정권은 뒤늦게 자신의 비현실적인 요구를 포기했다.

다른 국가에 대한 지원 요구는 하노이 정권의 오만한 속국 심리의 표출로 스스로를 점점 더 고립시켰고, 자신의 후원국인 구소련 연방에 보다 더 의존하게 만들었다. 하노이 정권의 문제는 유별난 협상 스타일과 독특한 의존 형태의 결과에서 비롯된다. 관례적으로, 두 집단이 협상에 임할 때엔, 맨 처음 입장을 정하고 그다음, 조율과 협상에 대한 응분의 대상 논리에 의해 진행해 나가는 것이 일반적인데, 베트남은 이것과 정확히 정반대로 협상을 진행한다. 그들은 맨 처음 모든 것은 협상 가능하고, 그들은 완전히 합리적이고 융통성 있게 대처할 준비가 되어 있다고 말한다. 하지만 협상이 타결되면, 그들은 완전히 비협상적인 태도로 바뀐다. 헨리 키신저는 대중 앞에서는 합리적이고 개인적으로는 비타협적인 베트남 국민들의 관행에 낙담한 바 있다. 훗날, 베트남 외교부 장관인 Nguyen Co Thach이 캄보디아에 대한 협상에서 ASEAN 자본을 유치하기 위해 노력할 때, 그가 취했던 합리적인 태도는 충분히 이해가 되었지만, 아무도 그를 믿으려 하지 않았다. 구소련 연방과 스웨덴을 제외한 어떤 나라도 1978년까지 하노이 정권의 말을 믿으려 하지 않았다는 사실은 베트남 국민들에겐 놀라운 일이 아니었다. 왜냐하면 그들의 정치 문화에서 대중에게 드러난 권위의 모습은 아무도 신뢰하지 않았기 때문이다.

비밀주의 정신은 음모와 복잡한 이해타산과 관계에 대한 지속적인 불신을 키운다. 자격 있는 지도부는 반드시 소규모 인원으로 구성되어야 했다. 베트남 공산당 역사상 정치국의 구성원은 오직 24명뿐이었다. 추종자, 특히 중간급 당 간부와 관리들은 보다 높은 계급의 보호를 요구하지만, 누구의 권력이 지속적인지에 대해서는 아무도 알지 못한다. 그렇기 때문에 그들은 충성을 맹세하지만, 은밀한 권력의 이동에 따라 언제든지 재편성될 준비를 하고 있다.

베트남 국민들은 파벌 형성의 불가피성을 수용하는 데 있어 중국인보다 더 현실적이다. 그들은 베이징 지도자들이 그랬던 것처럼 파벌들이 단지 소수의 미혹된 간부들이 연루된, 골치 아프고 사소한 현상이라고 치부하지 않는다. 오히려 그들은 파벌이 출현하기를 가정하고, 파벌은 개인의 제한된 충성 의무에 대한 보상으로 (그 개인의) 안전을 보장해 준다. 아직도 파벌 형성 경향은 일반적으로 보호를 위한 필요로 인식되고 있다. 이러한 심리적인 반응들은 집단적 노력에 참여하는 것, 즉 개인이 세상으로부터 인정받기 위해 노력하는 것과 같다는 전통적인 베트남 국민의 가치관을 강화시킨다.

베트남의 민족주의적 성향은 놀랄 일이 아닌데, 베트남의 정치 문화는 슬픔과 함께 깊은 습관적 우울증으로 특징지을 수 있다. 역사적으로 베트남 국민의 가치관은 권위는 아무도 믿을 수 없으며, 권위에 반대하는 것은 부도덕한 게 자명하고, 관대하게 다루어지지 말아야 한다는 것이다. 권위는 그것의 우월성을 증명하는 것이 유일한 목적이다. 권력을 가진 사람들은 그들의 우월한 신분을 증명해야만 했고, 사회의 나머지 사람들은 엘리트 계층의 게임이 너무 파괴적이지 않기를 바랄 뿐이었다. 이러한 논리는 슬픔을 조장하고 일상의 진취적인 발전에 대한 희망을 꺾어버렸다. 많은 희생을 요구하는 베트남의 민족주의 전쟁은 베트남 국민들의 상황을 전보다 더 악화시킬 것이라는 1945년 호치민의 예언은 사실로 증명되었다.

Ⅶ. 유교 문화의 세 가지 변형

  한국, 타이완, 베트남―이 세 나라의 유교 문화는 매우 다른 방향으로 현대화하고 있다. 그 방향은 유럽의 여느 세 나라의 기독교 문화에서 발견되는 차이만큼이나 서로 다르다. 세 나라의 문화가 여전히 특정한 부분에서 기본적인 유교적 특성을 보인다 하더라도, 그들은 다른 방식으로 수정되고 조정되어 왔다.―즉 각 문화의 강점들은 각기 다른 목적에 따라 개발되고, 다양한 방식으로 약점을 감추며, 또한 유교 이전의 고유한 양식들이 능력을 발휘할 수 있게 배출구를 두는 방식이었다. 하지만 여전히 세 문화 모두 성직자에 대한 미묘한 존경심과 서열과 도덕적 체면, 그리고 자기 수양의 단련 및 성취에 대한 존중을 공유하고 있다. 그리고 세 문화 모두 온정주의적 권위의 타당성과 정통성에 대한 믿음을 각기 다른 방식으로 표방하고 있다.

  한국은 일제 치하에서 유교주의자인 양반의 분별없는 오만함이 굴욕을 경험했고, 그 후 한국전쟁으로 사회 전체가 황폐화되었다. 사회에서 비슷하게 무시되었던 요소인 개발 권력은 군대 세력에 뿌리를 둔 권위주의적 지배자들의 몫이었다. 보다 전통적인 사회에서도 미국은 경제를 포함한 모든 삶의 영역에서 최종 조정자가 되었다. 기업가들은 부자가 되었지만, 정부 의존적이 되어 여러 분야에서 제 목소리를 낼 수 없었다. 미국 스스로도 모든 것을 원조에 의존했다. 연합국들이 전쟁에 황폐화된 한국 경제에 별로 관심을 보이지 않았음에도 불구하고, 미국의 거대한 양의 원조는 한국 경제를 변화시켜 복잡한 형태의 외국 경제와 한국과의 관계를 새롭게 열 수 있게 해 주었다. 동시에 많은 분야에서 한국의 산업들은 주로 미국을 비롯한 외국 기업들과의 무역 관계에 의존해 성장했다.

  한국 정부는 정통성 문제 때문에 반대 세력들을 억압하고, 북한으로부터 위협받는 국가 안전을 위해 강력한 규제가 필요하다고 주장하면서 사회적 힘의 확장을 막았다. 한국 정부는 북한 공산당에 의한 폭력 활동을 알리는 동시에 미국이 기꺼이 5만 명의 자국 군대를 남한에 배치했다는 사실을 언급하면서 자신의 위협을 정당화할 수 있었다. 이런 사실 하나만으로도 한국 정부가 결속을 위해 외국의 위협을 과장했다는 논쟁을 이끌어내기에 충분하다.

타이완 정부는 다른 나라보다 역사적으로 우월한 유교 이념을 가지고 있다는 자부심에 상처를 받은 보다 치명적인 경험을 했다. 타이완 섬으로 패배해 쫓겨 온 장개석 정권은 남경과 중경에서 과시했던 유교적 오만함을 가지고 똑같이 행동할 수 없었다. 설상가상으로, 미국이 자국 군대를 대만의 안전보장에 필요 없다고 결정한 뒤, 절박한 위협 아래 있다는 그들의 주장은 공허해졌다. 30년이란 시간에 걸쳐 대만의 정부 공무원들은 실제적인 중요성이 아니라, 명성에 있어서 쇠퇴를 경험했다. 형태는 전체적으로 비유교적 양식으로 바뀌었다. 대만 기업인들은 개별적으로 외국 기업들과 관계를 맺음으로써, 상대적으로 정부의 도움을 거의 받지 않는 그들만의 독자적인 방법을 찾아냈다. 대만 경제의 침체 상태는 다양한 형태의 국영기업체에서 나타나는데, 이것은 정부가 온정주의로 일관하면서 이득을 낼 수 없는 상황의 기업까지도 보호하고 있기 때문이다. (한국에서였다면, 정부 기술 관료가 이러한 경제의 방해물들을 제거했을 것이다.) 타이완이 '관료주의적 자본주의' 또는 '유교적 사회주의' 같은 양식들을 보호하고, 비밀경찰 조직을 유지하는 것을 제외하면, 유교적 양식들을 버리고 있다는 점에서, 아마도 두 나라(한국과 베트남)보다 유교 이념과는 더 거리가 있다고 할 수 있다─하지만 아이러니칼하게도, 정부 차원의 유교적 전통 지원은 세 국가 중 타이완이 가장 왕성하다. 유교의 붕괴는 신분과 명성의 정치가 유물론적 본성의 공리적인 가치에 자리를 양보하면서 발생했다. 타이완은 정치가 스스로 지위의 허식을 버림으로써 경제가 원동력인 사회가 되었다. 게다가, 관리 사회의 지위가 새롭게 정의되어, 타이완은 다원주의 국가를 지향하는 동시에 정부 권위에 고개 숙여야 하는 의무적이고 규율적인 유교적 사회를 만들어냈다. 이것은 타이완의 권력층이 다른 국가에 남아 있는 유교주의적 엘리트보다 훨씬 심한 체면 손실을 경험했기 때문에 가능할 수 있었다. 패배한 국민당이 느꼈던 충격은 어떤 면에 있어선 2차세계대전 이후 일본이 겪은 것보다 더 고통스러운 것이었다. 미국이 일본에 호의적으로 상주함으로써 제공한 적절한 출구조차 타이완에는 없었기 때문이다.

타이완의 대외 의존 필요성은 권력과 명성이 아닌 경제적 관계 쪽으로 방향이 선회했다. 이런 점에서 타이완은 유교적 틀을 깨버린 일본의 전례를 따르고 있다. 타이완이 일본이 그랬던 것처럼 경쟁력 있는 정책들을 제도화하고 권력의 적절한 이동을 수행할 수 있을지에 대해선 여전히 회의적이다. 타이완이 좀 더 자유로운 사회로 가는 것을 막는 것은, 아마도 동아시아에서 일본 다음으로, 타이완 보수파인 국민당이 아직도 가지고 있는 권력에 대한 위태로운 유교관 때문일 것이다.

한국과 타이완이 권위에 대한 그들의 유교적 전통을 경제 발전과 무소불위의 정치적 자유 억제 방향으로 유지하고 있는 데 반해, 베트남은 개혁 정부가 들어섰음에도 불구하고 정부의 권위를 고수하고 있다. 오래전 베트남 엘리트층 진입에 성공한 이들은 공산주의가 미래의 흐름이 될 것이라고 생각했다. 그들을 둘러싼 시장 경제가 보다 번영해 가고, 공산주의의 맹주인 중국조차 세계 경제에 합류하기로 결정했음에도 불구하고, 하노이 정치국 소속 노인들의 믿음은 약해지지 않았다. 그들은 아직도 그들의 군사적 공적을 단지 승리의 직접적인 전리품 이상의 것으로 보상받아야만 한다고 믿고 있다. 그들은 인정받기를 간절히 열망하고 있다.

북 베트남의 승리는 공산주의자들의 일치단결과 후원국인 미국이 포기하면서 촉발된 사이공 정권의 타락, 그리고 일반 베트남 민중의 숙명론적 분위기의 조합으로 이루어졌다. 아울러 하노이 정권의 전체 인도차이나 지배 야욕은 프랑스에 의해 세워진 모델로 설명될 수 있다.

가장 이해하기 힘든 것은 베트남 엘리트층이 끊임없이 민중들에게 고통을 요구하고 있다는 현실이다. 더 이상 베트남의 정치권에서 유교적 이상인 온정주의적 박애는 존재하지 않는다. 남아 있는 것은 의무와 맹목적 희생뿐이다.

이러한 두드러진 변화에도 불구하고, 세 나라는 여전히 다양한 수준에서, 유교적 정치 문화의 핵심적인 내용을 고수하고 있다. 그들은 엘리트주의와 온정주의를 가지고 있고, 그들의 지도자들은 그들 사회의 대부분을 파악하고 있다고 확신한다. 한국과 대만에선 경제적 성공이 권위주의적 허식을 일정 부분 상쇄시켜 주고, 베트남에서는 혁명적, 군사적 공적이 온정(가족)주의적 권위주의를 정당화시켜 주는 기능을 한다. 한국과 타이완에서 일반 국민이 경제적 위기를 어떻게 대처할지, 혹은 베트남에서 일반 국민이 군대와 혁명의 극도에 달한 피로와 환멸에 어떻게 반응할지 확실하진 않다. 그동안 이 세 나라의 지도자들은 그들 국민의 통일과 단결을 향한 문화적 욕구를 극단적으로 왜곡해 온 듯하다. 따라서 장기적인 위기에 대한 (국민들의) 반응은 보다 많은 개인적인 형태의 결속을 부활시켜 줄지도 모른다.

참고문헌

Chalmers Johnson, (1983). "Political Institutions and Economic Performance: A Comparative Analysis of Government-Business Relations in Japan, South Korea, and Taiwan," Project on Development, Stability, and Security in the Pacific-Asian Region, University of California, Berkeley.

Ch'en Ch'eng, (1961). *Land Reform in Taiwan*, Taipei: China Publishing Co.

Dankwart Rustow, (1960). "The Near East," in Gabriel A. Almond and James S. Coleman, eds., *The Politics of the Developing Areas*, Princeton: Princeton University Press. chap. 4.

David Steinberg, (1968). *Korea: Nexus of East Asia*. New York: American-Asian Educational Exchange.

David Rees, (1981). *Crisis and Continuity in South Korea*, Conflict Studies no. 128 London: Institute for the Study of Conflict.

Donald M. Seekins, (1982) "The Society and the Environment," in Frederica M. Bunge, ed., *South Korea: A Country Study*, The American University Foreign Area Studies Washington, D.C.

Douglas Mendel, (1970). *The Politics of Formosan Nationalism*, Berkeley: University of California Press.

E. Grant Meade, (1951). *American Military Government in Korea*. New York: King's Crown Press.

Edward S. Mason, et al., (1980). *The Economics and Social Modernization of the Republic of Korea*, Cambridge, Mass.: Harvard University Press.

Eric A. Nordlinger, (1982). On the Autonomy of the Democratic State (Cambridge, Mass.: Harvard University Press.

George H. Kerr, (1965). *Formosa Betrayed*. Boston: Houghton Mifflin.

Gregory Henderson, (1968). *Korea: The Politics of the Vortex*, Cambridge, Mass.: Harvard University Press.

Harold C. Hinton,(1983). Korea under New Leadership: The Fifth Republic, New York: Praeger.

Karl T. Wright, 91965), *Taiwan's Postwar Agricultural Development*, Michigan State University Agricultural Economic Report no. 19. East Lansing.

Joung, Whang, (1981). *Management of Rural Change in Korea: The Saemaul Undong*. Seoul: Seoul National University Press.

Leroy P. Jones and Sakong II, (1980). *Government, Business, and*

Entrepreneurship in Economic Development, Cambridge, Mass.: Harvard University Press.

Martin M. C. Yang, (1970). *Socio-Economic Results of Land Reform in Taiwan*, Honolulu: University Press of Hawaii; East-West Center.

Martha Wolfenstein, (1957). *Disaster: A Psychological Essay*, Glencoe: Free Press.

Niel H. Jacoby,(1966). *U.S. Aid to Taiwan: A Study of Foreign Aid, Self-Help, and Development*, New York: Praeger.

Philip Kuznets, (1983). "The South Korean Model of Political and Economic Development: Economic Aspects," Department of State, External Research contract 1724-32012, August 25.

Ralph N. Clough, (1978). Island China Cambridge, Mass.: Harvard University Press, chap. 3.

Robert A. Scalapino and Chong-sik Lee, (1972). *Communism in Korea*, 2 vols. Berkeley: University of California Press.

Shirley W. Y. Kuo, Gustav Ranis, and John C. H. Fei, (1981). *The Taiwan Success Story*, Boulder, Colo.: Westview Press.

Stephen L. Keller, (1970). "Uprooting and Social Change: The Role of Refugees in Development" (Ph.D. diss., M.I.T.).

Stephen Haggard and Chung-in Moon, 91974). "The South Korean State in the International Economy: liberal, Dependent, or Mercantile," in John Ruggie ed., *The Antinomies of Interdependence*, New York: Columbia. University Press.

Sung Joo, Han, (1974). *The Failure of Democracy in South Korea*, Berkeley: University of California Press.

T.H.Shen, ed., (1974). *Agriculture's Place in the Strategy of Development: The Taiwan Experience*, (Taipei: Joint Commission on Rural Reconstruction.

Vincent S. R. Brandt, (1983). "Stratification, Integration, and Challenges to Authority in Contemporary South Korea," Department of State, External Research Document, August 31.

Part 3 사회적 환경으로부터 정치참여와 영향[1]

I. 서 론

이 연구는 사회 환경의 영향에 있어서 개인적 그리고 사회적 참여의 기본형태(Huckfeldt 1979; 1986; Giles & Dantico 1982)에 대한 차이를 검증하는 것이다. 1984년 밴드(South Bend)연구의 조사결과에 의하면 정치토론의 참여자의 관계는 개인적 그리고 사회적 근본 정치참여 형태의 다양한 유형에 대한 분명한 모델과 평가를 이룬다. 분명한 것은 이러한 차이가 질서하에 모형화되는 것을 암시하는 바로 사회 환경에 의해서 영향을 받는 개인적·사회적 기본 정치참여의 유형들에 그 어떤 유형을 가리킨다는 것이다.

사회적 환경은 정치참여의 유형에 관한 중요한 결과를 갖는다고 알

---

1) Kenny, Christopher B. (1992). "Political Participation and Effects from the Social Environment", *American Journal of Political Science*, 36. p.259－267 의 내용을 번역 요약한 내용이다.

려져 있다. 정치활동에 관한 사회적 지위의 영향에 관한 연구에서 훅펠드(Huckfeldt 1979; 1986)는 정치참여의 사회적 기본 유형과 개인적 기본 유형 사이에 차이점을 구별한다. 그는 사회적 정치참여는 사회적 배경에 의해서 영향을 받는 반면, 개인적 정치참여는 그렇지 않다는 것을 알았다. 높은 신분관계는 그들 간의 사회적 기본참여를 고무하지만 낮은 신분의 개인들은 사회적 참여의 활동을 저해한다. 기레스와 덴티코(Giles & Dantico 1982)는 대표적 국가모형과 개인적 지위에 관한 설명을 재시험했다.

이 연구는 정치참여와 사회적 환경 사이에 상관성을 재시험한다. 훅펠드(Huckfeldt), 기네스와 덴티코(Giles & Dantico)의 연구는 두 가지 측면에서 다르다.

먼저, 앞의 논의한 연구는 개인적 그리고 사회적 기본참여의 유형 지표에 개인 활동의 집단유형이다. 마치, 투표하는 행태나 신문에 글을 기고하고, 공무를 수행하고, 자동차 스티커를 부착하여 홍보하는 행위는 개인적인 기본활동인 반면, 어떻게 투표하는가, 다른 사람을 설득하고 정치적 회의나 집회를 주선하고 정당이나 선거후보를 위해 일하면서 돈을 기부하는 것은 사회적 기본활동이다.

다음으로, 사회적 배경의 이러한 연구는 개인적 차원의 메커니즘을 특정화할 수 없는 결정으로부터 고민해 왔다. 기네스와 덴티코(Giles & Dantico)가 지적하듯이 사회관계와 개인 사이의 연결은 사회적 상호작용을 통해서 이루어진다고 확신하고 있다. 이러한 가정은 정치참여의 사회적 기본 형태가 사회적 배경에 의해서 영향받는다고 가정한 반면, 개인적 참여는 그렇지 않다고 보고 있다.

본 연구는 개인이 정치적 토론에 기본적인 정보를 일련의 독특한 데이터로 사용하여 문제를 해결하려 한다. 사회적 상호작용이 사회관계의 영향을 만드는 중개 메커니즘이라는 가정은 토론 관계망(Networks)과 사회관계 사이에 관심을 두 가지 중요한 요점으로 나타난다.

첫째는 두 가지 개념이 이론적으로 독특하다는 것이다. 훅펠드(Huckfeldt)

와 스프라구(Sprague)가 지적하듯이 네트워크가 개인적으로 구성되듯 사회배경이란 구조적으로 강요된다. 이러한 구별은 비록 그들이 해결하려는 실제문제일지라도(적어도 부분적으로) 사회배경과 네트워크가 지형적으로 중복되는 것을 원치 않는다. 둘째는 사회 배경적 영향은 전적으로 사회배경 내에서 개인 간의 상호작용을 구성하지는 않는다. 예를 들면 이웃에 관한 정보는 이웃주민의 가시적 조사에서부터 정원 표시판, 자동차 스티커 홍보, 동네 슈퍼나 은행, 술집에서 대화를 통해 그리고 다양한 다른 경로를 통해서 수집된다.

Ⅱ. 자료(Data)

분석에 기초가 되는 데이터는 1984년 대통령 선거 캠페인 동안 Indiana 남부 Bend에서 수집되었다. 이 연구는 유권자가 거주하는 배경, 환경, 그리고 한 지역 내의 유권자를 이해하기 위함이다. 1500여 명이 세 가지 차원의 조사와 16가지 다른 이웃에 행동이 구분됐다. 이러한 이웃주민은 이웃의 사회 헤게모니 안에서 헤게모니를 극대화하기 위해 선출되었고, 응답자들은 무작위로 이웃주민들 사이에 표본 조사되었다.

이 연구의 가장 중요한 것은 이러한 데이터가 서로 다른 세 가지 정보자료가 수집됨으로써 응답자의 동료에 관한 정보를 확보할 수 있다는 데 있다.

먼저 정치토론의 파트너에 대한 정보는 주로 응답자 자신들로부터 수집한다. 제3의 (C)곡선의 조사의 움직임은 지난해 선거의 사건에 대해서 대부분 이야기한 세 가지 사람들에 대하여 질문을 던진다. 사회적 네트워크 질문의 테스트는 사회적 그리고 정치적 토론자의 특성을 고려하여 질문한다. 응답자와 토론자 사이의 관계는 이러한 범주 내에서 결정된다.

두 번째 정보재원은 토론자 그들 자신들로부터 얻는다. 제4의(D)의 곡선 인터뷰는 토론자라고 이름 붙여진 930명 이내에서 이루어졌다. 당파심에 주체성, 정치활동, 그리고 여론 등에 관심 있는 선거후 문제, D곡선은 응답자의 물음에 어떤 사회적 네트워크 문제를 포함하고, 주로 응답자의 토론 네트워크 안에서 상호관계 의존성의 조사에 대한 허용하는 선거후 문제이다.

세 번째, 선거참여에 관한 정보의 재원은 St, Joseph County의 투표유형에서 유래된다. 모든 컴퓨터유형은 선거구의 투표행위, 과거선거에서 투표자에 관한 정보를 조사했다. 신뢰할 수 있는 투표자의 측정은 그래서 확보될 수 있었다.

Ⅲ. 평 가

평가의 적합한 선택방법은 마이크로 데이터에 대한 논리모형이다. 토론자 참여는 응답자 참여에 영향을 주지만, 응답자 참여는 토론자 참여의 결과를 가져온다. 응답자 선택은 처음에는 토론자의 선택에 영향을 줄 것이다. 이러한 문제는 두 가지 논리과정을 통해 유효한 변화를 만들면서 나타난다. 이러한 유효성은 체제에서 모든 외부원인의 변수에 관한 상호의존 변수의 일차적 논리 역행으로 구성된다. 그래서 토론자의 정치참여는 일차식으로 평가되는 가능성에 의해 나타난다. 시험방식은 상관관계에서 편견의 문제를 피하고 고도의 참여에 관련되도록 기술한다. 두 가지 식은 아래의 방법으로 평가할 수 있다.

$$PARTr = a1 + b1\ PARTd + b2\ Zr + u1\ ....(1)$$

$$PARTd = a2 + b3\ PARTr + b4\ Zd + u2\ ....(2)$$

PARTr과 PARTd3는 각각의 응답자와 토론자의 정치참여 활동이다. Zr과 Zd는 각각의 응답자와 토론자에 정치참여에 관한 외부의 사적 영향력의 요인이다.

U1과 U2는 각 식에 관한 무작위의 용어이다. 모든 토론자가 응답자에 의해 선택되기 때문에 토론자 방정식(2) 대한 적절한 계수(공동작용)의 해석은 응답자의 행태가 1단계에서 토론자 행태뿐만 아니라 토론자의 선택에 영향을 주는 가능성에 의해 복잡해졌다. 그래서 단지 응답자 식(1)은 다음의 분석에서 나타난다.

Ⅳ. 분 석

Giles와 Dantico에 의해 정의된 두 가지 개인적 정치참여의 기본유형에 대한 응답자, 정치참여에 관한 토론자의 정치참여 결과, 즉 파업, 정원 표시판 설치(피켓), 자동차 홍보 스티커부착, 등은 <표 3-1>에서 보여주고 있다.

〈표 3-1〉 토론자 정치참여에 의한 개인적 기본참여의 측정

독립변수	파업 참가자 (1984)	피켓 / 스티커
상수(불변의)	−8.4(1.2)	−5.5(.91)
토론자 (파업참가자)	1.9(.72)	−
토론자 피켓 / 자동차스티커	−	3.1(.69)
연 령	.04(.009)	−.005(.007)
교 육	.24(.065)	.063(.047)
수 입	.20(.12)	−.22(.08)
정치에 관심	.70(.079)	.40 (.10)
정당 지지도	.57(.19)	.43 (.19)
사례 수	923	924

토론자 정치참여는 응답자의 정치참여에 관하여 통계적으로 중요한 결과를 갖는다. 대부분 정치적 토론자들은 그들이 파업하거나 피켓을 세우거나 한다고 말하고, 대부분의 응답자들은 그들이 갖는 활동을 수행한다고 말한다. 이러한 결과는 어떤 개인적 정치참여의 기본유형이 이전에 연구에서 제시된 것보다 더 폭넓게 사회적 환경에서 영향받는다는 것을 암시한다.

기리스와 덴티코(Giles & Dantico)가 사용한 사회적 기본참여의 세 가지 유형에 대한 같은 분석의 결과는 〈표 3-2〉에서 보여주고 있다. 토론자 정치참여는 각각 세 가지 유형에 대한 응답자 참여에 통계적으로 중요한 결과는 갖는다.

〈표 3-2〉 토론자의 정치참여에 의한 사회적 기본참여

독립변수	사 무	기부금	집 회
상수(불변의)	−8.2(1.2)	−6.6 (.86)	−6.3 (1.0)
선거운동의 토론자 사무	6.1(1.2)		
토론자의 기부금		2.1 (.49)	
토론자 집회참여			2.3 (.68)
연 령	−.007 (.009)	.02 (.007)	−.004 (.008)
교 육	.10 (.06)	.074 (.004)	.13 (.05)
수 입	.065 (.089)	.18 (.066)	−.05 (.08)

독립변수	사 무	기부금	집 회
정치에 관심	.37 (.13)	.16 (.08)	.23 (.10)
정당지지도	.77 (.26)	.48 (.17)	.51 (.20)
사례 수	924	913	924

토론자는 선거운동에 보다 많은 일을 하고, 돈을 기부하거나, 정치회의, 집회, 저녁만찬에 보다 많은 관심을 갖기 때문에 이러한 행위를 수행하는 응답자의 가능성은 또한 증가한다.

이러한 결과는 참여유형의 사회적 특성을 가져다주지는 않는다. 이러한 계수의 크기의 올바른 해석은 논리모델의 비선형 특징 때문에 어렵다. 좀 더 낳은 결과를 이해하기 위해서 토론참여는 응답자 참여를 갖는데, [그림 3-1]에서 줄거리를 포함하고 있다.

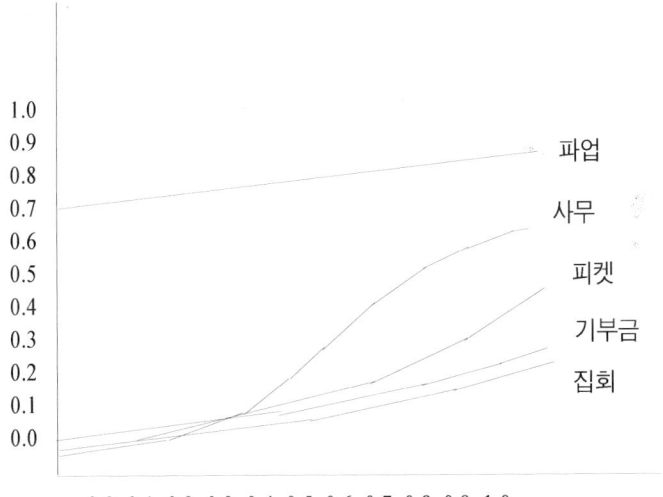

[그림 3-1] 토론자의 정치참여에 의한 개인적 사회적
정치참여기본유형

두 번째 범위로부터 예견된 가능성(응답자가 참여했던 가능성)은 첫

번째 범위(토론자의 참여 가능성)로부터 기구를 만든다. 반면 모든 다른 설명할 수 있는 요인은 그들의 단순가치에 둔다.

먼저 <표 3-1>과 <표 3-2>에서 보여준 응답자 참여는 개인적·사회적 기본 형태에 관한 토론자 참여에 의해 영향을 받는다. 투표자는 예외이지만 토론자가 특정한 행동을 수행할 때 응답자의 참여는 전적으로 비슷하다. 그러나 참여에 토론자에 대한 추세가 증가함으로써 응답자의 참여가능성은 모든 형태에 대해서 증가한다.

둘째로 정치참여의 개인적인 기본형태와 사회적인 기본형태 사이에 실질적인 차이점은 나타나지 않는다. 사실상 가장 심도 깊은 곡선(정원 표시판, 자동차 홍보 스티커, 변틴)은 개인적 참여의 기본형태이다. 다른 개인적 기본활동, 투표자들은 아마도 가장 영향이 적어보이지만 이것은 적어도 응답자의 90%, 토론자의 92%로 보고된 믿을 수 없는 투표율이다.

세 번째는 기부금, 집회참여 회의나 만찬모임에 대한 곡선은 거의 동일한 모습이다. 이러한 유사성은 동시발생 그 이상의 것이고 많은 정치적 모임이다. 만찬의 자금조달의 특성을 지적하고 있다.

V. 결 론

사회적 환경이 정치참여의 각 구성원에게 서로 다른 형태에 많은 영향을 준다고 본다. 먼저 개인적 그리고 사회적 정치참여의 기본 형태 사이의 특성은 아마도 유용하지만, 이것은 특정한 행위가 포함되어야 하는 범주 속에 항상 쉽게 결정되어야 한다는 것은 아니다.

실례로 개인적(피켓, 정원 표시판을 설치하거나, 자동차 홍보 스티커를 부착하거나) 정치참여의 기본 행동은 분리되어 수행된다. 그러나 이러한 행동의 각자에 부합하는 사건들은 종종 사회적으로 구조화된다. 다음으로 사회적 환경으로부터 영향은 어떻게 환경이 측정되는가에 달려 있다. 만약 토론 네트워크를 완벽하게 특정화시킬 수 있다면 그것은 설명에 관한 맥락에 아무것도 남는 것이 없을 것이다. 그러나 이 연구 앞에서 지적 했듯이 토론은 전후 관계상 결과가 보다 하나의 이런 관계상 다른 것들을 갖게 되는 상호작용 그 이상으로 구성될 것이다. 여기서 보고된 결과는 만약 환경이 정치적 토론의 개념에서 특정화된다면, 사회적 환경이 개인적 정치참여 기본 형태에 영향을 줄 것이다.

마지막으로 환경 영향의 모든 연구로써 가능성은 이러한 결과가 사회적 환경을 재강화하기 위한 선택, 한마음의 토론자를 선택한 개인적 산물인 것이다. 정치적으로 비슷한 토론자의 선택이 생긴다는 것은 의심할 수 없는 경우이지만, 여러 증후들은 사람이 자신과 대칭되는 상(像)을 바로 선택하지는 않는다는 것을 지적한다.

첫째, 모델에서 동시성은 이전 선택을 표현하도록 한다. 문제(2)에서 b3 협동은 응답자 정치참여가 토론자 정치참여 여하에 달려 있다는 결과뿐 아니라 응답자의 정치참여가 토론의 선택에 영향 미치는 점에서도 일치한다.

둘째, 토론자라 불리는 사람들은 거의 2700명에서 거의 190 정도 적은 수이다. 각각의 토론자는 그들에 이름 붙여진 같은 이름에 세 가지 선택을 의미하는 토론 참여자에 이름 붙여지도록 한다. 만약 사람들이 그들처럼 다른 사람을 선택했다면 이 구성원은 훨씬 높아질 것이 기대된다.

셋째, 정치적 선호에 대한 토론 파트너 가운데 실질적인 불일치가 있다. 회장의 선택에 관하여 30% 정도가 불일치하고 적어도 45%가 7포인트의 동시비율에 관해 두 가지 충분지점이다.

마지막으로 같은 데이터 분석에서 훅펠드와 스파라구(HuckFeldt와

Sprague)는 개인이 사적 선호에 기초하여 단독으로 토론 참여자를 선택하지 않았고 사회적으로 주어진 기회에 선택하지도 않았다는 것을 알았다.

참고문헌

Eulau, Heinz. (1986). *Politics. Self. and Society*. Cambridge: Harvard University Press.

Giles, Michael W., and Marilyn K. Dantico. (1982). "Political Participation and Neighborhood Social Context Revisited." *American Journal of Political Science* 26: 144-50.

Hanushek, Eric A., and John E. Jackson. (1977). Statistical *Methods for Social Scientists*. New York: Academic Press.

Hauser, Robert M. (1974). "*Contextual Analysis Revisited.*" *Sociological Methods and Research* 2: 365-75.

Huckfeldt, Robert. (1979). "Political Participation and the Neighborhood Social Context." *American Journal of Political Science* 23: 579-92.

Huckfeldt, Robert. (1986). *Politics in Context: Assimilation and Conflict in Urban Neighborhoods*. New York: Agathon Press.

Huckfeldt, Robert, and John Sprague. (1987). "Networks in Context." *American Political Science Review* 81: 1197-1216.

Huckfeldt, Robert, and John Sprague. (1988). "Choice, Social Structure, and Political Information: The Information Coercion of Minorities." *American Journal of Political Science* 32 :467 -82.

I. 서 론

　정치참여의 개념은 다양한 분석유형으로 분류될 수 있는 하나의 광범위한 별개의 행태로 이루어졌다. 물론 하나의 기본유형은 민주적 정치참여이다. 투표, 정당 또는 후보를 위한 캠페인, 정치인과의 접촉 그리고 지역에서 정치적 활동에 참여하는 서로 다른 일련의 관례적 행태로 하위분류될 수 있다. 게다가 소위 관례에 얽매이지 않는, 마치 경쟁과 보이코트, 파업과 같은 민주적 참여가 바로 그것이다. 모든 민주적 형태의 일반적 특징은 단순히 민주적 정치체제하에 정치적 권위에 영향력을 행사하도록 허용되는 또는 법적 방법이다. 다음으로 두 번째 기본유형은 탈법이라는 정치행태인 공격적 정치참여이다. 공격적 정치

---

1) Muller, Edward N. (1982). "An Explanatory Model for Differing Types of Participation", *European Journal of Political Research* 10. 1－16.의 내용을 번역 요약한 내용임.

참여는 시민의 불복종과 정치 폭등과 같이 하위로 분류될 수 있다.

과거 30여 년의 대부분의 연구는 왜 사람들이 민주적 행태에 참여하는가? 또는 왜 공격적 행태로 정치참여를 하는가에 초점이 모아졌다. 정치참여의 연구에서 중요한 현재 연구의 중요성은 참여의 두 가지 유형의 통합된 설명모형의 발전이다. 통합된 설명모형에 필요는 적극적 관계가 지속적으로 민주적 지지자와 공격적 참여에 주목되어 왔다. 민주적, 공격적, 정치참여의 사이에 긍정적 관계는 적어도 민주주의 국가에서 가능한 광범위한 현상이다. 여기서 기본유형의 해석적 설명은 다른 측면을 고려해야만 한다. 민주적 그리고 공격적 정치참여가 변화에 상관되거나 또는 의존되기 때문에 그들의 인과적 선례를 연구에 절차로 충당하고 동시에 그들을 모형화하는 것이다. 인과모형이나 예측 균등의 분리의 기초에 민주적, 공격적 참여의 선례에 대한 정의적 결론에 도달하는 것은 가능하지 않다. 민주적이고 공격적 정치참여의 분리 분석은 특별한 그리고 일반적인 차이를 구별할 수는 없다.

이 책에서는 공격적 정치참여가 민주적 정치참여를 포함한 **기대가치 규범모형**에 관한 하나의 통합된 설명모형으로 설명하는 과제에서 시작된다. 기대가치 규범모형은 피시베인(Fishbein 1967)에 의해 제안된 일반 행태이론으로부터 시작되었다. 그래서 기대가치규범이론모형은 일반적으로 정치참여에 적용하는 것은 상당히 적절하다. 오프와 그에 동료(Opp et al. 1981)는 민주적, 공격적 정치참여(합리적 선택모형에 기초한)에 **경제모형**에서 시험을 서독 데이터를 사용해 왔다. 기대가치규범모형은 합리적 선택모형의 항목에서 적용될 수 있고 그래서 우리의 이론적 접근을 원천적으로 보충하는 것이다.

Ⅱ. 해 석 모 형

Opp와 그의 동료의 경제모형은 일차방식에 의해 나타난다.

$$\text{UPP(or CPP)} = a + b(\text{InCt}) + c(\text{Norms}) + d(\text{Exp}) - e(\text{Loy}) - f(\text{Eff}) - E \ldots\ldots(1)$$

UPP = 비관행적 정치참여
CPP = 관행적 정치참여
Inct = UPP 또는 CPP의 수단에 의한 박탈의 내부 통제
Norms = UPP(CPP)에 대한 규범의 승인
EXP = UPP(CPP)에 부응한 다른 사람의 적절한 기대
Loy = 국가에 충성
Eff = UPP(CPP)를 수행하기위한 노력
E = 오차 개념

문제 (1)의 대부분의 변수는 저자가 사용했던 방법과 동일하다. 그래서 비관행적 정치참여는 공격적 행태라 말한다. 상대적 박탈감×국가에 대한 책임감은 구조적 응분의 박탈감이고 인지된 영향력은 개인적인 정치적 영향력의 총체라고 말한다. 규범의 승인은 정치적 관련의 바람직함이라고 말하고 Upp(Cpp)의 수행능력은 총체적 행위에 대한 유용성이라고 말한다.

Opp의 모델과 그의 동료는 다음과 같이 논의하고 있다.

$$\text{APART(or DPART)} = a + b(\text{Inct}) + C(\text{Import}) + d(\text{Exp1}) + e(\text{ALIEN})$$
$$+ f(\text{AVAIL}) - E \ldots\ldots\ldots\ldots\ldots\ldots\ldots\ldots\ldots\ldots\ldots\ldots(2)$$

APART＝공격적 정치참여

DPART＝민주적 정치참여

Inct＝구조적 가치보상의 박탈감의 생산 그리고 개인적, 정치적 영향
　　력의 총체

Import＝일반적으로 정치관련 바람직함과 중요성

Exp1＝공격적 정치참여와 민주적 정치참여에 관한 다른 사람의 기대

ALIEN＝정치체제에 대한 영향, 지지에서 소외의 범주

AVAIL＝몇 가지 유형의 집단적 정치참여의 매개변수

Opp와 그의 동료들은 공격적 정치참여와 민주적 정치참여의 매개변
수를 측정했다. 방식은 (2) 또는 (1)로 공식화된다.

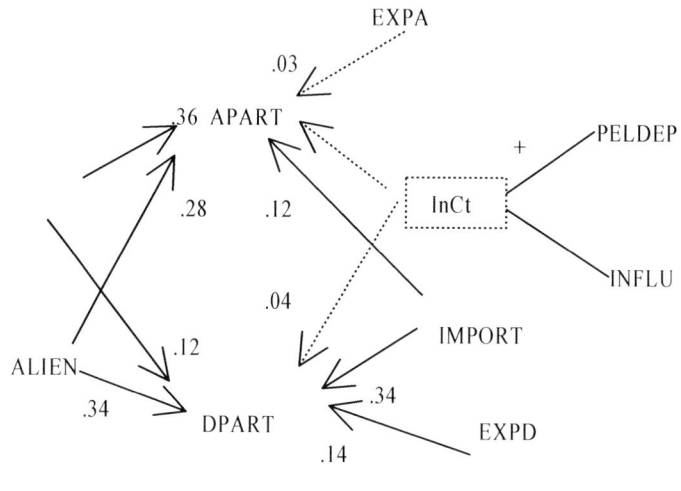

[그림 4-1] 경제모형

EXPA(공격적 정치참여에 대한 다른 사람의 기대)는 APART(공격적
정치참여)에 대한 편차에서 사용되었다. 반면 EXPD(민주적 정치참여에
대한 다른 사람의 기대)는 민주적 정치참여에 대한 편차에서 사용되었

다. <그림 4-1>은 그 결과의 도식표이다. 구성원들은 공동작용의 통로이다. 화살표시는 미세한 결과를 지적하고 있다. InCt=(a+b)변수는 내부통제라 불리는 상호작용인데, 상대적 박탈감과 인지된 영향력(상호작용에 정의로서 적극적으로 연결된)의 산물로써 정의된다.

APART(공격적 정치참여) DPART(민주적 정치참여) 사이에 어떤 영향력의 경로도 없음을 주목해야 한다. 왜냐하면 민주적 정치참여에 대한 예심의 방식에서 공격적 정치참여를 포함하지 않는다. 반대로 결과적으로 경제 모델은 공격적 정치참여와 민주적 정치참여 사이에 상관성을 0으로 나타난다(또는 UPP와 CPP는 r=.62(N=2.373)로 상관되어 있다.

EXPA(공격적 정치참여에 대한 다른 사람의 기대)의 직접적 영향은 대체로 중요하다. EXPA의 변수는 독일연방 공화국에서 각각의 공격적 행동을 보이려는 실례로 응답자에 의한 인식으로써 모든 시민들의 전체 비율이다.

Opp와 그의 동료가 정확하게 지적한 것처럼 독일연방에서 모든 시민들은 공격적 정치행동에 참여하는 개인들에 대한 침묵하는 집단과 아마도 일치하지는 않는다. 공격적 행동에 정치참여를 해왔던 그리고 지속적으로 하려고 하는 응답자들은 일반시민의 기대에 차이가 거의 없다. 반대로 민주적 행위에서 정치참여를 해왔거나 계속하려고 하는 응답자는 사실상 일반시민의 규범적 기대에 대한 인식으로 영향을 받는 것으로 나타난다. 그러나 내부통제의 변수는 참여의 두 가지 형태에 대한 경향을 갖는 것으로 측정된다. 인지된 영향력의 변수는 응답자가 정치참여에 대해서 보통 받아들일 수 있는 방법론에 얼마나 많은 응답자의 생각에 대한 의견을 유도하는가이다. 인지된 영향력은 상대적 박탈감을 좌절시킨다고 예측할 수 있다.

만약 그들이 현 정권하에 상당한 영향력을 갖고 있다면 바로 그것은 정치참여에 대한 시민의 동기이다. 이는 상대적 박탈감이 억제될지도 모르기 때문이다. 그리고 공격적 정치참여와 상대적 박탈감 사이에 보다 공격적 참여와 내부 통제 변수 사이에 상관관계가 더 적은 결과를 보이고 있다.

APART와 구조적 박탈감 사이에 상관관계는 r =.437이다.

APART와 구조적 박탈감 사이의 상관관계×전체 개인의 정치적 영향력은 r =.406(N =2,153) 각각의 경위이다. 또한 민주적 정치참여를 생각해 보면, 내부통제의 변수가 응분의 박탈감이나 상당히 부분적으로 인지된 영향력에 대한 아무런 개선점이 없다.

DPART와 구조적 응분의 박탈감과의 상관관계는 .297이고 DPART와 전체 개인의 정치적 영향력은 .273이고 DPART와 구조적 응분의 박탈감과의 상관관계×인지된 영향력은 .285(N =2,293 각각의 경우)이다.

이 글의 가설에서 개인은 인지된 영향력 그러나 상대적 박탈감에 의해서가 아닌 민주적 행태를 형성하기 위해 활동한다. 상대적 박탈감과 민주적 정치참여 사이에 두 상관관계는 가식적이거나 간접적인 결합이다. 상대적 박탈감이 공격적 참여에 확실하게 관련되어 있다는 사실 때문에, 그것은 차례로 민주적 정치참여와 상당히 관련되어 있다. 이러한 경우, 민주적 정치참여를 설명하는 목적에 대해 상대적 박탈감에 의한 인지된 영향력에 무게를 두는 것은 불필요할 것이다.

경제모형과 다른 대안의 제시는 **기대가치규범(EVN)모형**이라 하다. EVN(기대가치규범모형)은 경제모형 변수와, 즉 전체 공격의 효율성에서 응답자의 신념과 좌우 이데올로기적 지속성에 대한 사람의 지위, 두 개 이상의 변수에 놓여 있다.

[그림 4 -2]는 기대가치규범모형에서 추측된 원인 결과의 도식을 내타내고 있다.

INSUF(정치적 영향력의 불충분성) 변수는 상호작용개념, 즉 정치적 영향력의 불충분성을 증명한다. 정치적 영향력의 고도의 불충분성은 정치와 관련된 중요한 욕망이 인지된 실제 영향력보다 과도할 때 나타난다.

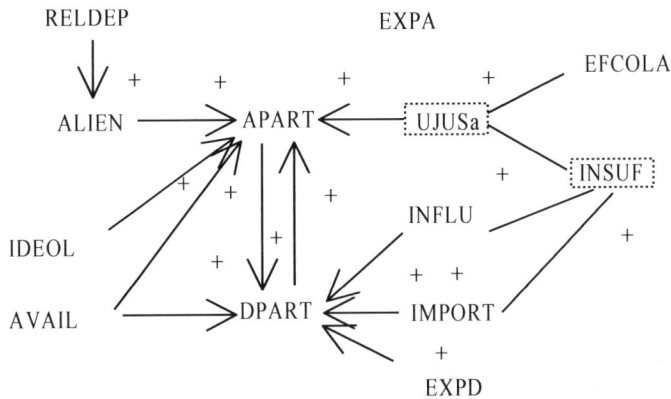

[그림 4-2] 기대가치규범모형

그래서 IMPORT(정치관련 중요성)와 INFLU(개인의 정치적 영향력)
변수는 다른 표시에 의해 INSUF(정치적 영향력의 불충분성) 상호작용
개념에 관련된다. 왜냐하면 정치적 영향력의 불충분성은 관련의 중요성
이 높고 실제 영향력은 낮다는 범위에 보다 더 크다. 관련성의 고도의
중요성과 낮은 실제 영향력은 응답자가 규범의 민주적 절차의 방식에
의해 불충분한 정치적 영향력을 가진 응답자의 입장에서 느낌을 받아
야 하는 상태이다. 이러한 상태에서 공격적 정치참여는 민주적 정치참
여에 하나의 대안으로서 그들에게 가치를 가져야만 한다. 반대로
INPORT와 INFLU는 민주적 정치 참여에 대한 직접적인 습관의 영향
을 받는다. 정치참여의 기본유형과 INPORT와 INFLU의 변수 사이에
예상된 상관관계에서 분명한 차이점은 다음과 같다. 즉 민주적 정치참
여는 개인의 인지된 실제 영향력이 정치관련 중요성에서 신념이 높고
일치한 개인이 선호하는 대안이 될 것이다. 반대로 공격적 정치참여는
인지된 실재 영향력이 정치관련 중요성에서 신념이 낮고 불일치하는
개인이 선호하는 대안 될 것이다.

비록 공격적 정치참여가 불충분한 정치적 영향력의 상태를 경험한

응답자를 평가할 수 있을 수는 있으나, 공격적 정치참여는 많은 비용을 필요로 할 수 있다. 그래서 공격적 정치참여의 성공가능성에 대하여 신중한 생각을 하지 않는다면 사람들이 공격적 활동에 관련지으려 하지 않을 것이다. 공격적 행동의 문제 성공적 결과의 좋은 표준수치는 그런 행위에 관련되어 있는 다른 집단에서 무슨 일이 일어나는가에 관심을 둔다. 그러한 원인에 도움이 되었는가 해를 끼쳤는가? EFCOLA에 의한 증명된 변수, 모든 정치적 공격의 효율성은 공격적 행태가 과거에 의견이 다른 집단운동의 원인이 되었던 것을 믿는다. 정치적 영향력의 불충분은 상호작용 변수 UJUSa를 만드는 총체적 공격의 효율성에 의해 증대된다. UJUSa(상호작용변수) 개념은 대개 다음과 같다.

(1) 공격적 참여의 확실한 비용은 적은 영향력으로 응답자에 잠재적 가치에 비중을 둘 것이다.

(2) 그러나 만약 적은 영향력을 갖는 응답자는 공격적 행동이 과거에 의견이 다른 집단의 원인이 되었던 것을 인식한다면, 그래서 총체적 공격적 참여의 효율성의 인식을 끌어내는 성공의 기대는 비용을 지불할 것이다.

(3) 그러므로 적은 현재 영향력과 함께 성공의 기대는 수행능력을 향상시키기 위한 한계 만족에 공격적 행태의 유용성을 올리기 위한 위험한 결합이다. 그래서 UJUSa 개념은 EFCOLA와 INSUF의 상호작용에서 나오는 공격에 대한 유용한 정당성을 의미한다.

민주적 정치참여는 공격적 행동에 벌과금으로써 비용의 대가를 수반하지는 않는다. 성공변수의 기대로써 공격적 정치참여(부가적 기능으로써 특정화된)의 가치의 무게를 두는 것은 중요치 않다고 생각한다. 게다가, 관련과 인식된 실제 영향력의 중요성, EXPD 변수 다른 사람의 기대―이런 경우 인식된 사회적 승인은 민주적 정치참여 그러나 공격적 정치참여는 아닌 가치를 향상시키도록 하고 있다.

Opp와 그의 동료는 간단히 다음과 같이 주장하고 있다.

모든 정치참여는 시간과 노력을 수반한다. 시간과 노력의 대가는 정식 고용자가 아닌, 또는 미혼의 또는 젊은 응답자에 대해서 보다 덜 준엄하다.

AVAIL(전체 행동에 대한 유효성)은 고용자 지위 기혼자 젊은이들을 고려한 지표이다. 집단행동에 대한 유효성은 공격적 그리고 민주적 정치참여 노력의 대가가 줄기 때문에 직접적으로 영향을 미칠 것이다. 하나는 민주적 정치참여의 방침이 경쟁을 유도함으로써 어떤 활동을 압도한다는 사실에 주목한다. 정치적 관점에서 그리고 합법적 데모에 참여하고 게다가 캠페인 활동에 가장 보수적인 민주적 행태를 시도하면서, 민주적 정치참여는 단지 캠페인 활동에 의해서만 측정될 수 있는가. 민주적 정치참여의의 제도화된 하부유형이 사회경제적 특징에 의해 영향받기 때문에 AVAIL과 DPART 사이에 관계는 없다. 민주적 정치참여의 하부유형의 분석은 미래연구를 위한 하나의 주제이다.

정치체제와 이념적 신념으로부터 소외는 공격적 정치행태에 대한 규범적 정당성을 제공해 준다. 이러한 규범적 정당성은 공격적 정치참여로부터 '의약수입'을 올리고 결과적으로 개인에게 공격적 행동의 유효성을 끌어올린다. 공격적 정치참여로부터 심리학적 이익은 소외된 개인에 대한 가장 중요한 동기의 근원이 된다고 가정한다. 특히 극단적인 좌우 이념은 공격적 정치참여 행태를 설명하고 있다. 그리고 극단적 좌우 이념적 신념의 사람들은 만약 그들의 이념적 위상이 정당하다면, 공격적 행동에서 심리적 이익을 이끌어낼 것이라고 기대할 수 있다. 좌우 연결에 의해 정의된 이데올로기의 추정된 결과는 곡선(+)이지만 곡선은 독일연방 공화국에서처럼 현재 민주주의 국가에서 좌파에 보다 강하게 나타난다.

ALIEA와 IDEOL변수는 직접적으로 민주적 정치참여의 영향력을 기대하지는 않는다. 정치체제로부터 소외는 민주적 행태에 대한 규범적 정당성의 근원은 아니다. 만약 정치체제로부터 소외가 민주적 정치참여에 상관되어 있다면, 민주적 정치참여를 포함한 행태적 사례를 확대하기 위해 공격적으로 계속해서 정치에 참여하는 소외된 개인이라는 사

실 때문일 것이다. 이데올로기는 민주적 참여 영향력을 기대하지는 않
는다. 왜냐하면 좌우 이념적 범위의 중심에서 이데올로기적 신념을 갖
는 개인들은 IDEOL와 DPAPT 사이에 체계적 연합의 부패 때문에, 민
주적 활동에서 참여할 것이다. 만약 이러한 변수가 곡선이나 직선으로
관련된다면, 상관관계는 다시 공격적 정치참여를 중재하는 메커니즘이
될 것이다.

상대적 박탈감(RELDEP)은 정치체제로부터 소외를 중재하는 메커니
즘을 통한 공격적 정치참여에 직접 영향력을 갖는다고 추정한다. 만약
상대적 박탈감이 민주적 정치참여와 상관되어 있다면, 상관관계는 소외
와 공격적 정치참여의 중간정의 간접적 원인(인과관계) 두 방향으로 움
직인다. APART와 DPART을 연결하는 두 개의 화살표시는 상호간의
인과관계의 가능성을 가리키고 있다. 개인이 하나의 활용유형에 반드시
참여할 것이지만 다른 사람은 참여하지 않을 것이라고 기대하는 것은
앞의 이론적 이유를 강요하지 않는다. APART와 DPART 사이의 직접
적 영향력의 실제경로와 외부의 변수로 비교한 결과의 확대는 하나의
재미있는 경험적 문제이다.

III. 결   과

공격적 정치참여의 측정은 다섯 가지 행태를 의미한다. 즉 ① 공장
점령(직장과 다른 건물), ② 월급, 임차 세금, ③ 싸움에 참여(경찰과
다툼) 다른 파업에 분쟁, ④ 자발적으로 정부를 전복하려는 집단의 참
여, ⑤ 폭넓은 파업에 참여이다. 여기서 4가지 형태는 민주적 정치참여
의 측정에 포함된다. ① 캠페인에서 경쟁이 참여, ② 선거운동에서 정

당이나 입후보자를 위해 일하기 위한 시간할애, ③ 합법적으로 허용하는 범위 안에서 정치파업에 참여, ④ 개인의 정치적 견해에 대한 전환을 성공시키기 위한 노력이다.

군부는 민주적 정치참여의 측정에서 포함하지 않았다. 왜냐하면 정치참여의 법적 허용이 아니기 때문이다.

Opp와 그의 동료는 이것을 예외적인 정치참여 측정에 포함시켰다.

각 행동에 정치참여는 만약 응답자가 응답하려 않는다면 '거부'로 분류하고 만약 응답자가 아직 하지 않았다면 '과도기'로 분류했다. 만약 응답자가 했거나 다시 하려고 한다면 '적극적'이라고 분류했다. 0의 기록은 부정의 범주에 표시한다. 1은 과도기적 범주이다. 2는 적극적 범주이다.

공격적 정치참여의 변수의 범주는 0에서 10이다. 사례 수는 2,237명이고 평균은 1.17, 표준편차는 1.87이다. 민주적 정치참여의 범주는 0에서 8이다. 사례 수는 2,383건이고, 평균은 4.21이고 표준편차는 2.81이다. 공격적 정치참여와 민주적 정치참여의 상관성은 N=2.178에 대한 .57이다. 정치적 영향력의(INSUF)의 변수의 결점은 세 가지 범주에 속한다. '불필요'는 0, 충분함은 1, 그리고 불충분은 2로 나타낸다.

정치관련 낮은 요구 / 중요성은 불필요한 범주에 세분한다. 개인의 정치적 영향력은(INHU)은 정치관련 요구 / 중요성과 같거나 더 큰 개인적 정치 영향력은 충분 범주를 한정한다. 그리고 정치관련 요구 / 중요성보다 덜 중요한 개인의 정치적 영향력은 불충분 범주에 속한다.

집단의 공격적(EFCOLA)의 변수의 효율성은 0에서 7까지 범주의 목록이다. 서로 다른 집단의 세 가지 다른 공격적 행태의 전체 기록은 다음 세 가지로 이루어지는데 피해를 입었으며 0, 피해도 없고 도움도 없으면 1, 도움을 받았으면 2로 표시한다.

공격(UJUS)적 변수에 대한 유효한 정당성은 EFCOLA×INSUF를 만드는 것이다. 분석의 처음과제는 APART, EFCOLA와 INSUFI 사이에 상관관계의 유형이 복합적 상관관계에 의해 가장 잘 설명할 수 있는가를 결정하는 것이다. UJUSa, 추정하면 가설된 문제는 다음과 같다.

$$ARART = a + b1(INSUF) + b2(EFCOLA) + b3(UJUSa) + E \dots (3)$$

(UJUSa는 INSUF×EFCOLA에 정의된다.

예측은 b1과 b2(거의 0에 가까운)평가가 된다. 매개변수 평가는 반드시 두 시간과 1시간 30분이 되어야 한다.

OLS의 의한 (3)의 평가는

$$APART = .154 + .163INSUF - .107EFCOLA + .305UJUSa \dots (4)$$
$$(.089) \qquad (.068) \qquad (.043)$$

$R2 = .25(N = 1874)$

표준오차는 괄호 안에 표시한다. b1과 b2의 매개변수측정은 그 표준오차 2½보다 적다. 그것들은 사소한 것으로 간주되고 (4)에서 줄이는데,

$$APART = .378 + .377UJUSa \dots (5)$$
$$(.015)$$

$R2 = .25$ (N = 1874)로 추정된다.

어떻게 이러한 변수가 DPART와 관련되는가를 결정해야만 하는데, DPART를 대신한 APART의 (3) 매개변수 평가는 다음과 같다.

$$DPART = 2.441 + 1.148INSUF + .130EFCOLA - .153UJUSa \dots (6)$$
$$(.129) \qquad (.100) \qquad (.062)$$

$R2 = .20$ (N = 2008)

EFCOLA와 UJUSa의 매개변수 측정은 표준오차 2½보다 크지 않다.

(6)은 단지 INSUF변수를 DPART의 예측으로 방식을 줄일 수 있다. INFLU와 IMPORT는 다음 식의 측정으로 추정된다.

$$DPART = a + b1(INFLU) - b2(IMPORT) - b3(INSUF) + E \dots (7)$$
$$DPART = -.979 + .786INFLU - 1.628IMPORT + .382INSUF \dots (8)$$
$R2 = .33(N = 2166)$

b3 매개변수는 표준오차 2½ 크기 때문에 사소한 것이라고 결론내릴 수는 없지만, 표준가치는 적은 (.105)이다. 그래서 고선의 사례로 보

이는 것이다. INSUF의 배제의 결과는 다음과 같다.

$$DPART = -1.024 + .633INFLU - 1.99IMPORT \quad \dots\dots\dots\dots\dots(9)$$
$$(0.78) \qquad\qquad (.068)$$

$R2 = .33(N = 2166)$

INSUF는 충분가치로 나타난다. 왜냐하면 INFLU와 IMPORT에 제공된 것과 비교하여 DPART의 예측의 정확성에서 개선된 것은 없다. 기대가치규범모형의 방식은 다음과 같다.

$$APART = a + b1(DPART) + b2(UJUSa) + b3(AVAIL)$$
$$+ b4(ALIEN) + b5(IDEOL) - b6(RELDEP) - E \quad \dots\dots\dots(10)$$

그리고

$$DPART = c + d1(APART) + d2(INFLU) + d3(IMPORT)$$
$$+ d4(EXPD) - d5(AVAIL) + D6(ALIEN)$$
$$+ d7(IDEOL) - d8(RELDEP) - E$$

예측할 수 있는 것은 b6, d6, d7과 d8의 매개변수의 미세한 평가이다. (10)에 DPRAT와 (11)에 APART의 존재로 인한 동시 발생적 편견 때문에 적당히 평가할 수 없는 구조적 방식이 있다. 동시 발생적 편견문제는 응답 또는 내부원인의 가치를 포함하지 않은 방식에서 APART와 DPART의 예측 가치를 먼저 평가함으로써 고칠 수 있다. 그러면 APART와 DPART의 예측 가치, 증명된 APART와 DPART는 (10)과 (11)으로 대체할 수 있다. OLS역행에 평가된 방식을 줄이면 다음과 같다.

$$APART = a + b1(UJUSa) - b2(AVAIL) + b3(ALIEN)$$
$$+ B4(IDEOL) - b5(REDEP) - E$$
$$DPART = c + d1(INFLU) - d2(IMPORT) - d3(EXPD)$$
$$- d4(AVAIL) - d5(ALIEN) - d6(IDEOL)$$
$$- (RELDEP) - E$$

APART, DPART, UJUSa, INFLU와 IMPORT변수는 이미 설명했다. AVAIL변수는 개인이 결혼을 했던(1) 안했던(0) 또는 개인이 고용이 되었던(2) 안 되었던(0) 간에 개인의 연령에 전체로써 한정된 총체적 행동에 대한 유효성의 측정이다.

기대가치 규범모형에서 변수 사이의 상호관계의 장점은 <표 4-1>에서 보여주고 있다.

〈표 4-1〉 상호관계의 장점: 기대가치규범모형

	APART	DPART	APART*	DPART*	INFLU	IMPORT	UJUSa	EXPD	AVAIL	ALIEN	IDEOL
DPART	.52										
APART*	.73	.54									
DPART*	.59	.67	.78								
INFLU	-.01	.19	-.09	.28							
IMPORT	.32	.50	.46	.75	.18						
UJUSa	.48	.37	.66	.46	-.14	.51					
EXPD	.23	.35	.22	.52	.28	.75	.11				
AVAIL	.54	.50	.75	.75	.04	.31	.30	.26			
ALIEN	.53	.29	.72	.42	-15	.25	.35	.08	.43		
IDEOL	.48	.33	.65	.50 -	.04	.23	.29	.13	.27	.35	
RELDEP	.41	.24	.57	.35 -	.09	.20	.30	.09	.29	.46	.25

PART*와 APART*은 (10)과 (11)에 각각 넣어 보면, 다음과 같은 매개변수 평가가 나온다.

$$APART = -2.174 + .103DPART^* + .157UJUSa + .198AVIL \quad ....(14)$$
$$(.038) \qquad\qquad (.017) \qquad\qquad (.024)$$
$$+ .039ALIEN + .207IDEOL + .046RELDEP$$
$$(.005) \qquad\qquad (.021) \qquad\qquad (.009)$$

$R^2 = .53 \ (N = 1346)$

$$DPART = .681 + .599 \ APART^* + .584INFLU + .972IMPORT \quad ....(15)$$
$$(.148) \qquad\qquad (088) \qquad\qquad (.094)$$
$$+ .021EXPD - .169AVAIL - 193ALIEN$$
$$(.002) \qquad\qquad (.047) \qquad\qquad (.009)$$
$$- .047IDEOL - .013RELDEP$$
$$(.045) \qquad\qquad (.016)$$

R2 =.46 (N =1346)

(14)에서 b6의 매개변수 평가—APART에 대한 RELDEP의 결과를 설명—가 크게 증가될 거라는 예측은 계속되지 않았다. 반대로 ALIEN, IDEOL과 DPART의 결과를 설명한 (15)에서 d6, d7과 d8의 매개변수 평가의 예측은 통계에 의해 유지되었다. 기대가치규범모형은 공격적 정치참여를 고려할 때 예측의 정확성을 보이고 있다. R =.53과 예측의 정확성은 경제모형에 의해 설명된 민주적 정치참여와 같다. 변수 사이의 직·간접적 영향력은 표준화된 부분적 역행의 공동작용을 시험함으로써 비교되었다. [그림 4-3]은 표준화된 역행의 공동작용을 보여주고 있다.

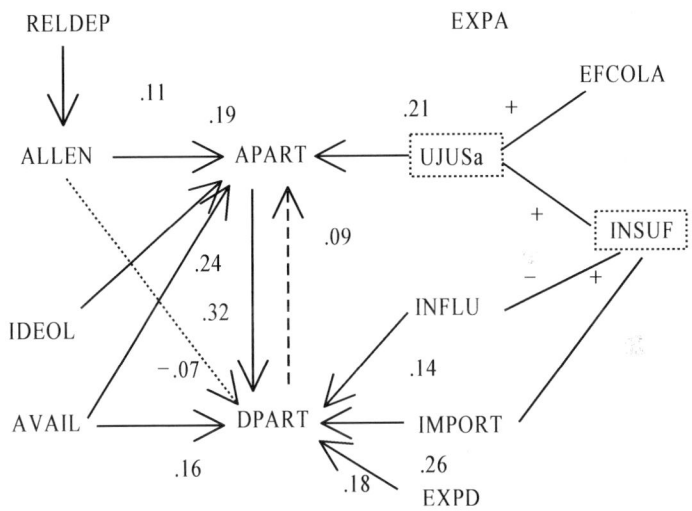

[그림 4-3] 기대가치규모형의 결과

경제모형과 기대가치규범모형 사이에 주요한 차이점은 민주적 정치참여에 대한 공격적 정치참여의 직접적 영향의 후반에서 나타난다.

공격적 정치참여와 정치적 지지나 소외(r =.29), 좌익 이념적 신념(r =.33)과 상대적 박탈감(r =.24) 사이에 적극적 상관관계에 대한 이유는 사람들이 소외되었거나 급진적 이데올로기를 갖거나 상대적 박탈감이 공격적 행태에 참여함으로써 정치적으로 활동을 하는, 그래서 행태적 관행으로 민주적 활동을 포함하는 사람들이다.

경제모형은 민주적 참여에 대하여 정치적 지지나 소외 긍정적 직접 결과가 있다는 사실을 알 수 있다. 기대가치규범모형에서는 영향력의 부정확한 경로를 보이고 있다. 어떤 경우에는 체제를 지지하는 사람들이 체제에 소외되는 사람보다 더 민주적 행태에 참여하려는 것처럼 정치적 지지나 소외가 민주적 정치참여에 부정적 영향을 갖는다. 그러나 이런 결과의 크기는 상당히 작다. 기대가치규범모형에서 공격적 정치참여에 대한 정치적 지지나 소외의 직접 영향은 경제모형에 대한 평가의 영향보다 상당히 적게 나타난다.

이것은 경제모형이 이데올로기를 포함하고 있지 않기 때문이며, 정치적 지지나 소외와도 상당히 관련을 갖기 때문이다. 그리고 경제모형은 상대적 박탈감을 허용하지 않는다. 또 하나의 직접 역할을 하는 정치적 지지나 소외의 확실한 관계이다. 경제모형에서의 공격적 정치참여에 관한 정치적 지지나 소외의 직접 영향은 기대가치규범모형에서 이데올로기와 상대적 박탈감을 갖는다. 기대가치규범모형에서 공격적 상호작용 변수에 대한 실용주의적 정당성은 경제모형에서의 내부통제 상호작용 변수에 최상의 대안이다.

IV. 결 론

민주적 정치참여는 공격적 정치참여와 관련되기 때문에, 어떤 정치참여의 일반적 이론은 두 가지 기본유형의 통합된 설명모형을 발전시켜야 한다. 이 연구는 그러한 방향의 첫 단계 결과로 알려진다. 재미있는 발견은 민주적, 공격적 정치참여의 동시적 '등식'모형은 다음과 같은 평가를 나타낸다.

1. 민주적 정치참여는 표준적 정치 효율성과 심리학적 관련 변수에 의해 직접적으로 영향을 받는다. 정치적으로 관련된 것이 중요하다고 느끼는 사람들과 민주적 행태에 참여하려는 개인적 정치적 효율성의 강한 의지를 느끼는 사람들이다. 그리고 그들은 민주적 유형에 그들의 행태적 목록을 한정하려고 한다. 그들이 공격적 정치참여 행태의 행동을 포함하는 행태적 목록을 설명하는 가벼운 추세이다.

2. 개인적 정치참여의 효율성의 낮은 인식과 높은 심리학적으로 관련되어 있는 사람은 공격적 정치참여를 선택하려 한다. 만약 그들이 그렇게 생각하면 공격적 정치참여는 좋은 성공의 기회를 제공한다. 공격적 행동에 정치참여를 한번만 해 보면, 대다수 많은 개개인들은 경쟁을 이끄는 민주적 행태의 종류를 포함하기 위해 그들의 행태적 목록을 계속 확대시킨다.

3. 공격적 정치참여는 간접적으로 영향을 받은 두 가지 변수에 의해 공격적 정치참여의 중개를 통해 또 민주적 정치참여를 통해 영향을 받는다. 이것은 좌파적 이념적 신념과 상대적 박탈감이다. 또한 정치체제로부터 소외는 공격적 정치참여와 공격적 정치참여 변수에 중개를 통한 민주적 정치참여에 간접적으로 연결된다. 게다가 정치체제로부터 소외는 민주적 정치참여에 관한 부정적 영향을 보여주고 있다.

정치참여의 일반적인 종합 설명모형에 관해 결론적 연구는 공동체 맥락에서 사회경제적 재원, 조직에 가입, 정치적 가치우선권, 여기에 조사된 것보다 정치적 평가처럼 특별한 설명변수를 생각해야만 한다. 이러한 변수들은 민주적 그리고 또는 공격적 정치참여의 설명을 향상시키거나, 그들은 평가된 결과 형태(예를 들면, 공격적 정치참여에 대한 예측 방식의 보다 복잡한 형식은 상대적 박탈감의 직접 결과가 없다는 것을 발견할 수 있다)를 바꿀 수 있다.

정치행태에 대한 개인적 동기는 어떤 합리적 선택이나 유효한 가설을 공유하는 두 가지 선택적 모델로 시작하는 것은 유효한 것처럼 보인다. 지금은 다른 접근법을 고려해야만 한다. 이러한 발견의 일반성을 정해야 할 필요성은 특히 중요하다. 이 분야의 특별한 관심은 공격적 정치참여에 관한 민주적 정치참여보다 더 민주적 참여에 관한 공격적 정치참여가 훨씬 더 강한 직접 결과의 발견이다.

이런 유형의 사람들의 활동을 제한하는 민주적 정치참여에 직접영향을 미치는 변수의 응답에 참여하는 사람들에 대한 일반적 경향이 있는가? 그리고 민주적 활동을 포함하는 그들의 행태적 목록의 확산을 계속하여 공격적 정치참여의 영향을 받은 변수의 응답에 참여하는 사람들에 대한 일반적 경향이 있는가? 국가 간의 비교연구에서는 이런 중요한 질문에 해답의 목적은 필수적이다.

참고문헌

Anher, H.B. (1976). Casual Modeling. Beverly Hills: Sage.

Barnes. S.H., Kaase, M. et al., (1979). Political Actions, Beverly Hills: Sage.

Citrin, J., McClosky, H., Shanks, J.M., and Sniderman. P., (1973). "Sources and Consequences of political Alienation: A Progress Report on Indicator Development," paper delivered at the conference. Public Support for the Political System, Madison, Wisconsin, August.

Fisbein. M. (1967). "Attitude and the Prediction of Behavior," in M. fishbein, ed., Readings in Attitude Theory and Measurement, New York: Wiley.

Milrath, L. W. and Goel, M. L. (1977). *Political Participation*, 2nd edition, Chicago: Rand MeNally

Muller, E. N.(1977). "Behavioral Correlates of Political Support," *American Political Science Review* 71. 454-67.

Muller. E. N. (1977). "Mass Politics," *American Political Science Review* 21. 63-88.

Muller. E. N. (1978). "Ein Modell Zur Vorhersage Agressiver politischer Partizipation," *Politische Viertejahresschrift* 19. 514-58

Muller, E. N. (1981). "Theories of Revolution: Rational Choice Psychological Benefits and Relative Deprivation," paper delivered at the Annual Meeting of the Midwest Political Science Association. Cincinnati, Ohio, April.

Muller, E. N. and Jukam, T. O. (1977). "On the Meeting of Political Support," *American Political Science Review*, 71, 1561-95.

Opp, K. D., Burow Auffarth. K. and Heinrichs. U. (1981). "Conditions for Conventional and Unconventional Political Participation: An Empirical Test of Economic Sociological Hypotheses European *Journal of Political Research* 9, 147-68.

Seligson M. A. (1980). "Trust, Efficacy and Modes of Political Participation: A Study of Costa Rican Peasats *British Journal of Political Science* 10. 75-98.

Verba S. and Nei. N.H. (1972). *Participation in America. Political Democracy and Social Equality*, New York. Cambridge University Press.

지역사회 정치문화 02

Part 5 지역사회 정치문화의 특징과 유형[1)

― 전주지역을 중심으로 ―

I. 서 론

전주는 전통적으로 예향의 도시이다. 전주를 대표하는 문화예술은 전주대사습놀이, 전주세계소리 축제, 세계서예전북비엔날레, 전주국제영화제, 풍남제 등이 있다. 전주대사습놀이는 전통국악예술인의 화합과 지위향상을 도모함은 물론 민속 문화인 국악의 확산과 정립을 목적으로 하고, 전주세계소리축제는 판소리를 중심으로 한국 고유의 전통음악과 세계 각국에 알리고 있고, 세계서예전북비엔날레는 전주를 대표하는 우수한 문화예술 자산의 하나인 서화(書畵)를 내적으로는 그 고유성과 전통성을 계승·발전시키고, 외적으로는 그 우수한 예술성을 세계 속에

1) 본 연구는 한국학술진흥재단의 지원을 받아 "지역사회 권력구조와 정치문화"사업으로 연구 조사한 내용이다. 연구내용은 박대식·길병옥 『한국 지역사회 정치문화: 특징과 유형』(2005) 도서출판 오름에 출판하였고 출판내용 중 제9장 전주 편 내용에서 표 구성을 재편하였다.

알리고 있다. 그리고 한국영화의 꽃을 피웠던 국제영화제는 전주영화사의 단절 40년의 세월 속에 침묵을 깨고 또 하나의 문화적 가치로 다가오고 풍남제는 1967년 풍남문 중건 200주년을 기념하던 해에 전주에서 이루어진 행사를 통합하여 풍남제라 이름 지어진 후 지역의 풍요와 안녕, 그리고 국태민안을 염원하는 향토민속축제로 자리매김 하고 있다.

　전주시 정치문화 분석의 목적은 시민의식과 가치관에 대한 준거지표와 변화추이를 분석하여 전주시민이 갖는 가치구조와 정치행태를 연구하기 위함이다. 지역사회에서 정치문화는 정치행태와 상관관계를 규명하고 정치문화의 정향분석과 환경변화를 분석하여 지역사회를 이해하는 데 주요 목적으로 한다. 또한 정치문화와 정치발전과의 상호관계를 분석하여 특정 정부에 대한 지지도와 정치적 신뢰도, 정당의 지지도, 지역현실과의 연계성 등을 규정하는 등 전주 지역 정치문화를 이해하는 데 주요 과제로 삼았다.

　조사 방법에 있어서는 서베이(survey)에 의한 빈도분석과 M의 값과 표준편차를 조사 연구하였다. 먼저 빈도분석은 서베이 응답자를 인구비례에 의한 확률표집방식으로 개인의 정치적 성향이나 의식을 묻는 설문내용을 조사자가 직접 응답자에 방문하여 일대일로 조사하였다. 통계분석은 사회과학 통계기법을 이용하여 빈도분석, 상관관계 및 교차분석을 적용하여 분석하였다.

II. 정치문화 빈도분석

1. 전주지역 시민의 특성

본 정치문화 연구는 전주시에 속해 있는 시민의 지역사회에 대한 정치문화 유형을 조사 분석하였다. 정치문화와 지역현실과의 연계성은 지역정치문화 또는 이념적 방향성을 측정할 주요 수단이 되며 지역에서의 환경변화의 정향에 새로운 준거의 틀이 되었다. 조사대상자는 현재 전주시에 거주하는 전주시민에 한정하여 조사하였고 만 20세 이상의 성인으로 남녀를 구분하지 않고 조사하였다. 설문조사 방법은 구조화된 설문지에 의한 일대일 개별 면접방법을 택하여 조사하였고 설문조사자의 방문 지역은 각 지역 동사무소의 통장의 집을 중심으로 15곳의 가정이나 사무실을 방문하여 응답자를 직접 면접하고 조사하였다.

〈표 5-1〉 전주지역 시민의 특성

성　별		200만 원 이하	54명(32.1%)
남	여	300만 원 이하	44명(26.6%)
67명(39.9%)	101명(60.1%)	400만 원 이하	23명(13.7%)
연　령		400만 원 이상	14명(8.3%)
20대	44명(26.2%)	직업별	
30대	52명(30%)	화이트칼라	20명(11.9%)
40대	36명(21.4%)	블루칼라	12명(7.1%)
50대	17명(10.1%)	자영업	62명(36.9%)
60대 이상	19명(11.3%)	전업주부	35명(20.8%)
종교별		학생 및 기타	38명(22.6%)
기독교	58명(34.5%)	이념별 특성	
가톨릭	12명(11.3%)	진보 / 개혁	63명(37.5%)
불　교	26명(15.5%)	중도개혁	46명(27.4%)
기타 및 무교	64명(38.1%)	중도	31명(18.5%)
소득별 수준		중도보수	6명(3.6%)
100만 원 이하	33명(19.6%)	보수	7명(4.2%)

전주의 표본 조사의 성별특성은 전체 168명 중에서 남성 67명(39.9%)과 여성 101명(60.1%)이다. 연령의 분포는 20대가 44명(26.2%), 30대가 52명(30%), 40대가 36명(21.4%), 50대가 17명(10.1%), 60대가 19명

(11.3%)을 조사하였다. 종교별 특성은 기독교 58명(34.5%), 가톨릭 12명 (11.3%), 불교 26명(15.5%), 기타 또는 무교 64명(38.1%)이다. 소득별 수준은 100만 원 이하 33명(19.6%), 200만 원 이하 54명(32.1%), 300만 원 이하 44명(26.6%), 400만 원 이하 23명(13.7%), 400만 원 이상은 14명 (8.3%)으로 나타났다. 직업별 특성은 화이트칼라 20명(11.9%), 블루칼라 12명(7.1%), 자영업 62명(36.9%), 전업주부 35명(20.8%), 학생 및 기타 38명(22.6%)이다. 마지막으로 이념별 특성은 진보 / 개혁 63명(37.5%), 중도개혁 46명(27.4%), 중도 31명(18.5%), 중도보수 6명(3.6%), 보수 7명 (4.2%)이다.

2 전주지역 시민의 정치문화 요인 분석

전주지역의 정치문화 빈도분석은 M의 값과 표준편차(SD)를 분석한 내용은 아래의 표와 같다.

〈표 5-2〉 사회개혁 및 경제성장 그리고 지역감정 및 정치인 시민의 덕목

	절대 찬성	약간 찬성	중간 정도	약간 반대	절대 반대	M	SD
사회개혁 동참여부	59(35.1%)	53(31.5%)	45(26.8%)	6(3.6%)	5(3.0%)	2.08	1.01
경제성장의 기여도	99(58.9%)	45(26.8%)	16(9.5%)	2(1.2%)	6(3.6%)	1.64	0.96
지역감정 해결여부	106(63.1%)	28(16.7%)	22(13.1%)	6(3.6%)	6(3.6%)	1.68	1.06
정치인· 시민의 덕목	107(63.7%)	39(23.2%)	13(7.7%)	6(3.6%)	3(1.8%)	1.57	0.91

전주시민은 사회 개혁에 적극적으로 동참하는 것이 바람직한가를 묻는 질문에 <표 5-2>에서 보는 바와 같다. 전체 응답자 168명 중에서 대부분이 절대 찬성과 약간 찬성이 각각 59명(35.1%)과 53명(31.5%)의

빈도가 나타났다. 중간을 나타내는 '그저 그렇다'는 45명(26.8%)의 비율로 4명 중 1명이 응답했다. 또한 반대의 수준은 미미한 수준에 그치고 있어, 대다수의 시민들은 사회개혁에 동참해야 한다고 응답하고 있다. 전체 응답자의 평균값(M)은 2.08로써 찬성하는 입장이 강하게 나타났다. 이것은 전주시민의 사회 개혁에 대한 강한 시민적 의식의 표현이고 노무현 참여정권에 대한 강한 기대감의 표현이라고 볼 수 있다. 전주시민은 사회개혁의 참여에 관한 의식을 2/3 정도 갖고 있음을 알 수 있다.

경제성장은 개인을 포함한 국가 및 사회발전에 기여하고 있는가라는 질문은 위에서 보는 바와 같다. 응답자 대부분이 찬성하는 입장이다. 전체 응답자 168명 중에서 절대 찬성이 99명(58.9%)이고 약간 찬성은 45명(26.8%)의 비율을 보이고 있다. 응답자의 85.7%가 찬성한다는 응답을 하였고, 경제성장이 자신을 포함한 지역사회와 국가의 발전에 기여한다고 인식하고 있다. 반면에 '그렇지 않다'라고 응답한 8명(4.8%)의 비율로 나타났지만 대부분의 시민들은 국가와 사회발전의 원동력은 경제발전에 기인한다는 인식을 알 수 있다. 응답자의 표준값(M)은 1.64로 절대적 찬성이 강하게 나타났다. 따라서 전주시민은 경제성장이 개인뿐만 아니라 국가 및 사회 발전에 기여하고 있다고 생각한다.

전주시 시민들에게 지역감정을 여전히 우리가 해결해야 할 정치적 과제라고 생각하는가라는 질문에 관해서는 다음과 같다. 전체 응답자 168명 중에서 '절대 찬성'이 106명(63.1%)이고 '약간 찬성'이 28명(16.7%)을 보이고 있어 비교적 지역감정은 우리가 해결해야 할 과제라고 생각하고 있다. 그러나 '그저 그렇다'라고 응답한 시민의 비율이 전체의 응답자 중 22명(13.1%)나 되고 반대하는 입장도 12명(7.2%) 정도의 비율을 나타내고 있어 지역감정을 해소하는 데 무관심한 시민과 반대하는 시민도 약간의 수준에 머물고 있음을 알 수 있다. 응답자의 표준값(M)은 1.68로 절대 찬성이 강하게 나왔다. 전주시는 2002년 대통령 선거에서 특정 정당의 후보를 90% 이상의 압도적인 지지를 하였다.

일반적 시민의 인식은 지역감정을 해소하고 새로운 정치문화를 주장하지만 선거 때의 표심은 일반인식과 다르게 나타나며 이러한 이중적 심리적 기제는 또 하나의 연구의 과제라 아니 할 수 없다.

정치인과 시민들에게 있어서 가장 중요한 덕목은 정직과 준법정신이라고 묻는 질문에 시민들은 위에서 보는 바와 같이 응답하였다. 전체 응답자 168명 중에서 '절대 찬성'은 107명(63.7%)이고 '약간 찬성'은 39명(23.2%)의 비율을 보이고 있다. 소수의 반대하는 시민과 '그저 그렇다'고 응답한 비율이 미미한 수준이다. 응답자 표준값(M)은 1.57로 찬성하는 응답이 높게 나왔다. 아마도 응답자 중에서 무관심하거나 반대하는 입장은 시민과 정치인을 분리하여 생각해 보면 알 수 있다. 반대하는 입장은 정치인에 한정하여 생각하고 있는 것이 아닌가 생각한다. 일반적인 사람은 시민에게 정직과 준법정신이 당연하다고 인식하고 있다. 그러나 정치인에게는 일반시민과 다른 정치인의 덕목이 있다고 생각해 보면 반대의 응답자가 있을 수 있다.

〈표 5-3〉 정치권력 대표성 및 사회지도자 그리고 사회적 불평등 및 권력자 권위주의

	절대 찬성	약간 찬성	중간 정도	약간 반대	절대 반대	M	SD
정치권력 대표성	86(51.2%)	32(19.0%)	27명(16.1%)	12(7.1%)	11(6.5%)	1.99	1.25
사회지도자 리더십	7(4.2%)	20(11.9%)	15(8.9%)	51(30.4%)	75(44.6%)	3.99	1.18
사회적 불평등 / 차별	11(6.5%)	21(12.5%)	25(14.9%)	31(18.5%)	80(47.6%)	3.88	1.31
권력자의 권위주의	53(31.5%)	44(26.2%)	18(10.7%)	12(7.1%)	41(24.4%)	2.67	1.57

정치권력은 공정한 선거과정을 통해서만 대표성을 갖는가는 질문 내용은 〈표 5-3〉에서 보는 바와 같이 나왔다. 전체 응답자 168명 중에서 '절대찬성'은 과반수의 비율인 86명(51.2%)이고 약간 찬성은 32명

(19%)을 보이고 있다. '그저 그렇다'라는 비율은 27명(16.1%)과 반대의 입장이 모두 합하여 23명(13.6%)의 비율을 나타내고 있다. 응답자 표준값(M)은 1.99로 절대 찬성하는 편이다. 정치권력의 대표성 문제는 보다 높은 비율을 보이고 있다. 전주시민은 정치권력은 선거과정을 통해서 대표성을 갖는다고 응답하고 있다. 특히 우리나라 정치는 헌정을 중단했던 어두운 과거의 경험이 있기 때문에 정권에 정통성 문제는 국민들이 가장 민감하게 반응하는 것은 당연하다. 따라서 정권의 정통성은 선거를 통하여 이룰 수 있다는 강한 심념의 반응이라고 볼 수 있다.

정치이념에 있어서 사회지도자는 리더십이 있어야 하고 국민은 따르면 된다는 질문의 내용은 위에서 보는 바와 같다. 전체 응답자 168명 중에서 '절대 찬성'은 불과 7명(4.2%)의 비율이고 약간 찬성은 20명(11.9%)이다. 약간 반대는 51명(30.4%)을 보이고 있고, 절대 반대는 75명(44.6%)으로 반대의 입장이 매우 높게 나타났다. 응답자 표준값(M)은 3.99로 절대 반대하는 편이다. 정치이념은 사회지도자는 제시하고 국민이 따라야 한다는 생각은 국민의 정치의식을 간과한 내용이라 생각하고 시민들은 자발적이고 성숙한 시민의식을 갖고 오히려 일부 정치권의 행태보다도 확고한 정치이념을 인식하고 있다고 본다. 특히 국민은 따르면 된다는 피동적 동의를 강요하는 정치이념은 응답자로 하여금 단순히 따르기에는 많은 한계가 있다고 볼 수 있다.

지역차별과 성차별은 사회적 심각한 불평등은 아니라는 문의 내용은 다음과 같다. 전체 응답자 168명 중에서 '절대 찬성'은 불과 11명(6.5%)의 비율이고 약간 찬성은 21명(12.5%)이다. 약간 반대는 31명(18.5%)을 보이고 있고, 절대 반대는 80명(47.6%)으로 반대의 입장이 매우 높게 나타났다. 응답자 표준값(M)은 3.88로 절대 반대하는 편이다. 전주시가 반대의 빈도비율이 높게 나타난 것은 응답자는 사회적 불평등을 용인하지 않겠다는 의지가 반영된 결과이다. 전주시민은 지역적 차별과 성차별은 용인할 수 없으며, 있어서는 안 된다는 의식이 높게 반영된 결과이다.

    권력자들은 존경심이나 리더십이 아닌 그들의 권위로써 군림한다는
설문내용은 다음과 같다. 전체 응답자 168명 중에서 '그렇다'라고 '절
대 찬성'은 53명(31.5%)의 비율이고 약간 찬성은 44명(26.2%)이다. '중
간'은 18명(10.7%)이며 '약간 반대'는 12명(7.1%)을 보이고 있고, '절대
반대'는 41명(24.4%)으로 나타났다. 응답자 표준값(M)은 2.67로 찬성하
는 편이다. 전주시민은 권력자들의 권위의 지배를 약간은 인정하는 편
이면서 반대하는 입장도 만만치 않다. 권력자의 권위에 대한 전주시민
의 반응은 권력자의 권위는 존경심이나 정당성에서 설득력을 갖는다.
우리나라는 과거의 권위주의 정권에 대한 피해의식에서 아직 벗어나지
못하고 있다. 오늘날 참여형 정치문화는 탈권위주의와 권력의 자의적
행사를 배제한 자발적 시민참여를 정치발전의 요체로 보고 권위주의를
타파할 수 있는 시민의식이 필요로 하겠다.

〈표 5-4〉 투표참여의 자유성 및 합리성 그리고 정치 혐오와
기득권층 부정부패

	절대 찬성	약간 찬성	중간 정도	약간 반대	절대 반대	M	SD
투표참여 자유성	27(16.1%)	26(15.5%)	24(14.3%)	39(23.2%)	52(31.0%)	3.38	1.46
합리성/ 공평성 여부	43(25.6%)	51(30.4%)	52(31.0%)	12(7.1%)	10(6.0%)	2.38	1.12
정치혐오의 심각성	91(54.2%)	46(27.4%)	24(14.3%)	3(1.8%)	4(2.4%)	1.71	0.94
기득권층 부정부패	72(42.9%)	40(23.8%)	28(16.7%)	8(4.8%)	20(11.9%)	2.19	1.35

    시민의 투표권 행사에 대한 개인의 자유성 여부를 묻는 내용은 <표
5-4>에서 보는 바와 같다. 개인의 자유에 따라 투표를 하지 않아도
된다는 전체 응답자 168명 중에서 '절대 찬성'은 27명(16.1%)의 비율이
고 약간 찬성은 26명(15.5%)이다. 약간 반대는 39명(23.2%)을 보이고
있고, 절대 반대는 52명(31%)으로 약간 반대의 입장에서 투표는 해야

한다는 수준에 머물고 있다. 전체 응답자의 표준값(M)을 보면 3.38로 약간 반대하는 편이다. 전주시민은 과반수가 투표에 참여해야 한다고 응답하고 있다. 전주시가 반대의 빈도비율이 높게 나타난 것은 응답자는 사회적 불평등을 용인하지 않겠다는 의지가 반영된 결과이다.

현재의 우리 사회가 합리성과 공평성이 상당히 결여되어 있는가의 문의내용은 위에서 보는 바와 같다. 전체 응답자 168명 중에서 '절대 찬성'은 43명(25.6%)의 비율이고 약간 찬성은 51명(30.4%)이다. 중간은 52명(31%)으로 가장 높은 빈도를 보이고, 약간 반대는 12명(7.1%)을 보이고 있고, 절대 반대는 10명(6%)으로 나타났다. 따라서 우리 사회가 합리성과 공평성이 결여되어 있다는 생각이 지배적이며 아직도 전통적인 가치관과 학연이나 지연이 우선한다고 생각하는 것 같다. 이러한 사회에 대한 의식분석은 전주시를 비롯하여 우리나라 전체의 시민의식과 같다는 분석의 결과이다.

우리 사회는 정치에 대한 혐오가 심각한 수준인가라는 질문의 내용은 다음과 같다. 시민들이 느끼는 정치에 대한 혐오의 수준을 측정하는 조사이다. 전체 168명 중에서 '그렇다'라고 응답한 '절대 찬성'은 91명(54.2%)의 비율이고 '약간 찬성'은 46명(27.4%)이다. '중간'은 24명(14.3%)으로 나타나고, '약간 반대'는 3명(1.8%)을 보이고 있고, '절대 반대'는 4명(2.4%)으로 반대와 절대 반대는 아주 낮은 비율을 나타내고 있다. 따라서 우리 사회가 정치적 혐오의 수준이 극에 달아 있다는 것을 보여주고 있다. 전체 응답자 표준값(M)을 보면 1.71로 절대 찬성하는 편이다. 따라서 전주시민은 다른 타 도시보다도 정치적 혐오수준이 높다는 분석의 결과가 나타나고 있다.

모든 사회 분야에서 기득권층의 부정부패는 자유로운가라는 질문에 내용은 다음과 같다. 전체 응답자 168명 중에서 '그렇다'라고 응답한 '절대 찬성'은 72명(42.9%)의 비율이고 약간 찬성은 40명(23.8%)이다. 중간은 28명(16.7%)으로 나타나고, 약간 반대는 8명(4.8%)을 보이고 있고, 절대 반대는 20명(11.9%)으로 찬성과 절대 찬성이 과반수 비율을 나타낸다. 따라서 우리 사회가 기득권층의 부정부패는 심하다는 인식이 강하게 나타난다고 본다. 전체 응답자 표준값(M)을 보면 2.19로 절대 찬성하는 편이다. 사회 기득권층의 부정부패는 우리나라의 정치발전을 저해하는 가장 중요한 요인이고 국가 경쟁력을 떨어뜨리는 심각한 사회적 병폐이다. 이러한 부정부패가 기득권층으로부터 만연되어 있다는 시민들의 의식은 높게 나타나고 있다고 분석되었다.

〈표 5-5〉 빈부격차 해소 및 사이버 정치참여 그리고 불복종 및 새로운 사회건설

	절대 찬성	약간 찬성	중간 정도	약간 반대	절대 반대	M	SD
빈부격차 해소여부	93(55.4%)	52(31.0%)	13(7.7%)	7(4.2%)	3(1.8%)	1.66	0.92
사이버 정치참여	88(52.4%)	51(30.4%)	23(13.7%)	3(1.8%)	3(1.8%)	1.70	0.90
의사결정에 복종여부	4(2.4%)	19(11.3%)	29(17.3%)	46(27.4%)	70(41.7%)	3.95	1.12
새로운 사회건설	71(42.3%)	45(26.8%)	32(19.0%)	13(7.7%)	7(4.2%)	2.05	1.14

우리 사회의 빈부 격차는 반드시 해소되어야 한다는 응답의 결과는 위에서 보는 바와 같다. 전체 응답자 168명 중에서 '절대 찬성'은 93명 (55.4%)의 비율이고 약간 찬성은 52명(3.1%)이다. 중간은 13명(7.7%)으로 나타나고, 약간 반대는 7명(4.2%)을 보이고 있고, 절대 반대는 3명 (1.8%)으로 절대 찬성 과반수이고 찬성까지의 누적비율은 145명(86.3%)이 절대 찬성한다고 나타났다. 우리 사회가 빈부격차의 해소는 가장 중요하고 절대 절명의 최대의 과제라는 인식이 크게 나타났다. 전체 응답자 표준값(M)을 보면 1.66으로 절대 찬성이 매우 강하다. 또한 우리나라 전체 국민도 빈부 격차문제는 매우 심각하고 해소해야 할 문제라고 인식하고 있다.

민주발전을 위해서 인터넷과 사이버 공간을 이용한 정치참여가 권장

되어야 한다는 응답의 내용은 다음과 같다. 전체 응답자 168명 중에서 '절대 찬성'은 88명(52.4%)의 비율이고 '약간 찬성'은 51명(30.4%)이다. '중간'은 23명(13.7%)으로 나타나고, '약간 반대'는 3명(1.8%)을 보이고 있고, '절대 반대'는 3명(1.8%)으로 절대 찬성 과반수이고 찬성까지의 누적비율은 139명(82.7%)이 절대 찬성한다고 나타났다. 우리 사회가 인터넷을 활용한 사이버공간에서 정치참여를 권장되어야 한다는 인식은 매우 높게 나타났다. 전체 응답자 표준값(M)을 보면 1.70으로 절대 찬성이 매우 강하다.

다음은 일반시민이 의사결정에 참여보다는 따라가는 것이 좋은가라는 질문의 내용이다. 전체 응답자 168명 중에서 '절대 찬성'은 4명(2.4%)의 비율이고 '약간 찬성'은 19명(11.3%)이다. '중간'은 29명(17.3%)으로 나타나고, '약간 반대'는 46명(27.4%)을 보이고 있고, '절대 반대'는 70명(41.7%)으로 나타났다. 의사결정과정에서의 시민의 참여보다는 복종을 묻는 내용에서는 반대와 절대 반대가 높게 나타났다. 전체 표준값(M)을 보면 3.95로 절대 반대의 입장이 매우 강하다.

열심히 일해도 대접받지 못하는 사회는 타파하고 새로운 사회를 건설할 필요가 있는가 하는 설문내용은 위에서 보는 바와 같다. 현실을 타파하고 새로운 사회건설을 희망하는 응답률은 비교적 찬성 쪽으로 나타났다. 전체 응답자 168명에서 '절대 찬성'이 71명(42.3%)이고 '약간 찬성'이 45명(26.8%)으로 나타나서 대다수 전주시민들은 새로운 건설을 찬성하고 있다. 반대하는 입장은 모두 합해 20명(11.9%)으로 1/4만이 반대의 입장에 있다. 반대의 입장을 취하는 응답자는 현실사회에 만족하거나 사회의 변화를 싫어하는 계층일 것이다. 전체 표준값(M)을 보면 2.05로 약간 찬성하는 입장이다. 이러한 분석은 전주시민들은 사회의 변화나 변동에 보다 능동적이고 진취적이라고 할 수 있다. 나아가 열심히 일해도 일한 만큼 대가를 못 받고 있다는 피해의식이 다른 타 도시보다 높다는 것을 말하며, 현실타파를 통하여 사회적 기존 질서에 대한 심리적 거부를 의미하는 것이다.

〈표 5-6〉사회의 비온정주의 상호신뢰 및 공동체 불필요와 개인주의

	절대 찬성	약간 찬성	중간 정도	약간 반대	절대 반대	M	SD
사회의 비온정주의	62(36.9%)	58(34.5%)	34(20.2%)	10(6.0%)	4(2.4%)	2.02	1.01
상호신뢰와 협력	113(67.3%)	38(22.6%)	14(8.3%)	2(1.2%)	1(0.6%)	1.45	0.75
공동체의식 불필요	20(11.9%)	23(13.7%)	29(17.3%)	36(21.4%)	60(35.7%)	3.55	1.40
개인주의	23(13.7%)	34(20.2%)	40(23.8%)	38(22.6%)	33(19.6%)	3.14	1.32

우리 사회가 가난하고 어려운 이웃을 도외시하고 있다는 비온정성 여부를 묻는 내용은 〈표 5-6〉에서 보이고 있다. 전체 응답자 168명 중에서 '절대 찬성'은 62명(36.9%)의 비율이고 '약간 찬성'은 58명 (34.5%)이다. '중간'은 34명(20.2%)으로 나타나고, '약간 반대'는 10명 (6%)을 보이고 있고, '절대 반대'는 4명(2.4%)으로 나타났다. 사회의 비온정성 여부는 사회가 책임을 져야 하는 부분이고 국가 복지 차원에서 사회에 소외되고 어려운 사람을 방관해서는 안 된다는 의식이 높게 반영된 것이다. 찬성과 절대 찬성이 69%로 비교적 높은 수치를 보이고 있어 전주시민은 어려운 사람들에 대한 사회적 책임을 공감하고 있다. 전체 표준값(M)은 2.02로 찬성의 입장이 강하다.

사회 안정을 위한 사회구성원들의 상호신뢰와 협력에 관한 질문은 위에서 보는 바와 같다. 사회신뢰와 협력은 사회적 안정을 위한 필수적 요소이다. 사회구성원들은 사회적 책임과 신뢰회복을 위한 노력이 앞설 때 사회적 안정은 기대할 수 있다. 설문 응답자 168명 중에서 '절대 찬성'이 113명(67.3%)이고 '약간 찬성'이 38명(22.6%)으로 나타나서 대다수 전주시민들은 사회 안정을 위해서 상호신뢰와 협력을 해야 한다고 찬성하고 있다. '중간 정도'는 14명(8.3%)이며 반대하는 입장은 3명(1.8%)만이 반대하고 있다. 전체 표준값(M)은 1.45로 찬성하는 입장이 강하게 나타났다. 다음은 공동체 의식의 불필요에 대해 '절대 찬성'은 20명(11.9%)이며, '약간 찬성'은 23명(13.7%), '중간 정도'는 29명

(17.3%)이고 반대의 입장은 96명(57.1%)으로 나타났다. 다음으로 개인주의 의식을 묻는 질문인데 가족이나 이웃보다는 나 자신을 우선시하는가의 질문내용은 위에서 보는 바와 같다. 설문 응답자 168명 중에서 '절대 찬성'이 23명(13.7%)이고 '약간 찬성'이 34명(20.2%)으로 나타났다. 중간적 입장은 40명(23.8%)이고 '약간 반대'는 38명(22.6%)으로 나타나고 '절대 반대'는 33명(19.6%)으로 나타났다. 개인주의 성향을 묻는 질문에서는 대체로 비슷한 빈도가 나왔다. 전체 표준값(M)은 3.14로 찬성도 반대도 거의 유사한 응답을 해 주었다. 따라서 전주시민의 정치의식은 공동체의 식이 보편적으로 높은 편이고 불필요하지 않다고 인식하고 있다. 전주는 전통의 도시이고 오랜 역사를 거치는 동안 지역사회의 공동체의식이 오랫동안 자리잡고 있어 왔다. 삼국시대 이후에서 조선조를 거치면서 전통의 가치는 더욱더 소중한 가치로 전주시민에게 인식되어 왔음을 알 수 있다.

현대사회에서는 공동체 의식의 불필요한가를 묻는 내용은 위에서 보는 바와 같다 핵가족화되어 가고 있고 사회구성원들은 개인주의 의식에 팽배하게 만연하고 있는데 과연 공동체의식이 필요한가를 묻는 내용이다. 전체 설문응답자 168명 중에서 '절대 찬성'이 20명(11.9%)이고 '약간 찬성'이 23명(13.7%)으로 나타났다. '중간적 입장'은 29명(17.3%) '약간 반대' 36명(21.4%)이고 '절대 반대'는 60명(35.7%)으로 나타났다. 대다수 전주시민들은 현대사회는 공동체 의식이 필요하며, 찬성하는 입장이 약간 강하다고 나왔다. 전체 표준값(M)은 3.55로 반대하는 편이 높게 나왔다는 것은 공동체 의식의 필요성을 갖는 분석이다. 이러한 결과는 시민의식의 결집력이 떨어지기 때문이지만 그러나 전체 응답자 비율은 약간 공동체 의식이 필요하다는 분석이다. 개인주의 인식은 전반적으로 동등하게 분포되어 나타나고 있다. 따라서 전주시민의 개인주의 성향은 가치 중심적이며 특정한 성향이 나타나고 있지 않다고 분석된다.

〈표 5-7〉 인간관계와 정치인 투명성 그리고 정치인 관계 이념 부재

	절대 찬성	약간 찬성	중간 정도	약간 반대	절대 반대	M	SD
인간관계의 중요성	122(72.6%)	33(19.6%)	7(4.2%)	4(2.4%)	2(1.2%)	1.40	0.78
정치인의 투명성	73(43.5%)	36(21.4%)	30(17.9%)	18(10.7%)	11(6.5%)	2.15	1.27
재벌과 정치인 관계	64(38.1%)	42(25.0%)	37(22.0%)	13(7.7%)	12(7.1%)	2.21	1.23
이념방향 부재 여부	26(15.5%)	45(26.8%)	58(34.5%)	25(14.9%)	14(8.3%)	2.74	1.14

사회생활에서 인간관계는 매우 중요한가를 묻는 내용은 위에서 보는 바와 같다. 전체 설문 응답자 168명 중에서 '그렇다'라고 응답한 '절대 찬성'이 122명(72.6%)이고 '약간 찬성'이 33명(19.6%)으로 나타났다. 중간적 입장은 7명(4.2%) '약간 반대' 4명(2.4%)이고 '절대 반대'는 2명(1.2%)으로 나타났다. 대다수 전주 시민들은 사회 생활하는 데 인간관계는 중요하다고 응답하고 있다. 전체 표준값(M)은 1.40으로 절대 찬성하는 편이다. 오랫동안 공동체로 형성된 전통의 도시이기 때문에 지역사회에서 인간관계는 그 어느 가치보다도 소중하게 생각하고 있다. 따라서 아직도 전통적 종족 중심의 가치관이 현존하고 생활관계 속에 대인관계의 소중함을 높이 인식하고 있음을 알 수 있다.

정치인은 투명해야 하고 시민들은 정치인을 감시해야 하는가를 묻는 내용은 다음과 같다. 정치인이 투명해야 하는 것은 당연하나 과연 시민들이 그들을 감시를 해야만 하는가를 묻는 응답의 결과는 다음과 같다. 전체 응답자 168명에서 '절대 찬성'이 73명(43.5%)이고 '약간 찬성'이 36명(21.4%)으로 나타났다. 대다수 전주시민들은 정치인의 투명성과 시민감시를 찬성하는 입장이고 중간적 입장은 30명(17.9%)이고 '반대'하는 입장은 모두 합해 29명(17.2%)으로 반대의 입장에 있다. 반대의 입장을 취하는 응답자를 제외한 비교적 과반수의 응답자가 감시활동을 찬성한다. 전체 표준값(M)을 보면 2.15로 약간 찬성하는 입장이다. 이

것은 전주사람들의 비판의식의 결여이거나 정치인에 대한 관용에서 비
롯된 태도이다. 그러나 전반적인 분석의 결과는 비판의식이 있다고 나
타나고 있다. 성숙한 시민의식은 시민활동의 적극적 태도에 의해서 결
정된다. 전주시민은 정치인들의 투명성과 그들의 권력으로부터 감시와
부정부패와 권력의 독점을 방지하기 위해서 시민들의 자발적인 감시역
할을 중요하게 인식하고 있다고 분석된다.

　재벌과 정치인 관계는 중립적이어야 하는가를 묻는 내용은 위에서
보는 바와 같다. 과거의 한국 정치는 정경유착의 피해가 컸던 경험이
있기 때문에 응답의 결과가 주목된다. 전체 168명 중에서 중립적이어
야 한다고 한 응답자 가운데 '절대 찬성'은 64명(38.1%)의 비율이고
'약간 찬성'은 42명(25%)이다. 전주시민은 정치인과 재벌은 중립적이어
야 한다고 응답하고 있다. '중간'은 37명(22%)으로 나타나고, '약간 반
대'는 13명(7.7%)을 보이고 있고, '절대 반대'는 12명(7.1%)으로 나타났
다. 전체 표준값(M)을 보면 2.21로 약간 찬성하는 입장이다. 한국정치
발전의 가장 대표적인 저해요인 정경유착으로 폐단과 부패에 있다. 이
러한 요인이 정치발전을 저해하고 민주주의를 후퇴하는 결과를 가져오
게 했다. 응답자들은 이러한 정경유착을 대체로 반대하고 있으며 그로
부터 오는 많은 정치적 경제적 피해를 경계하고 있다고 분석된다.

　시민이 가져야 할 이념적 방향이 부재하다는 내용은 <표 5-7>에서
보여주고 있다. 전체 설문 응답자 168명 중에서 이념부재라는 질문에
'그렇다'라고 응답한 '절대 찬성'이 26명(15.5%)이고 '약간 찬성'이 45
명(26.8%)으로 나타났다. 중간적 입장은 58명(34.5%) '약간 반대' 25명
(14.9%)이고 '절대 반대'는 14명(8.3%)으로 나타났다. 대다수 전주시민
들은 이념적 방향이 없다는 질문에 '그저 그렇다'고 응답하고 있다. 전
체 표준값(M)은 2.74로 중립적 입장에서 약간 찬성 쪽으로 기울고 있
다. 이념대립이 종결된 이후 정보화 사회가 도래하였고 앞으로 미래사
회를 결정할 수 있는 이념이 아직 방향을 정하지 못하고 있다고 본다.
특히 산업화 이후 지식정보화 시대의 도래에 따른 사회 가치관의 혼란

은 시민들의 이념적 가치의 공동화와 혼란을 야기하고 있으며 아직 정
착하지 않은 이념정향을 인식하고 있지 못하고 있음을 알 수 있다.

〈표 5-8〉 연공서열 및 부정한 방법 및 지위획득 그리고 감시역할 부재

	절대 찬성	약간 찬성	중간 정도	약간 반대	절대 반대	M	SD
연공서열 중시 여부	57(33.9%)	68(40.5%)	29(17.8%)	8(4.8%)	6(3.6%)	2.04	1.01
부정한 방법 지위획득	64(38.1%)	70(41.7%)	22(13.1%)	2(1.2%)	10(6.0%)	1.95	1.05
감시역할의 부재	66(39.3%)	56(33.3%)	35(20.8%)	7(4.2%)	4(2.4%)	1.97	0.99

사회가 개인의 능력보다는 연공서열을 중시하고 있는가 하는 질문내
용은 위에서 보는 바와 같다. 연공서열을 중시하는가 하는 질문에서
전체 설문응답자 중에서 '그렇다'라고 찬성한 사람은 '절대 찬성'과 '약
간 찬성' 합해서 125명(74.4%)이고 중간적 입장은 29명(17.8%)이다.
'그렇지 않다'라고 반대한 사람은 약간 반대와 절대 반대는 합해서 14
명(8.4%)으로 나타났다. 전주시민 4명 중에 한 명은 사회가 개인의 능
력보다는 연공서열을 중시하고 있다고 대답했다. 전체 표준값(M)은
2.04로 찬성하고 있다고 나타나고 있다. 전주시민은 개인의 능력이 인
정받지 않고 연공서열에 의한 개인의 평가가 이루어지고 있다고 보고
있다. 전통의 도시 또는 애향의 도시라고 불리는 전주는 전통적 가치
관이 다른 타 도시보다 많이 남아 있다. 연공서열을 중시하는 인식은
과거의 유교문화의 영향 때문에 아직도 우리 사회에 남아 있는 인습적
관행이며, 그릇된 가치관이다. 보편적으로 전주는 다른 도시보다 비교
적 보수적 인식이 많이 남아 있고 자체적으로도 높게 나타나고 있다.

부정직한 방법에 의한 지위획득 여부를 묻는 내용은 위에서 보는 바
와 같다. 우리 사회가 정당하지 않는 방법으로 높은 지위나 사회적 인
정을 받는 경우가 많다고 인정하는가를 조사한 내용이다. 전체 설문

응답자 168명 중에서 '절대 찬성'이 64명(38.1%)이고 '약간 찬성'이 70명(41.7%)으로 나타났다. 중간적 입장은 22명(13.1%)으로 나타났다. 반대하는 입장은 모두 합해 12명(7.2%)이 반대한다고 응답했다. 전주시민들은 정당하지 않는 방법으로 높은 지위나 사회적 인정을 받는 경우가 많다고 인정하는 응답자가 압도적으로 많이 나타난다. 전체 표준값(M)은 1.95로 찬성하는 편이다. 따라서 전주는 아직도 높은 사회적 지위나 인정을 받는 사람이 부정한 방법으로 자신의 안위를 도모하고 있다고 인식하고 있다.

  사회적 감시역할을 해야 하는 시민단체나 언론 등이 제 역할을 못하고 있다고 생각하는가를 질문하는 내용이 위에서 보는 바와 같다. 즉 시민단체나 언론이 사회적 감시와 제 기능을 질문한 내용이다. 전체 168명 중에서 '그렇다'라고 응답한 '절대 찬성'은 66명(39.3%)의 비율이고 '약간 찬성'은 56명(33.3%)이다. 전주시민은 시민단체나 언론이 제 역할을 다하고 있다고 보지는 않는다. '중간'은 35명(20.8%)으로 나타나고, '약간 반대'와 '절대 반대'는 합해서 11명(6.6%)에 불과하다. 따라서 전주시는 시민단체나 언론에 대한 기대는 큰 반면에 이들 단체나 기관이 제 기능을 다하지 못하는 실망감이 크게 나타난다는 분석이다. 전체 표준값(M)은 1.97로 찬성하는 편이다. 사회적 비판과 감시를 해야 할 주요 기관과 단체에서 일반 시민들이 인식하기를 부정적으로 생각한다는 것은 심각한 문제이다. 물론 이러한 기관과 단체에서는 열심히 하고 있다고 스스로 인식하겠지만 전체 시민들이 갖는 체감온도는 그렇지 않다는 것이 또 하나의 연구의 과제이다.

III. 결 론

전주시민은 정치문화를 분석하기 위해서 빈도분석 대상자 168명을 조사하였고 Q분석은 30명을 선정하여 48개의 질문을 하였다.

먼저 빈도분석의 평가에서 정치문화와 정치행태와의 연관관계분석의 결과이다. 전주시민에게 사회개혁과 경제성장에 관해서 대체로 긍정적이었다. 한국의 정치발전에 장애요인인 지역감정에 관해서는 거의 찬성하고 있다. 특히 지역감정에 해결 여부에 반대하는 비율은 매우 낮게 나타나면서 선거과정에는 지역감정에 의한 표심은 아직도 정치현실에서 또 하나의 과제이다. 준법정신과 대표성 확보를 위한 공정한 선거를 묻는 질문에는 준법정신은 절대적으로 필요한 요소이고 높은 응답을 보여주었고 공정한 선거는 조금 낮은 비율이지만 정권의 정통성을 확보할 수 있는 제 수단으로 인식하고 있다.

한국인의 의식 및 가치관에 대한 준거지표와 변화추이 분석이다. 사회지도자들의 정치적 리더십에 관하여 맹목적으로 수동적 태도보다 적극적이었고, 사회적 불평등에 관한 문의에서는 심각하게 받아들이고 있다. 특히 지역차별이나 성차별에 관해서는 용인해서는 안 된다는 의식이 높게 나타났다.

정치문화와 정치행태와의 연관관계 분석이다. 전주시민들은 권력자들의 권위주의 관해서 대체로 우려를 하고 있으며, 권위주의가 우리 헌정사에서 많은 부작용을 가져온 폐습이라고 인식하고 있다. 참정권적 기본권이 투표참여에 관해서는 기본권행사를 해야 한다고 인식하고 있다. 그러나 실제 선거과정에서는 저조한 투표율과 지역적 편협성을 나타내는 표심은 여전히 전주시민의 정치문화의 양태로 나타나고 있다. 우리 사회의 합리성과 공평성을 묻는 내용에서는 과반수가 아직도 우리 사회는 합리성과 공평성과 결여되어 있다고 본다. 이러한 현상은 정치적 혐오에 심각한 수준으로 나타나고 있으며, 사회 각 분야에서 기득권층의 부정부패가 만연하고 있고 이러한 요인으로 인하여 국가의 경쟁력을 떨어뜨리고 심각한 사회적 병폐를 일으키고 있는 문제로 보고 있다.

한국인의 가치구조에 대한 기초자료 분석이다. 우리 사회의 빈부격차의 심화 정도를 묻는 내용에서 전주시민은 빈부격차의 문제가 심각한 수준이고 해소해야 할 문제라고 인식하고 있다. 인터넷과 정보통신기술의 발달에 따른 사이버 공간에서의 정치참여를 묻는 내용에서는 높은 비율을 보여주고 있지만 진입비용문제로 적지 않기 때문에 실제 활용 부분에서는 떨어져 있지만 필요성에나 인식의 수준은 비교적 높다. 다만 현실적으로 가상공간에서 숙의민주주의를 이루어 양방향·쌍방향의 직접민주주의를 달성할 수 있는가는 보다 더 성숙인 시민의식이 있어야 한다. 정책결정과정에서 결정하는 주체들의 의사에 관하여 시민들의 복종 여부는 반대의 의견이 높게 나타났다. 의사결정과정에서 맹목적인 복종보다는 적극적인 참여의 의식이 강하다는 분석이다. 사회의 구조적 모순을 타파하고 새로운 사회를 건설할 필요가 있는가를 묻는 내용에서는 3명 중 2명 정도가 찬성하는 입장이다. 열심히 일해도 대접받지 못하는 사회라고 전주시민들은 생각하고 있으며 이를 혁신하기 위해서는 새로운 사회의 변화가 있어야 한다고 인식하고 있다.

특히 우리 사회가 가난하고 어려운 이웃을 도외시하고 있다는 비온정성에 대해서도 많은 우려를 하고 비교적 타 도시에 비하여 전주는 정이 많은 사회라는 분석의 결과이다. 전통과 애향의 도시라는 명분과 함께 이웃을 사랑하는 마음의 크다. 사회 안정을 위해서는 상호신뢰가 우선이고 상호협력이 필요로 하는 인식은 높게 나타났다. 따라서 전주시민은 사회적 안정을 바라고 있으며 이를 위해 상호신뢰를 협력과 반드시 필요한 요소로 인식하고 있다고 분석되었다. 상호신뢰의 기반이 될 수 있는 공동체의식을 묻는 내용에서 핵가족화되어 가고 있는 현실에 맞춰 개인주의 의식에 적지 않게 나타나고 과연 절대적 공동체의식이 필요치 않다는 분석의 결과이다. 이러한 결과는 시민의식의 결집력이 떨어지기 때문이며 개인주의 성향이라고 분석된다. 이러한 결과는 가족이나 이웃보다 나 자신이 우선한다는 개인주의를 묻는 질문에는 찬반의 비율이 비슷한 결과를 보아도 개인주의 성향이 두드러지게 나타나고 있음을 알 수 있다. 그럼에도 불구하고 사회생활에서 인간관계는 중요하다고 응답하여 개인주의 바탕하에 사회활동에 있어서 인간관계는 매우 소중하게 인식하고 있다.

마지막으로 지역에서의 환경변화와 정치문화의 정향분석이다.

전주시민은 정치인은 투명해야 하고 시민들은 정치인을 감시해야 한다고 인식하고 있다. 또한 시민이 가져야 할 이념적 방향이 부재하고 사회가 개인의 능력을 연공서열을 중시하고 있다고 분석되었다. 정통의 도시라고 불리는 전주는 아직도 인습적인 관행이 남아 있고 타 도시에 비하여 비교적 연공서열을 중시하는 경향이 나타나고 있다. 그런가 하면 부정직한 방법에 의한 지위를 획득하는 방법에 관해서는 아직도 우리 사회가 정당하지 않는 방법으로 높은 지위나 사회적 인정을 받는 경우가 많다고 분석되었다. 이러한 사회의 부정한 편법이 통하는 방법을 방지하기 위해서 시민단체들과 언론이 제 역할을 다해야 하는데 그렇지 못하다는 분석의 결과이다. 전주시민들은 사회적 비판과 감시를 해야 할 주요 기관과 단체에서 열심히 하고 있다고 스스로 인식하고 있지만 시민들의 인식은 다르고 체감온도는 떨어져 있다는 연구의 결과이다.

참고문헌

Stephenson, William, (1953). *The Study of Behavior*. Chicago: University Of Chicago Press.

Brown, Steve, (1980). *Political Subjectivity*. New Haven: Yale University Press.

Lassvell, Harold, (1948). *Power and Personality*, New York: W. W. Norton.

Lasswell, Harold, (1951). *The Policy Science*: *Recent Development in Scope and Method*, Stanford, CA: Stanford University Press.

Almond, Gabriel and Sydney Verba, (1963), *The Civic Culture*: *Political Attitudes and Democracy in Five Nations*, Boston, MA: Little, Brown.

http://www.jeonju.go.kr/html/openj/jdb01.asp(검색일: 2003 / 06 / 30)

전주시, 전주통계연보」(2002) 제42회 p.48~49, 64~67.

전주시, 「사업체 기초통계조사 보고서」(2002) 12월 p.19.

Part 6 전주지역 정치문화 Q방법론[1)]

Ⅰ. 서 론

일반적으로 정치문화는 정치발전과 상호연관성을 갖는다. 따라서 한 지역의 정치문화가 정치발전에 어떠한 영향을 미치고 있는지를 평가하는 가치의 척도가 되는 것이다. 정치문화 의식은 대다수 사람들이 공유하고 있는 가치관 의식체계, 그리고 가치체계 등의 변화가 어떻게 형성되는지를 알 수 있게 한다. 정치문화의 일반적 특징과 유형을 비교 분석하여 정치발전에 기여하려는 노력은 적지 않게 시도되었다.

그러나 미숙한 지역주의 정치문화가 구시대적 권위주의로 팽배하고 참여민주주의 실현을 멀리하는 요인으로 작용하고 있다는 지적이다. 이

---

1) 본 연구는 한국학술진흥재단의 지원을 받아 "지역사회 권력구조와 정치문화"사업으로 연구 조사한 내용이다. 연구내용은 박대식·길병옥 『한국 지역사회 정치문화: 특징과 유형』(2005) 도서출판 오름에 출판하였고 출판내용 중 제9장 전주 편 Q방법론 내용이다.

러한 현상의 근원을 분석하여 정치문화의 일반적 특징을 유형화함으로써 지역발전과 정치발전을 모색함을 본 연구의 과제라 할 수 있다.

전주시 정치문화를 연구하기 위하여 Q방법론 진술문은 H. Lasswell(1948, 1951)이 정의한 개인의 가치관의 8가지 범주(권력, 계몽, 부, 안녕, 기술, 애정 / 감동, 존경, 정직 / 청렴)와 Almond & Verba(1963)가 분류한 정치문화의 세 가지 유형(무관심형, 수동형, 참여형)을 중심으로 구성하여 설문조사를 하였다.

따라서 본 연구는 정치문화와 정치구조와의 연관관계를 분석하기 위하여 8가지 범주와 3가지 유형을 바탕으로 48개 문항을 작성하여 응답자들의 개인적 주관적 생각이나 의견을 나타내는 방식으로 진술문을 작성하였다. 다만 Q방법론에서 응답자의 구성은 응답자가 분류한 결과 자료에 대한 상관관계를 설정하기 때문에 다수의 표본을 요구하지는 않는다. 즉 응답자 1명이라도 그 개인의 주관성 또는 사회적 합의를 충분히 내포한다면 Q방법론의 요인분석이 가능하지만 적어도 3-4명의 응답자가 반응을 보여야 분석적 의미를 갖는다.

이러한 Q방법론은 응답자들이 동의하는 진술문의 숫자의 척도에 따라 분류된 자신의 고유한 비중을 나타내는 방법으로써 전주시 시민들의 응답의 결과는 의미 있는 연구결과를 가져온다.

II. Q방법론 이론적 접근과 연구방법

Q방법론은 심리학자들이 인간의 행위를 과학적으로 연구하고자 개발, 발전시킨 과학적 분석방법론이다. 스테펜슨(Stephenson W. 1961)은 Q방법론을 성장 발전시키면서 사람들 사이의 상관관계를 분석하면서

Q방법론을 주관성의 과학화에 기초하는 계량적 심리적 도구로 발전시켜 왔다. Q방법론의 장점은 인간행위의 주관적 관찰의 측정에 있다. 인간행위의 주관성은 동적인 상황하에서 조작적으로 정의되는 개인의 관점 및 개념을 말한다. 브라운(Brown 1980)은 인간행위의 주관성에 대한 이해와 통찰이 쉽지 않음에도 불구하고 인간의 주관성은 일정한 구조와 형태를 띠고 있다고 한다. 이러한 인간의 구조와 형태를 과학적으로 분석가능하게 해 주는 것이 Q방법론이다.

Q방법론의 연구는 피응답자가 그들의 주관적 견해를 진술문에 동의 정도에 따라 배열함으로써 자신의 의견을 표출하는 방법이다. 분석의 방법은 상관분석(Correlation Analysis)과 요인분석(Factor Analysis)에 의거한다.

다음으로 Q방법론은 응답자의 정치적 주관성을 과학적으로 연구하기 위하여 사용하는 분석방법이다. 스테펜슨(Stephenson 1953)과 브라운(Brown 1980)은 Q방법론이야말로 모든 학문의 영역에서 사용할 수 있으며 특히 정치학이나 행정학에서 연구자와 연구대상과의 각 주체사의 단절을 극복하기 위하여 사용하고 있다고 주장한다. Q방법론은 응답자 스스로가 조작적 응답을 통하여 자신의 견해를 투사하여 개인이 가지는 고유한 가치관을 객관적인 한 구조물(Q 분포도)에 순위적으로 분류하여 기입하여 나온 결과를 요인 분석하게 되었다. 즉 Q방법론 연구는 그 연구에 참여하는 응답자들에게 실험적인 상황하에 일련의 외부적 자극요소, 즉 Q 진술문을 평가하게 하고 그 결과를 분석하였다.

Ⅲ. 요인유형과 각 개인의 특성

전주 지역의 Q방법론 분석내용은 <표 6-1>에서 보는 바와 같이 나타난다. 전주지역의 Q 분석 대상은 총 30명으로 남자 15명, 여자 15명으로 구성되어 있다. 연령은 20대 9명, 30-40대 9명, 50-60대 12명이다. 응답자의 학력은 고졸 17명, 대졸 12명, 미확인 1명이다. 세대의 월소득을 보면 150만 원 이하 21명, 150-300만 원 7명, 무응답 2명이며, 직업은 화이트칼라 2명, 블루칼라 9명, 학생 및 기타 19명이다. 종교는 개신교 7명, 불교 5명, 무교 18명이었다. 응답자의 이념은 진보 5명, 중도 16명, 보수 9명이었다.

〈표 6-1〉 요인유형과 각 개인의 특성

개인	요인					성별	연령대	학력	소득	직업	종교	이념
	A	B	C	D	E							
1	**78**	−35	08	−02	25	여	50/60	고졸	·	S/O	무교	보수
2	**68**	16	09	04	−15	여	20	대졸	150	S/O	무교	진보
3	**40**	26	−29	13	**46**	여	30/40	고졸	150	S/O	불교	진보
4	**40**	11	13	**82**	08	여	30/40	고졸	150	S/O	불교	중도
5	03	−27	13	24	−05	여	30/40	고졸	150	S/O	무교	보수
6	**71**	−30	13	−04	36	여	30/40	대졸	150	W	개신교	진보
7	−08	**−58**	17	00	**62**	여	50/60	고졸	150	S/O	무교	보수
8	−09	**69**	48	09	−12	여	50/60	고졸	150	B	무교	중도
9	**61**	−32	08	−24	19	여	50/60	고졸	150	S/O	불교	보수
10	**48**	−19	**52**	−15	12	여	50/60	고졸	150	S/O	무교	중도
11	**43**	−15	**−51**	18	14	여	50/60	고졸	150	S/O	무교	보수
12	**49**	−06	10	00	**54**	여	20	대졸	150	S/O	개신교	중도
13	**46**	−04	−10	−00	**47**	여	20	대졸	150	S/O	개신교	중도
14	25	10	−20	12	**64**	여	20	대졸	150	S/O	개신교	중도
15	**57**	**−43**	22	−17	−17	여	20	대졸	150	S/O	불교	진보
16	**57**	−09	30	−05	−07	남	50/60	고졸	150	S/O	무교	보수
17	**48**	12	12	**78**	13	남	50/60	고졸	150/300	B	불교	중도
18	**78**	**−41**	−02	−07	−04	남	50/60	고졸	150	B	무교	중도

개인	요인					성별	연령대	학력	소득	직업	종교	이념
	A	B	C	D	E							
19	53	05	28	05	-18	남	50 / 60	·	150 / 300	B	무교	보수
20	43	-06	57	14	-02	남	50 / 60	고졸	·	S / O	무교	보수
21	48	-01	57	11	-02	남	50 / 60	고졸	150 / 300	B	무교	중도
22	41	11	40	-34	21	남	30 / 40	대졸	150 / 300	B	무교	보수
23	73	-25	-09	-12	14	남	30 / 40	고졸	150	B	개신교	중도
24	32	71	19	-46	04	남	30 / 40	대졸	150 / 300	B	무교	중도
25	22	79	12	-44	08	남	30 / 40	대졸	150 / 300	B	무교	중도
26	49	-05	-22	-04	-53	남	20	대졸	150	S / O	개신교	진보
27	48	13	24	-22	43	남	20	대졸	150	S / O	개신교	중도
28	72	-04	04	00	15	남	20	고졸	150	S / O	무교	중도
29	68	-40	-15	-22	00	남	30 / 40	대졸	150 / 300	W	무교	중도
30	62	-29	41	24	06	남	20	고졸	150	S / O	무교	중도

* 주: 위의 수치는 ± 40 이상에서 유의하고 소수점 둘째자리 이하는 생략함

<표 6-1>을 보면 30명 응답자 중 A 요인유형은 24명, B 요인유형 7명, C 요인유형 7명, D 요인유형 4명, E 요인유형은 7명으로 A 유형 요인이 가장 많다. A 요인유형에 속하는 개인의 특성을 보면 남자 13명, 여자 11명으로 총 18명이다. 연령은 20대 8명으로 남자는 4명이고 여자는 4명이다. 30-40대 6명으로 남자 3명, 여자 3명이었다. 50-60대는 9명인데 남자는 8명이고 남자는 1명이다. 학력은 고졸 14명, 대졸 9명이었다. 소득은 150만 원 7명, 150-300만 원 5명, 300만 원 이상은 무(無)로 나타났다. 직업은 화이트칼라 3명, 블루칼라 6명, 학생 및 기타 13명이며, 종교는 개신교 6명, 불교 5명, 무교 13명이다. 이념은 진

보 6명, 중도 12명, 보수 7명이다. A 요인은 남자, 30-40대 연령층, 대학원졸, 150-300만 원의 월 소득자, 직업은 화이트칼라 종사자가 속한 유형이며, 종교나 직업적 차이는 찾아볼 수 없다.

B 요인유형에 속하는 개인을 보면 성별은 남자 4명, 여자 3명으로 총 7명이다. 연령은 20대 1명, 30-40대 3명, 50-60대 3명이다. 학력은 고졸 3명, 대졸 4명이다. 소득은 150만 원 4명, 150-300만 원 3명, 300만 원 이상 없다. 직업은 화이트칼라 1명, 블루칼라 4명, 학생 및 기타 2명이다. 이들의 종교는 개신교 0명, 불교 1명, 무교 6명이다. 이념은 진보 1명, 중도 4명, 보수 2명이었다. B 요인은 여자 남자가 30-40대 연령층이 비슷한 수치로 높게 나타나고, 대졸, 150 이하가 주류이다. 이념적으로는 중도적이며, 직업과 종교는 블루칼라와 무교가 많이 나타났다.

C 요인유형은 남자 4명, 여자 3명으로 총 7명이다. 연령은 20대 1명, 30-40대 1명, 50-60대 5명이다. 학력은 고졸 6명, 대졸 1명이며, 소득은 150만 원 4명, 150-300만 원 2명, 무응답이 1명이다. 직업은 화이트칼라는 없고, 블루칼라 3명, 학생 및 기타 4명이다. 종교는 무교가 7명이면서 전체이다. 이념은 진보는 없고 중도 4명, 보수 3명이다. C 요인은 성별, 연령에서 대등하게 나타난다. 학력에서는 고졸이 많이 나타나고 있다. 월 소득 150 미만이 많은 편이고 소득자가 비교적 저소득층이다. 종교는 전원이 무교이다. 이념은 중도 혹은 보수 성향이 많다.

D 요인유형은 남자 3명, 여자 1명으로 총 4명이다. 연령은 30-40대 3명, 50-60대만 1명이다. 학력은 고졸 2명, 대졸 2명, 대학원졸은 없다. 소득은 150만 원 1명, 150-300만 원이 3명이다. 직업은 화이트칼라는 없고, 블루칼라는 3명이고 학생 및 기타 1명이다. 종교는 개신교는 한 명도 없고 불교 2명, 무교 2명씩이다. 이념은 진보와 보수는 한 명도 없고 모두 중도로 4명이다. D 요인은 A, B, C, D, E 4개 요인 중 가장 적다. 따라서 성별, 연령, 학력, 소득, 직업, 종교, 이념 등에서 차별화된 특성을 발견할 수 없다.

E 요인유형은 남자 2명, 여자 5명으로 총 7명이다. 연령은 20대 5명, 30-40대 1명, 50-60대 1명이다. 학력은 고졸 2명, 대졸 5명이다. 소득은 150만 원 이하 5명 150만 원-300만 원 2명이다. 직업은 화이트칼라와 블루칼라는 하나도 없고 학생 및 기타가 모두 7명이다. 종교는 개신교 5명, 불교 1명, 무교 1명이다. 이념은 진보 2명, 중도 4명, 보수 1명이다. E 요인은 여자, 연령층, 대졸의 학력이 많은 편이다. 150 이하가 많고, 직업은 모두 학생과 기타이다. 종교는 개신교가 많이 차지한다.

30명 응답자 가운데 2개 요인을 가진 개인은 3, 4, 7, 8, 10, 11, 12, 13, 15, 17, 18, 20, 21, 22, 24, 25, 26, 27, 29, 30번 개인으로 15명이다. 3개 요인을 가진 개인은 하나도 없고 나머지 모두는 1개 요인만을 가지고 있다.

Ⅳ. 유형 간 상관관계 및 요인별 진술문 수치

<표 2>는 각 요인에 대한 진술문 수치이다. 정치문화 Q방법론 분석의 48개의 진술문 내용은 요인을 A, B, C, D, E로 구분하여 수치를 기록하였다.

〈표 6-2〉 각 요인에 대한 진술문 수치

진술문	요인				
	A	B	C	D	E
1. 정치권력은 공정한 선거과정을 통해서만 대표성을 가진다.	2	-1	3	1	-2
2. 사회개혁에 적극 동참하는 것이 바람직하다.	1	0	2	1	0
3. 경제성장은 개인을 포함한 국가 및 사회발전에 기여한다.	1	-1	2	2	1
4. 사회적 안정을 추구하는데 구성원들의 상호신뢰와 협력이 필수적이다.	1	0	2	-2	2
5. 정치 지도자들은 국민에게 비전을 제시해줘야 한다.	4	-2	4	1	1
6. 지역감정은 여전히 우리가 해결해야 할 정치적 과제이다.	4	0	4	1	-1
7. 사회 지도층들은 국가를 위해 개인의 희생을 감수하고 있다.	-4	1	-3	-2	-3
8. 정치인이나 시민에게 있어서 가장 중요한 덕목은 정직과 준법정신이다.	1	-2	1	4	0
9. 반드시 투표를 해야 하는 것은 아니지만 참여하는 것이 바람직하다.	2	0	2	3	3
10. 사회변화에 민감하지 못하면 시대에 뒤처진다.	2	0	1	0	0
11. 돈은 있으면 좋고 없어도 그만이다.	0	-1	-2	0	-3
12. 모든 시민이 동참해야만 지역시민사회의 발전이 있는 것은 아니다.	0	2	0	-1	0
13. 정치이념은 사회 지도자들이 제시해 주고 국민은 따르면 된다.	-1	1	0	1	-2
14. 지역차별 및 성차별 등 사회적 불평등은 심각한 문제가 아니다.	-2	-1	0	2	-2
15. 권력자들은 존경심이나 리더십이 아닌 그들의 권위로서 군림한다.	1	1	-2	-2	4
16. 정치인들은 대체적으로 신의를 지키지 않는 경우가 많다.	2	-1	0	3	2
17. 투표권 행사는 자유이므로 개인의 형편에 따라 참여하지 않아도 된다.	-1	-2	-3	-3	0
18. 우리의 고유한 전통과 문화는 지키지 않아도 된다.	-4	3	-2	-4	-2
19. 물질 우선주의 시대는 지났고 정신적 가치가 중요하다.	-1	0	-4	1	-1
20. 현대사회에서는 공동체 의식을 강조해야 할 필요성이 없다.	-2	-1	0	0	-1
21. 우리 사회는 합리성과 공평성이 상당히 결여되어 있다.	0	2	1	3	0

진술문	요인				
	A	B	C	D	E
22. 가족이나 이웃보다는 나 자신을 우선시한다.	0	1	-2	-2	1
23. 우리 사회는 정치에 대한 혐오가 심각한 수준이다.	3	-3	-3	1	2
24. 정치, 경제 및 사회의 기득권층은 부정부패에서 자유롭지 못하다.	3	1	1	-1	4
25. 정부의 정책결정과정에 참여하여 정치문제 해결에 앞장서야 한다.	1	-4	3	2	4
26. 개혁 성향을 지닌 정치 지도자가 사회를 이끌어 나가야 한다.	0	-3	2	0	1
27. 경제적 번영이 모든 면에서 우선순위를 가진다.	0	1	3	0	-1
28. 우리 사회의 빈부격차는 반드시 해소되어야 한다.	3	1	3	4	1
29. 민주발전을 위해 인터넷과 사이버 공간을 이용한 정치참여가 권장되어야 한다.	3	3	1	-1	1
30. 사회생활을 하는 데 인간관계가 아주 중요하다.	4	3	4	-3	3
31. 지역의 사회 지도층들은 개인적 평판이나 인지도가 아주 높다.	-1	-4	-2	0	0
32. 정치인은 투명해야 하고 시민들은 감시활동을 해야 한다.	2	-4	0	-3	0
33. 정부 및 국회의 의사결정에 대한 참여보다는 따라가는 것이 좋다.	-3	-1	-1	-2	-1
34. 여론조성은 정부나 관료보다는 사회단체 및 언론이 해야 할 일이다.	0	0	0	0	-4
35. 재벌과 정치인들과의 이해관계는 중립적이어야 한다.	1	2	-3	0	0
36. 타인과 협력하여 성취한 사회적 성공은 별 의미가 없다.	-1	2	-1	-1	-3
37. 정치 지도자들은 과학적이고 합리적인 사고능력이 떨어진다.	0	-2	-1	-1	-4
38. 사회생활을 하는 데 적극적인 것보다는 수동적으로 행동하는 것이 훨씬 편하다.	-1	2	0	-1	-4
39. 우리 지역의 사회 지도층들도 다른 지역과 비교해서 별반 차이가 없다.	-1	3	0	-4	0
40. 국민 개개인들 간의 신뢰가 많이 떨어지고 있다.	-2	-3	-1	2	3
41. 중앙 및 지방정부의 정책결정 내용에 관심이 없다.	-3	-2	0	0	-2
42. 우리가 나아가야 할 이념적 방향이 없다.	-4	4	-1	-4	-3

진술문	요 인				
	A	B	C	D	E
43. 열심히 일해도 그 대가를 못 받기 때문에 새로운 사회를 건설해야 한다.	-3	0	1	0	-1
44. 소수의 의견이나 권리가 사회적 대의라는 미명 아래 희생되고 있다.	-3	4	-1	-1	2
45. 우리 사회는 개인의 능력보다는 연공서열을 중시하는 사회다.	-2	4	-1	-3	1
46. 우리 사회는 가난하고 어려운 이웃을 도외시하여 왔다.	-2	0	-4	2	3
47. 정당하지 않은 방법으로 높은 지위나 사회적 인정을 받는 경우가 많다.	0	0	1	3	-1
48. 사회적 감시역할을 해야 하는 시민단체나 언론 등이 제 역할을 못하고 있다.	0	-3	-4	4	2

48개의 진술문항은 30명 응답자에 의해 5개의 A, B, C, D, E 요인으로 분류된다. 응답자가 가장 동의하는 것은 4, 가장 부합하다고 생각하는 것은 -4로 표시된다. 5개 요인은 문항에 대해 긍정하는 수치인 4와 부정하는 수치인 -4를 각각 3개씩 갖고 있다. 따라서 가장 긍정하는 또는 가장 부정하는 총 30개의 4와 -4가 있다.

요인 A에 동의하는 '4'는 5번 국민 비전 제시 6번, 지역감정 해결, 30번 인간관계이다. 부합하는 '-4'는 7번 개인희생 18번 전통문화, 42번 이념방향이다. 요인 B에 동의하는 '4'는 42번 이념방향, 44번 소수희생, 45번 연공서열이다. 부합하는 '-4'는 25번 정치문제해결, 31번 사회 지도층의 인지도, 32번 시민감시활동이다.

요인 C에 동의하는 '4'는 5번 국민 비전 제시, 6번 지역감정 해결, 30번 인간관계 중시이다. 부합하는 '-4'는 18번 정신적 가치 중요, 46번 사회의 비온정성, 48번 사회적 감시역할이다. 요인 D에 동의하는 '4'는 8번 정치인의 덕목, 28번 사회적 빈부격차, 48번 사회적 감시역할이다. 부합하는 '-4'는 18번 고유한 정통문화, 39번 사회지도층의 다른 지역과의 차이, 42번 사회적 이념방향이다. 마지막으로 요인 E에 동의하는 '4'는 15번 권력자의 권위주의, 24번 기득권층의 부정부패, 25번 정치문제 해결이며, 부합하는 '-4'는 34번 여론조성, 37번 정치지도자의 사고능력, 38번 사회생활태도이다.

'4'는 A와 C 요인에서 '국민비전', '지역감정 해소', '정치과제'와 '인간관계'로 나타내면서 동의하고 있다. 반면에 '-4'는 A와 D 요인에서 '전통문화'와 '이념방향'을 표시하고 있다. 48개의 진술문항에서 5개 요인 중 2개가 부합되는 '4'는 국민비전, 정치과제와 인간관계에 긍정적이며, '-4'는 전통문화와 이념방향이 가장 부합하는 것으로 나타났다.

전주 시민들은 정치지도자들은 국민에게 비전을 제시하기를 희망하고 지역감정은 우리가 해결해야 할 정치적 과제라고 생각한다. 또한 사회생활에서 인간관계는 중요한 요인으로 보고 있다. 반면에 우리의 전통문화는 우리가 지켜야 하고 현재의 이념방향이 없다는 의견에는 반대하고 있다.

전주 지역의 정치문화와 관련해서 빈도분석에서 인간관계의 찬성 정도가 92.3%이였고 Q방법론에서도 인간관계는 '4' 나타나서 전주시민은 인간관계를 매우 중요시하고 있다. 그러나 이념적 방향 부재는 질문에 23%가 반대한 반면 Q방법론에서 '-4'로 그렇지 않다고 보았다. 인간관계는 빈도분석과 Q방법론과 유사한 결과가 나타나지만 이념적 방향의 부재는 상호 대립하는 결과가 나타났다.

V. 요인유형 해석

다음 도출된 다섯 가지의 요인은 서로 다른 정치문화의 고유한 시각을 의미한다. 요인 A는 국민의 지역감정의 해결 그리고 인간관계의 시각을 표방한다. 비전제시(5), 정치과제(6), 국민개인 희생(7), 전통문화보존(18), 인간관계(30), 이념방향(42)에 통계적으로 유의한 개인들에 의해 정의된다. 요인유형 및 각 개인의 특성에서 나타난 바와 같이 요인 A는 개인 1, 2, 3, 4, 6, 9, 10, 11, 12, 13, 15, 16, 17, 18, 19, 20, 21, 22, 23, 26, 27, 28, 29, 30들이 공유하고 있는 시각으로 성별, 연령, 학력, 소득, 직업, 종교, 이념 등 응답자들의 특성 면에서 볼 때 전체적으로 포괄하고 있다. 즉 남녀 성별, 세대별 차이, 종교적 또는 이념적인 차이 등은 본 연구에 참여한 응답자들이 정의하는 또는 이들 응답자들의 견해와 부합하는 것으로 나타난 요인 A의 시각에 있어서는 별반 차이점을 드러내고 있지 않다.

본 연구에서 도출된 다섯 가지의 요인은 서로 다른 정치문화의 고유한 시각을 의미한다. 요인 A(지역참여 및 전통주의)는 지역감정 및 사회적 불평등을 해소하여 사한다(김만흠, 1997; 박익규, 2002; Diamond & Kim, 2002; Yang & Lim, 2000). 이러한 시각은 또한 민주발전을 위해 사이버 공간에서의 정치참여도 권장해야 한다는 의견을 피력하고 있다(임병규, 1999; Hacker, 2000). 요인 A를 정의하는 개인들은 국민의 정부를 계승하고 국민의 사회참여 및 의사결정 참여를 강조한 참여정부의 정책적 기조를 반영하는 것으로 보인다.

요인 A를 정의하는 개인들에 의해 분류된 '가장 동의하는' 또는 응답자들의 느낌에 가장 부합하는 진술문(+4)은 다음과 같다:

6. 지역감정은 여전히 우리가 해결해야 할 정치적 과제이다.(1.584)

5. 정치 지도자들은 국민에게 비전을 제시해줘야 한다.(1.414)

30. 사회생활을 하는 데 인간관계가 아주 중요하다.(1.363)

요인 A를 정의하는 개인들에 의해 분류된 '가장 동의하지 않는' 또는 응답자들의 느낌에 가장 부합되지 않는 진술문(-4)은 다음과 같다:

18. 우리의 고유한 전통과 문화는 지키지 않아도 된다.(-1.921)

7. 사회 지도층들은 국가를 위해 개인의 희생을 감수하고 있다.(-1.653)

42. 우리가 나아가야 할 이념적 방향이 없다.(-1.650)

A를 정의하는 진술문들은 지역감정은 여전히 우리가 해결해야 하는 정치적 최대의 과제라고 인식하고 있다. 정치지도자는 국민들에게 새로운 비전을 제시해야 하고 일상생활에서 국민들은 인간관계를 아주 중요시하고 있다고 분석된다. 또한 가장 동의하지 않는 진술문에는 전통문화는 지키지 않아도 된다는 인식에서 전주시 시민들은 아직도 전통문화는 우리가 지켜야 하는 과제로 인식하고 있고 사회 지도층이 국민들을 위해서 희생을 강요하지 않는다고 진술하고 있다. 그리고 현재의 시민들은 지켜야 할 이념이 부재하다고 진술하고 있다.

요인 B는 정치참여 및 전통주의 시각이다. 이념방향(42), 소수권리 희생(44번), 연공서열중시(45번), 정치참여(29번), 지도층의 평판(31번), 시민감시활동(32번)에 통계적으로 유의한 개인들에 의해 정의된다. 요인유형 및 각 개인의 특성에서 나타난 바와 같이 요인 B는 개인 7, 8, 15, 18, 24, 25, 40들이 공유하고 있는 시각으로 성별, 연령, 학력, 소득, 직업, 종교, 이념 등 응답자들의 특성 면에서 볼 때 전체적으로 포괄하고 있다. 즉 성별, 세대별 차이, 종교적, 이념적 차이 등은 연구에 참여한 응답자들이 정의하는 또는 이들 응답자들의 견해와 부합되는 것으로 나타난 요인 B의 시각에 있어서는 별반 차이점이 없다.

요인 B(정치참여 및 전통주의)는 미래에 대한 이념적 방향의 불확실성(이지훈, 1989; 박익규, 2002; Dryzek, 1999) 그리고 지도자의 리더십에 대한 불신(오일환, 2000; Paige, 1997)을 이유로 강한 정치적 참여, 즉 투표 또는 사이버 정치를 통한 강한 참여 욕구를 드러내고 있다. 또한 사회생활에서 인간관계를 중요시하는 전통주의를 피력하고 있다(한승조, 1984; 김만흠, 1996; Chee, 1993). 요인 B를 정의하는 개인들 역시 A 요인에서와 마찬가지로 우리 고유의 전통을 지키면서 한편으로는 적극적 정치 참여를 갈망하고 있다.

요인 B를 정의하는 개인들에 의해 분류된 '가장 동의하는' 또는 응답자들의 느낌에 가장 부합하는 진술문(+4)은 다음과 같다:

42. 우리가 나아가야 할 이념적 방향이 없다.(2.136)

44. 소수의 의견이나 권리가 사회적 대의라는 미명 아래 희생되고 있다.(1.593)

45. 우리 사회는 개인의 능력보다는 연공서열을 중시하는 사회다.(1.555)

요인 B를 정의하는 개인들에 의해 분류된 '가장 동의하지 않는' 또는 응답자들의 느낌에 가장 부합되지 않는 진술문(-4)은 다음과 같다:

32. 정치인은 투명해야 하고 시민들은 감시활동을 해야 한다.(-2.469)

31. 지역의 사회 지도층들은 개인적 평판이나 인지도가 아주 높다.(-1.827)

25. 정부의 정책결정과정에 참여하여 정치문제 해결에 앞장서야 한다.(-1.632)

요인 B에 응답자들은 현재의 사회가 이념적 방향이 없다고 보고 소수의 의견이나 권리가 희생되고 있다고 보며, 연공서열을 중요시하고 있다고 보았다. 한편 정치인은 투명해야 하고 사회의 지도층들은 개인적 평판이나 인지도가 높다거나 정치문제에 앞서 해결해야 한다고는 보지 않았다.

요인 C는 개혁적 참여 및 전통주의이다. 정치지도자 비전제시(4번), 지역감정(6번), 인간관계(4번), 정신적 가치 중시(19번), 이웃경시(46번), 시민단체 역할 부재(48번)에 통계적으로 유의한 개인들에 의해 정의된다. 요인유형 및 각 개인의 특성에서 나타난 바와 같이 요인 C는 개인 8, 10, 11, 20, 21, 22, 30번이 공유하고 있는 시각으로 성별, 연령, 학력, 소득, 직업, 종교, 이념 등 응답자들의 특성 면에서 볼 때 전체적으로 포괄하고 있다. 즉 성별, 세대별 차이, 종교적, 이념적 차이 등은 연구에 참여한 응답자들이 정의하는 또는 이들 응답자들의 견해와 부합되는 것으로 나타난 요인 C의 시각에 있어서는 별반 차이점이 없다.

요인 C(개혁적 참여 및 전통주의)는 사회생활에서 인간관계를 매우 중요시하는 전통주의를 표방하고 있다(한승조, 1984; 김만흠, 1996; Chee, 1993). 지도자의 희생정신(길승흠, 1985; 오일환, 2000; Diamond & Kim, 2000), 리더십에 대해 불신하고 있다(오일환, 2000; Paige,

1997). 따라서 우리 사회의 근본적 변화를 위해 개혁적 참여의 증폭을 원하고 있다(이지훈, 1989; 박익규, 2002, Deutsch, 1961; Tarrow, 1994). 이런 점에서 요인 C를 정의하는 개인들은 B 요인과 아주 비슷한 특성을 보여주고 있다.

요인 C를 정의하는 개인들에 의해 분류된 '가장 동의하는' 또는 응답자들의 느낌에 가장 부합하는 진술문(+4)은 다음과 같다:

30. 사회생활을 하는 데 인간관계가 아주 중요하다.(2.487)

6. 지역감정은 여전히 우리가 해결해야 할 정치적 과제이다.(1.847)

5. 정치 지도자들은 국민에게 비전을 제시해줘야 한다.(1.846)

요인 C를 정의하는 개인들에 의해 분류된 '가장 동의하지 않는' 또는 응답자들의 느낌에 가장 부합되지 않는 진술문(-4)은 다음과 같다:

19. 물질 우선주의 시대는 지났고 정신적 가치가 중요하다.(-1.682)

46. 우리 사회는 가난하고 어려운 이웃을 도외시하여 왔다.(-1.407)

48. 사회적 감시역할을 해야 하는 시민단체나 언론 등이 제 역할을 못하고 있다.(-1.363)

요인 C를 정의하는 개인들은 한국적 유교문화의 영향하에 인간관계의 중요성을 인식하고 있으며 지역감정은 여전히 당시대의 최대과업이자 해결해야 할 주요 사항이라고 인식하고 있으며, 정치지도자는 국민적 비전이 있어야 한다고 본다. 또한 물질적 가치보다는 정신적 가치를 중시하고 가난한 이웃과 함께하는 기본정신과 사회적 시민단체의 사회적 감시기능에 긍정적 관심을 갖고 있다고 인식한다.

요인 D(제도적 공동체주의와 정치혐오)는 준법정신(8번), 빈부격차해소(28번), 시민단체역할 (48번), 전통가치(18번), 지도층 차이(39번), 사회 이념(42번)에 통계적으로 유의한 개인들에 의해 정의된다. 요인유형 및 각 개인의 특성에서 나타난 바와 같이 요인 D는 개인 4, 17, 24, 25들이 공유하고 있는 시각으로 개인별 특성으로 볼 때 연령이 50-60대이다. 다시 말해 남녀구분, 학력, 소득, 직업, 종교, 이념적으로 구별이 되는 점이 요인 D의 견해에 보이지 않고 있다.

요인 D는 사회적 안정을 위해 빈부격차의 해소(최장집, 1992; Ferguson, 1995; Offe, 1984), 구성원들의 상호 협력과 신뢰가 요구되는 공동체 의식을 강조하고 있다(전득주 외, 1999; Chee, 1993; Fukuyama, 1995; 김호진, 1984; 김만흠, 1996; Satori, 1987). 동시에 요인 D를 정의하는 개인들은 정치에 대해 심각한 수준의 혐오감을 갖고 있다(김호진, 1995; Wolf, 1999). 예컨대, 영호남 지역에서 지역감정의 발생은 정치인의 권력 욕구로부터 출발하였다고 생각하고 있으며, 정치인의 부패 연루, 정치권의 민생문제의 소홀, 지역감정의 이용 등을 이유로 강한 정치적 혐오성을 보이고 있다.

요인 D를 정의하는 개인들에 의해 분류된 '가장 동의하는' 또는 응답자들의 느낌에 가장 부합하는 진술문(+4)은 다음과 같다:

48. 사회적 감시역할을 해야 하는 시민단체나 언론 등이 제 역할을 못하고 있다.(1.920)

8. 정치인이나 시민에게 있어서 가장 중요한 덕목은 정직과 준법정신이다.(1.741)

28. 우리 사회의 빈부격차는 반드시 해소되어야 한다.(1.662)

요인 D를 정의하는 개인들에 의해 분류된 '가장 동의하지 않는' 또는 응답자들의 느낌에 가장 부합되지 않는 진술문(−4)은 다음과 같다:

18. 우리의 고유한 전통과 문화는 지키지 않아도 된다.(−1.994)

42. 우리가 나아가야 할 이념적 방향이 없다.(−1.662)

39. 우리 지역의 사회 지도층들도 다른 지역과 비교해서 별반 차이가 없다.(−1.662)

결과적으로 요인 D의 범주에 속하는 사람들은 사회적 감시기능으로써 시민단체의 활동에 기대를 하고 있으며, 정치인의 가장 큰 덕목은 정직과 준법정신이다. 나아가 빈부의 격차는 반드시 해소되어야 할 최대의 과제라고 보고 있다. 또한 우리의 고유한 전통 가치와 문화유산은 지켜져야 하며 현시대의 지켜야 할 이념적 방향은 없으며, 사회 지도층은 다른 지역과 다른 차이가 없다고 본다.

요인 E, 지도자 리더십 및 사회적 성취주의는 권력자 군림(5번), 부정부패(24번), 정치문제 해결(25번), 언론역할(34번), 합리적 사고(32번), 수동적 행동(38번)에 통계적으로 유의한 개인들에 의해 정의된다. 요인 유형 및 각 개인의 특성에서 나타난 바와 같이 요인 E는 개인 3, 7, 12, 13, 14, 53, 43들이 공유하고 있는 시각이다. 개인별 특성으로 볼 때 특징적으로 의미를 부여할 수 있는 개별적 특징은 나타나고 있지 않다. 즉 남녀, 연령, 종교적, 이념적으로 구별되는 점이 요인 E의 견해에 보이지 않고 있다. 그렇지만 다른 요인과 비교할 때 지도자에 대한 불신이 아주 높다.

요인 E는 지도자의 부정부패 연루(김호진, 1995; 김만흠, 1996; Wolf, 1999; Mo & Moon, 1999; Putnam, 1993), 정치적 투명성 결핍(김호진, 1995; 김만흠, 1996; Rhodes, 1997; Putnam, 1993) 등을 이유로 그들의 리더십, 이념적 방향제시에 대해 불신하고 있다. 이런 이유가 지도자의 평판 권력에 낮은 인지도로 나타나고 있다(전득주 외, 1999; Henderson, 1974; Almond and Powell, 1978; Wolf, 1999). 다른 한편으로는 타인과의 협력으로 사회적 성취 또는 성공에 긍정적 평가를 하고 있다. E를 정의하는 개인들은 현재 우리 사회의 지도자에 대해 극도의 불신을 가지고 있으며, 사회생활에서 인간의 협력관계를 중요시하고 있다.

요인 E를 정의하는 개인들에 의해 분류된 '가장 동의하는' 또는 응답자들의 느낌에 가장 부합하는 진술문(+4)은 다음과 같다:

24. 정치, 경제 및 사회의 기득권층은 부정부패에서 자유롭지 못하다.(1.463)
15. 권력자들은 존경심이나 리더십이 아닌 그들의 권위로서 군림한다.(1.407)
25. 정부의 정책결정과정에 참여하여 정치문제 해결에 앞장서야 한다.(1.302)

요인 E를 정의하는 개인들에 의해 분류된 '가장 동의하지 않는' 또는 응답자들의 느낌에 가장 부합되지 않는 진술문(-4)은 다음과 같다:

38. 사회생활을 하는 데 적극적인 것보다는 수동적으로 행동하는 것이 훨씬 편하다.(-2.353)

34. 여론조성은 정부나 관료보다는 사회단체 및 언론이 해야 할 일이다.(-2.058)

37. 정치 지도자들은 과학적이고 합리적인 사고능력이 떨어진다.(-1.970)

요인 E를 정의하는 개인들은 사회 기득권층은 부정부패로부터 자유롭지 못하다고 보며 권력자는 권위로 군림한다고 본다. 나아가 개인들은 정책결정에 참여하여 정치문제를 적극적으로 해결해야 한다고 본다. 사회생활은 적극적으로 해야 하며 언론의 역할을 중시하고 정치 지도자들의 합리적 사고능력을 중시하고 있다.

VI. 결 론

Q방법론의 설문조사는 대표성을 고려하여 표본구성을 남성여비, 연령, 교육 정도, 월 소득 순으로 비율에 의거하여 조사하였다.

전주시민의 정치문화와 연관관계를 분석하는 Q방법 평가에서는 첫째, 정치지도자들은 국민에게 비전을 제시해야 한다는 측정의 결과가 나왔다. 지역사회에서 정치지도자들의 영향력과 활동의 기대는 적지 않다. 오랜 관습적 틀을 유지하면서 전통을 중시하는 지역일수록 보수적 가치관을 갖게 된다. 전주지역도 여타의 도시보다 보수적인 정치지도자들이 지역사회를 이끌고 있다. 따라서 전주지역 시민들은 정치지도자들에게 보다 더 많은 활동과 지역사회를 위해 헌신하기를 기대하는 것이다.

둘째, 지역감정문제는 우선 해결해야 할 과제로 인식하고 있다. 전주지역 시민들은 과거의 군사정권에 피해의식을 적지 않게 갖고 있다.

그동안 정권에서 전라도의 소외현상은 전주지역 시민들에게 지역감정의 피해자라는 인식을 심어 주었고 이러한 지역감정은 정치발전을 저해하고 영호남의 감정의 골을 깊게 한다는 의식을 갖고 있다. 따라서 전주지역 시민들이 먼저 지역감정의 문제를 우선적으로 해결해야 하겠다는 생각이 이번 조사의 결과로 반영된 것 같다.

셋째, 인간관계는 사회생활에 필요하며 중요하다고 인식하고 있다. 사회생활이 복잡해지고 직장에서의 인간관계가 업무에 적지 않게 영향을 미치는 것이 사실이다. 사회적으로 성공한 사람들에게는 남다른 성공의 열쇠가 있는데 그것은 바로 원만한 인간관계에서 출발하는 것이다. 따라서 전주지역 시민들의 이번 Q 방법 조사의 결과에서도 사회생활에서 인간관계를 중시하다는 연구의 결과로 나타난 것으로 분석된다.

넷째, 정신적 가치의 중요성을 인식하고 있다. 전주지역 시민들은 물질만능보다는 정신적 가치를 우선하고 그 어느 가치보다도 비중을 높게 두고 있다. 특히 전주지역의 시민들이 갖고 있는 문화적 의식과 애향의식은 타 지역 시민들보다 뒤떨어지지 않는다.

마지막으로 우리가 나아가야 할 이념적 방향이 없다고 인식하고 있다. 특히 사회가 빠르게 변화하는 현실에서 우리가 추구해야 할 이념적 가치가 부재한 것은 사실이다. 빠르게 변화하는 중심에서 전주시민이 갖추어야 할 이념이 부재하다는 사실은 앞으로 풀어야 할 또 하나의 과제라 아니 할 수 없다.

참고문헌

Lassvell, Harold, (1948). *Power and Personality*, New York: W. W. Norton.

Lasswell, Harold, (1951). *The Policy Science*: *Recent Development in Scope and Method,* Stanford, CA: Stanford University Press.

Almond, Gabriel and Sydney Verba, (1963), *The Civic Culture*: *Political Attitudes and Democracy in Five Nations*, Boston, MA: Little, Brown.

Stephenson, William. (1953) *The Study of Behavior*. Chicago: University Of Chicago Press.

Brown, Steve. (1980) *Political Subjectivity.* New Haven: Yale University Press.

― 익산과 남원지역을 중심으로 ―

Ⅰ. 서 론

1. 연구의 목적

오늘날 21세기는 지방의 시대를 예고하고 있다. 현상학적 시각에서 지방정부의 '자립형 분권체제'로의 전환은 정치적, 제도적 변화뿐만 아니라 지역주민의 정치참여 증대를 가져왔다. 지방화는 또한 시대사적 조류인 경제 및 통상의 개방, 인적·물적 자원교류의 확대, 정보통신의 국제적 네트워크화 등을 포괄하고 있고, 그 영역도 정치·경제·사회·문화·복지 및 환경 분야 등 광범위하고 다양하게 형성되고 있다. 이러한 지역사회의 환경변화는 곧 정치 및 행정의 분권만이 아닌 지역사회의 정치권력구조에 직·간접으로 영향을 미치는 새로운 정치문화를 형성하는 데 지대한 영향을 끼쳐왔다.

　따라서 한국사회의 급속한 성장과 변화는 중앙과 지방의 정치문화 의식의 간극의 차이를 더욱 벌려 놓았다. 소득의 차이는 물론이고 정치문화의식 역시 상당한 괴리를 나타내고 있다. 따라서 이들 지역 주민들의 정치문화 분석은 상당한 의의가 있다.

　정치문화는 정치적 태도, 정치적 신념체계, 정치적 성향 등을 모두 포괄하는 것으로 정치적 대상에 대한 인지, 감성, 평가 등의 형태로 나타난다. 따라서 지역에서의 정치문화와 정치발전과의 상호연관성을 규명하는 것이 본 연구의 목적이다. 지방화 시대를 맞이하여 지역사회의 주민들이 가지고 있는 정치문화는 무엇이고 이러한 정치적 가치, 의식 및 신념체계가 지방의 정치권력구조에 미치는 영향은 어떻게 전개되고 있는지 또 앞으로 개선방향은 무엇인지를 제시하는 데 있다.

　먼저 전북을 대표하는 해당지역의 도시를 선정하여 그 도시의 지형적 특색과 지역주민의 기초 환경이 정치문화의 특징에 어떻게 작용하고 있는가를 조사하여 전북의 지역사회 정치문화를 새롭게 정립하는 것이다.

　둘째로 지역사회의 정치문화 의식과 정치적 행태를 라스웰의 8가지 가치에 따라 분류조사하고 지역주민들이 공유하고 있는 가치관, 신념 및 의식체계가 무엇인지 그리고 그들의 가치체계는 어떻게 변화되고 형성된 것인지 분석하고자 한다.

　셋째, 지역사회별로 해당주민이 갖고 있는 각 시도별 지역감정을 타지역에 대한 편견과 호감 정도를 조사 분석하여 지역적 특징으로 재의미하는 데 있다. 특히 전북을 대표하는 익산과 남원지역에 거주하고 있는 주민들을 대상으로 각 지역에 대한 편견의식을 살펴보고 지역편견을 유발하는 요인을 규명하는 데 본 연구의 목적이다.

　마지막으로 지역사회 정치문화의 특징을 규정함을 목적으로 한다. 그동안 지역사회를 대표하는 정치문화의 연구가 특정의 지역에 한정하여 연구되어 왔던 것은 사실이다. 지역의 하나로써 전북의 지역사회의 정치문화를 한눈으로 파악할 수 있는 조사연구를 통하여 지역의 정치문하의 실질적 특징을 규명해 보는 것이 본 연구의 목적이라 하겠다.

한국의 각 지역에 형성되어 있는 하부정치문화연구를 연구하기 위하여 전북권 범위 내에서 두 개의 도시를 선정하게 되었다. 전라북도의 14개 시·군구에서 1995년 도시농촌 통합도시는 익산시를 비롯하여 군산시, 정읍시, 남원시, 김제시이다. 이들 도시 간 거리와 중앙행정수도인 서울시와 거리를 근거로 시의 규모와 인구밀도, 시의 면적 등을 감안하여 전북의 대표할 도시 농촌통합 도시는 익산시와 남원시로 선정되었다.

II. 정치문화 개념과 선행연구 논의

1. 정치문화 개념

한 사회의 문화란 여러 가지의 다양한 측면을 포함하지만, 정치문화는 '정치적으로 의미가 있는 상징물들에 대한 심리적 경향'으로 간주될 수 있다(전득주 외, 1999: 27). 정치문화에 대한 개념적 정의는 학문적 영역별로 다양하다. 하지만 몇 가지 두드러진 개념정의를 살펴보면 다음과 같다.

알몬드와 버바(Almond & Verba 1963)에게 있어서 정치문화는 정치체계와 그의 여러 부문에 대한 태도, 정치체계에 있어서 자아의 역할에 대한 태도를 구성한다고 한다. 파이(Pye, 1965)는 정치과정에 대하여 질서와 의미를 부여하고 정치체계에 있어서 행동을 지배하는 기본적인 전제와 규칙을 제공하는 태도, 신념 및 감정의 집합을 정치문화라 하였다.

김호진(1995)은 정치문화를 사회구성원의 정치행위를 결정짓고 정치행위의 결과적 산물이 바로 정치질서와 제도라고 말한다. 사실 문화는 인간의 모든 삶에 내재하고 있고, 인간이 만들고 있는 모든 것은 문화적인 상징성을 띠고 있다. 여기에 정치적인 것을 부여하면 정치문화의 의미를 갖는다. 따라서 정치문화에 대한 의미의 해석과 개념의 정의는 포괄적이면서 다의적으로 해석되고 있다. 하지만 정치문화는 일반적으로 특정사회의 대다수의 구성원들이 공유하고 있는 가치체계로 이해하고 있다. 본 연구에서 정치문화는 앞서 언급한 바와 같이 외부로 드러난, 다시 말하면 이론적으로나 분석학적으로 한국의 문화유형이라 규명된(또는 예를 들면 지역시민들이 표출한 선거형태를 통해 구체화된) 표층구조(表層構造, layer structure)와 각 지역의 개개인의 의식에 잠재하고 있는 심층구조(深層構造, in-depth structure)를 포괄하는 정치적 상징성 및 의미를 가진 의식체계로 설명하고자 한다.

2 국내외 선행연구

정치문화에 대한 일반론적 연구는 크게 세 가지로 분류할 수 있다. 마르크스주의자들은 정치문화를 정체성을 띠고 있는 자본가 또는 기득권세력의 이해관계를 보호하기 위한 수단으로 이해하고 있다. 정치문화는 특정사회의 물질적 상호작용의 부산물로써 노동자 계층과 자본가 계층의 생산 및 사회관계를 규정하는 의식체계라는 것이다(Ferguson, 1995; Offe, 1984; Poulantzas, 1980; Althusser, 1971; Miliband, 1970). 베버주의자들은 다원주의 사회 속에서 독립적이고 자생되는 시민의 정치문화 그리고 정치문화의 변화와 정치구조와의 연관관계에 더 많은 관심을 두고 있다.

이와 더불어, 정치문화를 하부정치문화로 분류하여 분석한 G. Almond

등의 학자들과, 한배호, 어수영 등의 한국 학자들의 연구가 있다. 본 연구는 정치문화를 사회화 및 정치참여의 과정으로 그리고 사회적 토론과 담화의 통로로서 설명하고자 한다(Woshinsky, 1995; Putnam, 1993; Eckstein, 1988; Inglehart, 1987; Pye, 1965; Almond and Verba, 1963). 최근 포스트모더니스트들은 정치문화의 보편성과 일반성을 부정하고 문화의 다양성과 창의적인 생활양식이나 가치체계를 선호하는 주장을 피력한다. 이는 과거의 관습 내지는 권위적인 체제와의 단절과 타파를 추구하는 사회성향과 일치한다(Fowler, 1997; Boudieu, 1993; Derrida, 1992; Connor, 1989; Edelman, 1988; Lyotard, 1984).

정치문화의 이론적, 방법론적 학풍이나 패러다임은 다양하지만, 정치문화연구에 있어서 주류는 정치문화를 사회화 및 정치참여의 한 과정으로 인식하는 것이었다. 또한 다양한 정치문화의 변화에 대한 논의와 가치체계의 방향에 대한 논의도 지속되고 있다. 따라서 정치문화의 연구경향에 대한 국내외 선행연구를 정치이념, 문화의 변화양상, 그리고 정치행태로 구분하여 분석하여 보고자 한다.

1) 정치이념에 대한 연구

정치이념에 연관된 연구는 일반적으로 지방화시대를 맞이하여 지역주민들이 바라보는 세계관 내지는 의식 및 가치체계는 무엇인지를 고찰한다. 정치문화의 정체성에 대한 논의에 대한 설명이다. 이는 곧 지역사회가 추구해야 한다고 믿고 있는 규범적 정치이념이 무엇인가라는 질의와도 일맥상통한다. 여기서 정치이념은 좌우익의 연속선상에서 개혁과 전통, 자유와 보수 그리고 중도성향 등과 같은 이념을 의미한다. 정치이념은 구체적으로 지역주민들이 바라보는 민주주의체제에 대한 신념이나 가치관, 정치적 또는 사회적 권리, 즉 자유와 평등과 같은 천부적인 근본이념에 대해 국민들이 가지고 있는 이념체계를 포괄한다. 정치이념의 규범적인 측면과 더불어 지역주민들이 가지고 있는 제도적 차원(삼권분립, 대의제도, 정당제도 등) 및 절차적 차원(선거양식 및 원칙, 소수의 권리, 타협과 토론절차 등)의 인식과 평가 또한 여기에 포함된다. 정치 이념에 대한 부분은 이현출·길병옥(2000), 김만흠(1997), 최장집(1992), 박광주(1988), 한배호·어수영(1987), 길승흠(1985), 한승조(1984), 차기벽 (1978), Sowell(2002), Wolf(1999), Dryzek(1996), Chee(1993), Cotton(1992), Shin(1989), Satori(1987), Bell(1978), Henderson(1974) 등이 포함된다.

2) 문화의 변화양상에 대한 연구

정치문화 연구에 있어서 정치문화는 가변적이고 고정적이지 않으며 항상 새로운 형태를 띤다는 학풍은 정치문화의 본질을 변화의 대상으로 여긴다. 문화의 변화양상에 대한 연구는 특정사회의 정치적, 경제적, 사회적 체제의 변화와 관련지어 정치문화가 특정정부의 정책결정 및 정책결과에 어떠한 영향이 있는가를 살펴보는 것이 일반적이다. 일례가 한국의 경제성장에 가장 큰 영향을 끼친 정치문화는 유교적 윤리에 바탕을 둔 공동체의식 및 희생정신이었다는 주장이다. 이러한 의견개진은 현재 많은 논란이 되고 있지만, 아시아 경제성장과 위기의 동인은 아시아의 가치(Asian values)에 있다고 보는 견해와 상통한다(Kim, 2000; Yang and Kim, 2000; Lee, 2000; Glazer, 1999; Yang, 1999; Zakaria, 1994). 또한 학자들은 사회가 발전할수록 물질주의적인 성향에서 탈물질적인 가치를 선호한다고 주장한다(Inglehart, 1997, 1987; Abramson and Inglehart, 1995). 즉 성장우선주의나 안보우선주의의 경향에서 환경보호주의로 전환하는 정치문화의 변화를 의미한다. 더불어 정보화, 세계화, 다양화 및 지방화는 서구문화와의 접변을 폭넓은 분야에서 가능하게 하고, 특정 사회의 문화가 전통적으로 가지고 있던 가치와는 다른 성향으로 전개된다는 주장이 있다. 예를 들면, 전통적인 유교적 공동체주의(Confucian communitarianism)에서 개인의 사회적 성취나 능력을 중시하는 자아실현주의(self-actualizationism)로 전환되어 간다는 논리다. 또한 학자들은 후기산업사회(post-industrial society) 및 탈현대사회(post-modern society)에서 두드러진 특징은 과거의 체제나 문화의 권위적인 정체에서 벗어나 개인의 자율성 및 다양성을 추구하는 경향을 지적한다(Nelson, 1995; Connor, 1989). 과거사회와의 단절과 타파를 추구하는 사회성향은 획일적 권위주의체제보다는 다양하고 창의적인 생활양식이나 가치체계를 선호하는 경향으로 전개되는 문화의식을 의미한다(Derrida, 1998, 1994, 1992; Baudrillard, 1988; Foucault, 1984, 1977; Lyotard, 1984; Barthes, 1973).

3) 정치행태에 대한 연구

정치문화에 있어서 정치행태에 대한 연구는 앞서 언급한 정치문화의 표층구조에 대한 설명이다. 정치행태에 연관된 기존의 연구는 정치문화가 지역주민들의 투표행태와 정계개편과 같은 정치권력구조 또는 정치기회구조(political power / opportunity structure)의 변화에 미치는 영향을 분석한다. 정치기회구조의 변화는 주민들의 정치참여도, 집권당 및 야당의 정계개편 및 정치지도자들 간의 알력이나 타협 등과 같은 정치환경의 차원에서 일어나는 구조적 변화를 의미한다(Tarrow, 1994). 일반적으로 정치문화는 정치적 태도, 정치적 신념체계, 정치적 정향을 모두 포괄하는 것으로 정치적 대상에 대한 정치적 인지, 감정, 평가 등의 형태로 나타날 수 있다(신도철 외 3 인, 1990; 박동서·김광웅, 1987). 이러한 연구는 정치문화와 정치발전과의 상호연관성을 규명하고자 했고, 그 내용은 특정 정부에 대한 지지도, 정치적 신뢰도, 정치적 성숙도, 정당지지도, 정치적 관심도, 지역정치현실과의 연계성 등이 있다(박상훈, 2001; 양창윤, 2001; 박희봉·김명환, 2000; 고영진, 2000; 온만금, 2000; 김만흠, 1997; Rhodes, 1997; Mair, 1996; Jordan, 1994; Lijphart, 1989; Huntington, 1984; Lipset, 1981; Dahl, 1971; Almond and Verba, 1963).

이와 같은 국내외 선행연구의 문제점은 기존의 연구가 정치문화를 규명하는 데 있어 상당히 기술적인 묘사에 치우쳤다는 점이다. 더불어 지역의 구도에서 정치문화와 정치권력구조와의 연계성에 대해 등한시하였을 뿐만 아니라 상당히 부분적인 의식체계를 보편화시키고자 하였다는 데 있다. 또한 기존의 정치이념, 가치의 변화 및 정치행태의 연구는 한국의 각 지역실정과 구체적으로 어떠한 연관성이 있는지 지역 내의 특수성은 무엇인지에 대한 구체적 설명이 미흡하였다. 따라서 본 연구는 지역사회의 정치권력구조에 대한 연구와 병행하여 각 지역에서 고유한 정치문화를 발굴하고 나아가 지역의 정치문화와 사회체제와의 관계를 정립해 보고자 한다.

III. 정치문화의 특성과 현황

농어촌 및 지방의 중소도시에서는 비유동적 인적 구성으로 인하여 개인별 또는 집단별로 다양한 하부정치문화를 대표할 수 있다. 여기에서는 본 연구가 다루고 있는 정치문화의 독립변수를 살펴보고자 한다. 조사대상 지역인 전북 익산시의 경우 농촌·공업도시형 특색을 띠고 있는 반면 남원시의 경우는 내륙농촌도시형 성격을 지니고 있다. 먼저 익산시와 남원시에 거주하고 있는 지역주민들을 대상으로 독립변수는 성별, 연령, 종교별, 가계소득, 최종학력, 거주기간 등이다.

<표 7-1> 전라북도(익산 / 남원) 주민의 특성

성 별		200만 원 이하	190명(35.4%)
남	여	300만 원 이하	32(6.0%)
257명 (48%)	278명(52%)	400만 원 이하	15명(2.8%)
연 령		학 력	
20대	113명(21.1%)	무 학	19(3.5%)
30대	126명(23.6%)	초등학교	84(15.6%)
40대	107명(20%)	중학교	43(8.0%)
50대	71명(13.3%)	고등학교	165(30.7%)
60대 이상	118명(22.1%)	전문학교	40(7.4%)
종교별		대학교	168(31.3%)
기독교	186명(34.6%)	대학원 이상	18(3.4%)
가톨릭	30명(5.6%)	거주기간	
불 교	79명(14.7%)	0-9년	92(17.1%)
민족종교	4명(0.7%)	10-19년	116(21.6%)
기타 종교	16명(3.0%)	20-29년	126(23.5%)
종교 없음	222(41.3%)	30-39년	65(12.1%)
소득별 수준		40-49년	62(11.5%)
100만 원 이하	186명(34.6%)	50년 이상	76(14.2%)

　　설문조사에 응답한 전체 조사대상자는 535명으로 먼저 성별에 있어
서는 남자 257명(48.0%)이며 여자는 278명(52.0%)으로 여자가 조금 많
이 조사된 것으로 나타났다. 그리고 연령별로 살펴보면, 30대 126명
(23.6%)으로 전체 조사대상 가운데 가장 많이 조사되었으며 그다음
으로는 60대 이상이 118명(22.1%), 20대 113명(21.1%)으로 조사되었다.
　　위에서 보는 바와 같이 전라북도 익산시와 남원시 조사대상자의 종
교를 살펴본 결과이다. 설문조사에 응답한 전체 조사대상자는 537명으
로 그 가운데 가장 높은 빈도를 보이는 것은 종교를 가지고 있지 않은
무교로서 222명(41.3%)이며 그다음으로는 기독교로서 186명(34.6%), 불
교가 79명(14.7%), 가톨릭은 30명(5.6%) 등으로 조사되었다.

따라서 익산과 남원의 약 40%에 해당하는 많은 사람들이 종교를 가지고 있지 않은 무교도인 것으로 나타났으며 기독교, 불교, 가톨릭, 기타 종교 순으로 종교인들이 분포되어 있음을 알 수 있다.

전라북도 익산시와 남원시 대상자의 가계소득을 살펴본 결과는 다음과 같다. 설문조사에 응답한 전체 조사대상자는 537명으로 그 가운데 200만 원 이하의 가계소득을 가지고 있는 응답자들이 190명(35.4%)으로 가장 많았으며, 100만 원 이하가 186명(34.6%)으로 나타나고, 다음으로 300만 원 이하는 32명(6.0%)으로 조사되었다. 따라서 익산과 남원지역의 가계소득은 저조한 형편이며 생활수준이 그리 넉넉하지 못하다는 것을 말해 준다. 특히, 400만 원대의 고소득 계층은 불과 15명(2.8%) 밖에 되지 않는다는 것은 익산과 남원지역이 얼마나 경제적으로 낙후되어 있는지를 말해 주는 결과이다.

상위에서 보는 바와 같이 익산시와 남원시 조사대상자의 최종학력을 살펴본 결과이다. 설문조사에 응답한 전체 조사대상자는 537명에서 가장 높은 빈도를 보이는 학력으로는 대졸 168명(31.3%)이며 그다음으로는 고졸 165명(30.7%), 초졸 84명(15.6%)의 순으로 조사되었다. 대학원 이상의 학력을 소유한 사람은 18명(3.4%)인 것으로 나타났다.

따라서 전북지역의 익산시와 남원시의 경우 대졸출신이 가장 많이 조사되고 다음으로 고졸출신이라는 것을 알 수 있을 뿐만 아니라 대학 이상의 학력은 전체 인구에 비례하여 1/3 정도이다.

전라북도 익산시와 남원시 조사대상자의 거주기간을 살펴본 결과는 다음과 같다. 설문조사에 응답한 전체 조사대상자는 537명으로 먼저 20-29년 이상 해당 거주 지역에 살고 있는 응답자는 126명(23.5%)으로 가장 많았으며 그다음으로는 10년-19년인 경우, 116명(21.6%), 10년 미만인 경우 92명(17.1%), 30-39년 기간은 65명(12.1%)이다. 50년 이상인 경우는 76명(14.2%)인 것으로 조사되었다.

따라서 익산과 남원지역에 거주하고 있는 주민들의 경우에는 조사대상지역에 대부분 20년 이상 살고 있는 경우가 약 23%로 가장 많고,

10년에서 19년까지가 20%를 조금 초과하는 수준인 것으로 조사되었다. 따라서 익산과 남원지역에서는 10년에서 30년까지가 가장 높은 빈도비율을 보이고 있음을 알 수 있다.

IV. 지역사회의 가치관과 행태

본 절에서는 전북지역에 위치한 익산시와 남원시의 주민들의 정치문화의식의 구조적 특징과 정치적 행태를 살펴보고자 한다. 따라서 특정지역에 거주하고 있는 대다수 사람들이 공유하고 있는 가치관, 신념 및 의식체계가 무엇인지 그리고 그들의 가치체계는 어떻게 변화되고 형성된 것인지 분석하고자 한다. 익산과 남원지역의 전체 응답자 수는 537명으로서, 익산지역의 주민들을 대상으로 설문에 응답한 사람은 총 287명이며 남원시는 250명 조사하였다.

전체 조사대상범위는 읍, 면, 동, 리 등 지역의 행정규모를 근거로 선정하였으며 조사대상자 수는 인구비례에 따른 응답자 수치이며 모두 만 20세 이상 성인 남녀를 대상으로 일대일 면접조사를 하였으며 익산시의 경우 2004년 6월 2주간에 걸쳐 전북대, 원광대, 전주대 재학생들의 협조로 해당지역 주민들에게 실시하였으며 남원시의 경우 6월에 약 2주간에 걸쳐 전북대학교 재학생들의 협조로 지역주민들에게 면접조사를 실시하였다. 그 결과는 SPSS 통계분석 프로그램을 이용, 자료를 분석 결과는 다음과 같다.

1. 정치적 가치관

다음은 조사선정대상으로 전북지역의 익산시와 남원시에 거주하고 있는 주민들이 지닌 정치문화 가운데 정치적 가치관에 대하여 살펴보도록 하자.

〈표 7−2〉익산 · 남원지역 권력, 계몽, 부, 안녕가치

	지 역	아니다		약간 아니다		그저 그렇다		약간 그렇다		그렇다		전 체	
권력가치	익산시	57	19.9%	102	35.5%	94	32.8%	21	7.3%	13	4.5%	287	100%
	남원시	42	16.8%	86	34.4%	64	25.6%	40	16.0%	18	7.2%	250	100%
계몽가치	익산시	12	4.2%	21	7.3%	60	20.9%	86	30.0%	108	37.6%	287	100%
	남원시	6	2.4%	14	5.6%	49	19.6%	77	30.8%	104	41.6%	250	100%
부 가치	익산시	0	0.0%	9	3.1%	86	30.0%	86	30.0%	162	56.4%	287	100%
	남원시	4	1.6%	10	4.0%	34	13.6%	87	34.8%	115	46.0%	250	100%
안녕가치	익산시	21	7.3%	87	30.3%	126	43.9%	38	13.2%	15	5.2%	287	100%
	남원시	18	7.2%	72	28.8%	101	40.4%	39	15.6%	20	8.0%	250	100%

상위에서 보는 바와 같이 <표 7−2>는 지역주민들이 지닌 권력 가치를 알아보기 위해 "지역주민들이 지방정부의 정책결정에 참여하고 있다고 생각하십니까?"라는 질문에 대한 응답 결과이다. 익산지역 주민들은 '약간 아니다'라고 입장을 표명한 응답자가 102명(35.5%)으로 가장 많았으며 '그저 그렇다'가 94명(32.8%)이다. 그런가 하면 '매우 아니다'라고 응답한 빈도비율은 57명(19.9%)으로 나타난다. 따라서 익산지역 주민들은 권력 가치에 중간적 입장에서 좀 더 부정적으로 생각을 가지고 있는 것으로 조사되었으며 이것은 지방자치시대에 지방정부의 제도적 역할에 있어서 좀 더 정책결정에 참여를 유도할 수 있는 방안을 모색해야 하겠다.

남원지역 주민들의 경우 가장 높은 응답률을 보인 것은 '약간 아니다'라고 응답한 빈도비율이 86명(34.4%)이고 '그저 그렇다'가 64명

(25.6%)으로 나타나고 있다. 따라서 남원지역 주민들은 지방정부에 정책결정에 참여율이 떨어지고 있는 것으로 조사 연구되었다. 결과적으로 익산과 남원은 비교적 미미한 수준에서 부정적 반응을 보이고 있다. 따라서 익산과 남원의 권력 가치에 대한 주민들의 생각은 거의 비슷한 수준에서 조금이나마 남원이 긍정적 결과가 나왔다. 전체적으로 지방정부에 대한 정치참여에 있어서 권력이란 가치는 미미한 수준에서 약간은 긍정적 반응을 보이고 있다고 분석된다.

상위에서 보는 바와 같이 계몽가치는 다음과 같다. "사회변화에 민감하게 대응하지 못하면 시대에 뒤쳐진다고 생각하십니까?"라고 질문을 한 결과 익산지역주민들은 '그렇다'라고 응답한 사람이 108명(37.6%)으로 가장 많았으며, 그다음으로는 '약간 그렇다'라고에 응답한 사람이 86명(30.0%)으로 두 개의 빈도를 더하면 약 67.6% 차지한다. 따라서 익산지역 주민들은 사회변화에 민감하게 반응한다고 할 수 있다.

이에 대해 남원지역 주민들은 '그렇다'에 응답한 사람이 104명(41.6%)으로 가장 높은 빈도를 보이며 그다음으로는 '약간 그렇다'라고 응답한 사람이 77명(30.8%)으로서 두 개의 빈도를 더하면 약 70%대의 높은 빈도를 보여주고 있다. 따라서 남원지역주민들 또한 사회변화 발전에 민감하게 반응한다고 말할 수 있다. 두 지역 간 비교에서도 익산보다는 남원지역이 계몽가치가 비교적 더 높게 나타나고 있음을 알 수 있다.

상위에서 보는 바와 같이 부(富)에 대한 가치를 질문하였다. "돈은 사회활동에 중요한 역할을 한다"라고 질문한 결과에서 익산지역주민들은 '그렇다'라고 응답한 사람이 162명(56.4%)이며 그다음으로는 '약간 그렇다'라고 응답한 사람이 86명(30%)으로 전체 응답자의 약 86% 이상의 응답자들은 돈이 사회활동에 중요한 역할을 한다는 결과를 보여주고 있다.

남원지역 주민들의 경우에는 익산지역주민들에 비해서 '그렇다'라고 응답한 빈도비율이 115명(46%)으로 나타나고 '약간 그렇다'라고 응답한 빈도비율이 87명(34.8%)으로 조사되었다. 두 개의 응답률을 더하면 약

80%를 나타내는 것으로 매우 긍정하는 빈도비율이 조사되었다. 두 도시지역 간에 부에 대한 가치개념은 거의 비슷한 빈도비율을 보이고 있다.

상위에서 보는 바와 같이 라스웰의 8가지 가치 가운데 '안녕가치'를 살펴본 내용이다. "사회의 안정과 복지를 위해서 주민들 간에 상호신뢰와 협력이 얼마나 이루어지고 있다고 생각하십니까?"라고 질문을 하였다. 그 결과 익산지역의 주민들은 '그저 그렇다'라고에 응답한 사람이 126명(43.9%)으로 가장 많았으며 그다음으로는 '약간 아니다'에 87명(30.3%)이 응답을 하였다. 따라서 익산지역 주민들은 안녕가치에 대한 특별한 긍정도 부정도 하지 않는 것으로 나타난다.

다음 남원지역의 경우에는 '그저 그렇다'라는 응답이 101명(40.4%)으로 가장 높으며 그다음으로는 '약간 아니다'라는 응답이 72명(28.8%)을 보이고 있다. 남원지역 주민들은 안녕가치에 대한 응답의 비율은 익산과 거의 비슷한 조사결과가 나왔다. 따라서 두 지역 간 비교에서도 특별히 상이한 차이점을 찾을 수 없었다. 그렇지만 미미한 수준에서 익산보다는 남원이 좀 더 긍정하는 모습이다. 이러한 조사연구의 결과는 익산보다는 남원이 보다 더 전통적인 모습과 관습이 보존되어 있는 연유이기도 하지만 익산보다는 남원지역의 주민이 정서적으로 지역주민들의 안녕가치를 더욱 소중히 생각하고 있다는 결과이기도 하다.

〈표 7-3〉 익산 · 남원지역 기술, 애정, 존경, 정직가치

	지 역	아니다		약간 아니다		그저 그렇다		약간 그렇다		그렇다		전 체	
기술가치	익산시	10	3.5%	31	10.8%	91	31.7%	86	30.0%	69	24.0%	287	100%
	남원시	7	2.8%	28	11.2%	51	20.4%	104	41.6%	60	24.6%	250	100%
애정가치	익산시	38	13.2%	90	31.4%	95	33.1%	42	14.6%	22	7.7%	287	100%
	남원시	25	10.0%	76	30.4%	78	31.2%	46	18.4%	25	10.0%	250	100%
존경가치	익산시	49	17.1%	96	33.4%	106	36.9%	26	9.1%	10	3.5%	287	100%
	남원시	16	6.4%	41	16.4%	59	23.6%	79	31.6%	55	22.0%	250	100%
정직가치	익산시	16	5.6%	23	8.0%	72	25.1%	69	24.0%	107	37.3%	287	100%
	남원시	37	14.8%	94	37.6%	77	30.8%	31	12.4%	11	4.4%	250	100%

상위에서 보는 바와 같이 <표 7-3>은 기술 가치를 살펴본 내용이다. "우리 사회는 개인의 전문성보다는 연공서열을 중시하는 사회이다"라고 지역 주민들에게 질문한 결과이다. 익산지역의 경우 '그저 그렇다'라고에 응답한 사람이 91명(31.7%)으로 가장 높으며 그다음으로는 '약간 그렇다'에 86명(30.0%), '그렇다'에 응답한 사람이 69명(24.0%)이다. 따라서 익산지역은 연공서열을 조금은 중시하는 지역이라고 말할 수 있다.

남원의 경우에는 '약간 그렇다'라고에 응답한 빈도가 104명(41.6%)으로 조사되고 다음으로 '그렇다' 60명(24.6%)으로 조사되었다. 따라서 남원지역 주민들은 익산지역에 비교해서 볼 때 연공서열을 조금은 더 중시하는 경향이 있다고 말할 수 있다. 그렇지만 전북지역으로 두 도시를 볼 때 기술 가치에 대한 생각은 어느 정도 가지고 있는 것으로 볼 수 있다.

상위에서 보는 바와 같이 <표 7-3>는 애정가치를 살펴보기 위해서 "우리 사회는 가난하고 어려운 이웃을 돕고 있다고 생각하십니까?"라고 질문한 결과이다. 그 결과 익산지역은 '그저 그렇다'라고 응답한 사람이 95명(33.1)으로 가장 많았으며 그다음으로는 '약간 아니다'에 응답한 사람이 90명(31.4%)과 '약간 그렇다'에 응답한 사람이 42명(14.6%)으로 나타났다. 따라서 익산지역 주민들은 애정가치 면에서 중간적인 입장에서 약간 부정하는 것으로 조사되었다.

다음으로 남원지역의 경우 '그저 그렇다'에 응답한 사람이 78명(31.2%)으로 가장 높은 빈도를 보이고 있으며 그다음으로는 '약간 아니다'라고 응답한 사람이 76명(30.4%)으로 나타났다. 두 지역 간의 비교에서 익산지역보다는 남원지역주민들이 애정가치 면에서 볼 때 좀 더 긍정하는 것으로 조사되었다.

상위에서 보는 바와 같이 존경가치를 살펴보기 위한 내용은 다음과 같다. "정당하지 않은 방법으로 높은 지위에 오르거나 사회적 인정을 받는 경우가 많다"라고 질문을 하여 얻은 결과이다. 익산지역의 경우

'그저 그렇다'에 응답을 한 사람이 106명(36.9%)으로 가장 높은 빈도를 보이고 있으나 '약간 아니다'라고 응답한 사람과 '그렇지 않다' 하고 응답한 사람이 각각 96명, 49명으로 나타났다. 따라서 남원지역의 주민들은 정당하지 않은 방법으로 사회적 높은 지위를 오르거나 사회적 인정을 받는 것을 미미한 수준에서 부정하고 있는 것으로 조사되었다.

다음으로 남원지역의 경우 '약간 그렇다'라고 응답한 사람이 79명(31.6%)으로 가장 높은 빈도를 보이며 그다음으로는 '그저 그렇다'라고 응답한 사람이 59명(23.6%)으로 높게 나타났다. 따라서 정당하지 않은 방법으로 높은 지위에 오르거나 인정을 받는 경우가 조금은 강하게 나타나고 있다는 것을 볼 수 있다.

상위에서 보는 바와 같이 정직 가치는 다음과 같다. "우리 사회에서 정직과 준법정신이 언제나 지켜지고 있다고 생각하십니까?"라고 질문을 한 결과이다. 그 결과 익산지역의 경우 '그렇다' 107명(37.3%)으로 가장 높은 빈도를 보이며 '약간 그렇다'라고 응답한 사람은 69명(24.0%)인 것으로 나타났으며 '중간 정도'라고 응답한 사람은 72명(25.1%)으로 나타났다. 이들 세 부분의 응답률을 더하여 볼 때 약 90%라는 높은 빈도비율을 보이고 있다. 다음으로 남원지역에서는 '약간 아니다'라고 응답한 사람이 94명(37.6%)으로 가장 높은 빈도를 보이며 그다음으로는 '그저 그렇다'라고 응답한 사람이 77명(30.8%)인 것으로 나타났다. '전혀 아니다'라고 응답한 사람은 37명(14.8%)으로 나타났다. 따라서 익산지역 주민들은 준법정신에 대한 주민들의 태도는 약간 부정적으로 나타나고 있다. 결과적으로 두 도시 간의 지역주민들에 대한 정직가치는 아직까지도 우리 사회가 정직이나 준법정신이 매우 미약한 부분임을 잘 드러내주고 있다고 하겠으며 이 점은 앞으로도 우리 지역사회 발전에 걸림돌 역할로 작용할 여지가 높기에 지역사회 내에서 정직과 준법정신의 올바른 확립과 확산이 시급히 필요한 때라고 본다.

차별대우| 설문내용 — 강원, 경기, 서울, 충청, 영남, 호남 — 지역 구

분해서 우리 지역은 김영삼 대통령정부 때까지 타 지역보다 정치경제적으로 불공평한 대우를 받았다고 생각한다. 설문:(강원, 경기, 충청, 영남, 호남의 지역구분에서) 우리 지역은 김대중 대통령정부 이후부터 타 지역보다 정치·경제적으로 불공평한 대우를 받았다고 생각한다.

〈표 7-4〉 차별대우

	지 역	아니다		약간 아니다		그저 그렇다		약간 그렇다		그렇다		전 체	
차별대우 (김영삼 정권 이전)	익산시	16	5.6%	23	8.0%	72	25.1%	69	24.0%	107	37.3%	287	100%
	남원시	10	4.0%	22	8.8%	46	18.4%	78	31.2%	94	37.6%	250	100%
차별대우 (김대중 정권 이후)	익산시	41	14.3%	63	22.0%	108	37.6%	41	14.3%	34	11.8%	287	100%
	남원시	15	6.0%	48	19.2%	109	43.6%	44	17.6%	34	13.6%	250	100%

상위에서 보는 바와 같이 <표 7-4>은 다른 지역에 비해 차별대우를 받았는가를 알아보는 내용이다. "(강원, 경기, 충청, 영남, 호남의 지역구분에서) 우리 지역은 김영삼 대통령정부 때까지 타 지역보다 정치경제적으로 불공평한 대우를 받았다고 생각한다."라는 질문에 익산시는 전체 응답 중에서 107명(37.3%)이 '그렇다'라고 응답하고 69명(24%)은 '약간 그렇다'라고 응답하였다. 따라서 전체 응답자 중에서 60% 이상이 지역차별을 당했다고 응답하고 있는 것으로 조사되었다.

남원지역의 경우에는 '그렇다'라고 응답한 사람이 94명(37.6%)으로 가장 높게 나타났으며 그다음으로는 '조금 그렇다'라고 응답한 사람이 78명(31.2%)이며 '그저 그렇다'라고 응답한 사람이 46명(18.4%)으로 조사되었다. 특히 전체 응답자 중에서 차별대우에 대하여 긍정하는 빈도 비율이 2/3 이상으로 조사되어 그동안의 김영삼 정권 이전까지 지역차별이 얼마나 크고 심했나를 알 수 있다.

상위에서 보는 바와 같이 <표 7-4>은 지역차별을 묻는 것으로써 "(강원, 경기, 충청, 영남, 호남의 지역구분에서) 우리 지역은 김대중 대통령정부 이후부터 타 지역보다 정치·경제적으로 불공평한 대우를 받았다고 생각한다."라는 질문을 분석한 결과이다. 익산지역의 경우 '그저 그렇다'라고 응답한 사람이 108명(37.6%)으로 가장 많았으며 그다음으로는 '약간 아니다'라고 응답한 사람이 63명(22%)이며 '약간 그렇다'라고 응답한 사람이 41명(14.3%)이다. 여전히 지역차별을 받고 있다는 생각이 지배적이지만 익산지역에 거주하는 응답자들의 경우에는 이전에 비해 김대중 정부 이후부터 지역차별을 덜 받고 있다는 것으로 설명할 수 있다.

남원지역의 경우에는 '그저 그렇다'라고 응답한 사람이 109명(43.6%)으로 가장 많았으며, 그다음으로는 '약간 아니다'라고 응답한 사람이 48명(19.2%)이며 '약간 그렇다'라고 응답한 사람이 44명(17.6%)인 것을 알 수 있다. 김대중 정부 이후에는 지역차별을 당했다고 응답한 빈도 비율이 현격하게 줄어들었다. 결국은 익산과 남원시에서 김대중 정부 이후 지역적 차별을 어느 정도는 받고 있으나 예전 정부에 비교했을 때는 상대적으로 지역차별을 덜 받고 있는 것으로 조사되었다.

2 개인주의와 집단주의 성향

다음은 익산시와 남원지역에 거주하고 있는 지역주민들이 가지고 있는 정치문화 가운데 개인주의와 집단주의에 관하여 살펴보고자 한다.

설문: 나는 지역사회에 도움이 되는 일이라면 개인적 손해가 있다 해도 참여한다.
설문: 나는 의사결정을 할 때 주변 인물들의 의견이나 속내를 살핀다.
설문: 나는 하고 싶지 않더라도 주위 사람들이 시위나 서명을 부탁 하면 마지못해 참여한다.

〈표 7 – 5〉 개인 · 집단의 희생, 눈치, 안정가치

지 역		아니다		약간 아니다		그저 그렇다		약간 그렇다		그렇다		전　체	
희생가치	익산시	29	10.1%	65	22.6%	124	43.2%	38	13.2%	31	10.8%	287	100%
	남원시	15	6.0%	59	23.6%	80	32.0%	70	28.0%	26	10.4%	250	100%
눈치가치	익산시	30	10.5%	55	19.2%	107	37.3%	71	24.7%	24	8.4%	287	100%
	남원시	18	7.2%	23	9.2%	85	34.0%	104	41.6%	20	8.0%	250	100%
안정가치	익산시	72	25.1%	64	22.3%	74	25.8%	59	20.6%	18	6.3%	287	100%
	남원시	39	15.6%	53	21.2%	88	35.2%	52	20.8%	18	7.2%	250	100%

　상위에서 보는 바와 같이 <표 7 – 5>는 희생가치를 알아보고자 하는 내용이다. "나는 내가 속한 집단(단체)의 이익을 위해 나 자신의 이익을 기꺼이 희생한다"라는 질문을 한 결과이다. 먼저 익산시의 경우 '그저 그렇다'라고 응답한 사람이 124명(43.2%)으로 가장 많으며 그다음으로는 '약간 그렇지 않다'가 65명(22.6%)과 '약간 그렇다'라고 응답한 사람이 38명(13.2%)으로 나타나고 있다. 다음으로 남원지역의 경우에는 '그저 그렇다'가 80명(32.0%)으로 나타나고 '약간 그렇다'라고 응답한 사람이 70명(28.0%)으로 나타나고 다음으로는 '약간 아니다'라고 응답한 사람이 59명(23.6%)으로 나타났다. 익산과 남원지역의 비교에도 거의 비슷한 빈도비율을 나타내고 있지만 미미한 수준에서 익산보다는 남원이 비교적 긍정적으로 조사 연구되었다.

　상위에서 보는 바와 같이 눈치가치를 살펴본 내용은 다음과 같다. "나는 의사결정을 할 때 주변 인물들의 의견이나 속내를 살핀다"라고 질문을 한 결과를 분석한 내용이다. 먼저 익산지역의 경우 '그저 그렇다'라고 응답을 한 사람이 107명(37.3%)으로 중간적인 입장을 지닌 사람이 가장 많으며 그다음으로는 '약간 그렇다'라고 응답한 사람이 71명(24.7%)으로 나타났으며 전혀 남의 속내를 살피지 않는다는 응답자는 30명(10.5%)이다. 남원지역의 경우에는 '그저 그렇다'라고 응답한 사람이 85명(34.0%), '약간 그렇다'라고 응답한 사람이 104명(41.6%)으로 가장 많은 것으로 나타나고 '그렇다'라고 응답한 사람은 20명(8.0%)으

로 조사되었다. 따라서 많은 사람들이 의사결정을 할 때 주변 인물들의 속내를 살피는 경향이 있는 것으로 나타났다. 그러므로 전북의 두 도시지역 주민들은 의사결정과정에 있어서 주변 인물의 의견을 살피며 대체적으로 눈치를 보는 것으로 나타났다.

상위에서 보는 바와 같이 인정 가치를 살펴보기 위한 내용은 다음과 같다. "나는 하고 싶지 않더라도 주위 사람들이 시위나 서명을 부탁하면 마지못해 참여한다"라고 질문을 한 분석결과, 익산지역에서는 전체 응답자들이 거의 고른 응답을 보여주었는데 그 가운데 가장 낮은 빈도를 보이고 있는 것으로는 '그렇다'라고 응답한 18명(6.3%)을 제외하면 전반적으로 20%대의 고른 분포로 조사되었다. 이 중에서 '매우 그렇지 않다'와 '그저 그렇다'가 25%의 빈도비율을 나타내고 있어 응답자 중에서 비교적 높은 빈도비율을 보이고 있다. 따라서 익산지역의 주민들은 인정 가치에 있어서는 전반적으로 인정하는 폭넓게 분포되어 조사되었다. 남원지역의 경우에는 '그저 그렇다'라고 응답을 한 사람이 88명(35.2%)으로 가장 높게 나타나고 있으며 그다음으로는 '약간 아니다'라고 응답한 사람이 53명(21.2%)이며 '약간 그렇다'라고 응답을 한 사람은 52명(20.8%)으로 보이고 있다. 그 외에 '전혀 그렇지 않다'라고 응답한 사람은 39명(15.6%)으로 나타났다. 이 점은 남원지역 주민들이 지닌 인정 가치는 중간적 입장에 집중되어 있음을 알 수 있다. 익산과 남원의 두 지역 간의 비교에서 보면 익산보다는 남원의 주민들이 인정 가치가 미미한 수준에서 조금 더 높게 나타나고 있음을 알 수 있다.

3. 지역사회 활동과 대인관계 중요도

설문: 우리나라에서 지역사회의 유력인사로 활동하기 위해 가장 중요하다고 판단되는 것은?

〈표 7-6〉 익산시 지역주민의 출신지역 선택

	출신지역	익산시		남원시	
		Frequency	Percent	Frequency	Percent
Valid	1순위	42	14.6	31	12.4
	2순위	34	11.8	16	6.4
	3순위	67	23.3	69	27.6
	4순위	71	24.7	76	30.4
	5순위	73	25.4	58	23.2
	Total	287	100.0	250	100.0

상위에서 보는 바와 같이 <표 7-6>은 "우리나라에서 지역사회의 유력인사로 활동하기 위해서는 어떤 요인이 가장 중요하다고 생각하십니까?"라는 질문에 응답자들이 중요한 순서대로 기입을 한 분석결과이다. 지역주민이 지역사회에서 유력인사로 활동하기 위한 요인으로 출신지역을 1순위로 선택한 익산시 지역주민들은 42명(14.6%)이며 남원시 지역주민들은 31명(12.4%)이었다. 결과적으로 익산시와 남원시는 지역출신을 중요시하지 않는 것으로 이번 조사 연구의 결과이다. 오히려 가장 낮은 순위는 4위-5위로 선정하였음을 알 수 있다. 이러한 응답의 결과는 결국은 전북을 대표하는 익산과 남원시의 주민들은 지역출신은 선정기준에 크게 고려하는 대상이 아니라는 조사연구의 결과이다.

설문: 우리나라에서 지역사회의 유력인사로 활동하기 위해 가장 중요하다고 판단되는 것은?

〈표 7-7〉 익산시 지역주민의 출신고교 선택

	출신고교	익산시		남원시	
		Frequency	Percent	Frequency	Percent
Valid	1순위	2	0.7	5	2.0
	2순위	21	7.3	12	4.8

	출신고교	익산시		남원시	
		Frequency	Percent	Frequency	Percent
	3순위	26	9.1	10	4.0
	4순위	25	8.7	12	4.8
	5순위	213	74.2	211	84.4
	Total	287	100.0	250	100.0

상위에서 보는 바와 같이 <표 7-7>는 지역주민이 지역사회 유력인 사로 활동하기 위한 중요 요인을 조사한 내용이다. 출신고교를 선택한 익산시 주민들 경우 1순위에 단 2명(0.7%)이 선택하였으며 남원시 주 민들은 1순위에 5명(2.0%)을 선택하였다. 그런가 하면 고교출신을 응답 한 주민들 가운데 가장 낮은 5순위를 선정한 주민은 익산이 213명 (74.2%)이고 남원이 211명(84.4%)이라고 응답하였다. 적어도 이번 조사 의 결과만 가지고 보면, 출신고교 출신은 지역사회에서 유력인사로 선 정하는 기준은 고교출신이 아니라는 조사 연구의 결과이다.

설문: 우리나라에서 지역사회의 유력인사로 활동하기 위해 가장 중 요하다고 판단되는 것은?

〈표 7-8〉 익산·남원 지역주민의 출신대학 선택

	출신대학	익산시		남원시	
		Frequency	Percent	Frequency	Percent
Valid	1순위	29	10.1	15	6.0
	2순위	17	5.9	20	8.0
	3순위	43	15.0	32	12.8
	4순위	48	16.7	30	12.0
	5순위	150	52.3	153	61.2
	Total	287	100.0	250	100.0

상위에서 보는 바와 같이 <표 7-8>은 지역주민이 지역사회 유력인사로 활동하기 위한 중요 요인으로 출신대학을 선택한 내용이다. 익산시의 경우 1순위로 29명(10.1%)이며 남원시의 경우 15명(6.0%)이 선택하였다. 그런가 하면 2위 순위도 익산이 17명(5.9%)이고 남원시가 20명(8.0%)으로 조사되었다. 결국 지역사회에서 유력인사로 활동하기 위한 선정기준은 출신대학은 그다지 높은 결정요인으로 작용하지 못한다는 조사연구의 결과이다.

설문: 우리나라에서 지역사회의 유력인사로 활동하기 위해 가장 중요하다고 판단되는 것은?

〈표 7-9〉 익산시 지역주민의 혈연가문 선택

혈연가문		익산시		남원시	
		Frequency	Percent	Frequency	Percent
Valid	1순위	13	4.5	11	4.4
	2순위	12	4.2	12	4.8
	3순위	24	8.4	18	7.2
	4순위	41	14.3	41	16.4
	5순위	197	68.6	168	67.2
	Total	287	100.0	250	100.0

상위에서 보는 바와 같이 <표 7-9>은 지역주민이 지역사회 유력인사로 활동하기 위한 중요 요인에 혈연가문이 얼마나 작용하는가를 분석한 내용이다. 익산시의 경우 1순위와 2순위가 각각 13명(4.5%)과 12명(4.2%)으로 조사되었고 남원시의 경우 11명(4.4%)과 12명(4.8%)으로 빈도비율에서 가장 낮은 순위를 보이고 있다. 적어도 이러한 빈도비율은 익산과 남원지역의 주민들은 지역사회의 유력인사로 활동하는 선정기준을 혈연가문에 비중을 높게 평가하고 있지 않는 것으로 조사되었다. 이러한 조사의 연구결과는 주민들의 인식이 얼마나 실제 상황에서

는 같은 효과로 작용하는 것인가에 대해서는 실증적 조사가 이루어져
야만 할 것이다. 단순한 조사 대상으로 선정되었을 때 응답과 실제 상
황에서의 판단은 똑같을 것이라는 가정은 무리이다. 따라서 이를 뒷받
침할 수 있는 실증적 검증이 필요하기도 하다.

설문: 우리나라에서 지역사회의 유력인사로 활동하기 위해 가장 중
요하다고 판단되는 것은?

〈표 7-10〉 익산시 지역주민의 개인자질 선택

	개인자질	익산시		남원시	
		Frequency	Percent	Frequency	Percent
Valid	1순위	135	47.0	110	44.0
	2순위	73	25.4	70	28.0
	3순위	26	9.1	24	9.6
	4순위	17	5.9	16	6.4
	5순위	36	12.5	30	12.0
	Total	287	100.0	250	100.0

상위에서 보는 바와 같이 <표 7-10>은 지역주민이 지역사회 유력
인사로 활동하기 위한 중요 요인으로 개인자질을 알아보는 내용이다.
익산시의 경우 1순위로 135명(47.0%)이며 남원시의 경우 110명(44.0%)
이 선택하였다. 이러한 조사의 내용은 적어도 익산과 남원시의 주민들
은 지역사회에서 유력인사로 활동하기 위한 기준으로 개인적 자질을
높이 평가하고 있는 것으로 조사되었다. 이러한 응답의 결과는 다른
출신지역, 출신고교, 출신대학, 혈연 또는 가문, 개인의 자질, 도덕성,
소속단체 등의 요소 가운데 가장 중요하다고 판단되는 기준에서 가장
높은 빈도 순위로 지명되었다. 따라서 지역사회에서 활동하기 위한 기
준으로 개인적 자질을 높이 평가하고 있다는 조사 연구의 결과이다.

설문: 우리나라에서 지역사회의 유력인사로 활동하기 위해 가장 중
요하다고 판단되는 것은?

〈표 7-11〉익산시 지역주민의 도덕성 선택

	도덕성	익산시		남원시	
		Frequency	Percent	Frequency	Percent
Valid	1순위	44	15.3	70	28.0
	2순위	107	37.3	99	39.6
	3순위	24	8.4	18	7.2
	4순위	35	12.2	17	6.8
	5순위	77	26.8	46	18.4
	Total	287	100.0	250	100.0

상위에서 보는 바와 같이 <표 7-11>은 지역주민이 지역사회 유력
인사로 활동하기 위한 중요 요인으로 도덕성을 선택한 내용이다. 익산
시의 경우 1순위로 44명(15.3%)이며 남원시의 경우 70명(28.0%)이 선
택하였다. 이들 두 지역의 도덕성 선택에 있어서 1순위보다는 2순위의
선정에 주목해 보면, 익산이 107명(37.3%)과 남원이 99명(39.6%)으로
조사되었다. 따라서 지역주민의 도덕성은 개인적 자질 문제 다음으로
중요하게 인식하고 있다는 조사연구의 결과이다.

설문: 우리나라에서 지역사회의 유력인사로 활동하기 위해 가장 중
요하다고 판단되는 것은?

〈표 7-12〉익산시 지역주민의 소속단체 선택

	소속단체	익산시		남원시	
		Frequency	Percent	Frequency	Percent
Valid	1순위	23	8.0	8	3.2
	2순위	25	8.7	20	8.0

소속단체	익산시		남원시	
	Frequency	Percent	Frequency	Percent
3순위	72	25.1	83	33.2
4순위	50	17.4	54	21.6
5순위	117	40.8	85	34.0
Total	287	100.0	250	100.0

상위에서 보는 바와 같이 <표 7-12>는 지역주민이 지역사회 유력인사로 활동하기 위한 중요 요인으로 소속단체를 선택한 내용이다. 익산시의 경우 1순위로 23명(8.0%)이며 남원시의 경우 8명(3.2%)이 선택하였다. 그런가 하면 가장 낮은 순위인 5위를 선정한 내용은 익산이 117명(40.8%)이고 남원이 85명(34.0%)으로 조사되었다. 따라서 소속단체는 지역사회에서 활동기준의 우선순위가 되지 못한다는 조사 연구의 결과이다.

이상의 조사연구의 결과를 놓고 보면 익산과 남원지역 주민들은 지역사회에서 활동하는 유력인사의 기준으로 개인적 자질과 도덕성을 매우 높게 평가하고 있는 것으로 조사되었다. 그동안 한국 사회가 가장 우려하는 정실주의 일면을 이번 조사의 결과로만 본다면 우려의 대상은 되지 않는다. 다만 이러한 조사연구의 결과를 뒷받침할 수 있는 실증적 경험의 조사가 선행되어야 하고 다만 주민들의 인식이 사회를 변화시킬 수 있는 동기가 되어야 하겠다.

다음은 엘리트의 정실주의(情實主義: patronage system)와 관련된 내용이다. 정실주의는 사람을 공직에 임용함에 있어서 능력, 자격, 업적이 아니라 당파성, 개인적 충성심, 학벌, 문벌, 지연 등에 의한 승진을 하는 것으로 능력이나 실적보다는 금력이나 배경을 중시하는 것을 의미한다.

설문: 귀하께서 회사 사장이라고 가정하고, 부하 직원을 승진시키게 될 경우, 다음 중 어떤 사람을 선택하시겠습니까?

〈표 7-13〉 익산시 정실주의1 설문문항

	정실주의1	익산시		남원시	
		Frequency	Percent	Frequency	Percent
Valid	대인관계가 좋은	105	36.6	76	30.4
	연고가 있는	6	2.1	8	3.2
	자질이 우수	176	61.3	166	66.4
	Total	287	100.0	250	100.0

위의 표에서 보는 바와 같이 <표 7-13>은 정실주의를 살펴보기 위한 내용이다. "귀하께서 회사 사장이라고 가정하고, 부하직원을 승진시키게 될 경우, 다음 중 어떤 사람을 선택하시겠습니까?"라고 질문을 한 분석 결과 먼저 익산지역의 경우 '개인적 자질이 우수한 사람'을 176명(61.3%)으로 가장 높은 빈도를 보이며 그다음 순위로는 '대인관계가 좋은 사람'을 105명(36.6%)이 응답을 하였다.

다음으로 남원지역도 익산지역에서 나타난 유형과 같으며 가장 높은 빈도를 차지하고 있는 것은 '자질이 우수한 사람'으로 166명(66.4%)을 선택하였으며 그다음으로는 '대인관계가 좋은 사람'으로 76명(30.4%)이 응답하였다. 이 두 지역 간에서 인사 청탁을 받은 사람은 단 한 명도 선택하지 않았다고 응답하였다.

따라서 두 도시 지역 주민들이 응답한 유형은 4가지 선택형 가운데 '개인의 능력' 우선되고 '대인관계'가 중시되는 유형으로 조사 연구되었다. 이러한 조사연구의 결과는 익산과 남원지역의 주민들은 개인의 능력을 가장 우선시하고 있다는 점에서 합리적 정치문화 유형을 가지고 있으며 이러한 정치문화가 지역사회 발전에 긍정적인 효과를 가져올 것으로 보인다.

설문: 귀하께서는 대통령 선거 시 다음 중 어떤 요인을 고려하여 투표하시겠습니까?

<표 7-14> 익산시 정실주의2 설문문항

	정실주의 2	익산시		남원시	
		Frequency	Percent	Frequency	Percent
Valid	지역연고	13	4.5	7	2.8
	정치적 신념일치	81	28.2	87	34.8
	지지정당	30	10.5	34	13.6
	인 물	96	33.4	56	22.4
	여 론	15	5.2	15	6.0
	공 약	52	18.1	51	20.4
	Total	287	100.0	250	100.0

위에서 보는 바와 같이 <표 7-14>는 같은 유형의 정실주의를 살펴보기 위한 내용이다. 즉 "귀하께서는 대통령 선거 시 다음 중 어떠한 요인을 고려하여 투표하십니까?"라고 질문을 한 분석결과이다. 먼저 익산지역의 경우 '인물'에 96명(33.4%)으로 가장 많은 사람이 응답하였으며 그다음으로는 '정치적 신념일치'로서 81명(28.2%)이 응답하였으며 '공약 또는 정책'에 응답한 사람이 52명(18.1%)인 것으로 나타났다. 이것은 익산지역의 주민들이 대통령 선거투표에 참여할 때 후보자가 지닌 인물을 가장 많이 고려하고 있다는 것을 알 수 있다.

다음으로 남원지역의 경우에는 '정치적 신념의 일치도'에 87명(34.8%)으로 가장 많은 사람이 응답하였으며 그다음으로는 '인물 또는 정책'에 56명(22.4%)이 응답하였다. 이로써 전북지역을 대표하는 익산과 남원시의 주민들은 대통령선거에 투표할 때 후보자의 '인물'과 '정치적 신념의 일치도'를 가장 고려하고 있다는 점을 특징으로 갖고 있다. 다만 재미있는 사실은 지지 정당의 빈도비율이 높지 않다는 것이다. 그동안의 전북지역의 주민들은 특정정당을 보고 투표하는 사례가 적지 않았다. 그런데 이러한 조사연구에서는 상반된 응답의 결과를 어떻게 해석해야 할 것인가. 평소에는 인물이나 정책에 투표를 해야 한다고 하면서 투표장에만 가면 투표행위는 정당에 투표하게 된다는 지역적 정서가 문제이다.

V. 결 론

지금까지 전북을 대표하는 익산시와 남원시를 중심으로 현재 거주하고 있는 일반 시민들을 대상으로 그들이 가지고 있는 정치문화를 살펴보았다. 주민들의 정치문화를 알아보기 위하여 익산시의 경우 성인남녀 287명, 남원시의 경우 250명을 면접방식에 의하여 설문조사하였다. 빈도분석 결과 다음과 같은 특징을 얻을 수 있었다.

라스웰의 여덟 가치 중 권력가치는 익산과 남원시 주민들은 거의 비슷한 정도로써 조사되었다. 지방정부에 대한 참여에 있어서 권력이란 조금은 멀게만 느껴지는 것으로 나타났으며 계몽가치는 익산지역보다 남원지역이 변화에 민감하게 반응하며, 부(富)가치는 익산지역이 남원지역이 보다 강하게 나타났으며, 안녕가치는 익산과 남원지역이 모두 비슷한 모습을 보이고 있다. 다음으로 기술가치는 익산지역이 남원지역에 비해 연공서열을 조금 더 중시하는 경향이 있는데, 두 도시는 모두 기술가치를 어느 정도로써 가지고 있는 것으로 나타났으며, 애정가치는 남원지역이 익산지역에 비해 높게 나타났다. 존경가치는 익산지역이 남원지역에 비해 부정적인 의미로 조사되고 정직가치는 익산이 남원지역보다 더 긍정적으로 조사되었다.

다음으로 지역별 차별대우로서 익산시와 남원시의 경우, 두 지역 모두 국민정부 이전까지 차별을 받았다고 느꼈으며 국민정부 이후부터는 차별을 받고는 있으나 어느 정도 해소한 것으로 인식하고 있었다. 개인주의와 집단주의를 살펴보면, 먼저 공헌가치는 남원시는 개인적 손해를 감수하겠다는 의지가 강한 반면 익산시는 개인의 손해를 감수하면서까지 지역발전을 도모하는 데 약간 부정으로 나타나며 희생가치는 익산시는 중간적 입장인 반면 남원시는 익산보다는 약간 긍정하고 있다. 눈치가치는 두 지역 모두 대체적으로 속내를 살피는 것으로 나타났으나 남원이 익산보다는 좀 더 눈치를 살피는 편이다. 인정가치는 익산은 중간적인 입장을 지녔으며 남원지역은 전통적 인정가치를 좀 더 많이 지니고 있다. 지역사회의 유력인사로 활동하기 위한 선정기준은 익산과 남원지역은 대체로 개인적 자질과 도덕성을 중요 요소로 선정하였으며, 오히려 출신고나 출신대학, 혈연가문은 전혀 중요치 않은 요소로 자리잡고 있었다. 정실주의로는 익산과 남원지역 모두 개인적 능력을 중시하였으며, 대통령 선거 때에 후보자의 인물이나 정치적 일치도를 가장 중시하며 이에 투표한다고 하였다. 다음으로는 익산과 남원지역의 지역편견에 대한 결과를 정리해 보면, 첫째, 다소 부정적인 인식으로서 강원도에 대한 편견으로는 익산과 남원지역 모두 '우둔하다'라는 평가를, 경기도에 대한 편견으로는 '타산적이다'라는 평가를, 경상도에 대한 편견으로는 '막무가내이다'라는 평가를, 서울지역에 대한 편견으로는 '이기적이다'라는 평가와 전라도지역에 대한 편견으로는 '우유부단하다'라는 평가를, 충청도지역은 '우둔하다'라는 평가를 가지고 있었다.

둘째, 비교적 긍정적인 인식으로서 익산과 남원지역 모두 강원도는 '온순하다'와 '의지가 굳다'라는 평가를, 경기도지역은 '영리하다', 경상도지역은 '의지가 굳다'와 '단결력이 강하다'라고 조사되고, 서울지역은 '영리하다', 전라도지역은 '단결력이 강하다', 충청도지역은 '온순하다'라는 평가를 가지고 있었다.

셋째, 각 지역출신 자녀의 배우자 만족도를 살펴보면 먼저, 익산과 남원지역은 강원도출신에 대한 중간적 입장을 가졌으며, 경기도 출신도 대체로 중간적 입장에 있다. 경상도 출신은 익산과 남원지역에서는 오히려 선호한다는 조사결과가 나왔고 서울출신은 대체로 중간적 입장에서 만족감을 가지고 있다. 전라도 출신도 대체로 긍정하는 입장에 있고 충청출신은 비슷한 조사결과가 나타났다.

　이와 같은 연구결과는 향후 전북지역을 대표하는 익산과 남원지역의 정치문화가 한국의 정치, 사회문제 해결에 대한 방안모색에 궁극적으로 반영되어 정치발전에 기여하게 될 것으로 기대된다. 또한 한국의 지역사회의 정치문화와 분권화 그리고 시민사회의 육성을 바탕으로 민주주의의 발전에 기여하게 될 것이다.

참고문헌

1) 국내문헌

김　욱. (2004). "충청 정치문화의 특성과 변화전망", 「2004연례공동학술회의 논문집」, 충청정치학회, 대전충남사회연구회. 57-79.
김익식. (1994). "지방자치와 주민참여: 지역사회 권력구조와의 관계를 중심으로", 「지방행정연구」제31호 5월.
김태룡. (1986). "정치참여: 경향과 조망", 「상지대 논문집」제7집.
민형동. (1997). 「지방화시대의 주민참여 활성화 방안에 관한 연구: 천안시민의 주민 참여의식을 중심으로」, 동국대학교 행정대학원 석사학위논문.
박대식 외. (2003). "지역사회 정치문화", 「2003년 한국정치학회 연말학술대회-지역사회 권력구조와 정치문화」, 한국정치학회. 149-243.
안병만. (1983). "농촌주민의 정치태도", 「한국정치학회보」제17집.
육동일·박대식. (1994). "지방정부에 대한 주민들의 태도와 참여에 관한

　　　　연구: 대전광역시를 중심으로", 「한국행정학보」 제28권 제4호.

이홍구. (1977). "한국인의 정치문화와 정치발전", 「한국정치학회보」 제11집.

최장집. (1992). 「한국민주주의의 이론」, 서울: 한길사.

최정진. (1992). "농촌의 근대화와 정치문화영향에 관하여: 서산지역을 중
　　　　심으로", 이화여자대학교 대학원 석사학위논문.

최충규. (1983). "한국대학생의 정치정향과 정치참여", 한국외국어대학교
　　　　대학원 석사학위논문.

한배호, 어수영. (1987). 「한국정치문화」, 서울: 법문사.

한승조. (1984). 「한국민주주의: 이념과 실제」, 서울: 형설출판사.

2) 외국문헌

Aberbach, Joel. D. and Jack L. Walker. (1970). "Political Trust and Racial
　　　　Ideology", *American Political Science Review*, Vol.64, No.4 Dec.

Abramson, Paul R. (1983). *Political Attitudes in America*. San Francisco:
　　　　W. H. Freeman and Company.

Abravanel, M. D., and R. J. Bush. (1975). "Political Competence, Political
　　　　Trust, and the Action Orientation of University Student", *Journal of
　　　　Politics*, Vol.37, No.1, March.

Abramson, Paul and Ronald Inglehart. (1995). *Value Change in Global
　　　　Perspective.* Michigan, MI: University of Michigan Press.

Almond, Gabriel A. and Sidney Verba. (1963). *The Civic Culture*: *Political
　　　　Attitudes and Democracy in Five Nations*, Princeton, N. J.:
　　　　Princeton University Press.

Almond, Gabriel and G. Bingham Powell, Jr. (1978). *Comparative Politics*:
　　　　System, Process, and Policy, Boston, Mass: Little, Brown and Company.

Althusser, L. (1971). "Ideology and Ideological State Apparatuses", trans.
　　　　Ben Brewster, *Lenin and Philosophy and Other Essays*, New York:
　　　　Monthly Review Press.

Baker, J. R. (1995). "Citizen Participation and Neighborhood Organizations",

Urban Affairs Review.

Barnes, Samuel H. and Max Kaase et als. (1979). *Political Action: Mass Participation in Five Western Democracies,* Beverly Hills: Sage Publications.

Barthes, Ronald. (1973). *Mythologies,* trans., Annette Lavers, New York: Noonday Press.

Baudrillard, Jean. (1988). *Selected Writings,* ed., Mark Poster, Oxford: Polity.

Bell, Daniel, (1978). *The Cultural Contradictions of Capitalism,* New York: Basic Books.

Bourdieu, Pierre. (1993). *The Field of Cultural Production,* ed. and trans., Randal Johnson, New York: Columbia University Press.

Box, Richard. (1998). *Citizen Governance: Leading American Communities into the 21st Century.* Thousand Oaks: Sage.

Brown, Steven R. · Byung−ok Kil. (2002). "Exploring Korean Values", *Asia Pacific: Perspectives,* 2 / 1: 1 −8.

Cohen, N. (1995). "Technical Assistance for Citizen Participation: A Case of New York City's Environmental Planning Process", *American Review of Public Administration.*

Conway, M. M. (1985). *Political Participation in the United States,* Washington D. C.: Congressional Quarterly Press.

Chee, Chan Heng. (1993). "Democracy: Evolution and Implementation: An Asian Perspective", in Robert Bartley, ed., *Democracy and Capitalism,* Singapore: Institute of Southeast Asian Studies.

Connor, Steven. (1989). *Postmodernist Culture,* New York: Basil Blackwell.

Cotton, James. (1992), "Understanding the State in South Korea", *Comparative Political Studies* 24: 512 −531.

Dahl, Robert. (1971). *Polyarchy,* New Haven: Yale University Press.

Derrida, Jacques. (1998). *Monolingualism of the Other or the Prosthesis of Origin,* trans., Patrick Mensah, Stanford, CA: Stanford University Press.

Derrida, Jacques. (1994). *Specters of Marx: The State of the Debt, the Work of Mourning and the New International*, trans., Peggy Kamuf, New York: Routledge.

Derrida, Jacques. (1976). *Of Grammartology*, trans., Gayatri C. Spivak, Baltimore, MD: Johns Hopkins University Press.

Desario, Jack and Stuart Langton, eds. (1987). *Citizen Participation in Public Decision Making*. New York: Greenwood Pr.

Diamond, Larry and Byung-kook Kim. (2000). Eds. *Consolidating Democracy in South Korea*, Boulder, CO: Lynne Rienner.

Dryzek, John S. (1996). *Democracy in Capitalist Times: Ideas, Limits, and Strategies*, New York: Oxford University Press.

Easton, David and J. Dennis. (1967). "The Child's Aquisition of Regime Norms: Political Efficacy", *The American Political Science Review*, Vol.61, No.1, March.

Easton, David and R. D. Hess. (1962). "The Child's Political World", *Mideast Journal of Political Science*, Vol.6.

Edelman, Murray. (1988). *Constructing the Political Spectacle*, Chicago, IL: University of Chicago Press.

Eckstein, Harry. (1988). "A Cultural Theory of Political Change", *American Political Science Review* 82: 789-804.

Everitt, Joanna and Brenda O'Neill. (2001). *Citizen Politics: Research and Theory in Canadian Political Behavior*. Oxford: Oxford University Press.

Ferman, Barbara. (1996). *Challenging the Growth Machine: Neighborhood Politics in Chicago and Pittsburgh*. Lawrence, Kan.: University Press of Kansas.

Ferguson, Thomas. (1995). *Golden Rule: The Investment Theory of Party Competition and The Logic of Money-Driven Political Systems*, Chicago, IL: The University of Chicago Press.

Foucault, Michel. (1977). *Power / Knowledge: Selected Interviews and Other*

Writings, Ed., Colin Gordon, New York: Random House.

Foucault, Michel. (1961). *Madness and Civilization: A History of Insanity in the Age of Reason*, Trans., R. Howard, London: Routledge.

Fowler, Bridget. (1997). *Pierre Bourdieu and Cultural Theory: Critical Investigations*, Thousand Oaks, CA: Sage.

Frantzich, Stephen E. (1999). *Citizen Democracy: Political Activists in a Cynical Age*. Lanhan, Md.: Rowman & Littlefield Publishers.

Gamson, William A. (1968). *Power and Discontent*, Homewood, Illinois: Dorsey.

Glazer, Nathan. (1999). "Twko Cheers for Asian Values", *The National Interest*, 57: 27−34.

Henderson, Gregory. (1974). *Korea: The Politics of the Vortex*, Cambridge, MA: Harvard University Press.

Herson, Lawrence J. R. and John M. Bolland. (1990). *The Urban Web: Politics, Policy and Theory*, Chicago: Nelson−Hall Publishers.

Hoggart, Keith and Terry Nichols Clark. (2000). *Citizen Responsive Government*. New York: JAI.

Huntington, Samuel P. and Joan M. Nelson. (1976). *No Easy Choice: Political Participation in Developing Countries*, Cambridge, Mass: Harvard University Press.

Huntington, Samuel. (1984). "Will More Countries Become Democratic", *Political Science Quarterly*, 99: 193−218.

Inglehart, Ronald. (1997). *Modernization and Postmodernization*, Princeton, NJ: Princeton University Press.

Inglehart, Ronald. (1987). "Value Change in Industrial Societies", *American Political Science Review*, 81: 1288−1303.

Jackson Ⅲ, John S. (1973). "Alienation and Black Political Participation", *The Journal of Politics*, Vol.35, No.4, Nov.

Jordan, David. (1994). *New World Regionalism*, Toronto: University of Toronto Press.

Julian, D. A., T. M. Reischl, R. V. Carrick, and C. Katrenich. (1997). "Citizen Participation: Lesson from a Local United Way Planning Precess", *Journal of American Planning Association*, Vol.63.

Kasse, Max. (1999). "Interpersonal Trust, Political Trust, and Non−Institutionalized Political Participation", *West European Politics*, Vol.22.

Khan, Usman. (1999). *Participation beyond the Ballot Box: European Case Studies in State−Citizen Political Dialogue*. UCL Press.

Kim, Kyong−dong. (2000). "The Culture of Capitalist Development in East Asia", *Asian Perspective*, 24 / 3: 5−22.

Lasswell, Harold. (1971). *A Pre−view of Policy Sciences*, New York: American Elsevier.

Lasswell, Harold. (1948). *Power and Personality*, New York: W. W. Norton.

Lasswell, Harold and D. Lerner, (1951). *The Policy Sciences: Recent Development in Scope and Method*, Stanford, CA: Stanford University Press.

Lee, Seung−Whan. (2000). "Asian Values and the Future of the Confucian Culture", *East Asian Review*, 12 / 1: 45−61.

Lipset, Martin S. (1981). *Political Man*, Baltimore, MD: Johns Hopkins University Press.

Lowndes, V., L. Pratchett, and G. Stoker. (2001). "Trends in Public Participation", *Public Administration*, Vol.79.

Lyons, William E. and David Lowery. (1989). "Citizens Responses to Dissatisfaction in Urban Communities: A Partial Test of a General Model", *Journal of Politics*, Vol.51, No.4.

Lyotard, Jean−Francois. (1984). *The Postmodern Condition: A Report on Knowledge*, Trans., Geoff Bennington and Brian Massumi, Minneapolis, MN: University of Minnesota Press.

McKeown, Bruce and Dan Thomas. (1988). *Q Methodology*, Newbury Park CA: Sage.

Mair, Peter, (1996). *Party System Change−Approaches and Interpretations*, New York: Clarendon Press.

Milbraith, Lester W. (1965). *Political Participation: How and Why People Get Involved in Politics?*, Cambridge, Mass.: Harvard University Press.

Milbraith, Lester W. and M. L. Goel. (1977). *Political Participation: How & Why Do People Get Involved in Politics?*, Chicago: Rand McNally College Publishing Co.

Miliband, R. (1970). "The Capitalist State: Reply to Nicos Poulantzas", *New Left Review* 17: 53−60.

Mo, Jongryn and Chung−in Moon. eds. (1999). *Democracy and the Korean Economy*, Stanford, CA: Hoover Institute Press.

Muller, Edward N. (1982). "An Explanatory Model for Differing Types of Participation", *European Journal of Political Research*, Vol.10.

Nelson, Joel L. (1995). *Post−Industrial Capitalism*, London: Sage.

Offe, Claus. (1984). *Contradictions of the Welfare State*, Cambridge, MA: The MIT Press.

Paige, Jeffery M. (1971). "Political Orientation and Riot Participation", *American Sociological Review*, vol.36, Oct.

Parry, Geraint, G. Moyser and Neil Day. (1992). *Political Participation and Democracy in Britain.* Cambridge: Cambridge University Press.

Poulantzas, Nicos. (1980). *State, Power, Socialism*, London: New Left Books.

Press, Charles and Kenneth VerBurg. (1991). *State and Community Governments in a Dynamic Federal System.* New York: Harper & Collins.

Putnam, Robert. (1993). *Making Democracy Work: Civic Traditions in Modern Italy*, Princeton, NJ: Princeton University Press.

Pye, Lucian. (1965). *Political Culture and Political Development.* Princeton, N. J.: Princeton University Press.

Rhodes, R. (1997). *Understanding Governance: Policy Networks, Governance, Reflexibility and Accountability*, Buckingham, Open University Press.

Rosenstone, Steven J. and John Mark Hansen. (1993). *Mobilization, Participation, and Democracy in America.* New York: Macmillan Pub.

Rubin, Barry R. (2000). *Citizen's Guide to Politics in America: How the System*

Works & How to Work the System. Armonk, N. Y.: M. E. Sharpe.

Sabucedo, Jose Manuel and Constantino Arce. (1991). "Types of Political Parti-cipation: A Multidimensional Analysis", *European Journal of Political Research*, vol.20.

Sartori, Giovanni. (1987). *The Theory of Democracy Revisited*, Chatham, N. J.: Chatham House.

Schachar, Ron and Barry Nalebuff. (1999). "Follow the Leader: Theory and Evidence on Political Participation", *American Economic Review*, vol.89.

Schwerin, Edward W. (1995). *Mediation, Citizen Empowerment, and Transfo-rmational Politics.* Westport, Conn.: Praeger.

Seamon, F., and R. C. Feiock. (1995). Political Participation and City / County Consolidation: Jacksonville − Duval County. *International Journal of Public Administration.*

Shin, Do − Chull. (1989), "Cultural Origins of Public Support for Demo-cracy in Korea", *Comparative Political Studies*, 22: 217−238.

Sirianni, Carmen and Lewis Friedland. (2001). *Civic Innovation in America*: *Community Empowerment, Public Policy, and the Movement for Civic Renewal.* Berkeley: University of California Press.

Sowell, Thomas. (2002). *A Conflict of Vision*: *Ideological Origin of Power Struggles*, New York: Basic Books.

Stephenson, William. (1981). "Principles for the Study of Subjectivity, *Operant Subjectivity*, 4: 37−53.

Stephenson, William. (1978). "Concourse Theory of Communication", *Commu-nication*, 3: 21−40.

Stone, Walter J. (1990). *Republic at Risk*: *Self − Interest in American Politics.* Pacific Grove: Books / Cole Pub.

Stouffer, Willard B., Cynthia Opheim and Susan Bland Day. (1991). *State and Local Politics*: *the Individual and the governments.* Harper Colins Publishers Inc.

Troxel, James P. ed. (1995). *Government Works*: *Profiles of People Making a Difference*. Alexandria, Va.: Miles River Press.

Verba, Sidney and Norman H. Nie. (1972). *Participation in America: Political Democracy and Social Equality*. New York: Harper and Row.

Verba, Sidney, Norman H. Nie, and Jae−on Kim. (1987). Participation and Political Equality. Chicago: University of Chicago Press.

Verba, Sidney, Kay Lehman Schlozman, Henry Brady and Norman H. Nie. (1993). "Citizen Activity: Who Participates? What Do They Say?" *American Political Science Review*, vol.87, No.2.

Wagle, U. (2000). "The Policy Science of Democracy: The Issue of Methodology and Citizen Participation", *Policy Sciences*, vol.33.

Wolf, Eric R. (1999). *Envisioning Power: Ideologies of Dominance and Crisis*, Berkeley, CA: University of California Press.

Woshinsky, Oliver. (1995). *Culture and Politics: An Introduction to Mass and Elite Political Behavior*, Englewood Cliffs, NJ: Prentice Hall.

Yang, Jong hoe. (1997). "Confucianism, Institutional Change and Value Conflict in Korea", *Korean Social Science Journal*, 24 / 1: 209−236.

Yang, Jong hoe and Hyun−chin Lim. (2000). "Asian Values in Capitalist Development Revisited", *Asian Perspective*, 24 / 3: 23−40.

Zakaria, Fareed. (1994). "Culture is Destiny: A Conversation with Lee Kuan Yew", *Foreign Affairs*, 73 / 2: 109−126.

Zimmerman, Joseph F. (1986). *Participatory Democracy: Populism Revisited*, New York: Praeger.

I. 서 론

한국사회에서 지역문제는 지역주의, 지역감정, 지역차별, 지역갈등, 지역의식, 지역격차, 지역편견, 지역고정관념 등으로 다양하게 표현되고 전개되어 왔다. 특히 지역문제는 지역감정의 요인이 가장 크게 작용하고 그 이면에는 영호남의 지역감정을 대립하려는 경향이 강하였다. 신복룡(1996)은 한국사회에서 지역감정의 핵심은 호남의 소외가 그 핵심을 이루고 있다고 본다.

한국사회에서 지역감정은 타 지역에 대한 편견과 고정관념에 바탕을 두고 지역 간의 갈등과 문제를 만들어 왔다. 지역 간의 반목과 질시 또는 차별 및 파벌을 조성하는 경우가 지역적 특징으로 반영되어 편견의식을 낳기도 하였다. 한국에서 지역갈등의 문제는 사회 심리적 차원과 정치·경제적 차원에서 접근하고 왔다. 사회 심리적 접근방법은 주로 사회 심리적 고정관념과 편견의 문제로 집중되어 왔고 정치·경제적 접근방법은 지역격차와 권력차원에서 접근되어 왔다. 전통적 가치에 바탕을 둔 사회문화적 접근방법에서 지역감정적 요인이 되는 연구하려는 시도가 이루어져 왔다.

지역감정은 사회적 오랜 관습과 지역에 대한 정치적·경제적 차별과 지역 패권주의 경향에서 형성되어 왔다. 그러나 최근 한국의 근대사에서 지역감정의 문제는 영남출신 집권자인 박정희부터 김영삼에 이르기까지 호남은 타 지역에 비해 엘리트 충원에서의 소외와 지역 경제발전 등에 있어 차별(최장집 1996; 황태연 1997; 최영진 1999)에서 기인된다. 남영신(1991)은 지역문제를 지역감정의 차원이 아닌 지역패권주의 시각으로 접근하였다. 그는 지역 패권주의를 한 국가의 일부 영토에 존재하는 특정지역 출신 집단이 그들 지역 주민들과 결탁하여 국가 경영에 주도권을 행사함으로써 배타적이고 독점적인 정치권력을 획득·유지·강화하려는 정치적 이념으로 정의하였다(이갑윤 1998, 49; 김진국 1989; 나간채 1991). 이들의 연구에 의하면 한국인의 심리적 태도는 같은 지역출신의 내집단을 다른 지역출신의 외집단보다 더 선호하고 있으며, 비호남 지역민들이 호남인에 대해 다른 외집단에 비해 낮은 평가를 하고 있다고 밝혀내었다.

현재의 지역감정의 양상은 엘리트 충원의 특정지역 편중 현상으로 불리는 영남지역 패권주의이다(김만흠 1997; 이갑윤 1998). 나간채(1991, 205-209)의 연구에 따르면 호남인에 대한 타 지역민의 거부감은 연령, 교육, 소득 수준이 높은 집단에서 심한 거부감을 갖고 있는 것으로 조사되었다. 전북 도시민들의 요인별 수준도 이들 타 지역민과 유사한 결과로 도출된다면 그 원인을 규명해 보아야 한다.

본 연구에서는 익산과 남원지역에 거주하고 있는 주민들을 대상으로 각 지역에 대한 편견의식을 살펴보고자 한다. 지역편견을 유발하는 요인은 복합적이지만, 지역 편견해소를 위해서 먼저 특정지역에 대한 지역적 편견을 살펴보도록 하겠다. 먼저 강원도, 경기도, 경상도, 서울, 전라도, 충청도 지역으로 나누어 지역에 대한 편견을 질문한 것이다. 질문 내용으로는 경험이 없더라도, 각 지역의 특성이라고 생각되는 것을 한 가지씩을 골라 선택하도록 하였다. 예를 들면 타산적이다, 우둔하다, 막무가내이다, 우유부단하다, 신뢰성이 없다, 이기적이다 등이다. 둘째로는, 특정지역에 대한 부정적 또는 긍정적 특성을 나타내는 문항을 각각 6개씩 나열한 후 각 지역의 특성에 대한 경험 유·무를 질문하였다.

Ⅱ. 지역감정과 지역편견의 기존 연구논의

1. 지역감정

김진국(1988)은 지역감정을 지역적 연고에 따라 구분되는 사람들 사이에 존재하는 집단적대감이라고 정의한다. 한국사회에서 지역감정은 영호남 간의 관계가 아니라 호남과 나머지 모든 지역 간의 관계로 이루어졌다고 한다. 김진국은 지역개발의 불균형, 인사정책의 불공정은 지역감정의 원인이라기보다는 지역감정의 결과라고 한다. 지역감정은 타 지역인에 대한 접촉기회의 결핍 그리고 단편적인 정보로 인해 발생하는 오랜 역사적 산물이다. 그러나 근대사 이후 지역감정은 훨씬 최근의 현상으로 파악된다. 예컨대 최장집(1994)은 이를 1987년 이후의 현상으로 규정하며, 그 원인을 1970년대 이후 우리 사회의 급속한 산업성장에 둔다. 이 과정에서 특정 지역을 정치, 경제, 사회적으로 배제시킨 것이 바로 지역감정 핵심으로 작용하였으며, 결국 '호남을 배제하는 전국적인 정치연합'으로 된 것이라는 주장이다.

사실 지역감정은 단순히 감정적 결과가 아니라 배타적이고 불평등한 구조적 효과의 현상이다. 우리 사회 내 정치체제를 형성하는 데 강력한 힘을 발휘하는 일종의 '천박한 이데올로기'인 셈이며, 지역감정은 지역편견이 지배적 의식으로 발전한 경우이다. 다시 말해 기존의 지역편견에 따른 심리적 거리감이 정치권력에 의해 조직화하고 통치도구화한 것이다. 문제는 편견이 차별의 행위로 나타나듯이 지역감정 또한 지역갈등의 형태로 표출된다는 것이며 대표적 예를 영호남 간 지역감정에서 찾아볼 수 있다.

이렇듯 지역감정은 한국사회의 불균형한 개발과정에서 우선 잉태되었다. 여기에 선거과정에서 자주 동원되는 정치인들이 지역주의가 그 심각성을 더한다. 박용남(1991)은 제주도를 제외하고 전국의 27세 이상 1,504명을 표본으로 실시된 조사 결과에 따르면 전체 응답자의 79.9%가 영·호남 간 지역감정이 심각한 것으로 보고 있다.

2 지역갈등의 편견과 고정관념

집단 간 갈등은 감정적 요소, 인지적 요소 그리고 행동적 요소를 포함한다(Stephan 1985; Brigham 1971). 갈등의 감정적 요소는 집단 구성원들에 대한 부정적, 배타적 태도나 감정인 '편견'으로 나타난다(Brigham 1971). 다음 집단의 갈등적 요인은 내집단 또는 외집단의 구성원이 갖는 신념의 측면에서 '고정관념(stereotype)'이다(Fiske & Taylor 1984). 마지막으로 행동적 요소는 외집단 성원에 대해서 차별적 행위를 보이는데 이때 외집단 구성원에 대해서 적은 보상을 보이고 친절치 않는 비언어적 행동을 보인다(Crosdy et al. 1980). 따라서 편견이나 고정관념 그리고 비언어적 행동은 집단 간의 갈등이 그 근간을 이루고 있다. 집단 간 갈등을 김혜숙(1988)은 집단 간 경쟁과 사회범주화, 사회인지 그리고 사회문화적 학습을 통해서 얻어진다고 보았다.

김혜숙(2001)은 편견이 지역감정의 하위개념이라고 한다. 따라서 지역 감정은 지역편견보다 광의적 개념으로 해석하고 있다. 지역편견은 타인에게 차별적 요소를 주는 부정적 개념을 갖는다. 편견은 집단 간 적대감의 감정적 요소로 어떤 집단 구성원에 대한 부정적인 또는 감정을 가리킨다(Allport, 1954; Ashmore & DelBoca 1976). 따라서 편견의 구조는 단순하지만 집단 적대감의 가장 핵심적인 요소이며 동시에 가장 변화시키기 어려운 요소이다(Rosenberg 1960; 오수성 1996). 편견에 대한 고정관념은 어떤 범주의 사람, 제도, 또는 사건에 대해 다수의 사람들이 공통적으로 갖고 있는 단순화된 심상을 의미한다(Stally 1997, 203; 백정현 1999, 191).

편견의 성격은 첫째, 특정 사회집단의 구성원에 대한 것이다. 둘째, 부정적 감정을 내포하고 있다. 셋째, 부정적 감정은 근거가 박약하거나 과장되어 있다. 편견은 개인 혹은 집단의 직접적 경험이나 차별과 갈등을 더욱 심화·증폭시키고 있다. 개인 혹은 집단의 직접적 경험이나 무경험을 토대로 사회에 학습되는 편견은 여러 계층으로 확산, 세대 간에 전이되어 가는 특성을 보여주고 있다(서경주 2002, 281).

지역편견은 특정 지역에 거주하는 집단이나 개인들에 대한 부정적 태도나 감정에 의해 형성된다. 이러한 지역편견은 소수자의 해당해위에 대한 평가를 전체적으로 과대평가함으로써 특정의 지역인에 대한 가치정향과 태도를 결정하게 된다.

지역편견은 특정 지역에 거주하는 집단이나 개인들에 대한 부정적 태도나 감정에 의해 형성된다. 개인 경험의 유·무 또는 언론이나 정치권의 비하적 태도 등이 작용함으로써 다른 집단이나 개인이 소속된 지역을 부정적으로 인식한다. 지역편견은 그 지역 출신 소수자의 행위를 전체로 과대평가함으로써 특정 지역인에 대한 편견적 태도와 행동을 유발하고 있다. 또한 김혜숙(1988)은 편견의 세대 간 전이를 주장하였다. 편견의 세대 간 전이가 진행되고 있다면 젊은 층의 편견의식이 높게 나올 것으로 추정할 수 있다.

　고정관념이나 편견의식은 일상생활에서 경험과 간접체험으로 얻어지는 인간의 사고의 인식체계에서 형성된 가치정향으로 정형화된다. 이러한 인식의 태도형성은 특정의 사건을 계기로 형성되기보다는 오랜 관습적 경험을 통하여 이루어지기 때문에 해결방안도 그리 간단치 않다. 정치경제적 접근 방법의 근원을 가까이는 박정희 정권 이후에서 찾아보기도 하지만 좀 더 멀리 생각해 보면 삼국시대의 신라 백제의 관계에서부터 고려시대의 태조 왕건의 훈요십조에서도 찾아볼 수 있다.

　고정관념은 정보처리과정에서 부호화, 해석 및 판단에 영향을 미치는데 기존의 고정관념을 재확인시켜 주는 방향으로 작용한다. 즉 고정관념은 선택적으로 정보처리를 하게 만들어 고정관념과 일치하는 정보가 비일치 정보보다 더 빈번하게 일어났다는 착각을 일으키게 한다(Hamilton & Rose 1980). 슐셔와 앤더슨(Slusher & Anderson 1987)은 고정관념과 일치되는 사상을 상상하게 하여 실제로 발생하지 않았던 사건들도 오류로 기억하게 한다고 말하다. 고정관념은 또한 위인과정에서도 영향을 미쳐 고정관념과 일치하지 않는 정보는 외적 상황적 요인에 의한 것으로 귀인해 버리는 반면, 일치정보에 대해서는 내적·기질적 귀인을 하게 한다(Crosker et al. 1983).

　이와 같은 고정관념은 고정관념을 가지고 있는 사람의 행동뿐만 아니라 고정관념의 대상이 되는 사람의 행동에까지도 영향을 미쳐 고정관념을 실현되는 방향으로 만든다. 이러한 현상을 김혜숙(1988)은 '자아실현적 예언'(Self-Fulilling prophecy) 혹은 '피그말리온(Pygmalion) 효과'가 이와 같은 기대실현효과이라고 말한다.

　고정관념은 외집단 구성원에 대한 부정적 신념에 정보처리를 함으로 외집단에 대해서 부정적 행동에 영향을 미친다. 사람들은 내집단에 비해 외집단 구성원의 부정적 행위를 더 잘 기억하고 내집단과 같은 행위에 대해서도 보다 나쁘게 판단한다. 이러한 판단은 사람들로 하여 기대의 대상이 되는 사람을 부정적으로 만들어 고정관념을 수정하기 어렵게 한다(Rothbart et al. 1985).

김혜숙(1993)은 영호남에 대한 고정관념이 각 지역민들의 행동을 내·외적으로 위인하고 평가와 판단이 어떻게 영향을 미치는가를 연구하였다. 김혜숙(2001)은 지역주민들의 지역 편견의 판단은 지역민에 대한 감정보다는 기존의 지역고정관념에 의해 더 잘 예측되고 있음을 밝히고 있다. 지역문제에 대한 논의를 포괄적으로 접근 지역감정에 대한 연구는 김진국 1984; 1987; 이진숙 1959)이 있다. 편견적 태도에 대해서는 김진숙(1984)과 사회적 거리감을 연구한 고홍화와 김현섭(1976)이 있다. 또한 김현섭(1976)은 지역 간의 현실적 불평등의 실태와 지역에 대한 의식에 관한 연구가 있다. 김진국(1987)은 영호남 대학생들이 상대지역에 갖는 고정관념을 역사적·정치적 측면에서 지각하게 하여 간접경험들을 진술하도록 했다. 김만흠(1987)은 주로 영호남 지역갈등의 현실적 요인과 경제적, 정치적 측면을 중심으로 문헌연구하였다. 이 연구의 결과 호남인들은 지역연고가 오히려 사회적 진출의 방해가 된다는 지각에 피해의식을 갖는다고 한다. 지역격차에 대한 논의에서 김만흠(1992)은 지역문제의 가장 중요한 원인은 정치권력의 지역패권 및 지역주의 정권이라고 지적한다. 홍성웅(1990)은 지역 간 경제적 격차가 오늘날 지역갈등의 가장 중요한 요인으로 작용하고 있다고 한다.

지역편견보다 더 광의적 의미로 사용되고 있는 지역감정은 지연(地緣)에 기초하여 형성된 특정 지역에 대한 부정적·편견적인 속성의 심리상태를 가리킨다(조경근 1987, 107 - 126). 지역감정은 지역적 연고(緣故)에 따라 구분되는 사람들 사이에 존재하는 집단적 적대감을 의미하기도 한다. 집단 간 적대감은 고정관념(stereotype)이라는 인지적 요소, 둘째, 편견이라는 감정적 요소, 셋째, 차별(discrimination)이라는 행동적 요소 등 3개 요인에 의해 구성된다(민경환 1991, 172; 김도종 2004, 168 - 176). 지역감정은 주민이 소속된 집단의 영향을 더 많이 받고 있는 것으로 알려져 있다.

III. 지역편견과 언어적 특성

1. 지역주민의 폄하적 언어적 의미

지역민에 대한 부정적 언어 편견은 여러 지역에서 열등적 차별화를 생산시켜 왔고, 특정 집단에 대한 집단의 차별화 및 정신적 폭력으로 사용되었다. 현재 우리 사회에서 특정 지역민에 대해 통용되고 있는 편견과 관련된 일반적 언어를 살펴보면 다음과 같다.

1) 강원도: '감자바위(우)'의 원래 의미는 강원도가 논·밭보다는 산이 많아 주식이 쌀·보리보다는 감자였다. 쌀, 보리 등의 곡류를 먹지 못하고 구황식물인 감자를 주식으로 하다 보니 영양 공급이 부족하여 얼굴이 경직되고 검게 타들어간 모습이 마치 바위를 연상시키는 인상을 주었다. 그러므로 강원도 사람들을 타 지역민들은 감자바위로 비유하였다(달고나, 2003). 강원도인들은 이해득실의 관계에서 비타산적 성향이 많다. 즉 불만이 있지만 불평하지 않고 바위처럼 묵묵히 집권당을 지지하는 성향을 보여주었기 때문에 감자바위라 폄하하는 것이다.

2) 경기도: 경기도 주민에 대한 대표적 폄하 언어는 '깍쟁이' 또는 '들러리'이다. 이는 서울지역 사람들을 폄하하는 대표적 용어이지만 서울·경기도를 수도권으로 묶어 경기도 사람들도 이 부류에 포함시켜 부르고 있다. 자기 일만 챙기고 다른 일에는 관심을 두지 않는 이기적 그리고 이해타산적인 사람을 의미한다.

3) 충청도: 충청인에 관한 폄하 언어는 '멍청도'이다. 또한 동작이 느리다는 이유로 '멍청도 더듬수' 또는 '곰탱이', '핫바지'라고 불린다. 이러한 용어들은 충청도 사람들이 세련되지 못하다는 표현과 행동의 둔함을 질책하는 의미적 언어의 듯이 함축되어 있다. 충청도를 멍청도라 칭하는 것은 충청도 지역의 고대사를 반영하고 있는 별명이다. 충청인

을 미련한 '곰통이'라고 한 것은 곰동(童)이에서 유래하였다. 곰동(童) 이는 '곰', 즉 땅에서 태어난 아이라는 뜻이다. 또한 충청도하면 핫바지 라는 언어적 폄하가 있다. 핫바지라는 뜻은 '촌스러운 사람'이나 '시골 사람' 또는 '무식하고 어리석은 사람'이라는 뜻을 갖는다. 즉 핫바지라 는 용어는 충청도 사람들이 시골사람처럼 행동하고 세련되지 못하고 집단 심리적 소외 의식을 뜻한다. 정치적 차원에서 충청도는 권력의 하수인의 역할을 하지만 실제 권력에서는 배타되는 경험을 하였다. 오 히려 충청도 정치인들은 자신들의 결속을 다지기 위해서 타 도인들이 자신들을 핫바지라 칭한다면서 결속을 다지기도 하였다.

4) 경상도: 경상도 폄하 언어는 '보리 문둥이', '군 출신 마피아' 등 으로 불린다. 과거 군사정권의 정권을 유지하던 시절에 육사출신들을 비하하는 의미이기도 하다. 또한 보리문둥이는 꽁보리도 제대로 먹지 못하던 보릿고개 시절에 보리에 시래기를 넣어 보리시래기 죽을 끓여 먹었다는 이야기에서 폄하적 용어로 발달한 언어적 의미이다. 경상도가 보리문둥이라고 칭하는 이유는 지역적 특성에 의미가 담겨 있다. 경상 도 지역은 벼농사보다는 밭농사를 주로 하는 지형이다. 따라서 꽁보리 밥을 주로 먹고 사는 가난하고 배고픈 지역이었다. 경상도인들은 못 먹고 영양부족으로 얼굴이 부종이 생기고 해서 보리문둥이라는 별칭을 얻었다. 문둥이라는 용어는 나병환자라는 말인데 마치 경상도인을 나병 환자처럼 가까이 하기 싫은 혐오스런 인물로 부각시킨 용어이다.

5) 전라도: 전라도에 대한 대표적 폄하 언어는 '따블빽', '조폭', '깽 깽이', '개땅쇠', '뒤통수' 등이다. 전라도를 폄하는 용어는 다른 지역보 다 더 격한 의미를 갖고 있으며 부정적 의미를 갖는다. 이러한 용어들 은 그만큼 전라도 출신이 세상을 살아가기 위해서 험하고 격하게 살아 가야 했다는 것을 의미하기도 한다. 대체로 전라도 출신은 경제적 거 래나 단체생활에서 신의가 없고 배반을 잘 한다는 의미의 폄하 언어를 갖는다. 호남인을 '신뢰할 수 없다', '처음과 끝이 다르다'는 편견에서 사용되고 있다.

2 호남인에 대한 지역감정의 정체성

호남인에 대한 편견을 객관적으로 분석하기 위해서는 현상의 면밀한
분석이 선행되어야 한다. 이를 위해 호남이란 특정 지역에 관해 호남
이외의 지역 구성원들이 갖는 역사적·문화적·심리적·사회경제적·정
치적 측면에서 부정적 편견을 살펴볼 필요가 있다.

먼저 호남인에 대한 지역편견을 언급한 역사적 고문서들이다. 왕건
의 '훈요십조', '훈요십조'를 위작(僞作)한 '삼한산림비기(三韓山林秘
記)', '정감록', '이중환의'택리지' 등이 있다. 문제는 이러한 기록들이
주관적인 관점에 의해 저술되었다는 점이다.[2] 예컨대 훈요십조의 제8
조에 호남 기피의 조항이 들어 있었는지 조선시대 영남지방에서 발생
한 반란은 12회, 호남지방은 4회에 불과하였다는 점에 비추어 보면 '비
기'와 '정감록'의 허구성이 입증되고 있다. 호남 땅을 밟아보지도 않은
이중환의 평가 등등을 타 지역민들이 사실로 수용함으로써 역사적 저
술물들이 비호남인들이 호남인 편견에 많은 영향을 주었다.[3]

문화적 측면에서 아픔, 소외, 저항, 항쟁, 그리고 유배의 땅이라는 표
현은 호남의 문화를 전라도의 힘들었던 역사적 경험과 결부시켜 파악
하고 있다. 언제부터인가 전라도 문화를 소외와 저항과 한(恨)의 문화
로 규정하려는 시각이 존재해 왔다. 백제의 멸망, 왕건의 훈요십조, 정
여립의 모반사건과 연관시켜 호남에 대한 차별과 소외 등이 등장하였
다(최 협 1996, 20). 근·현대사에 있어 동학농민항쟁, 한말의 의병항

---

2) 풍수지리설을 토대로 차령산맥 이남과 호남인들에게 벼슬을 주지 말라는
'훈요십조,' '훈요십조'를 위작(僞作)하여 옛 백제 땅은 기풍이 사납고 굳세
어 큰 난을 꾸밀 것이라 쓴 내용을 언급하고 있는 '삼한산림비기(三韓山林
秘記),' 영남은 땅이 두텁고 산이 빼어나 많은 인재가 배출되고, 호남은 거
꾸로 달리는 산이 많으니 불충불효하고 간사한 무리들의 소굴로 묘사한
'정감록', 호남을 반역과 요사와 미신과 재앙의 땅이라고 기술되어 있는 택
리지의 내용이다.
3) 역사적 시각에서 지역편견에 대한 보다 자세한 내용은 남영신(1993, 90 -
124)와 신복룡(1996)을 참조.

쟁, 광주학생독립운동, 5·18민중항쟁 등은 호남의 저항문화를 대표하는 사건들이다. 이러한 호남의 저항문화가 타 지역민들에게는 '반골', '반역의 땅'으로 변질되고 왜곡된 채, 호남에 대한 편견을 가속화시켰다. 한편 일부 실학자들의 풍속고(風洛考)에서도 호남 편견이 언급되고 있는데, 안정복은 '임관정요(臨官政要)'에서 호남 풍속은 겉모양만 그럴듯하고 경박하며, 변전에서만 진실한 척하고 속마음은 다르다고 평하면서, 영남지역에 대해서는 호의적 평가를 하였다.[4]

지역편견의 발생근거와 문화적 인식 차원에서 취급하는 역사·문화적 방법이 개인의 주관적 논리에 의존하였다면, 현대적 지역편견에 관한 연구는 경험적 조사를 토대로 행해졌다. 심리학적 접근은 고정관념과 편견의 문제를 호남인의 행태·성격과 관련시켜 연구하였다. 이진숙(1959)은 팔도인의 성격적 특성을 25개의 형용사를 활용했으며, 전라도 사람은 '간사하다'고 규정했으며 국민들은 각 지역에 따라 일정한 지역편견을 갖고 있다고 밝혔다. 고흥화와 김현섭(1976)은 전라도인은 사교적이지만 신뢰성이 없다고 했다(홍기훈 1996, 248에서 재인용). 서울, 충청, 경상, 전라도 대학생을 대상으로 지역주민의 편견을 조사한 김진국(1977)은 "전라도 사람은 타산적이고 야심적이다"고 분석하였다. 김혜숙(1988)은 서울·충청·영남·호남인을 대상으로 이들이 타 지역민에 대해 갖고 있는 편견을 고찰한 결과, 호남인에 대해 '믿을 수 없다' 등의 부정적 성향을 보여주었다. 오수성(1996)은 타 지역민이 호남인을 배척하는 주된 이유로 '성격'을 제기하자, 영남과 호남의 중·고·대학생을 대상으로 조사를 실시한 결과, 호남인과 영남인 간의 성격상 차이가 거의 없었으며 호남인에 대한 타 지역민의 배척은 호남인에 대한

---

4) 호남에 관해 긍정적 편견을 기술한 저술도 있다. '동국여지승람'에는 호남지역을 어진 사람이 많고, 순박·검소하다. 정철과 윤선도는 호남을 칭송하고 노래했으며, 임진왜란과 관련하여 호남 의병들의 활동을 '충의지향(忠義之鄕)'으로 평가하고 있으며, 정조는 호남을 '최명현절의지향(最名賢節義之鄕鄭)'으로 규정하였다(이병휴 1991, 85-121)참조.

부정적 관념 내지 편견이 바탕에 깔려 있다고 주장하였다.

최준영·김순흥(2000)은 친구삼기, 집 세주기, 자녀의 결혼, 본인의 결혼과 같은 변수를 사용하여 지역 간 거리감을 측정하였다. 도시지역일수록 지역감정의 강도가 낮았으며, 영·호남 간의 지역대립보다는 충청과 강원인의 영·호남인에 대한 지역감정이 높았으며, 타 지역민들은 영남인보다 호남인에 대해 부정적인 고정관념과 편견을 갖고 있었다. 문제는 편견이란 그릇된 태도를 의미함으로써 호남인의 기질, 성격에 관한 일반적 태도는 객관적 사실과는 관계가 없을 가능성이 농후하다(최협 1996, 25).

사회·경제적 접근은 지역 차별정책에 따른 지역 간 격차를 다루었다. 타 지역민의 호남인에 대한 대표적 편견은 '간사하다', '믿을 수가 없다', '뒤 끝이 안 좋다', '겉과 속이 다르다' 등으로 함축될 수 있다. 박정희 정권의 공업과 경상도 위주의 지역개발은 농업 위주의 호남을 피폐화시켰으며 지역적 불균등 발전의 결과 많은 호남인들이 생계를 위해 서울, 경기도, 경상도 지역으로 이주하였다(박혜자, 1992). 이주자는 주로 하층민들로서 거주지에서 하층구조를 형성하였다. 이 외에도 TV, 라디오에서 최하층의 역할, 죄수, 건달 등 천박하고 이미지가 나쁜 악역은 전라도 사투리를 쓰는 사람들이었다(이상현, 2003).

나간채(1991)는 "지역민의 사회적 거려감"의 연구에서 타 지역주민들은 전라도 사람에 대해 유독 높은 거부감을 갖고 있는 반면 경상도 사람에 대한 거부감은 상대적으로 낮다고 분석하였다. 이 같은 사회적 거부감과 관련해서 호남 사람들 다수는 스스로 차별받고 있는 것으로 인식하고 있었다. 결국 역사적·문화적으로 호남인에 대한 부정적 편견, 하층민의 주류를 형성하였던 호남인들의 생계를 영위하기 위한 각박한 삶, 영남 정권시대 방송에서의 호남인에 대한 나쁜 인식 등이 복합적으로 겹쳐진 결과 타 지역민들은 호남인들의 단면만 보고서 부정적, 나쁜 편견을 재생산하고 있었다.

특정 지역 출신의 대통령 만들기 경쟁은 한국정치에서 지역 간 갈등

관계를 심화시켰다. 지역패권주의를 위해 정치인들은 유권자를 대상으로 호남인 전체에 대해 부정적 편견을 사용하였다. 예컨대, 1971년 대통령 선거에서 박정희 정권은 반공이념과 지역편견을 교묘히 접목시켜 전라도 출신 김대중을 모함하는 선거 전략을 동원하였다. "호남인이 집권하면 경상도 사람은 다 망한다(김종철 1991, 17)." 유신정권의 출범 이후, 집권세력은 김대중의 과거 전력을 문제 삼아 '빨갱이'로 매도했으며, 김대중은 급진주의자, 급진주의는 혼란, 김대중과 전라도 사람들은 혼란을 부추기는 집단이라는 대중조작을 전개하였다(남영신 1993, 126-135).

타 지역민의 호남인에 관한 편견은 대체로 부정적이었다. 이들이 호남인에 대해 갖고 있는 편견의 정체는 역사적·문화적·심리적·사회적·경제적·정치적 측면에서 부각된 부정적 편견들이 아무런 여과장치 없이 지역주민들에게 수용되고 누적되고, 때로는 각 요인들이 상호 복합적으로 작용한 결과였다. 따라서 호남인은 간사하고, 신뢰할 수 없으며, 저항적이며, 급진적이라는 편견은 말 그대로 편견에 지나지 않을 가능성이 많다.

특정 지역주민 소수의 행위를 그 지역민 전체 행위로 인식하는 지역편견은 그 지역 사람들의 품성과 도덕성을 대표하지 않는다. 광주민중항쟁 기간 동안 치안을 담당하는 공권력의 실종 상태에서도 강도와 절도가 없었다는 사실이야말로 타 지역민이 갖고 있는 호남인에 대한 부정적 편견을 불식시키는 단초가 될 수 있다(김종철 1991, 20). 결국 타 지역민이 인식하고 있는 호남인에 대한 편견은 극히 일부 호남인을 호남인 전체로 확대하여 과장된 것이며, 정치적 측면에서 호남인을 대상으로 한 정치적 상징조작의 결과이다. 호남인도 타 지역민과 동일하게 여러 부류의 사람들이 함께 공동체 생활을 영위하고 있는 보통사람에 불과하다(지충남·오관석 2006, 7-10).

IV. 지역주민의 편견의식 조사내용

설문: 다음은 지역적 편견에 관한 조사입니다. 경험이 없더라도, 각 지역의 특성이라고 생각되는 한 가지씩을 골라주십시오. 그리고 그러한 특성을 실제로 경험해 본 적이 있었다면 경험 여부를 표시해 주십시오.

〈표 8-1〉 익산 / 남원 강원보기1평가 *강원보기1경험

강원보기1평가		익산 1경험		Total	남원 1경험		Total	익산/남원 전체
		있다	없다		있다	없다		
타산적이다	Count	7	42	49	6	17	23	72
	% within 강원보기1평가	14.3%	85.7%	100.0%	26.1%	73.9%	100.0%	100.0%
	% within 강원보기1경험	11.3%	18.9%	17.3%	9.7%	9.3%	9.4%	13.6%
	% of Total	2.5%	14.8%	17.3%	2.5%	7.0%	9.4%	13.6%
우둔하다	Count	22	60	82	22	57	79	162
	% within 강원보기1평가	26.8%	73.2%	100.0%	27.8%	72.2%	100.0%	100.0%
	% within 강원보기1경험	35.5%	27.0%	28.9%	35.5%	31.3%	32.4%	30.6%
	% of Total	7.7%	21.1%	28.9%	9.0%	23.4%	32.4%	30.6%
막무가내 이다	Count	9	37	46	13	23	36	82
	% within 강원보기1평가	19.6%	80.4%	100.0%	36.1%	63.9%	100.0%	100.0%
	% within 강원보기1경험	14.5%	16.7%	16.2%	21.0%	12.6%	14.8%	15.5%
	% of Total	3.2%	13.0%	16.2%	5.3%	9.4%	14.8%	15.5%
우유부단 하다	Count	8	27	35	6	26	32	67
	% within 강원보기1평가	22.9%	77.1%	100.0%	18.8%	81.3%	100.0%	100.0%
	% within 강원보기1경험	12.9%	12.2%	12.3%	9.7%	14.3%	13.1%	12.7%
	% of Total	2.8%	9.5%	12.3%	2.5%	10.7%	13.1%	12.7%
신뢰성이 없다	Count	8	31	39	4	35	39	78
	% within 강원보기1평가	20.5%	79.5%	100.0%	10.3%	89.7%	100.0%	100.0%
	% within 강원보기1경험	12.9%	14.0%	13.7%	6.5%	19.2%	16.0%	14.7%
	% of Total	2.8%	10.9%	13.7%	1.6%	14.3%	16.0%	14.7%
이기적이다	Count	8	25	33	11	24	35	68
	% within 강원보기1평가	24.2%	75.8%	100.0%	31.4%	68.6%	100.0%	100.0%
	% within 강원보기1경험	12.9%	11.3%	11.6%	17.7%	13.2%	14.3%	12.9%
	% of Total	2.8%	8.8%	11.6%	4.5%	9.8%	14.3%	12.9%

강원보기1 평가		익산 1경험		Total	남원 1경험		Total	익산 / 남원 전체
		있다	없다		있다	없다		
전 체	Count	62	222	284	62	182	244	529
	% within 강원보기1 평가	21.8%	78.2%	100.0%	25.4%	74.6%	100.0%	100.0%
	% within 강원보기1 경험	100.0%	100.0%	100.0%	100.0%	100.0%	100.0%	100.0%
	% of Total	21.8%	78.2%	100.0%	25.4%	74.6%	100.0%	100.0%
	Chi –Square	.677			.127			.169

상위의 <표 8-1>는 익산시 남원시의 강원보기1평가 *강원보기1경
험을 분석한 내용이다. 익산지역 주민들의 강원도지역에 대한 평가를
보면 전체 응답자 284명 가운데 82명(28.9%)이 '우둔하다'라고 평가하
고 있다. 이들 가운데 22명(26.8%)은 경험이 있고 60명(73.2%)은 경험
이 없는 것으로 나타났다. 그다음 빈도가 높은 순위로는 '타산적이다'
라는 평가를 가지고 있는 것으로서 49명(17.3%)이 응답하였으며 그 가
운데 7명(14.3%)은 경험이 있는 것으로 응답하였으며 42명(85.7%)은
경험이 없는 것으로 나타났다. 그다음 순위로는 '막무가내이다'라는 평
가에 46명(16.2%)으로 조사되었다. 익산지역에 거주하는 주민들은 강원
도에 대한 평가에 있어서 다양한 의견을 가지고 있는 것으로 조사되었
으며 다양한 의견 가운데 강원도 지역에 대한 평가는 '우둔하다'라는
평가를 가지고 있으며 경험을 한 응답자보다 경험이 없는 응답자가 다
소 많은 것으로 조사되었다.

남원지역 주민들의 강원도지역에 대한 평가를 보면 전체 응답자 244
명 가운데 79명(32.4%)이 압도적으로 '우둔하다'라고 평가하고 있다.
이들 가운데 22명(27.8%)은 경험이 있고 57명(72.2%)은 경험이 없는
것으로 나타났다. 그다음 빈도가 높은 순위로는 '신뢰성이 없다'라는
평가를 가지고 있는 것으로서 39명(16.0%)이 응답하였으며 그 가운데
4명(10.3%)은 경험이 있는 것으로 응답하였으며 35명(89.7%)은 경험이
없는 것으로 나타났다. 그다음 순위로는 '막무가내이다' 하다는 평가에

36명(14.8%) 등으로 조사되었다. 남원지역에 거주하는 주민들은 강원도에 대한 평가에 있어서 다양한 의견을 가지고 있는 것으로 조사되었으며 다양한 의견 가운데 강원도 지역에 대한 평가는 '우둔하다'라는 평가를 가지고 있으며 경험이 있는 응답자보다 경험이 없는 응답자가 많은 것으로 조사되었다.

상위에서 보는 바와 같이 강원보기 평가I에 대한 전북지역(익산 / 남원 전체) 주민들이 가지고 있는 지역편견은 다음과 같다. 강원평가I에 대한 응답한 익산과 남원지역 전체 인원은 529명이다. 그 가운데 162명(30.6%)이 강원도에 대한 부정적 평가에서 '우둔하다'로 인식하고 있다. 그다음으로 높은 빈도를 보이고 있는 강원도 평가로는 '막무가내이다'라는 인식으로 82명(15.5%)이며 '신뢰성이 없다'라는 평가는 78명(14.7%) 등으로 조사되었다.

따라서 전북의 익산과 남원시 두 지역주민들이 강원도에 대하여 가지고 있는 평가는 '우둔하다'와 '막무가내이다'라는 의식을 지닌 것으로 조사 분석되었다. 이들 간의 유의도를 측정한 Chi-Square 검증은 차이가 나지 않는다는 결과이다.

〈표 8-2〉 익산 / 남원 경기보기1평가 *경기보기1경험

경기보기I 평가		익산 I경험		Total	남원 I경험		Total	익산/ 남원 전체
		있다	없다		있다	없다		
타산적이다	Count	31	65	96	20	59	79	175
	% within 경기보기I평가	32.3%	67.7%	100.0%	25.3%	74.7%	100.0%	100.0%
	% within 경기보기I경험	35.6%	33.0%	33.8%	28.6%	33.9%	32.4%	33 0%
	% of Total	10.9%	22.9%	33.8%	8.2%	24.2%	32.4%	33.0%
우둔하다	Count	3	15	18	4	17	21	41
	% within 경기보기I평가	16.7%	83.3%	100.0%	19.0%	81.0%	100.0%	100.0%
	% within 경기보기I경험	3.4%	7.6%	6.3%	5.7%	9.8%	8.6%	7.7%
	% of Total	1.1%	5.3%	6.3%	1.6%	7.0%	8.6%	7.7%

경기보기1 평가		익산 1경험		Total	남원 1경험		Total	익산/ 남원 전체
		있다	없다		있다	없다		
막무가내이다	Count	14	31	45	8	33	41	86
	% within 경기보기1평가	31.1%	68.9%	100.0%	19.5%	80.5%	100.0%	100.0%
	% within 경기보기1경험	16.1%	15.7%	15.8%	11.4%	19.0%	16.8%	16.2%
	% of Total	4.9%	10.9%	15.8%	3.3%	13.5%	16.8%	16.2%
우유부단하다	Count	13	35	48	9	12	21	69
	% within 경기보기1평가	27.1%	72.9%	100.0%	42.9%	57.1%	100.0%	100.0%
	% within 경기보기1경험	14.9%	17.8%	16.9%	12.9%	6.9%	8.6%	13.0%
	% of Total	4.6%	12.3%	16.9%	3.7%	4.9%	8.6%	13.0%
신뢰성이 없다	Count	11	23	34	12	34	46	80
	% within 경기보기1평가	32.4%	67.6%	100.0%	26.1%	73.9%	100.0%	100.0%
	% within 경기보기1경험	12.6%	11.7%	12.0%	17.1%	19.5%	18.9%	15.1%
	% of Total	3.9%	8.1%	12.0%	4.9%	13.9%	18.9%	15.1%
이기적이다	Count	15	28	43	17	19	36	79
	% within 경기보기1평가	34.9%	65.1%	100.0%	47.2%	52.8%	100.0%	100.0%
	% within 경기보기1경험	17.2%	14.2%	15.1%	24.3%	10.9%	14.8%	14.9%
	% of Total	5.3%	9.9%	15.1%	7.0%	7.8%	14.8%	14.9%
전 체	Count	87	197	284	70	174	244	530
	% within 경기보기1평가	30.6%	69.4%	100.0%	28.7%	71.3%	100.0%	100.0%
	% within 경기보기1경험	100.0%	100.0%	100.0%	100.0%	100.0%	100.0%	100.0%
	% of Total	30.6%	69.4%	100.0%	28.7%	71.3%	100.0%	100.0%
	Chi-Square	.780			.045			.034

상위에서 보는 바와 같이 <표 8-2>는 익산시와 남원시의 경기보기1 평가 *경기보기1경험을 분석한 내용이다. 익산지역 주민들의 경기도지역에 대한 평가를 보면 전체 응답자 284명 가운데 96명(33.8%)이 '타산적이다'라고 평가하였으며 그 가운데 31명(32.3%)은 경험이 있으며 65명(67.7%)은 경험이 없는 것으로 조사되었다. 그다음으로 빈도가 높은 것으로는 '우유부단하다'라는 평가로서 48명(16.9%)이 응답하였으며 그 가운데 13명(27.1%)은 경험이 있으며 35명(72.9%)은 경험이 없는 것으로 조사되었다. 다음으로 '막무가내이다'라는 응답은 45명(15.8%), '이기적이다'라는 평가는 43명(15.1%) 등으로 조사되었다. 따라서 익산

지역에 거주하는 주민들은 경기도에 대한 평가에 있어서 다양한 의견을 가지고 있는 것으로 조사되었으며 다양한 의견 가운데 경기도 지역에 대한 평가는 '타산적이다'라는 주된 평가를 가지고 있는 것으로 조사되었으며 과반수가 경험을 하지 않은 것으로 조사되었다.

남원지역 주민들의 경기지역에 대한 평가를 보면 전체 응답자 244명 가운데 79명(32.4%)이 '타산적이다'라고 응답하였으며 그 가운데 각각 20명(25.3%)이 경험이 있고 59명(74.7%)은 경험이 없는 것으로 조사되었다. 그다음 높은 빈도를 보이는 것으로는 '신뢰성이 없다'라는 평가로서 46명(18.9%)이 응답하였으며 그 가운데 12명(26.1%)이 경험이 있으며 34명(73.9%)은 경험이 없는 것으로 조사되었다. 그리고 다음 순위는 '막무가내이다'라는 평가는 41명(16.8%) 등으로 조사되었다. 따라서 남원지역에 거주하는 주민들은 경기도에 대한 평가에 있어서 다양한 의견을 가지고 있는 것으로 조사되었으나 다양한 의견 가운데 경기도 지역에 대한 평가는 '타산적이다'라는 주된 평가를 가지고 있는 것으로 조사되었으며 경험이 없는 응답자가 다소 많은 것으로 조사결과 나타났다.

상위에서 보는 바와 같이 경기보기1평가 *경기보기1경험에 대한 전북지역(익산 / 남원) 주민들이 가지고 있는 지역편견을 분석한 내용이다. 경기평가1에 대한 응답한 익산과 남원지역 전체 인원은 530명 중 175명(33.0%)이 경기도에 대하여 가지고 있는 평가는 '타산적이다'라는 강한 인식을 가지고 있으며 특히 익산지역 주민들이 남원지역 주민들보다 경기도에 대하여 보다 더 타산적이라는 인식을 가지고 있는 것으로 조사되었다. 그다음 높은 빈도를 보이고 있는 것으로는 '막무가내이다'라는 의식으로 전체 86명(16.2%)이 경기도에 대한 평가를 가지고 있으며 남원지역 주민들이 익산지역 주민들보다 더 경기도지역에 대하여 막무가내이라고 조사되었다. 그 외에도 '신뢰성이 없다'와 '이기적이다'라는 의식이 다음 순위를 나타냈다. 따라서 전북의 익산과 남원지역 주민들은 경기도에 대하여 가지고 있는 평가는 '타산적이다'라는 강한 의식을 지닌 것으로 조사되었다. 또한 이들 간의 차이를 분석한 Chi-

Square 검증은 남원 P>0.045와 전체 P>0.034로 조사되어 이들 간의 차이가 나고 있다는 조사결과이다.

〈표 8-3〉 익산 / 남원 경상보기1평가 *경상보기1경험

경상보기1 평가		익산 1경험		Total	남원 1경험		Total	익산/ 남원 전체
		있다	없다		있다	없다		
타산적 이다	Count	11	34	45	12	23	35	80
	% within 경상보기1평가	24.4%	75.6%	100.0%	34.3%	65.7%	100.0%	100.0%
	% within 경상보기1경험	12.5%	17.3%	15.8%	13.8%	14.7%	14.4%	15.1%
	% of Total	3.9%	11.9%	15.8%	4.9%	9.5%	14.4%	15.1%
우둔 하다	Count	8	23	31	7	12	19	51
	% within 경상보기1평가	25.8%	74.2%	100.0%	36.8%	63.2%	100.0%	100.0%
	% within 경상보기1경험	9.1%	11.7%	10.9%	8.0%	7.7%	7.8%	9.6%
	% of Total	2.8%	8.1%	10.9%	2.9%	4.9%	7.8%	9.6%
막무가 내이다	Count	24	57	81	35	51	86	167
	% within 경상보기1평가	29.6%	70.4%	100.0%	40.7%	59.3%	100.0%	100.0%
	% within 경상보기1경험	27.3%	28.9%	28.4%	40.2%	32.7%	35.4%	31.6%
	% of Total	8.4%	20.0%	28.4%	14.4%	21.0%	35.4%	31.6%
우유부 단하다	Count	7	17	24	1	15	16	40
	% within 경상보기1평가	29.2%	70.8%	100.0%	6.3%	93.8%	100.0%	100.0%
	% within 경상보기1경험	8.0%	8.6%	8.4%	1.1%	9.6%	6.6%	7.6%
	% of Total	2.5%	6.0%	8.4%	.4%	6.2%	6.6%	7.6%
신뢰성 이 없다	Count	18	34	52	13	28	41	93
	% within 경상보기1평가	34.6%	65.4%	100.0%	31.7%	68.3%	100.0%	100.0%
	% within 경상보기1경험	20.5%	17.3%	18.2%	14.9%	17.9%	16.9%	17.6%
	% of Total	6.3%	11.9%	18.2%	5.3%	11.5%	16.9%	17.6%
이기적 이다	Count	20	32	52	19	27	46	98
	% within 경상보기1평가	38.5%	61.5%	100.0%	41.3%	58.7%	100.0%	100.0%
	% within 경상보기1경험	22.7%	16.2%	18.2%	21.8%	17.3%	18.9%	18.5%
	% of Total	7.0%	11.2%	18.2%	7.8%	11.1%	18.9%	18.5%
전 체	Count	88	197	285	87	156	243	529
	% within 경상보기1평가	30.9%	69.1%	100.0%	35.8%	64.2%	100.0%	100.0%
	% within 경상보기1경험	100.0%	100.0%	100.0%	100.0%	100.0%	100.0%	100.0%
	% of Total	30.9%	69.1%	100.0%	35.8%	64.2%	100.0%	100.0%
Chi-Square		.688			.160			.566

상위에서 보는 바와 같이 <표 8-3>은 익산시와 남원시의 경상보기1
평가 *경상보기1경험을 분석한 내용이다. 익산지역 주민들의 경상도지
역에 대한 평가를 보면 전체 응답자 285명 가운데 81명(28.4%)이 '막무
가내이다'라고 응답하였으며 그 가운데 24명(29.6.%)은 경험이 있으며,
57명(70.4%)은 경험이 없는 것으로 조사되었다. 그다음으로 빈도가 높
은 것으로는 '신뢰성이 없다'와 '이기적이다'라는 평가가 각각 52명
(18.2%)으로 응답하였다. 따라서 익산지역에 거주하는 주민들은 경상도
에 대한 평가에 있어서 다양한 의견을 가지고 있는 것으로 조사되었으
며 다양한 의견 가운데 경상도 지역에 대한 평가는 '막무가내이다'라는
주된 평가를 가지고 있는 것으로 조사되었으며 경험에 대한 결과는 경
험이 있는 경우보다 없는 경우가 3배 이상으로 조사되어 나왔다.

남원지역 주민들의 경상도지역에 대한 평가를 보면 전체 응답자 243
명 가운데 86명(35.4%)이 '막무가내이다'라고 응답하였으며 그 가운데
35명(40.7%)은 경험이 있으며 51명(59.3%)은 경험이 없다고 응답하였
다. 다음 높은 빈도를 보이는 것으로는 '이기적이다'라는 평가로 46명
(18.9%)이 응답하였으며 그 가운데 19명(41.3%)이 경험을 가지고 있으
며, 27명(58.7%)은 경험이 없는 것으로 조사되었다. 다음 순위는 '신뢰
성이 없다'가 41명(16.9%)으로 조사되었다. 이상에서 남원지역에 거주
하는 주민들은 경상도에 대한 평가에 있어서 다양한 의견을 가지고 있
는 것으로 조사되었으며 다양한 의견 가운데 경상도 지역에 대한 평가
는 '막무가내이다'라는 평가를 가지고 있는 것으로 조사되었으며 많은
응답자들이 경상도에 대한 '막무가내이다'라는 경험을 가지고 있는 것
으로 조사 분석되었다.

상위에서 보는 바와 같이 경상보기1평가 *경상보기1경험에 대한 전
북지역(익산/남원) 주민들이 가지고 있는 지역편견을 분석한 내용은
다음과 같다. 경상평가1에 대한 응답한 익산과 남원지역 전체 인원은
529명이며 그 가운데 164명(31.6%)이 경상도에 대하여 가지고 있는 평
가는 '막무가내이다'라는 강한 의식을 가지고 있으며 특히 익산지역 주

민들보다는 남원지역 주민들이 경상도에 대하여 보다 더 '막무가내이다'라는 인식을 가지고 있는 것으로 조사되었다. 그다음 높은 빈도를 보이고 있는 것으로는 '이기적이다'라는 것과 '신뢰성이 없다'라는 의식으로 조사되었다. 결국 전북의 익산과 남원지역 주민들은 경상도에 대하여 가지고 있는 평가는 '막무가내이다'라는 인식을 공통적으로 가지고 있는 것으로 조사결과 나타났다. 이들 간의 차이를 분석한 Chi-Square 검증은 차이가 크지 않다는 조사의 결과이다.

〈표 8-4〉 익산 / 남원 서울보기1평가 *서울보기1경험

서울보기1 평가		익산 1경험		Total	남원 1경험		Total	익산 / 남원 전체
		있다	없다		있다	없다		
타산적 이다	Count	53	33	86	29	26	55	143
	% within 서울보기1평가	61.6%	38.4%	100.0%	52.7%	47.3%	100.0%	100.0%
	% within 서울보기1경험	38.1%	22.9%	30.4%	26.6%	19.4%	22.6%	27.0%
	% of Total	18.7%	11.7%	30.4%	11.9%	10.7%	22.6%	27.0%
우둔하다	Count	2	9	11	4	8	12	24
	% within 서울보기1평가	18.2%	81.8%	100.0%	33.3%	66.7%	100.0%	100.0%
	% within 서울보기1경험	1.4%	6.3%	3.9%	3.7%	6.0%	4.9%	4.5%
	% of Total	.7%	3.2%	3.9%	1.6%	3.3%	4.9%	4.5%
막무가 내이다	Count	6	14	20	8	21	29	49
	% within 서울보기1평가	30.0%	70.0%	100.0%	27.6%	72.4%	100.0%	100.0%
	% within 서울보기1경험	4.3%	9.7%	7.1%	7.3%	15.7%	11.9%	9.3%
	% of Total	2.1%	4.9%	7.1%	3.3%	8.6%	11.9%	9.3%
우유부 단하다	Count	12	18	30	13	17	30	60
	% within 서울보기1평가	40.0%	60.0%	100.0%	43.3%	56.7%	100.0%	100.0%
	% within 서울보기1경험	8.6%	12.5%	10.6%	11.9%	12.7%	12.3%	11.3%
	% of Total	4.2%	6.4%	10.6%	5.3%	7.0%	12.3%	11.3%
신뢰성 이 없다	Count	16	30	46	17	26	43	89
	% within 서울보기1평가	34.8%	65.2%	100.0%	39.5%	60.5%	100.0%	100.0%
	% within 서울보기1경험	11.5%	20.8%	16.3%	15.6%	19.4%	17.7%	16.8%
	% of Total	5.7%	10.6%	16.3%	7.0%	10.7%	17.7%	16.8%

| 서울보기1 평가 | | 익산 1경험 | | Total | 남원 1경험 | | Total | 익산 / 남원 전체 |
		있다	없다		있다	없다		
이기적 이다	Count	50	40	90	38	36	74	164
	% within 서울보기1평가	55.6%	44.4%	100.0%	51.4%	48.6%	100.0%	100.0%
	% within 서울보기1경험	36.0%	27.8%	31.8%	34.9%	26.9%	30.5%	31.0%
	% of Total	17.7%	14.1%	31.8%	15.6%	14.8%	30.5%	31.0%
전체	Count	139	144	283	109	134	243	529
	% within 서울보기1평가	49.1%	50.9%	100.0%	44.9%	55.1%	100.0%	100.0%
	% within 서울보기1경험	100.0%	100.0%	100.0%	100.0%	100.0%	100.0%	100.0%
	% of Total	49.1%	50.9%	100.0%	44.9%	55.1%	100.0%	100.0%
	Chi-Square	.002			.199			.158

상위에서 보는 바와 같이 <표 8-4>은 익산시 / 남원시의 서울보기1 평가 *서울보기1 경험을 분석한 내용이다. 익산지역 주민들의 서울지역에 대한 평가를 보면 전체 응답자 283명 가운데 '이기적이다'가 90명 (31.8%)으로 조사되고 이 중에서 경험이 있다고 응답한 부분이 50명 (55.6%)과 경험이 없다가 40명(44.4%)으로 조사되었다. 다음으로 '타산적이다'라고 응답한 인원이 86명(30.4%)이고 이 중에서 53명(61.6%)이 경험이 있다고 응답하고 33명(38.4%)은 경험이 없다고 응답하였다. 그 외의 순위는 '신뢰성이 없다'라고 응답한 빈도가 46명(16.3%)으로 조사되고 '우유부단하다'라고 응답한 순위로 조사되었다. 따라서 익산지역에 거주하는 주민들은 서울지역에 대한 평가에 있어서 다양한 의견을 가지고 있는 것으로 조사되었으며 다양한 의견 가운데 서울지역에 대한 평가는 두 가지 의견으로 집중되어 나타나는데 그 하나는 '이기적이다'라는 것과 '타산적이다'라는 주된 평가를 가지고 있는 것으로 조사되었으며 경험유무에 있어서는 응답자들이 전체적으로 경험을 가지고 있는 것으로 나타났다.

남원시의 서울보기1평가 *서울보기1경험을 분석한 내용이다. 익산지역 주민들의 서울지역에 대한 평가를 보면 전체 응답자 243명 가운데 74명(30.5%)이 '이기적이다'라고 응답하였으며 그 가운데 38명(51.4%)

은 서울에 대한 '이기적이다'라는 경험을 가지고 있으며 36명(48.6%)은 경험이 없는 것으로 나타났다. 그다음으로 높은 빈도를 보이는 것으로는 '타산적이다'라는 인식으로 55명(22.6%)이 응답하였으며 그 가운데 29명(52.7%)은 경험이 있으며 26명(47.3%)은 경험이 없는 것으로 나타났다. 따라서 남원지역에 거주하는 주민들은 서울지역에 대한 평가에 있어서 다양한 의견을 가지고 있는 것으로 조사되었으며 다양한 의견 가운데 서울지역에 대한 평가는 '이기적이다'라는 가장 많이 가지고 있는 것으로 나타났으며 높은 경험이 있는 것으로 조사되었다.

상위에서 보는 바와 같이 서울보기1 평가 *서울보기1 경험에 대한 전북지역(익산/남원) 주민들이 가지고 있는 지역편견을 분석한 내용은 다음과 같다. 서울평가1에 대해 응답한 익산과 남원지역 전체 인원은 488명이며 그 가운데 164명(31.0%)이 서울에 대하여 가지고 있는 평가는 '이기적이다'라는 강한 인식을 가지고 있으며 특히 익산지역 주민들이 남원지역 주민들보다 서울에 대하여 보다 더 '이기적이다'라는 인식을 가지고 있는 것으로 조사되었다. 그다음 높은 빈도를 보이고 있는 것으로는 '타산적이다'라는 인식으로 143명(27.0%)이 서울에 대한 평가를 가지고 있으며 익산지역 주민들이 남원지역 주민들보다 더 서울지역에 대하여 '타산적이다'라는 편견을 가진 것으로 조사되었다. 따라서 전북의 익산과 남원지역 주민들은 서울에 대하여 가지고 있는 주된 평가는 '이기적이다'라는 강한 공통된 인식과 '타산적이다'라는 인식을 함께 가지고 있는 것으로 조사결과 나타났다.

이들 간의 차이를 분석한 Chi-Square 검증은 익산이 $P > 0.002$로 유의미한 차이를 보이고 있다.

〈표 8-5〉 익산 / 남원 전라보기1평가 *전라보기1경험

전라보기1평가		익산 1경험			남원 1경험			익산 / 남원
		있다	없다	Total	있다	없다	Total	전체
타산적이다	Count	23	9	32	10	9	19	52
	% within 전라보기1평가	71.9%	28.1%	100.0%	52.6%	47.4%	100.0%	100.0%
	% within 전라보기1경험	14.9%	6.8%	11.2%	7.2%	8.4%	7.8%	9.8%
	% of Total	8.0%	3.1%	11.2%	4.1%	3.7%	7.8%	9.8%
우둔하다	Count	31	27	58	26	23	49	107
	% within 전라보기1평가	53.4%	46.6%	100.0%	53.1%	46.9%	100.0%	100.0%
	% within 전라보기1경험	20.1%	20.5%	20.3%	18.8%	21.5%	20.0%	20.1%
	% of Total	10.8%	9.4%	20.3%	10.6%	9.4%	20.0%	20.1%
막무가내이다	Count	20	19	39	15	18	33	72
	% within 전라보기1평가	51.3%	48.7%	100.0%	45.5%	54.5%	100.0%	100.0%
	% within 전라보기1경험	13.0%	14.4%	13.6%	10.9%	16.8%	13.5%	13.5%
	% of Total	7.0%	6.6%	13.6%	6.1%	7.3%	13.5%	13.5%
우유부단하다	Count	45	39	84	56	35	91	175
	% within 전라보기1평가	53.6%	46.4%	100.0%	61.5%	38.5%	100.0%	100.0%
	% within 전라보기1경험	29.2%	29.5%	29.4%	40.6%	32.7%	37.1%	32.9%
	% of Total	15.7%	13.6%	29.4%	22.9%	14.3%	37.1%	32.9%
신뢰성이 없다	Count	22	22	44	19	11	30	74
	% within 전라보기1평가	50.0%	50.0%	100.0%	63.3%	36.7%	100.0%	100.0%
	% within 전라보기1경험	14.3%	16.7%	15.4%	13.8%	10.3%	12.2%	13.9%
	% of Total	7.7%	7.7%	15.4%	7.8%	4.5%	12.2%	13.9%
이기적이다	Count	13	16	29	12	11	23	52
	% within 전라보기1평가	44.8%	55.2%	100.0%	52.2%	47.8%	100.0%	100.0%
	% within 전라보기1경험	8.4%	12.1%	10.1%	8.7%	10.3%	9.4%	9.8%
	% of Total	4.5%	5.6%	10.1%	4.9%	4.5%	9.4%	9.8%
전 체	Count	154	132	286	138	107	245	532
	% within 전라보기1평가	53.8%	46.2%	100.0%	56.3%	43.7%	100.0%	100.0%
	% within 전라보기1경험	100.0%	100.0%	100.0%	100.0%	100.0%	100.0%	100.0%
	% of Total	53.8%	46.2%	100.0%	56.3%	43.7%	100.0%	100.0%
	Chi-Square	.357			.598			.373

상위에서 보는 바와 같이 <표 8-5>는 익산시 / 남원시의 전라보기1평가 * 전라보기1경험을 분석한 내용이다. 익산지역 주민들의 전라지역에 대한 평가를 보면 전체 응답자 286 가운데 '우유부단하다'라고 84명(29.4%)

이 가장 많은 응답을 하였으며 그 가운데 45명(53.6%)이 "경험한 바 있고 39명(46.4%)이 경험한 바는 없다"라고 하였다. 다음으로 '우둔하다'라고 응답한 빈도가 58명(20.3%)이고 이 중 경험한 바 있다고 응답한 비율은 31명(53.4%)이고 경험이 없다고 응답한 인원이 27명(46.6%)이다. 계속해서 다음 순위는 응답자 중에서는 '신뢰성이 없다'라고 응답하고 '타산적이다'라고 응답한 순이다. 따라서 익산지역에 거주하는 주민들은 전라지역에 대한 평가에 있어서 두 가지 의견으로 집중되어 나타나는데 그 하나는 '우유부단하다'라는 것과 '우둔하다'라는 응답을 하고 있으며 경험 유무에 관해서는 대체로 경험한 바가 있다고 응답하고 있다. 익산지역은 충청도와 경계를 하고 있는 지역이므로 충청도 지역의 문화적 특색이 밀접하게 나타나고 있는 현상이다. 따라서 이와 같은 현상은 오랜 관습과 전통의 계승이 정치문화에 유인되어 나타나지 않는다는 분석된다.

다음은 남원시 전라보기1평가 *전라보기1경험을 분석한 내용이다. 남원지역 주민들의 전라지역에 대한 평가를 보면 전체 응답자 245명 가운데 91명(37.1%)이 '우유부단하다'라고 응답하였으며 그 가운데 56명(61.5%)은 경험 있고 35명(38.5%)은 없다고 응답을 하였다. 그다음으로 높은 빈도를 보이는 것으로는 '우둔하다'라는 의식으로 49명(20.0%)이 응답하였으며 그 가운데 26명(53.1%)은 경험이 있으며 23명(46.9%)은 경험이 없는 것으로 나타났다. 따라서 남원지역에 거주하는 주민들은 전라지역에 대한 평가에 있어서 우유부단하고 우둔하다고 응답한 주민들의 빈도비율이 높게 나타나고 있음을 알 수 있다.

상위에서 보는 바와 같이 전라보기1평가 *전라보기1경험에 대한 전북지역(익산 / 남원) 주민들이 가지고 있는 지역편견을 분석한 내용이다. 전라평가1에 대한 응답한 익산과 남원지역 전체 인원은 532명이며 그 가운데 175명(32.9%)이 전라지역에 대하여 가지고 있는 평가는 '우유부단하다'라는 인식을 하고 있고 다음으로 '우둔하다'라고 응답하고 있는 것으로 조사된다. 그다음 높은 빈도를 보이고 있는 것으로는 '신뢰성이 없다'와 '막무가내이다'라고 응답한 순이다. 따라서 같은 전라도 지역 내에서 살고 있는 익산과 남원주민들은 전라도 지역을 평가하기를 우유부단하고 우둔하다고 평가하고 있으며, 이기적이거나 타산적이라고 응답한 빈도비율은 가장 저조한 수치로 조사연구되었다. 이들 간의 차이를 분석한 Chi－Square 검증은 유의미한 차이가 나지 않는다는 분석의 결과이다.

〈표 8-6〉 익산 / 남원 충청보기1평가 *충청보기1경험

충청보기1평가		익산 1경험		Total	남원 1경험		Total	익산/남원 전체
		있다	없다		있다	없다		
타산적이다	Count	5	7	12	11	22	33	46
	% within 충청보기1평가	41.7%	58.3%	100.0%	33.3%	66.7%	100.0%	100.0%
	% within 충청보기1경험	5.7%	3.6%	4.2%	17.5%	12.2%	13.6%	8.7%
	% of Total	1.8%	2.5%	4.2%	4.5%	9.1%	13.6%	8.7%
우둔하다	Count	29	57	86	19	48	67	153
	% within 충청보기1평가	33.7%	66.3%	100.0%	28.4%	71.6%	100.0%	100.0%
	% within 충청보기1경험	33.0%	28.9%	30.2%	30.2%	26.7%	27.6%	28.9%
	% of Total	10.2%	20.0%	30.2%	7.8%	19.8%	27.6%	28.9%
막무가내이다	Count	10	20	30	8	14	22	52
	% within 충청보기1평가	33.3%	66.7%	100.0%	36.4%	63.6%	100.0%	100.0%
	% within 충청보기1경험	11.4%	10.2%	10.5%	12.7%	7.8%	9.1%	9.8%
	% of Total	3.5%	7.0%	10.5%	3.3%	5.8%	9.1%	9.8%
우유부단하다	Count	31	50	81	8	49	57	138
	% within 충청보기1평가	38.3%	61.7%	100.0%	14.0%	86.0%	100.0%	100.0%
	% within 충청보기1경험	35.2%	25.4%	28.4%	12.7%	27.2%	23.5%	26.0%
	% of Total	10.9%	17.5%	28.4%	3.3%	20.2%	23.5%	26.0%
신뢰성이 없다	Count	6	33	39	11	23	34	73
	% within 충청보기1평가	15.4%	84.6%	100.0%	32.4%	67.6%	100.0%	100.0%
	% within 충청보기1경험	6.8%	16.8%	13.7%	17.5%	12.8%	14.0%	13.8%
	% of Total	2.1%	11.6%	13.7%	4.5%	9.5%	14.0%	13.8%
이기적이다	Count	7	30	37	6	24	30	68
	% within 충청보기1평가	18.9%	81.1%	100.0%	20.0%	80.0%	100.0%	100.0%
	% within 충청보기1경험	8.0%	15.2%	13.0%	9.5%	13.3%	12.3%	12.8%
	% of Total	2.5%	10.5%	13.0%	2.5%	9.9%	12.3%	12.8%
전체	Count	88	197	285	63	180	243	530
	% within 충청보기1평가	30.9%	69.1%	100.0%	25.9%	74.1%	100.0%	100.0%
	% within 충청보기1경험	100.0%	100.0%	100.0%	100.0%	100.0%	100.0%	100.0%
	% of Total	30.9%	69.1%	100.0%	25.9%	74.1%	100.0%	100.0%
	Chi-Square	.075			.163			.006

상위에서 보는 바와 같이 <표 8-6>은 익산시 / 남원시의 충청보기1 평가 *충청보기1 경험을 분석한 내용이다. 익산지역 주민들의 충청지역에 대한 평가를 보면 전체 응답자 285명 가운데 '우둔하다'라고 응답한 사람이 86명(30.2%)으로 가장 많은 응답을 하였으며 그 가운데 29명(33.7%)이 경험을 한 것으로 나타났으며 57명(66.3%)이 경험이 없는 것으로 나타났다. 그다음으로는 '우유부단하다'라고 81명(28.4%)이 응답을 하였으며 그 가운데 31명(38.3%)은 경험을 하였으며 50명(61.7.%)은 경험이 없는 것으로 조사되었다. 따라서 익산지역에 거주하는 주민들은 충청지역에 대한 주된 평가에 있어서 '우둔하고 우유부단하다'라고 인식하고 있는 응답자가 과반수가 된다.

다음 남원시 충청보기1 평가 *충청보기1 경험을 분석한 내용이다. 남원지역 주민들의 충청지역에 대한 평가를 보면 전체 응답자 243명 가운데 67명(27.6%)이 '우둔하다'라고 응답하였으며 그 가운데 19명(28.4%)은 경험을 지니고 있는 것으로 나타났으며 48명(71.6%)은 경험이 없는 것으로 나타났다. 그다음으로 높은 빈도를 보이는 것으로는 '우유부단하다'라는 인식으로 57명(23.5%)이 응답하였으며 그 가운데 8명(14.0%)은 경험이 있으며 49명(86.0%)은 경험이 없는 것으로 나타났다. 따라서 남원지역에 거주하는 주민들은 충청지역에 대한 평가에 있어서 '우둔하고 유우부단하다'라고 응답하고 있는 것으로 조사되었다.

상위에서 보는 바와 같이 충청보기1 평가 *충청보기1 경험에 대한 전북지역(익산 / 남원) 주민들이 가지고 있는 지역편견을 분석한 내용이다. 충청평가1에 대한 응답한 익산과 남원지역 전체 인원은 530명이며 그 가운데 153명(28.9%)이 충청에 대하여 가지고 있는 평가는 '우둔하다'라는 인식을 하고 있으며 이 중 86명(56.2%)이 경험한 바 있고 67명(43.8%)이 경험한 바는 없다고 응답하고 있다. 다음으로 '우유부단하다'는 138명(26.0%)이 응답을 하였고 경험 유무를 묻는 내용에서는 81명(58.7%) 경험한 바 있고 57명(41.3%)이 경험한 바 없다고 응답하고 있다. 그런가 하면 '타산적이다'라고 응답한 빈도는 가장 낮은 비율로

조사되었으며 '막무가내이다'라는 응답도 저조한 빈도비율을 나타내고
있다. 따라서 전북을 대표하는 익산과 남원지역의 주민들은 충청도 사
람에 대한 인식이 대체로 우둔하고 우유부단한 것으로 조사되었다.

다음의 내용은 6개 지역에 대한 비교적 긍정적인 인식을 질문하여
얻은 설문을 분석하기 위한 결과이다. 다음 보기의 6개 — 온순하다, 영
리하다, 의지가 굳다, 성실하다, 단결력이 강하다, 진취적이다 — 등은
각 지역 강원, 경기, 경상, 서울, 전라, 충청지역 등에 관한 응답의 결
과를 분석한 내용이다.

〈표 8-7〉 익산 / 남원 강원보기2평가 *강원보기2경험

강원보기2평가		익산 2경험		Total	남원 2경험		Total	익산 / 남원 전체
		있다	없다		있다	없다		
온순하다	Count	27	58	85	20	41	61	146
	% within 강원보기2평가	31.8%	68.2%	100.0%	32.8%	67.2%	100.0%	100.0%
	% within 강원보기2경험	40.9%	26.5%	29.8%	29.9%	22.9%	24.8%	27.5%
	% of Total	9.5%	20.4%	29.8%	8.1%	16.7%	24.8%	27.5%
영리하다	Count	3	28	31	7	15	22	53
	% within 강원보기2평가	9.7%	90.3%	100.0%	31.8%	68.2%	100.0%	100.0%
	% within 강원보기2경험	4.5%	12.8%	10.9%	10.4%	8.4%	8.9%	10.0%
	% of Total	1.1%	9.8%	10.9%	2.8%	6.1%	8.9%	10.0%
의지가 굳다	Count	11	46	57	20	54	74	131
	% within 강원보기2평가	19.3%	80.7%	100.0%	27.0%	73.0%	100.0%	100.0%
	% within 강원보기2경험	16.7%	21.0%	20.0%	29.9%	30.2%	30.1%	24.7%
	% of Total	3.9%	16.1%	20.0%	8.1%	22.0%	30.1%	24.7%
성실하다	Count	14	39	53	10	30	40	93
	% within 강원보기2평가	26.4%	73.6%	100.0%	25.0%	75.0%	100.0%	100.0%
	% within 강원보기2경험	21.2%	17.8%	18.6%	14.9%	16.8%	16.3%	17.5%
	% of Total	4.9%	13.7%	18.6%	4.1%	12.2%	16.3%	17.5%
단결력이 강하다	Count	6	24	30	7	24	31	61
	% within 강원보기2평가	20.0%	80.0%	100.0%	22.6%	77.4%	100.0%	100.0%
	% within 강원보기2경험	9.1%	11.0%	10.5%	10.4%	13.4%	12.6%	11.5%
	% of Total	2.1%	8.4%	10.5%	2.8%	9.8%	12.6%	11.5%

강원보기2평가		익산 2경험		Total	남원 2경험		Total	익산 / 남원 전체
		있다	없다		있다	없다		
진취적 이다	Count	5	24	29	3	15	18	47
	% within 강원보기2평가	17.2%	82.8%	100.0%	16.7%	83.3%	100.0%	100.0%
	% within 강원보기2경험	7.6%	11.0%	10.2%	4.5%	8.4%	7.3%	9%
	% of Total	1.8%	8.4%	10.2%	1.2%	6.1%	7.3%	8.9%
전 체	Count	66	219	285	67	179	246	531
	% within 강원보기2평가	23.2%	76.8%	100.0%	27.2%	72.8%	100.0%	100.0%
	% within 강원보기2경험	100.0%	100.0%	100.0%	100.0%	100.0%	100.0%	100.0%
	% of Total	23.2%	76.8%	100.0%	27.2%	72.8%	100.0%	100.0%
	Chi－Square	.144			.756			.099

상위에서 보는 바와 같이 <표 8－7>은 익산시 강원보기2평가 *강원보기2경험을 분석한 내용이다. 익산지역 주민들의 강원지역에 대한 평가를 보면 전체 응답자 285명 가운데 '온순하다'라고 85명(29.8%)이 가장 많은 응답을 하였으며 그 가운데 27명(31.8%)이 경험을 한 것으로 나타났으며 58명(68.2%)이 경험이 없는 것으로 나타났다. 그다음으로는 '의지가 굳다'라고 57명(20.0%)이 응답을 하였으며 그 가운데 11명(19.3%)은 경험을 하였으며 46명(80.7%)은 경험이 없는 것으로 조사되었다. 그런가 하면 '진취적이다'라고 응답한 빈도비율은 가장 저조한 결과이다. 따라서 익산지역에 거주하는 주민들은 강원지역에 대한 주된 평가에 있어서 '온순하다'라는 인식에 높은 반면 진취적이지 못한 조사분석의 결과이다.

남원시 강원보기2평가 *강원보기2경험을 분석한 내용이다. 남원지역 주민들의 강원지역에 대한 평가를 보면 전체 응답자 246 가운데 74명(30.1%)이 '의지가 굳다'라고 응답하였으며 그 가운데 20명(27.0%)은 경험을 가지고 있는 반면 54명(73.0%)은 경험이 없는 것으로 나타났다. 그다음으로 높은 빈도를 보이는 것으로는 '온순하다'라는 인식으로 61명(24.8%)이 응답하였으며 그 가운데 20명(32.8%)은 경험이 있으며 41명(67.2%)은 경험이 없는 것으로 나타났다. 그런가 하면 '진취적이다'

라고 응답한 빈도비율은 가장 낮은 조사결과이다.

　따라서 남원지역에 거주하는 주민들은 강원지역에 대한 평가에 있어서 '의지가 굳다'라는 주된 평가를 지니고 있는 것으로 조사된 반면 진취적이지는 못한 조사연구 결과이다.

　상위에서 보는 바와 같이 강원보기2평가 *강원보기2경험에 대한 전북지역(익산/남원) 주민들이 가지고 있는 지역편견을 분석한 내용은 다음과 같다. 강원평가2에 대한 응답한 익산과 남원지역 전체 인원은 531명이며 그 가운데 146명(27.5%)이 강원에 대하여 가지고 있는 평가는 '온순하다'라는 강한 인식을 하고 있으며 특히 익산지역 주민들이 남원지역 주민들보다 강원지역에 대하여 보다 더 '온순하다'라는 인식을 가지고 있는 것으로 조사되었다. 그다음 높은 빈도를 보이고 있는 것으로는 '의지가 굳다'라는 인식으로 131명(24.7%)이 강원지역에 대한 평가를 가지고 있으며 익산지역 주민들이 남원지역 주민들보다 더 강원지역에 대하여 '의지가 굳다'라는 호감을 가진 것으로 조사되었다. 그 외 '성실하다'라는 인식은 93명(17.5%), '단결력이 강하다'라는 인식은 61명(11.5%)인 것으로 나타났다. 그런가 하면 '진취적이다'라는 응답의 결과는 가장 낮은 빈도비율을 보이고 있다.

　따라서 익산과 남원지역 주민들은 강원지역에 대하여 가지고 있는 주된 평가는 '온순하다'라는 강한 공통된 인식을 가지고 있는 것으로 조사되었다. 반면에 진취적이지는 못하다는 평가가 이번 조사의 연구에서 나왔다. 이들 간의 차이를 분석한 Chi-Square 검증은 유의미한 차이가 나지 않는다는 조사연구 결과이다.

〈표 8-8〉 익산 / 남원 경기보기2평가 *경기보기2경험

경기보기2평가		경기 2경험		Total	경기 2경험		Total	익산 / 남원전체
		있다	없다		있다	없다		
온순하다	Count	7	26	33	5	18	23	56
	% within 경기보기2평가	21.2%	78.8%	100.0%	21.7%	78.3%	100.0%	100.0%
	% within 경기보기2경험	8.9%	12.7%	11.6%	6.7%	10.5%	9.3%	10.5%
	% of Total	2.5%	9.2%	11.6%	2.0%	7.3%	9.3%	10.5%
영리하다	Count	23	48	71	25	52	77	150
	% within 경기보기2평가	32.4%	67.6%	100.0%	32.5%	67.5%	100.0%	100.0%
	% within 경기보기2경험	29.1%	23.4%	25.0%	33.3%	30.4%	31.3%	28.2%
	% of Total	8.1%	16.9%	25.0%	10.2%	21.1%	31.3%	28.2%
의지가굳다	Count	13	40	53	3	27	30	83
	% within 경기보기2평가	24.5%	75.5%	100.0%	10.0%	90.0%	100.0%	100.0%
	% within 경기보기2경험	16.5%	19.5%	18.7%	4.0%	15.8%	12.2%	15.6%
	% of Total	4.6%	14.1%	18.7%	1.2%	11.0%	12.2%	15.6%
성실하다	Count	8	42	50	11	16	27	77
	% within 경기보기2평가	16.0%	84.0%	100.0%	40.7%	59.3%	100.0%	100.0%
	% within 경기보기2경험	10.1%	20.5%	17.6%	14.7%	9.4%	11.0%	14.5%
	% of Total	2.8%	14.8%	17.6%	4.5%	6.5%	11.0%	14.5%
단결력이강하다	Count	10	16	26	9	11	20	46
	% within 경기보기2평가	38.5%	61.5%	100.0%	45.0%	55.0%	100.0%	100.0%
	% within 경기보기2경험	12.7%	7.8%	9.2%	12.0%	6.4%	8.1%	8.6%
	% of Total	3.5%	5.6%	9.2%	3.7%	4.5%	8.1%	8.6%
진취적이다	Count	18	33	51	22	47	69	120
	% within 경기보기2평가	35.3%	64.7%	100.0%	31.9%	68.1%	100.0%	100.0%
	% within 경기보기2경험	22.8%	16.1%	18.0%	29.3%	27.5%	28.0%	22.6%
	% of Total	6.3%	11.6%	18.0%	8.9%	19.1%	28.0%	22.6%
전 체	Count	79	205	284	75	171	246	532
	% within 경기보기2평가	27.8%	72.2%	100.0%	30.5%	69.5%	100.0%	100.0%
	% within 경기보기2경험	100.0%	100.0%	100.0%	100.0%	100.0%	100.0%	100.0%
	% of Total	27.8%	72.2%	100.0%	30.5%	69.5%	100.0%	100.0%
	Chi-Square	.150			.067			.007

상위에서 보는 바와 같이 <표 8-8>은 익산시 경기보기2평가 *경기보기2경험을 분석한 내용이다. 익산지역 주민들의 경기지역에 대한 평가를 보면 전체 응답자 284명 가운데 '영리하다'라고 71명(25.0%)이 가

장 많은 응답을 하였으며 그 가운데 23명(32.4%)이 경험을 한 것으로 나타났으며 48명(67.6%)이 경험이 없는 것으로 나타났다. 그다음으로는 '의지가 굳다'와 '진취적이다' 그리고 '성실하다'는 각각 50여 명의 비슷한 빈도를 보이고 있으며 미미한 수준에서 차이를 보이고 있기 때문에 고른 응답을 나타내고 있다. 다만, '단결력이 강하다'라고 응답한 빈도비율은 26명(9.2%)에 불과하여 가장 저조한 빈도비율을 보이고 있다.

남원시 경기보기2평가 *경기보기2경험을 분석한 내용은 전체 응답자 246명 가운데 77명(31.3%)이 '영리하다'라고 응답하였으며 그 가운데 25명(32.5%)은 경험을 가지고 있는 반면 응답자의 52명(67.5%)은 경험이 없는 것으로 나타났다. 그다음으로 높은 빈도를 보이는 것으로는 '진취적이다'라는 인식으로 69명(28.0%)이 응답하였으며 그 가운데 22명(31.9%)은 경험이 있으며 47명(68.1%)은 경험이 없는 것으로 나타났다. 그런가 하면 '단결력이 강하다'라고 응답한 빈도비율이 가장 저조하게 나타나고 있음을 알 수 있다. 따라서 남원지역에 거주하는 주민들은 경기지역에 대한 평가에 있어서 '영리하다'라는 주된 평가를 지니고 있는 것으로 조사되었으나 진취적이지는 못하다는 조사연구의 결과이다.

상위에서 보는 바와 같이 경기보기2평가 *경기보기2경험에 대한 전북지역(익산/남원) 주민들이 가지고 있는 지역편견을 분석한 내용은 다음과 같다. 경기평가2에 대한 응답한 익산과 남원지역 전체 인원은 532명 가운데 150명(28.2%)이 경기에 대하여 가지고 있는 평가는 '영리하다'라는 인식을 하고 있으며 특히 익산지역 주민들보다 남원지역 주민들보다 강원지역에 대하여 보다 더 '영리하다'라는 인식을 가지고 있는 것으로 조사되었다. 그다음 높은 빈도를 보이고 있는 것으로는 '진취적이다'라는 인식으로 120명(22.6%)이 경기지역에 대한 평가를 가지고 있으며 익산지역 주민들보다 남원지역 주민들이 더 경기지역에 대하여 '진취적이다'라는 호감을 가진 것으로 조사되었다. 그런가 하면 여전히 단결력은 낮은 것으로 조사되었다.

따라서 익산과 남원지역 주민들은 경기지역에 대하여 가지고 있는 주된 평가는 '영리하다'라는 강한 공통된 인식을 가지고 있는 것으로 조사되었다. 반면에 진취적이지는 못하다는 조사의 결과이다. 이러한 결과는 익산보다는 남원지역의 주민들이 미미한 수준에서 지역적 편견이 강하게 나타나고 있음을 알 수 있다. 이들 간의 차이를 분석한 Chi-Square 검증은 익산과 남원의 전체 보기에서 유의미한 결과 P>0.007로 나타난다.

〈표 8-9〉 익산 / 남원 경상보기2평가 *경상보기2경험

경상보기2평가		경상 2경험		Total	경상 2경험		Total	익산 / 남원 전체
		있다	없다		있다	없다		
온순하다	Count		16	16	3	11	14	30
	% within 경상보기2평가		100.0%	100.0%	21.4%	78.6%	100.0%	100.0%
	% within 경상보기2경험		7.9%	5.6%	3.8%	6.6%	5.7%	5.6%
	% of Total		5.6%	5.6%	1.2%	4.5%	5.7%	5.6%
영리하다	Count	14	30	44	4	16	20	66
	% within 경상보기2평가	31.8%	68.2%	100.0%	20.0%	80.0%	100.0%	100.0%
	% within 강원보기2경험	17.1%	14.9%	15.5%	5.1%	9.6%	8.2%	12.4%
	% of Total	4.9%	10.6%	15.5%	1.6%	6.5%	8.2%	12.4%
의지가 굳다	Count	22	53	75	25	34	59	134
	% within 경상보기2평가	29.3%	70.7%	100.0%	42.4%	57.6%	100.0%	100.0%
	% within 경상보기2경험	26.8%	26.2%	26.4%	32.1%	20.4%	24.1%	25.2%
	% of Total	7.7%	18.7%	26.4%	10.2%	13.9%	24.1%	25.2%
성실하다	Count	10	19	29	3	20	23	52
	% within 경상보기2평가	34.5%	65.5%	100.0%	13.0%	87.0%	100.0%	100.0%
	% within 경상보기2경험	12.2%	9.4%	10.2%	3.8%	12.0%	9.4%	9.8%
	% of Total	3.5%	6.7%	10.2%	1.2%	8.2%	9.4%	9.8%
단결력이 강하다	Count	20	48	68	37	58	95	163
	% within 경상보기2평가	29.4%	70.6%	100.0%	38.9%	61.1%	100.0%	100.0%
	% within 경상보기2경험	24.4%	23.8%	23.9%	47.4%	34.7%	38.8%	30.7%
	% of Total	7.0%	16.9%	23.9%	15.1%	23.7%	38.8%	30.7%
진취적 이다	Count	16	36	52	6	28	34	86
	% within 경상보기2평가	30.8%	69.2%	100.0%	17.6%	82.4%	100.0%	100.0%
	% within 경상보기2경험	19.5%	17.8%	18.3%	7.7%	16.8%	13.9%	16.2%
	% of Total	5.6%	12.7%	18.3%	2.4%	11.4%	13.9%	16.2%

경상보기2평가		경상 2경험		Total	경상 2경험		Total	익산 / 남원 전체
		있다	없다		있다	없다		
전 체	Count	82	202	284	78	167	245	531
	% within 경상보기2평가	28.9%	71.1%	100.0%	31.8%	68.2%	100.0%	100.0%
	% within 경상보기2경험	100.0%	100.0%	100.0%	100.0%	100.0%	100.0%	100.0%
	% of Total	28.9%	71.1%	100.0%	31.8%	68.2%	100.0%	100.0%
	Chi‐Square	.204			.015			.005

상위에서 보는 바와 같이 <표 8-9>은 익산시 경상보기2평가 *경상보기2경험을 분석한 내용이다. 익산지역 주민들의 경상지역에 대한 평가를 보면 전체 응답자 285명 가운데 비슷하게 '의지가 굳다'는 81명(28.4%)으로 응답하고 있으며, 이 중에서 경험 있다고 답한 빈도는 24명(29.6%)이고 경험한 바 없다고 응답한 빈도는 57명(70.4%)으로 조사되었다. 다음으로 '단결력이 강하다'와 '진취적이다'라는 응답의 결과는 각각 52명(18.2%)으로 나타났다.

그런가 하면 '성실하다'라고 응답한 빈도비율은 가장 낮은 수치를 나타내고 있다. 따라서 익산지역 주민들은 경상도 지역에 대한 지역적 편견은 의지가 굳고 단결력이 강하고 진취적인 반면 성실하지 못하다는 조사 분석의 결과이다.

남원시 경상보기2평가 *경상보기2경험을 분석한 내용은 전체 응답자 245명 가운데 95명(38.8%)이 '단결력이 강하다'고 응답하였으며 그 가운데 37명(38.9%)은 경험을 가지고 있는 반면 응답자의 58명(61.1%)은 경험이 없는 것으로 나타났다. 그다음으로 높은 빈도를 보이는 것으로는 '의지가 굳다'라는 인식으로 59명(24.1%)이 응답하였으며 그 가운데 25명(42.4%)은 경험이 있으며 34명(57.6%)은 경험이 없는 것으로 나타났다. 그런가 하면 '온순하다'라고 응답한 빈도비율은 가장 낮은 14명(5.7%)에 불과하다. 따라서 남원지역에 거주하는 주민들은 경상지역에 대한 평가에 있어서 단결력은 강한 반면 성실하지 못하다는 조사 분석의 결과이다.

상위에서 보는 바와 같이 경상보기2평가 *경상보기2경험에 대한 전북지역(익산/남원) 주민들이 가지고 있는 지역편견을 분석한 내용은 다음과 같다. 경상평가2에 대한 응답한 익산과 남원지역 전체 인원은 531명이며 그 가운데 163명(30.7%)이 경상에 대하여 가지고 있는 평가는 '단결력이 강하다'라는 강한 인식을 하고 있으며 특히 익산지역 주민들보다는 남원지역 주민들이 더 강한 인식을 갖고 있는 것으로 조사되었다. 그다음 높은 빈도를 보이고 있는 것으로는 '의지가 굳다'라는 인식으로 134명(25.2%)이 경상지역에 대한 평가를 가지고 있으며 익산지역 주민들이 남원지역 주민들보다 더 경상지역에 대하여 '단결력이 강하다'라는 편견을 가진 것으로 조사되었다. 반면에 '온순하다'라는 응답의 결과는 불과 30명(5.6%)으로 조사되어 가장 낮은 빈도비율을 보이고 있다.

따라서 전북의 익산과 남원지역주민들은 경상지역에 대하여 가지고 있는 주된 평가는 '단결력이 강하고 의지가 굳다'라는 강한 공통된 인식을 가지고 있는 것으로 조사되었다. 반면에 경상도 사람들은 성실하지 못하다는 평가가 나왔다. 이들 간의 차이를 분석한 Chi-Square 검증은 P>0.05로 익산과 남원의 전체 보기에서 유의미한 차이를 보이고 있다는 조사연구의 결과이다.

〈표 8-10〉 익산 / 남원 서울보기2평가 *서울보기2경험

서울보기2평가		익산 2경험		Total	남원 2경험		Total	익산 / 남원 전체
		있다	없다		있다	없다		
온순하다	Count	3	6	9	3	10	13	22
	% within 서울보기2평가	33.3%	66.7%	100.0%	23.1%	76.9%	100.0%	100.0%
	% within 서울보기2경험	2.6%	3.6%	3.2%	3.0%	6.8%	5.3%	4.3%
	% of Total	1.1%	2.1%	3.2%	1.2%	4.1%	5.3%	4.3%
영리하다	Count	56	58	114	43	52	95	209
	% within 서울보기2평가	49.1%	50.9%	100.0%	45.3%	54.7%	100.0%	100.0%
	% within 서울보기2경험	47.9%	34.7%	40.1%	43.0%	35.6%	38.6%	39.4%
	% of Total	19.7%	20.4%	40.1%	17.5%	21.1%	38.6%	39.4%

서울보기2평가		익산 2경험		Total	남원 2경험		Total	익산 / 남원 전체
		있다	없다		있다	없다		
의지가 굳다	Count	10	16	26	4	8	12	38
	% within 서울보기2평가	38.5%	61.5%	100.0%	33.3%	66.7%	100.0%	100.0%
	% within 서울보기2경험	8.5%	9.6%	9.2%	4.0%	5.5%	4.9%	7.2%
	% of Total	3.5%	5.6%	9.2%	1.6%	3.3%	4.9%	7.2%
성실하다	Count	15	23	38	7	23	30	68
	% within 서울보기2평가	39.5%	60.5%	100.0%	23.3%	76.7%	100.0%	100.0%
	% within 서울보기2경험	12.8%	13.8%	13.4%	7.0%	15.8%	12.2%	12.8%
	% of Total	5.3%	8.1%	13.4%	2.8%	9.3%	12.2%	12.8%
단결력이 강하다	Count	7	14	21	11	17	28	49
	% within 서울보기2평가	33.3%	66.7%	100.0%	39.3%	60.7%	100.0%	100.0%
	% within 서울보기2경험	6.0%	8.4%	7.4%	11.0%	11.6%	11.4%	9.2%
	% of Total	2.5%	4.9%	7.4%	4.5%	6.9%	11.4%	9.2%
진취적 이다	Count	26	50	76	32	36	68	144
	% within 서울보기2평가	34.2%	65.8%	100.0%	47.1%	52.9%	100.0%	100.0%
	% within 서울보기2경험	22.2%	29.9%	26.8%	32.0%	24.7%	27.6%	27.1%
	% of Total	9.2%	17.6%	26.8%	13.0%	14.6%	27.6%	27.1%
전 체	Count	117	167	284	100	146	246	531
	% within 서울보기2평가	41.2%	58.8%	100.0%	40.7%	59.3%	100.0%	100.0%
	% within 서울보기2경험	100.0%	100.0%	100.0%	100.0%	100.0%	100.0%	100.0%
	% of Total	41.2%	58.8%	100.0%	40.7%	59.3%	100.0%	100.0%
	Chi - Square	.371			.175			.233

상위에서 보는 바와 같이 <표 8-10>는 익산시 서울보기2평가 *서울보기2경험을 분석한 내용이다. 익산지역 주민들의 서울지역에 대한 평가를 보면 전체 응답자 284명 가운데 '영리하다'라고 114명(40.1%)으로 가장 많은 응답을 하였으며 그 가운데 과반수인 56명(49.1%)은 경험을 가지고 있으며 58명(50.9%)은 경험이 없는 것으로 나타났다. 그다음으로는 '진취적이다'라고 76명(26.8%)이 응답을 하였으며 그 가운데 26명(34.2%)은 경험을 하였으며 50명(65.8%)은 경험이 없는 것으로 조사되었다. 그런가 하면 '온순하다'라는 응답은 단 9명에 불과하여 가장 저조한 빈조비율을 나타내고 있다. 따라서 익산지역에 거주하는 주민들은 서울지역에 대한 주된 평가에 있어서 '영리하다'라는 평가에 높은

응답을 보이고 있고 진취적이지만 온순하지는 않다는 조사 결과이다.

남원시 서울보기2평가 *서울보기2경험을 분석한 내용은 전체 응답자 246명 가운데 95명(38.6%)이 '영리하다'라고 응답하였으며 그 가운데 43명(45.3%)은 경험을 가지고 있는 반면 응답자의 52명(54.7%)은 경험이 없는 것으로 나타났다. 그다음으로 높은 빈도를 보이는 것으로는 '진취적이다'라는 인식으로 68명(27.6%)이 응답하였으며 그 가운데 32명(47.1%)은 경험이 있으며 36명(52.9%)은 경험이 없는 것으로 나타났다. 그런가 하면 '의지가 굳다'라고 응답한 사람은 불과 12명에 불과하여 가장 저조한 응답의 결과를 나타내고 있다.

상위에서 보는 바와 같이 서울보기2평가 *서울보기2경험에 대한 전북지역(익산/남원) 주민들이 가지고 있는 지역편견을 분석한 내용은 다음과 같다. 서울평가2에 대한 응답한 익산과 남원지역 전체 인원은 531명이며 그 가운데 209명(39.4%)이 서울에 대하여 가지고 있는 평가는 '영리하다'라는 강한 인식을 하고 있으며 특히 익산지역 주민들이 남원지역 주민들보다 서울지역에 대하여 보다 더 '영리하다'라는 인식을 가지고 있는 것으로 조사되었다. 그다음 높은 빈도를 보이고 있는 것으로는 '진취적이다'라는 인식으로 144명(27.1%)이 서울지역에 대한 평가를 가지고 있으며 익산지역 주민들이 남원지역 주민들보다 더 서울지역에 대하여 '진취적이다'라는 편견을 가진 것으로 조사되었다. 그런가 하면 '온순하다'라고 응답한 빈도는 가장 낮은 23명(4.3%)에 불과하다.

따라서 전북의 익산과 남원지역 주민들은 서울지역에 대하여 가지고 있는 주된 평가는 '영리하다'라는 강한 공통된 인식을 가지고 있는 것으로 조사되었다. 즉 익산지역에서는 무엇보다도 서울지역 사람들은 '영리하다'라는 생각을 많이 가지고 있으며 그 외에 '진취적이다'라는 지역 편견을 가지고 있으나 온순하지는 못하다는 조사의 결과이다. 이들 간의 차이를 분석한 Chi-Square 검증은 유의미한 차이를 보이지 않고 있다.

〈표 8-11〉 익산 / 남원 전라보기2평가 *전라보기2경험

전라보기2평가		익산 2경험		Total	남원 2경험		Total	익산 / 남원 전체
		있다	없다		있다	없다		
온순하다	Count	21	26	47	42	27	69	116
	% within 전라보기2평가	44.7%	55.3%	100.0%	60.9%	39.1%	100.0%	100.0%
	% within 전라보기2경험	13.3%	20.3%	16.4%	29.4%	26.2%	28.0%	21.8%
	% of Total	7.3%	9.1%	16.4%	17.1%	11.0%	28.0%	21.8%
영리하다	Count	12	11	4423	12	9	21	44
	% within 전라보기2평가	52.2%	47.8%	100.0%	57.1%	42.9%	100.0%	100.0%
	% within 전라보기2경험	7.6%	8.6%	8.0%	8.4%	8.7%	8.5%	8.3%
	% of Total	4.2%	3.8%	8.0%	4.9%	3.7%	8.5%	8.3%
의지가 굳다	Count	25	7	32	23	15	38	70
	% within 전라보기2평가	78.1%	21.9%	100.0%	60.5%	39.5%	100.0%	100.0%
	% within 전라보기2경험	15.8%	5.5%	11.2%	16.1%	14.6%	15.4%	13.2%
	% of Total	8.7%	2.4%	11.2%	9.3%	6.1%	15.4%	13.2%
성실하다	Count	36	20	56	25	26	51	107
	% within 전라보기2평가	64.3%	35.7%	100.0%	49.0%	51.0%	100.0%	100.0%
	% within 전라보기2경험	22.8%	15.6%	19.6%	17.5%	25.2%	20.7%	20.1%
	% of Total	12.6%	7.0%	19.6%	10.2%	10.6%	20.7%	20.1%
단결력이 강하다	Count	55	49	104	30	21	51	155
	% within 전라보기2평가	52.9%	47.1%	100.0%	58.8%	41.2%	100.0%	100.0%
	% within 전라보기2경험	34.8%	38.3%	36.4%	21.0%	20.4%	20.7%	29.1%
	% of Total	19.2%	17.1%	36.4%	12.2%	8.5%	20.7%	29.1%
진취적 이다	Count	9	15	24	11	5	16	40
	% within 전라보기2평가	37.5%	62.5%	100.0%	68.8%	31.3%	100.0%	100.0%
	% within 전라보기2경험	5.7%	11.7%	8.4%	7.7%	4.9%	6.5%	7.5%
	% of Total	3.1%	5.2%	8.4%	4.5%	2.0%	6.5%	7.5%
전 체	Count	158	128	286	143	103	246	532
	% within 전라보기2평가	55.2%	44.8%	100.0%	58.1%	41.9%	100.0%	100.0%
	% within 전라보기2경험	100.0%	100.0%	100.0%	100.0%	100.0%	100.0%	100.0%
	% of Total	55.2%	44.8%	100.0%	58.1%	41.9%	100.0%	100.0%
	Chi-Square	.015			.731			.378

상위에서 보는 바와 같이 <표 8-11>는 익산시 전라보기2평가 *전라
보기2경험을 분석한 내용이다. 익산지역 주민들의 전라지역에 대한 평가
를 보면 전체 응답자 286명 가운데 '단결력이 강하다'라고 104명(36.4%)
이 응답을 하였으며 그 가운데 55명(52.9%)은 경험을 가지고 있으며 49

명(47.1%)은 경험이 없는 것으로 나타났다. 그다음으로는 '성실하다'라고 56명(19.6%)이 응답을 하였으며 그 가운데 36명(64.3%)은 경험을 하였으며 20명(35.7%)은 경험이 없는 것으로 조사되었다. 그런가 하면 '영리하다'라고 응답한 빈도 비율은 가장 낮게 조사되었다. 따라서 익산지역에 거주하는 주민들은 전라지역에 대한 주된 평가에 있어서 '단결력이 강하다'라는 평가에 높은 빈도비율을 보이고 있으며 대체로 성실하다고 응답하고 있다. 반면에 영리하지는 못하다는 조사 분석의 결과이다.

남원시 전라보기2평가 * 전라보기2경험을 분석한 내용은 전체 응답자 246명 가운데 69명(45.9%)이 '온순하다'라고 응답하였으며 그 가운데 42명(60.9%)은 경험을 가지고 있는 반면 응답자의 27명(39.1%)은 경험이 없는 것으로 나타났다. 그다음으로 높은 빈도를 보이는 것으로는 '성실하다'와 '단결력이 강하다'가 각각 51명(20.7%)로 조사되었다. 반면에 '진취적이다'라는 응답의 결과는 가장 낮은 빈도 16명(6.5%)을 보이고 있다. 따라서 남원지역에 거주하는 주민들은 전라지역에 대한 평가에 있어서 '온순하다'라는 주된 평가를 지니고 있는 것으로 조사되었으나 진취적이지는 못하다는 조사 분석의 결과이다.

상위에서 보는 바와 같이 전라보기2평가 * 전라보기2경험에 대한 전북지역(익산/ 남원) 주민들이 가지고 있는 지역편견을 분석한 내용이다. 전라평가2에 대한 응답한 익산과 남원지역 전체 인원은 534명이며 그 가운데 155명(29.0%)이 '단결력이 강하다'라는 강한 인식을 하고 있으며 특히 익산지역 주민들이 남원지역 주민들보다 전라지역에 대하여 보다 더 '단결력이 강하다'라는 인식을 가지고 있는 것으로 조사되었다. 그다음 높은 빈도를 보이고 있는 것으로는 '온순하다'는 인식으로 118명(22.1%)이 전라지역에 대한 평가를 가지고 있으며 익산지역 주민들이 남원지역 주민들보다 더 전라지역에 대하여 '온순하다'라는 편견을 가진 것으로 조사되었다. 반면에 '진취적이다'라는 응답의 결과는 가장 낮은 빈도를 보이고 있다.

따라서 익산과 남원지역 주민들은 전라지역에 대하여 가지고 있는

주된 평가는 '단결력이 강하다'라는 강한 공통된 인식을 가지고 있는
것으로 조사되었다. 반면에 진취적이지는 못하다는 조사 분석의 결과이
다. 이들 간의 차이를 분석한 조사내용에서 Chi-Square 검증은 유의미
한 차이를 보이지 않고 있다.

〈표 8-12〉 익산 / 남원 충청보기2평가 *충청보기2경험

충청보기2평가		익산 2경험		Total	남원 2경험		Total	익산 / 남원 전체
		있다	없다		있다	없다		
온순하다	Count	42	78	120	18	48	66	186
	% within 충청보기2평가	35.0%	65.0%	100.0%	27.3%	72.7%	100.0%	100.0%
	% within 충청보기2경험	48.3%	39.6%	42.3%	27.7%	26.7%	26.9%	35.0%
	% of Total	14.8%	27.5%	42.3%	7.3%	19.6%	26.9%	35.0%
영리하다	Count	6	17	23	4	13	17	42
	% within 충청보기2평가	26.1%	73.9%	100.0%	23.5%	76.5%	100.0%	100.0%
	% within 충청보기2경험	6.9%	8.6%	8.1%	6.2%	7.2%	6.9%	7.9%
	% of Total	2.1%	6.0%	8.1%	1.6%	5.3%	6.9%	7.9%
의지가 굳다	Count	10	20	30	9	22	31	61
	% within 충청보기2평가	33.3%	66.7%	100.0%	29.0%	71.0%	100.0%	100.0%
	% within 충청보기2경험	11.5%	10.2%	10.6%	13.8%	12.2%	12.7%	11.5%
	% of Total	3.5%	7.0%	10.6%	3.7%	9.0%	12.7%	11.5%
성실하다	Count	14	31	45	23	53	76	121
	% within 충청보기2평가	31.1%	68.9%	100.0%	30.3%	69.7%	100.0%	100.0%
	% within 충청보기2경험	16.1%	15.7%	15.8%	35.4%	29.4%	31.0%	22.8%
	% of Total	4.9%	10.9%	15.8%	9.4%	21.6%	31.0%	22.8%
단결력이 강하다	Count	5	33	38	4	16	20	58
	% within 충청보기2평가	13.2%	86.8%	100.0%	20.0%	80.0%	100.0%	100.0%
	% within 충청보기2경험	5.7%	16.8%	13.4%	6.2%	8.9%	8.2%	10.9%
	% of Total	1.8%	11.6%	13.4%	1.6%	6.5%	8.2%	10.9%
진취적 이다	Count	10	18	28	7	28	35	63
	% within 충청보기2평가	35.7%	64.3%	100.0%	20.0%	80.0%	100.0%	100.0%
	% within 충청보기2경험	11.5%	9.1%	9.9%	10.8%	15.6%	14.3%	11.9%
	% of Total	3.5%	6.3%	9.9%	2.9%	11.4%	14.3%	11.9%
전 체	Count	87	197	284	65	180	245	531
	% within 충청보기2평가	30.6%	69.4%	100.0%	26.5%	73.5%	100.0%	100.0%
	% within 충청보기2경험	100.0%	100.0%	100.0%	100.0%	100.0%	100.0%	100.0%
	% of Total	30.6%	69.4%	100.0%	26.5%	73.5%	100.0%	100.0%
	Chi-Square	.206			.857			.000

상위에서 보는 바와 같이 <표 8-12>는 익산시 충청보기2평가 *충청보기2경험을 분석한 내용이다. 익산지역 주민들의 충청지역에 대한 평가를 보면 전체 응답자 284명 가운데 '온순하다'라고 120명(42.3%)이 응답을 하였으며 그 가운데 42명(35.0%)은 경험을 가지고 있으며 78명(65.0%)은 경험이 없는 것으로 나타났다. 그다음으로는 '성실하다'라고 45명(15.8%)이 응답을 하였으며 그 가운데 14명(31.1%)은 경험을 가지고 있으며 31명(68.9%)은 경험이 없는 것으로 조사되었다. 반면에 '영리하다'는 가장 낮은 빈도비율을 나타내고 있다. 따라서 익산지역에 거주하는 주민들은 충청지역에 대한 주된 평가에 있어서 '온순하다'라는 평가에 높은 응답을 보이고 있으며 또한 응답자 가운데 경험유무에 있어서도 응답자의 많은 수가 경험이 있는 것으로 조사되었다.

남원시 충청보기2평가 *충청보기2경험을 분석한 내용은 전체 응답자 245명 가운데 76명(31.0%)이 '성실하다'고 응답하였으며 그 가운데 23명(30.3%)은 경험을 가지고 있는 반면 응답자의 53명(69.7%)은 경험이 없는 것으로 나타났다. 그다음으로 높은 빈도를 보이는 것으로는 '온순하다'라는 인식으로 66명(26.9%)이 응답하였으며 그 가운데 18명(27.3%)은 경험이 있으며 48명(72.7%)은 경험이 없는 것으로 나타났다. 그런가 하면 '영리하다'라고 응답한 빈도비율이 가장 낮게 조사되었다. 따라서 남원지역에 거주하는 주민들은 충청지역에 대한 평가에 있어서 '성실하다'라는 주된 평가를 지니고 있는 것으로 조사되었으며 다음으로 '온순하다'라고 조사되었다. 그러나 영리하지는 못하다는 조사 분석의 결과가 나왔다.

상위에서 보는 바와 같이 충청보기2평가 *충청보기2경험에 대한 전북지역(익산/남원) 주민들이 가지고 있는 지역편견을 분석한 결과는 다음과 같다. 충청평가2에 대한 응답한 익산과 남원지역 전체 인원은 531명이며 그 가운데 181명(35.0%)이 충청지역에 대하여 가지고 있는 평가는 '온순하다'라는 강한 인식을 하고 있으며 특히 익산지역 주민들이 남원지역 주민들보다 충청지역에 대하여 보다 더 '온순하다'라는 인식을 가지고 있는 것으로 조사되었다. 그다음 높은 빈도를 보이고 있는 것으로는 '성실하다'라는 인식으로 121명(22.8%)이 충청지역에 대한 평가를 가지고 있으며 남원지역 주민들이 익산지역 주민들보다 더 충청지역에 대하여 '성실하다'라는 편견을 가진 것으로 조사되었다. 그러나 '영리하다'라는 응답은 가장 낮은 비도를 보이고 있다.

따라서 충청도 지역주민들에 대한 지역편견에는 '온순하다'와 '성실하다'라는 지역 편견이 있는 반면, 영리하지는 못하다는 조사 분석의 결과이다. 결론적으로 충청도 지역사람들은 온순하고 성실한 반면, 영리하지는 못하다는 조사연구의 결과이다. 이들 간의 차이를 분석한 Chi-Square 검증은 익산과 남원 전체 지역에서 P >0.000으로 유의미한 차이를 보이고 있다는 연구 결과이다.

V. 각 지역출신 자녀의 배우자 만족도

다음은 익산지역과 남원지역에 거주하고 있는 주민들에게 자녀의 배우자에 대한 만족도를 조사한 내용이다. 앞서 분석한 지역적 편견과 호감에 관련하여 작성한 질문이며 응답자들로 하여금 보다 깊이 있는 응답을 얻어내고자 하는 의도에서 작성한 것이다.

먼저 질문으로는 "다른 조건은 동일한 경우, 다음 지역의 출신자가 귀하 자녀의 배우자가 된다면 어떤 생각이 드시겠습니까? 만족스러운 정도에 따라서 매우 불만족스러울 것이다(1)에서 매우 만족스러울 것이다(5)까지의 정도를 표시해 주십시오"라고 하였다. 이에 대하여 각 도별 단위에서의 자녀의 배우자 출신지를 살펴볼 것이다. 가나다순으로 각 지역을 선정하여 강원도, 경기도, 경상도, 서울, 전라도, 충청도 등

6개 지역으로 예를 들었다.

〈 표 8-13〉익산시 주민들의 각 해당 지역도 출신 만족도

지 역		매우 불만		조금 불만		그저 그렇다		조금 만족		매우 만족		전 체	
강원도 출신	익산시	18	6.3%	36	12.5%	186	64.8%	25	8.7%	22	7.7%	287	100%
	남원시	15	6.0%	45	18.0%	145	58.0%	31	12.4%	14	5.6%	250	100%
경기도 출신	익산시	6	2.1%	16	5.6%	174	60.6%	67	23.3%	24	8.4%	287	100%
	남원시	5	2.0%	18	7.2%	140	56.0%	72	28.8%	15	6.0%	250	100%
경상도 출신	익산시	39	13.6%	50	17.4%	151	52.6%	26	9.1%	21	7.3%	287	100%
	남원시	25	10.0%	56	22.4%	122	48.8%	33	13.2%	14	5.6%	250	100%
서울 출신	익산시	6	2.1%	14	4.9%	159	55.4%	64	22.3%	44	15.3%	287	100%
	남원시	7	2.8%	13	5.2%	115	46.0%	79	31.6%	36	14.4%	250	100%
전라도 출신	익산시	14	4.9%	19	6.6%	129	44.9%	79	27.5%	46	16.0%	287	100%
	남원시	3	1.2%	20	8.0%	94	37.6%	78	31.2%	55	22.0	250	100%
충청도 출신	익산시	12	4.2%	22	7.7%	179	62.4%	48	16.7%	26	9.1%	287	100%
	남원시	10	4.0%	28	11.2%	146	58.4%	44	17.6%	22	8.8%	250	100%

위에서 보는 바와 같이 <표 8-13>는 귀하 자녀의 배우자로서 강원
도 출신인 경우에 만족도 분석한 내용이다. 익산지역의 응답자 경우 '그
저 그렇다'라는 중간 정도 입장을 표시한 사람이 186명(64.8%)으로 가
장 높은 빈도를 보이고 있으며 그다음으로는 '조금 불만족스러운 정도'
가 36명(12.5%)으로 나타났다. 따라서 강원도 출신인 경우 익산지역 주
민들은 '그저 그렇다'라고 응답한 중간 정도 입장인 것을 알 수 있다.
그리고 남원지역의 경우에는 '그저 그렇다'라는 정도에 145명(58.0%)이
응답을 하여 가장 높은 빈도를 보이고 있고 '조금 불만족스러운 정도'에
45명(18.0%)이 응답을 하였다. 따라서 익산지역 주민들과 남원지역 주
민들의 경우 자녀의 배우자로 강원도 출신이라면 대부분 중간적인 입장
을 지니고 있다고 말할 수 있다. 결국 익산과 남원지역 주민들은 강원
지역 사람들에 대한 배우자 만족도는 중간적 입장을 갖고 있고 있다.
    상위에서 보는 바와 같이 귀하 자녀의 배우자로서 경기도 출신인 경
우에 만족도 정도를 표시한 분석결과이다. 먼저 익산지역의 응답자 경

우 '그저 그렇다'라는 중간 정도 입장을 표시한 사람이 174명(60.6%)으로 가장 높은 빈도 비율을 보이고 있으며 그다음으로는 '조금 만족스러운 정도'로서 67명(23.3%)을 보이며 '매우 만족스러운 정도'로는 24명(8.4%)을 보이고 있다. 따라서 경기도 출신인 경우 익산지역 주민들은 '그저 그렇다'라고 응답한 인원이 60% 이상으로 나타나고 있으며 대부분 만족 정도를 보이는 것으로 조사결과 나타났다. 그리고 남원지역의 경우에는 '그저 그렇다'라는 정도에 140명(56.0%)이 응답을 하여 가장 높은 빈도비율을 보이며 그다음으로는 '조금 만족스러운 정도'에 72명(28.8%)이 응답을 하였다. 따라서 남원지역 주민들 경우 자녀의 배우자로 경기도 출신이라면 대부분 중간 이상의 입장에 서 있고 어느 정도 만족하는 정도를 지녔다고 분석된다. 두 지역 간 비교에서는 익산과 남원 주민들 간에는 큰 차이를 보이지는 않으며 미미한 수준에서 만족의 정도가 익산보다는 남원이 좀 더 긍정적으로 나타나고 있다.

경상도 출신인 경우에 만족도 정도를 표시한 분석결과이다. 먼저 익산지역의 응답자 경우 '그저 그렇다'라는 중간 정도 입장을 표시한 사람이 151명(52.6%)으로 가장 높은 빈도비율을 보이고 있으며 그다음으로는 '조금 만족스러운 정도'로서 26명(9.1%)이며 '조금 불만족스러운 정도'로는 50명(17.4%)을 보이고 있다. 즉 경상도 출신인 경우 익산지역 주민들은 '그저 그렇다'라고 응답한 중간 정도 입장을 지니고 있는 것으로 조사결과 나타났다. 그리고 남원지역의 경우에는 '그저 그렇다'라는 정도에 122명(48.8%)이 응답을 하여 가장 높은 빈도를 보이며 그다음으로는 '조금 만족스러운 정도'는 33명(13.2%)으로 조사되고 '조금 불만족스러운 정도'는 56명(22.4%)이 응답을 하였다. 따라서 남원지역 주민들 경우 자녀의 배우자로 경상도 출신이라면 대부분 중간적인 입장을 지니고 있는 것을 알 수 있다.

결국 전북지역 주민들 가운데 익산과 남원지역 주민들은 중간적 입장을 보다 많이 가졌으며 만족 정도에 있어서는 익산지역 사람들이 남원지역 사람들보다 미미한 수준에서 약간 만족의 정도가 높게 나타나고 있다.

서울 출신인 경우에 만족도 정도를 표시한 분석결과이다. 먼저 익산지역의 응답자 경우 '그저 그렇다'라는 중간 정도 입장을 표시한 사람이 159명(55.4%)으로 가장 높은 빈도비율을 보이고 있으며 그다음으로는 '조금 만족스러운 정도'로서 64명(22.3%)이며 '매우 만족스러운 정도'로는 44명(15.3%)을 보이고 있다. 즉 서울 출신인 경우 익산지역 주민들은 '그저 그렇다'라고 응답한 중간 정도 이상의 입장을 보이는 반면, 긍정하는 정도는 전체 응답자의 37% 이상의 긍정적 응답을 하였다.

다음 남원지역의 경우에는 '그저 그렇다'라는 정도에 115명(46.0%)이 응답을 하여 가장 높은 빈도를 보이며 그다음으로는 '조금 만족스러운 정도'로서 79명(31.6%)과 '매우 만족스러운 정도'에 36명(14.4%)이 응답을 하였다. 따라서 남원지역 주민들 경우 자녀의 배우자로 서울 출신이라면 대부분 중간적인 입장에 조금 미치지 못하지만 만족 정도 수준은 45% 이상의 비율을 보이고 있다. 결과적으로 남원지역의 사람들은 경상도 지역출신의 배우자 선택문제는 불만족하는 수준은 아주 미미한 수준에서 조사되었다는 분석의 결과이다.

두 지역 간의 비교에서는 익산보다는 남원이 미미한 수준에서 약간 긍정하는 태도를 보이고 있다.

상위에서 보는 바와 같이 <표 8-13>은 귀하 자녀의 배우자로서 전라도 출신인 경우에 만족도 정도를 표시한 분석결과이다. 먼저 익산지역의 응답자 경우 '그저 그렇다'라는 중간 정도 입장을 표시한 사람이 129명(44.9%)으로 가장 높은 빈도를 보이고 있으며 그다음으로는 '조금 만족스러운 정도'로서 79명(27.5%)이며 '매우 만족스러운 정도'로는 46명(16.0%)을 보이고 있다. 그런가 하면 불만족을 표시한 비율도 10% 이상의 결과가 나왔다.

남원지역의 경우에는 '그저 그렇다'라는 정도에 94명(37.6%)이 응답을 하여 가장 높은 빈도를 보이며 그다음으로는 '조금 만족스러운 정도'로서 78명(31.2%)과 '매우 만족스러운 정도'에 55명(22%)이 응답을 하였다. 따라서 남원지역 주민들 경우 자녀의 배우자로 전라도 출신이라면 대부분 중간 이상의 호감을 갖고 있다.

결과적으로 전북지역 주민들 가운데 익산과 남원지역의 주민들은 중간적 입장을 조금 많이 지녔으며 만족 정도에 있어서도 익산지역 사람들보다는 남원지역 사람들보다 조금 더 만족하는 수준이다.

충청도 출신인 경우에 만족도 정도를 표시한 분석결과이다. 먼저 익산지역의 응답자 경우 '그저 그렇다'라는 중간 정도 입장을 표시한 사람이 179명(62.4%)으로 가장 높은 빈도를 보이고 있으며 그다음으로는 '조금 만족스러운 정도'로서 48명(16.7%)이며 '매우 만족스러운 정도'로는 26명(9.1%)을 보이고 있다. 그런가 하면 불만족의 수준도 10% 이상의 결과가 나왔다. 따라서 익산시 주민들은 충청도 사람에 대한 배우자 만족도는 대체로 보통 정도의 응답의 결과가 나왔다.

다음으로 남원지역의 경우에는 '그저 그렇다'라는 정도에 146명(58.4%)이 응답을 하여 가장 높은 빈도를 보이며 그다음으로는 '조금 만족스러운 정도'로서 44명(17.6%)과 '매우 만족스러운 정도'에 22명(8.8%)이 응답을 하였다. 그런가 하면 반대한다는 입장도 15% 이상으로 조사되었다. 따라서 남원지역 주민들 경우 자녀의 배우자로 전라도 출신이라면 대부분 중간적인 입장을 넘어 조금은 만족 정도 수준에 이르고 있는 것을 알 수 있다.

결과적으로 익산과 남원지역 주민들 간의 비교에서 남원지역 사람들보다는 익산지역사람들이 충청도 사람에 대한 배우자 만족도에 대한 반감이 적게 나타나고 있다. 이러한 연구의 결과는 남원보다는 익산이 충청도와 인접해 있고 지형적 조건이 충청도와 관계가 깊은 관계일 것이다. 같은 백제의 문화권에서 전통을 이어 왔고 문화적으로 인접한 이유이기도 하다.

VI. 결 론

그동안 한국사회는 지역문제를 해소하기 위해서 다각적으로 접근하고 연구되어 왔다. 대체로 지역편견의 문제는 정치 제도적 권력문제에서부터 경제적 불평등의 구조적 문제에 이르기까지 다양한 접근을 시도하면서 지역편견의 문제를 해소할 방안을 연구해 왔다. 그러나 이러한 지역 편견 문제는 짧은 시간에 해결되거나 일시적 방책으로 해소되는 문제가 아니다.

전북지역 주민들의 지역편견 설문조사는 다음과 같다. 대체로 젊은 계층보다는 나이든 계층에서 지역 간 편견이 높게 나타났다. 사람들은 연령이 낮을수록 입소문을 수용하는 정도가 커지고 고학력자일수록 편견과 부정성에 토대를 둔 소문을 더욱 쉽게 받아들인다.

대체로 타 지역민들은 호남인에 대한 편견을 '호남인은 과격하다', '신뢰할 수 없다', '이해 타산적이다'라는 등 대체로 부정적 편견을 갖고 있다. 지역민들이 갖는 편견은 지역민 스스로가 갖는 태도와 평가에 의해서 결정된다. 지역민은 자신들의 내부인식과 지역민의 외부인식이 일치하는 결과를 보인다.

지역민에 지역편견의 문제는 각 지역민들에 지역편견에 대한 지역민의 의식의 전환이 필요하다. 즉 자기의 정체성과 타인의 정체성을 각각의 개인에서 찾아야 한다. 특정 지역출신이라는 집단범주화에 근거함으로써 개인이 갖는 차이가 무시되고, 집단의 공통의 가치가 평가절하 되어서는 안 되겠다. 예컨대 전북출신이라는 개인적 행위 및 성격적 특성을 전체 지역민의 행위나 특성에 동일시하는 오류를 범해서는 안 되겠다.

이번 전북지역 중소도시를 대표하는 익산과 남원지역의 지역편견의 조사를 통하여 전북인 각 지역에 대한 지역편견을 구체적으로 알 수 있었다.

참고문헌

고흥화·김현섭. 1976. "한국인의 지역적 편견", 고흥화 편 『자료로 엮은 한국인의 지역감정』, 서울: 성원사.

심복룡 (1996) "한국지역감정의 역사적 배경: 호남 포비아를 중심으로", 한국정치학회 한국정치의 재성찰.

김도종. 2004. 『정치심리학』, 서울: 명지대학교 출판부.

김만흠. 1997. 『한국정치의 재인식』, 서울: 풀빛.

김진국. 1989. "지역감정의 실상과 그 해소 방안", 한국섬라학회 편 『심리학에서 본 지역 감정』, 서울: 성원사.

김진국. 1977. "한국 대학생의 지역적 편견 연구", 『전국 대학생 학술연구 발표논문 2』, 11-40.

김종철. 1991. "지역감정을 어떻게 볼 것인가", 김종철·최장집 외 지음. 『지역감정연구』, 서울: 학민사.

김혜숙. 1988. "지역간 고정관념과 편견의 실상: 세대간 전이가 존재하는가?", 한국심리학회 편 『심리학에서 본 지역감정』, 서울: 성원사.

김혜숙. 2001. "집단범주에 대한 신념과 호감도가 편견적 판단에 미치는 영향: 미국의 성편견, 인종편견과 한국의 성편견, 지역편견의 비교", 『한국심리학회지』제15집 1집 1-16.

나간채. 1991. "지역간의 사회적 거리감", 김종철·최장집 외 지음 『지역감정연구』, 서울: 학민사.

남영신. 1993. 『지역패권주의 연구』, 서울: 학민사.

남영신. 1991. 『지역패권주의 한국』, 서울: 새문사.

박혜자. 1992. 『한국 지역주의에 관한 실증적 연구』, 서울시립대학교 대학원 도행정학과 박사학위논문.

오수성. "지역갈등의 구조와 성격특성", 최협 엮음. 『호남사회의 이해』, 서울: 풀빛.

이갑윤. 1998. 『한국의 선거와 지역주의』, 서울: 오름.

이상현. 2003. "지역감정 회개 특강",

http://nurisarang.net/plus/board.php3?table

   =re_,article&query =view&1 =73&go =0&p =1(검색일:2006. 01. 12).

이진숙. 1959. "8도인의 성격특성에 대한 선입관념", 『사상계』12: 74-87.

조경근. 1987. "정치사회화의 시각에서 본 영호남 간의 지역감정의 실재와 악화 및 그 해소", 한국정치학회 편 『재북미한국인 정치학회 제회 합동학술대회 발표논문』, 107-126.

최영진. 1999. "한국 지역주의 논의의 재검토: 정치적 정체성 개념과 동기부여구조를 중심으로", 『한국정치학회보』, 33(2): 135-155.

최준영·김순흥. 2000. "지역 간 거리감을 통해서 본 지역주의의 실상과 문제점", 『사회연구』1. 53-83.

최 협. 1996. "호남문화론의 모색", 최 협 엮음 『호남사회의 이해』, 서울: 풀빛.

홍기훈. 1996. 『지역주의와 한국정치』. 백산서당.

황태연. 1997. 『지역패권의 나라: 5대 소외지역민과 영남서민의 연대를 위하여』, 서울: 무당미디어.

Allport, G. W. 1954. *The Nature of Perjudice*. Cambridge. Mass.: Addison Wesley.

Ashmore, R. D. & Del Boca, F. K., 1981. Conceptual Approaches to Stereotypes and Stereotyping, in D. L. Hamilton (eel.). Cognitive Processes in Stereotyping Cognitive Processes in Stereotyping and Intergroup Behavior. Hillsdale, N. J.: LEA.

Rosenberg, M. F., 1960. "An Analysis of Affective-Cognitive onsistency", in C. I. Hovland & M.]. Rosenberg (eels.). *Attitude Organization and Change*. New Heaven: Yale Univ.

Stally Brass O., 1997. Stereotype. in A Bullock & Stally Bress (ed). *The Fontana-Dicton Ary Modern Thought*. London: Fontana.

지역사회와 주민참여

03

Ⅰ. 서 론

지방정치에 있어서 주민들의 주민참여 의식의 수준과 행태를 논의하기 위해서는 사회 환경적 변인과 제도적 변인을 결정요인으로 규명해야 하고 나아가 시민의식과 주민참여의 양태를 분석할 필요가 있겠다. 먼저 사회 환경적 변인은 주민 구성원들의 교육의 정도나 직업 그리고 소득의 관계가 정치참여의 결정변인으로 어떻게 작용하는지를 분석하였다. 나아가 주민의 성장지와 현재 거주하는 지역사회는 환경적 결정요인으로 어떻게 작용하고 얼마나 영향을 미치는지를 분석해야 한다.

제도적 변인은 참여의 주체인 주민이 얼마나 적극적으로 정당에 가

---

1) 본 연구는 한국학술진흥재단의 지원을 받아 [지역사회 권력구조와 정치문화]사업으로 연구 조사한 내용이다. 연구내용은 박대식·강경태 편(2005) 『한국 지역사회 주민참여; 배경과 수준』도서출판 오름에서 [제8장 전주사례] 내용이다.

입하고 어떠한 태도를 갖는가에 주목되며, 지역단체에 어떻게 자발적으로 가입하여 활동하고 있는가에 초점이 모아진다. 지역사회 주민들은 정당이나 각종 전문가 단체, 준공공단체와 사회봉사단체, 그리고 학연·지연에 가입하여 어느 정도 적극적으로 활동하는가에 주민의 참여활동을 분석하는 결정요인으로 작용하기 때문이다.

지역사회 주민의식은 지방정치에 대한 관심도와 지식도, 지방정치의 효능감과 지역사회의 기여도를 중점으로 분석해 볼 필요가 있겠다. 먼저 지방정치의 관심도는 지방정치에 대한 주민들의 심리적 기제와 정보획득 방법(즉: 토론, 신문, TV 등)을 분석하고 지방정치의 지식도는 지방의회의원 및 시장의 인식도와 지방정치의 현안문제의 이해도를 분석하였다. 지방정치의 효능감은 정책과정에 대한 효능감과 지방정치인에 대한 인식 수준을 알 수 있도록 하게 한다. 즉 개인의 투표행위가 정책결정에 효과가 있다고 느끼는 감정을 말하며 나아가서 주민 자신의 노력에 의해서 사회 환경을 변화시킬 수 있다는 느낌을 인식하는 연구이다. 지역사회 기여도는 지역사회의 주민들이 지역사회 현안 문제 해결을 위해서 얼마나 적극적으로 노력하는가를 분석할 수 있다. 시민의식은 지역주민 자신이 지역사회에서 성숙한 시민의식으로 어떻게 평가받는가를 알아볼 수 있는 결정요인이다. 즉 지방의원이나 지방행정에 관한 태도의 인식과 지방정치에 관한 문제 그리고 사회문제에 대한 인식의 수준을 측정하여 지역사회에 있어서 시민의식이 어떻게 나타나고 있으며 어떻게 작용하는가를 분석할 필요가 있겠다.

마지막으로 참여유형은 지난 지방선거의 참여유형과 투표권유 그리고 공식·비공식적으로 지역사회의 활동을 얼마나 적극적으로 하는지를 조사하고 지역사회 활동을 하기 위해서 지방의회나 지방의원과 접촉빈도와 집단행동의 참여하는 실태를 분석하였다. 사회 환경적 변인, 제도적 변인, 시민의식 및 주민참여는 <표 8-1>에서 <표 8-14>까지 분석의 결과가 나타나고 있다.

II. 사회 환경적 변인, 제도적 변인, 시민의식 및 주민참여

전주 지역주민의 특성은 남녀의 성비율, 연령 그리고 교육 정도로 구별하여 살펴본 바는 다음과 같다.

〈표 9-1〉성 비율·연령·교육

남녀 성 비율			연 령			교육정도		
	빈도	%		빈도	%		빈도	%
남자 여자 계	116 113 249	46.6 53.4 100	20-29세 30-39세 40-49세 50-59세 60세 이상 계	58 90 60 19 22 249	23.3 36.1 24.1 7.6 8.8 100	초등학교 중학교 고등학교 전문대 대학교 대학원 이상 계	13 12 79 34 102 9 249	5.2 4.8 31.7 13.7 41.0 3.6 100

전주시 주민참여의 설문조사 응답자의 성비는 〈표 9-1〉에서 보는 바와 같다. 전체 249명을 조사하였는데 이 중 남자는 116명(46.6%)이고 여자는 113명(53.4%)이다. 전주시 주민들의 조사 응답자 중에서 남성이 여성보다 더 적극적으로 설문조사에 협조하였던 결과이고 전체적으로 보아서는 남·여 성비율의 차이가 크지 않기 때문에 설문조사의 객관성을 갖는다 하겠다. 따라서 본 설문조사의 분석의 결과도 남·여 간의 빈도비율의 크지 않다고 볼 수 있기 때문에 남·여의 대표성을 동시에 갖는다고 볼 수 있다.

연령조사는 위에서 보는 바와 같이 나타났다. 설문대상자는 만 20세 이상으로 한정하여 조사하였다. 정치에 관심을 두고 활동하는 나이는 민사상 만 20세 이상 되어야 사회 경제인으로 활동할 수 있는 연령이고 투표행위를 할 수 있는 연령에 도달하기 때문이다. 조사 대상에서 가장 높은 빈도비율을 보이는 연령은 30대의 연령으로 90명(36.1%)을 나타내고 있다. 다음으로 60명(24.1%)의 빈도비율을 나타내는 40대이고 비교적 근소한 비율로 나타내는 20대가 58명(23.3%)으로 나타났다. 50대와 60대는 가장 낮은 빈도비율을 보이고 있다. 이번 전주시 주민조사에서 도시계층의 응답자는 대체로 30-40대가 가장 높은 비율을 나타내고 있음을 알 수 있다. 이들은 경제생활의 주체이면서 사회활동에 매우 적극적인 세대들이다. 따라서 적극적 활동의 주체로서 설문 조사에 응답해 주었고 이들의 의견은 전주시의 대표적 사례를 입증할 수 있는 객관성을 갖는다 하겠다.

설문조사 응답자의 교육 정도는 위에서 보는 바와 같다. 요즘 고학력시대를 반영하듯이 대학교 졸업자의 응답비율이 가장 높게 102명(41.0%)으로 나타나고 있다. 다음으로 고등학교가 응답자의 79명(31.7%)으로 나타나고 전문대는 34명(13.7%)의 수준이다. 대학원 이상의 응답자는 불과 9명(3.6%)이고 초등학교 졸업이라고 응답한 비율은 낮은 비율을 보이고 있음을 알 수 있다. 이번 조사에서 응답자의 학력은 대체로 고학력자이라고 할 수 있으며, 이들의 의식수준은 비교적 시민사회의 형성에 기여할 수 있는 고학력자가 많다는 것을 알 수 있다. 전문대 이상의 학력은 전문대와 일반대학과 대학원을 포함한 145명(58.3%)으로 비교적 학력수준은 높게 나타났다.

<표 9-2> 지방정치 관심도

	응답 내용									M	SD
	빈도	%	빈도	%	빈도	%	빈도	%	빈도	%		
심리적 지방정치 관심도	전혀 관심 없음		거의 관심 없음		그저 그러함		약간 관심 있음		많은 관심 있음		3.38	1.12
	17	6.8	41	16.4	57	22.8	101	40.4	34	13.6		
토론을 통한 지방정치 관심도	전혀 토론 하지 않음		매주 한 번 미만		매주 한 번 정도		매주 한 번 이상		매일 토론		1.98	0.97
	93	37.2	94	37.6	38	15.2	24	9.6	1	0.4		

	응답 내용										M	SD
	빈도	%	빈도	%	빈도	%	빈도	%	빈도	%		
신문을 통한 지방정치 관심도	전혀 읽지 않음		매주 한 번 미만		매주 한 번 정도		매주 한 번 이상		매일 읽음		3.02	1.41
	41	16.5	68	27.3	39	15.7	47	18.9	54	21.7		
TV를 통한 지방정치 관심도	전혀 보지 않음		매주 한 번 미만		매주 한 번 정도		매주 한 번 이상		매일 시청		3.52	1.31
	24	9.6	39	15.6	43	17.2	72	28.8	72	28.8		
전 체											2.98	1.20

전주시 주민들의 지방정치문제에 관한 관심도를 조사한 내용은 <표 9 -2>에서 보는 바와 같다. 지역사회 정치문제의 심리적 관심도는 표에서 보는 바와 같이, 비교적 높은 수치를 보이고 있다. 전체 조사대상 주민의 249명 중 34명(13.6%)이 지역사회 정치문제에 관하여 높은 관심을 가지고 있고, '약간 관심 있다'는 101명(40.4%)이 나타나고 있다. '그저 그렇다'는 전체 응답자 중 57명(22.8%)으로 지역사회 정치문제에 별로 관심을 두고 있지 않다고 나타났다. 전주시는 조사대상 주민의 과반수가 지역사회 정치문제에 많은 관심이 있고, 이 중에서 '관심이 많다'라고 반응을 보인 비율은 '전혀 관심이 없다'의 비율보다 두 배 이상 높은 수치를 보이고 있다. 중간적 입장에서 관심을 두지 않은 반응도 전주시 주민의 4명 중 1명은 지역정치에 관심을 두고 있지 않고 있다.

지역사회 정치문제에 관하여 관심을 보여주는 방법에서는 정치문제에 대한 토론빈도, 정치관련 신문기사내용, TV보도 시청 등 분류하여 살펴볼 수 있다. 먼저 정치문제 토론빈도는 표에서 보는 바와 같이, 매일 한 번 토론을 한다고 한 주민은 전체 응답자 중에 1명(0.4%)이고 매주 한 번 이상은 24명(9.6%) 정도로 나타나고 매주 한 번 정도 토론을 한다고 답변한 주민은 38명(15.2%) 정도이다. 그리고 매주 한 번 미만이나 전혀 안한다고 답변한 주민은 187명(74.8%)으로 비교적 높은 수치를 보이고 있는데 이는 아직도 주민들의 정치적 관심도는 높은 반면 토론문화가 정착되어 있지 않음을 보여주고 있다. 정치관련 신문기사 내용을 읽는 빈도에서는 매주 한 번 정도 신문기사를 읽는다고 응답한 주민은 39명 (15.7%)이며, 매주 한 번 이상과 매일 읽는다고 응답한 주민은 101명 (40.6%)으로 비교적 높은 수치를 나타내고 있다. 반면에 전혀 안본다고 응답한 주민도 41명(16.5%)으로 나타나고 있다. 정치관련 TV보도 시청 은 매주 한 번 정도가 43명(17.2%)이며 그 이상으로 매주 한 번 이상과 매일 시청한다는 주민은 144명(57.6%)으로 높은 빈도를 보이고 있다.

〈표 9-3〉 지방정치 지식도

	응답 내용										M	SD
	빈도	%	빈도	%	빈도	%	빈도	%	빈도	%		
지방의회의원 및 시장 지식도	0 명		1 명		2 명		3 명		4 명 이상		2.09	1.32
	30	12.3	61	25.1	59	24.3	43	17.7	50	20.6		
지방정치 현안 이해도	0 가지		1 가지		2 가지		3 가지		4 가지 이상		1.67	1.33
	64	27.1	43	18.2	60	25.4	44	18.6	25	10.6		
전 체											1.88	1.33

주민들의 정치인에 대한 인지도와 정치관련 지식의 수준을 알아보는 내용은 <표 9-3>에서 알 수 있다. 현직 시장 또는 시의원의 이름을 알아보는 내용에서는 '1명 정도 알고 있다'가 전체 응답자 243명 중 61명(25.1%)이고 2명은 59명(24.3%)이고 3명 이상 알고 있다는 수준은 각각 43명(17.7%)으로 나타내고 있다. 그러나 한 명도 알지 못한다고 응답한 주민도 30명(12.3%) 있어 정치인과의 인관관계뿐만 아니라 시 장이나 시의원에 대한 인지도가 전혀 없는 사람들도 적지 않게 있음을 알 수 있다. 지방자치관련 지역사회 현안문제를 묻는 질문에는 전체 응답자 중에서 하나도 알지 못하고 있다고 응답한 주민은 전체 응답자 236명 중에서 64명(27.1%)의 높은 비율을 나타내고 있다. 이는 정치에 관심이 비교적 높은 비율을 나타내는 것과는 대조적으로 지역현안 문 제에 있어서는 구체적인 관심을 갖고 있지 않은 것으로 나타난다.
다음으로 주민들이 지역현안 문제를 2개 정도 알고 있다고 응답한

비율이 60명(25.4%)으로 나타났으며, 1개 또는 3개 정도 알고 있다고 응답한 비율이 각각 43명(18.2%)과 44명(18.6%)으로 나타났다. 따라서 전주 주민들의 지역사회 현안 문제에 있어서는 대체로 1개에서 3개 정도 알고 있다는 비율은 전체 응답자 중에서 147명(62.2%) 정도의 비교적 높은 비율을 나타내고 있다. 보다 구체적으로 4개 이상 알고 있다고 답한 주민은 전체 응답자 중에 25명(10.6%) 정도에 불과하여, 대체로 전주시 주민들은 지역사회 현안문제에 대해서 1개~3개 정도 알고 있다. 여기서 관심의 대상은 현직 시장이나 시의회 의원과 지역사회 관련 현안문제에 대하여 주민이 알고 있는 정도의 질문에 하나도 알지 못한다는 응답의 비율이 지역사회 현안문제에 대한 응답의 비율이 두 배 이상 높게 나타났다. 이것은 전주시 주민들은 전주시장이나 시의회 의원들은 비교적 알고 있는 반면 지역현안 문제에 대해서는 더 많은 주민이 알지 못하고 있다. 그러나 하나에서 셋 정도를 알고 있다는 질문에는 거의 비슷한 수준의 비율을 나타내고 있다.

〈표 9-4〉 지방정치 효능감

	응답 내용										M	SD
	매우 낮음		낮음		중간 수준		높음		매우 높음			
	빈도	%	빈도	%	빈도	%	빈도	%	빈도	%		
지방정치과정 효능감	16	6.4	46	18.5	74	29.7	80	32.1	33	13.3	2.73	1.11
지방정치인 효능감	38	15.3	73	29.3	64	25.7	60	24.1	14	5.6	3.24	1.15
지방정치 이해도	48	19.3	113	45.4	46	18.5	32	12.9	10	4.0	3.63	1.06
전 체											3.20	1.10

전주시 주민의 정치효능감 수준 측정은 <표 9-4>에서 보는 바와 같다. 먼저 전주시 주민을 대상으로 지방정치과정 효능감을 묻는 내용은 지역주민의 발언권을 묻는 내용이다. 지방정치과정에서 발언권 질문에 '중간수준'이라고 답변한 주민은 전체 응답자 249명 중 74명(29.7%)으로 나타났으며, '효능감이 없다'고 응답한 주민은 '높음'과 '매우 높음'을 합

한 113명(45.4%)의 중간수준에 약간 미치지 못하고 있다. 따라서 전주시 주민들은 자신들이 지방자치 과정에서 별로 발언권을 행사하고 있지 못하고 있으며 또한 자신의 발언권이 대체로 없다고 인식하고 있다.

지방정치인 효능감을 묻는 내용에서 시의원과 지방 행정 관료들이 주민의 의견에 관심을 갖고 있겠는가라는 질문에는 '중간수준'은 64명(25.7%)으로 나타났고 '높음'과 '낮음'이 비슷한 수준인 60명(24.1%)과 73명(29.3%)으로 약간 긍정하는 수준을 보이고 있다. 지방행정 공무원이나 시의원들은 주민들의 관심의 대상에서 비교적 높지 않은 인지도를 갖고 있을 것이라는 생각을 갖고 있으며, 주민들 또한 지방자치 실시 이후 자신들의 정치 행정에서의 관심이 대체로 크지 않다는 것을 알 수 있다. 나아가 주민 자신이 정치 행정 관료를 만나려고 할 때는 혼자서는 곤란하고 다른 사람을 통해서 접촉을 하는 경향이 있다.

지방정치 이해도를 묻는 내용은 위의 표에서 보는 바와 같이, 주민들에게 지방정치의 이해 정도의 수준은 전체 응답자 249명 중 '매우 높다'라고 응답한 빈도비율은 10명(4.0%)으로 나타나고 있고 '높음'은 32명(12.9%)으로 자신들이 지방정치를 높게 이해하고 있다고 인지하고 있다. 그러나 주민들의 지방정치 이해도가 낮다고 응답한 빈도비율은 48명(19.3%)과 113명(45.4%)으로 비교적 높게 나타나고 있다. 중간수준이라고 응답한 비율은 46명(18.5%)으로 나타나고 있다. 결국 전주시 주민들은 정치 행정권으로 자신들의 인지도는 낮게 나오는 반면 지방정치의 발언권이나 지방정치의 이해의 수준은 약간 높은 수준을 보이고 있다.

〈표 9-5〉 지역사회 기여감

	응답 내용										M	SD
	매우 낮음		낮음		중간 수준		높음		매우 높음			
	빈도	%	빈도	%	빈도	%	빈도	%	빈도	%		
지역사회 파벌지양감	5	2.0	38	15.2	54	21.6	129	51.6	24	9.6	3.52	0.93
지역정부 책임감	6	2.4	36	14.4	31	12.4	130	52.0	47	18.8	3.70	1.01
지역사회 실제기여감	6	2.4	91	36.4	98	39.2	44	17.6	11	4.4	2.85	0.89
전 체											3.36	0.94

지역사회 기여감을 묻는 내용은 <표 9-5>에서 보는 바와 같다. 지역사회의 문제를 판단할 때, 특정 정당이나 집단에 편들지 않고 중립적인 시각에서 판단하는가에 관한 문제이다. 이는 지난 대통령선거와 총선과정에서 지역적 수준에서 특정정당의 지지성향과는 대조적으로 나타나고 있어 매우 흥미롭다. 또한 특정 집단에 편에 서지 않고 생각하고 행동하는가라는 질문에는 전체 응답자 250명 중 '매우 높음'과 '높음'이 각각 24명(9.6%)과 129명(51.6%)으로 나타나고 있어 주민들의 지역사회 파벌지양감이 높게 나타나고 있다. 이 두 질문의 내용에서 지역주민들은 높은 정치 효능감을 보여주고 있으나 이를 그대로 받아들이기에는 다소 무리가 있다. 지역 문제에 대해서는 주민들의 편견 없는 생각과 행동을 이루고 있으나 사실 과거의 대선과 총선과정에서는 정 반대로 표심이 나타나고 있어, 전주 주민들의 성향이 각기 다르다는 것을 알 수 있다.

다음으로 지역정부의 책임감을 나타나는 위의 표에서 보는 바와 같다. 사회의 복지, 인권, 치안문제는 지방정부가 해결할 문제이지 문제가 개인이 해결할 문제가 아니라는 응답이 높게 나타났다. 지방정부가 해결할 문제라고 응답한 비율은 '매우 높음'과 '높음'이 각각 47명(18.8%)과 130명(52.0%)으로 나타났다. 지역주민들은 70% 이상이 지역사회 복지 문제에 대해서는 지방정부가 책임을 져야 한다고 보고 있다. 지역사회 실제 기여감을 묻는 내용에서 지역사회 일부가 아니라 전체 사회를 위해서 복지가 이루어져야 한다고 응답한 내용은 중간적 입장인 중간수준이 98명(39.2%)으로 가장 높은 비율을 보이고 있으며, 다음으로 '낮음'이 91명(36.4%)이고 '높음'이 44명(17.6%)으로 두 배 이상 높게 나타나고 있다. 따라서 지역사회에서 복지나 인권 등의 문제에서는 지방정부가 해결해야 한다고 생각하면서 지역사회 전체의 복지에 대해서는 기여하고 있지 않다는 부정적인 생각을 갖고 있음을 알 수 있다.

<표 9-6> 시민의식

	빈 도	%
낮은 시민의식	37	15.9
중간 시민의식	155	66.5
높은 시민의식	41	17.6
전 체	233	100

　　전주시민에게 시민의식을 묻는 내용은 <표 9-6>에서 보는 바와 같다. 시민의식을 묻는 내용은 지방의원이나 지방관청에 주민들의 의견이 반영되는 정도와 지방정부 공직자의 접촉수준, 지방정치의 인식 정도 그리고 지역사회의 문제에 대한 정당의 지지도를 전체 비율로 측정한 값을 분석한 내용이다. 전주시민의 시민의식은 '중간 정도'가 가장 높은 155명(66.5%)의 빈도비율을 보이고 있고 '높은 시민의식'은 41명(17.6%)으로 낮은 시민의식 37명(15.9%)보다 조금 높게 나타나고 있다. 전주시민은 지방행정을 인식하는 수준은 중간 정도 나타나고 있음을 알 수 있다.

<표 9-7> 참여유형

		0회		1회		2회		3회 이상		M	SD
		빈도	%	빈도	%	빈도	%	빈도	%		
투표 활동	1998년 지방선거 참여	54	24.2	169	75.8					0.76	0.43
	2002년 지방선거 참여	48	20.3	189	79.7					0.80	0.40
선거 활동	지방선거 시 투표권유	145	58.7	34	13.8	24	9.7	44	17.8	0.87	1.18
	지방선거 시 정치집회참석	187	75.1	35	14.1	17	6.8	10	4.0	0.40	0.79
단체 활동	비공식조직통한 지역사회 활동	203	81.2	28	11.2	11	4.4	8	3.2	0.30	0.70
	공식조직통한 지역사회 활동	219	87.6	17	6.8	6	2.4	8	3.2	0.21	0.64
접촉 활동	지방의회 또는 의원 방문	228	91.2	10	4.0	7	2.8	5	2.0	0.16	0.56
	지방집행기관 또는 관청 방문	227	90.8	14	5.6	5	2.0	4	1.6	0.14	0.51
집단 행동	지방정부 반대 서명 참여	141	56.6	53	21.3	36	14.5	19	7.6	0.73	0.97
	지방정부 항의 집단 시위 참여	220	88.4	12	4.8	7	2.8	10	4.0	0.22	0.69

전주시 주민들의 참여유형은 <표 9-7>에서 보는 바와 같다. 정치참여의 행위 중에서 일반적인 행위라고 할 수 있는 선거의 참여에 관한 조사내용은 선거연령이 되지 못해서 투표를 하지 못하는 경우를 제외하고는 일반 유권자 중에서 투표에 기권하는 경우보다는 투표에 참여하는 참여율이 높다. 1998년 6월 지방선거에서는 실제 투표율은 42% 정도인 데 반하여 주민 응답자 비율은 <표 9-7>에서 보는 바와 같이 169명(75.8%)으로 비교적 높게 나타났다. 특히 지난 2002년 6월 지방선거에 투표에 참여 여부를 묻는 질문에서는 더 큰 차이를 나타나는데, 실제투표율은 42% 정도이었으나 응답자 비율은 2002년 6월 지방선거에서와 같이 189명(79.7%)으로 높게 나타났다. 투표참여 여부를 묻는 질문과 실제 투표참여율과 차이를 보이는 경우는 선진국가에서도 보편적인 현상인데, 주민들은 실제 투표에서는 기권을 하고서 여론조사의 응답에는 참여하였다고 응답하는 과잉응답(over-reporting)현상이 10-20% 정도 있음을 주지해 볼 때 이상한 현상은 아니다. 그럼에도 불구하고 보편적으로 주민들은 본인의 투표참여 여부를 묻는 설문내용에서는 정당히 자신의 의견을 표출하지 못하고 전체적 의미에서 참여하려는 본인들의 의지를 표출하려는 의지를 알 수 있다.

선거활동을 묻는 내용에서는 지방선거 시 투표권유와 지방선거 시 정치집회 참석 여부를 묻는 내용이다. 먼저 투표권유를 묻는 내용에서 '한 번도 없다'라고 응답한 내용이 145명(58.7%)으로 가장 높게 나타나고 있고 '한 번 정도'는 34명(13.8%)이고 '3회 이상'이라고 응답한 응답자는 44명(17.8%)으로 나타나고 있다. 다음으로 지방선거 시 정치집회 참석여부를 묻는 내용은 '한 번도 없다'는 187명(75.1%)으로 나타나고 있고 1회 정도는 35명(14.1%)이고 2회 이상은 17명(6.8%)과 3회 이상 10명(4.0%) 정도이다.

단체 활동을 묻는 내용은 비공식조직을 통한 지역사회활동과 공식조직을 통한 지역사회활동으로 구분하여 조사하였다. 먼저 비공식조직 활동은 '한 번도 없다'라고 응답한 응답자는 203명(81.2%)으로 비교적 높게 나타나고 있다. '한 번 정도'라고 응답한 응답자는 28명(11.2%) 정도이고 2회 이상은 11명(4.4%)과 8명(3.2%) 정도로 나타나고 있다. 다음으로 지역문제를 해결하기 위하여 공식적인 활동을 하고 있다고 한 내용은 '한 번도 없다'가 219명(87.6%)의 높은 비율을 보이고 있으며, '한 번 정도'는 17명(6.8%)으로 낮은 비율을 보이고 있다.

지역사회 문제를 해결하기 위해서 접촉활동을 얼마나 하는가에 질문 내용은 다음과 같다. 먼저 지방의회나 의원을 접촉하는 횟수를 묻는 내용에서 "지방의회나 의원을 직접 만나는가"라는 질문에 대하여 '한 번도 없다'라고 응답한 빈도비율이 228명(91.2%)으로 높게 나타나고 있고 '한 번 정도'라고 응답한 주민은 10명(4.0%)으로 나타나고 있다. 그 외 2회나 3회 이상은 비교적 낮은 비율을 보이고 있어 전주시 주민들은 지방의회나 지방의원을 접촉하는 횟수가 적게 나타나고 있다. 또한 지방 집행기관 또는 관청 방문에 방문하는 정도를 묻는 질문에서 전체 응답자 중에서 227명(90.8%)으로 나타나고 1회 정도는 14명(5.6%)으로 나타나고 있다. 그리고 2회나 3회 정도를 나타내는 회수는 미미한 수준으로 낮은 비율을 보이고 있다. 이와 같이 지방의회나 집행정부를 접촉하는 빈도비율이 비교적 비슷한 양태로 나타나고 있다. 따라서 전주시 주민은 지역문제를 해결하기 위해서 적극적으로 해당 기관을 찾아가서 담당자를 접촉하거나 의견을 교환하거나 거의하는 빈도비율이 저조하다고 분석되었다.

집단행동을 묻는 내용에서는 "지방정부를 반대하는 서명과 지방정부 항의 집단 시위에 참여하는가"에 질문을 하였다. 지방정부에 반대 서명에 참여 여부를 묻는 질문에는 '한 번도 없다'라고 응답한 빈도비율은 141명(56.6%)으로 과반수이고 '한 번 정도'는 53명(21.3%)으로 나타나고 '2회 정도'는 36명(14.5%)으로 분석되었다. 그리고 '3회 이상'도 19명(7.6%)으로 저조한 빈도비율을 보이고 있어 전주시 주민들은 과반수가 한 번도 참여하지 않는 빈도를 보이고 있으나 한 번 정도 참여하고 있다고 응답한 비율도 낮지 않은 비율을 보이고 있어 어느 정도 집단

행동에 참여하고 있음을 알 수 있다. 그리고 지방정부에 항의 또는 집단 시위하는가에 질문내용에서는 전체 응답자 중에서 220명(88.4%)이 한 번도 참여하고 있지 않다고 응답했고 1회 이상이라고 응답한 빈도 비율은 12명(4.8%)으로 나타나고 있으며, 2회 이상은 7명(2.8%)으로 저조한 빈도비율을 보이고 있다. 전주시 주민들은 지방정부에 집단 항의하거나 시위하는 집단행동은 거의 하지 않는 것으로 분석되었다. 극소수의 주민만이 그들의 의견을 관철시키기 위해서 진단행동이 참여하고 있음을 보여주고 있다.

Ⅲ. 사회 환경적 변인별 참여유형

사회 환경적 변인별 참여 유형으로는 주민들의 남·여 성별, 연령별, 교육의 정도, 직업, 소득에 따라 투표, 선거, 단체 활동과 지방의회나 지방행정의 접촉 정도 그리고 얼마나 적극적으로 시위나 단체행동에 참여하였는가를 분석하였다. 나아가 시민의식별 참여유형에 따라 '낮은 시민의식', '중간 시민의식' 그리고 '높은 시민의식'에 따라 각각의 활동유형(투표, 선거, 단체 활동, 접촉, 집단행동 등)이 어떻게 나타나는가를 분석하였다. 사회 환경적 변인별 참여유형은 <표 9-8>에서 <표 9-14>까지 분석의 결과가 나타나고 있다.

<표 9-8> 성별 참여유형

		남 자		여 자		F	유의 수준
		M	SD	M	SD		
투표활동	1998년 지방선거 참여	0.84	0.37	0.69	0.46	26.90	★★★
	2002년 지방선거 참여	0.84	0.36	0.76	0.43	9.92	n.s.
선거활동	지방선거 시 투표권유	1.33	1.85	0.92	1.49	10.35	★
	지방선거 시 정치집회참석	0.63	1.15	0.28	0.70	24.86	★★★
단체 활동	비공식조직통한 지역사회 활동	0.42	0.93	0.27	0.87	4.38	n.s.
	공식조직통한 지역사회 활동	0.39	0.94	0.09	0.43	38.43	★★★
접촉활동	지방의회 또는 의원 방문	0.28	0.82	0.08	0.38	25.02	★★
	지방집행기관 또는 관청 방문	0.26	0.79	0.07	0.31	26.01	★★
집단행동	지방정부 반대 서명 참여	0.80	1.16	0.76	1.07	0.73	n.s.
	지방정부 항의 집단 시위 참여	0.30	0.86	0.21	0.79	2.41	n.s.

* p < .05   ** p < .01   *** p < .001

성별 참여유형은 <표 9-8>에서 보는 바와 같다. 먼저 투표활동은 '98년 지방선거의 경우 M의 값이 남자(0.84%)가 여자(0.69%)보다 높게 나타났고 2002년 지방선거도 남자(0.84%)가 여자(0.76%)보다 높은 참여율을 보이고 있다. 특히 '98년 지방선거에서는 유의도 값(F)이 26.9로 크게 나타나고 있어 이들 간의 차이가 크다고 분석되었다.

선거활동에 있어서는 지방선거 시 투표권유는 남자(1.33%)로 한 번 이상 권유한 결과로 분석되고 여자(0.92%)는 한 번 이하로 비교적 남자보다 소극적인 분석의 결과이다. 정치집회참석에는 M의 값이 남자가 0.63%이고 여자는 0.28%로 아주 저조한 참여율을 보이고 있다. 정치집회 참석은 유의도 값(F)이 24.86으로 나타나고 있어 이들 간의 차이가 크다는 것을 알 수 있다.

단체 활동에서는 비공식적 조직을 통한 활동은 M의 값이 남자가 0.42%이고 여자가 0.27%로 선거활동과 같은 양상의 비율을 보이고 있다. 공식적 조직을 통한 활동에서도 남자는 비공직적 참여와 비슷한 빈도비율을 보이고 있음을 알 수 있다. 다만 여자는 공식적으로 활동을 비공식적으로 더 낮은 비율로 참여하고 있음을 알 수 있다. 공식조직을 통한 지역사회 활동에서 유의도 값(F)이 38.43으로 크게 나타나서 이들 간의 차이가 크다는 분석의 결과이다.

접촉활동은 지방의회와 집행기관을 방문하거나 시의원을 방문하는 질문의 내용이다. 두 가지 질문에 M의 값이 남자는 각각 0.28%과 0.26%으로 거의 한 번도 방문하지 않았다고 응답하고 있으며 여자는 더욱더 낮은 값이 나타나는데 각각 0.08%과 0.07%로 거의 접촉하지 않고 있다고 분석되었다. 진단행동에 있어서는 지방정부의 반대 서명운동이나 집단시위에 관하여 묻는 질문의 내용에서 M의 값은 남자가 각각 0.80%와 0.30%로 반대서명이 약간 높게 나타나고 있으며, 여자는 각각 0.76%와 0.21%로 남자보다 비교적 낮은 비율을 보이고 있으며, 반대 서명보다는 항의 집단시위가 더 낮은 값을 보여주고 있어 전주시 주민들은 대체로 집단행동에 있어서 반대서명이나 항의시위에 적극 참여하지 않고 있을 뿐만 아니라 집단행동 또한 한 번 이내로 한정하여 소극적으로 활동하고 있다는 분석의 결과이다.

〈표 9-9〉 연령별 참여유형

		20-30대		40-50대		60대 이상		F	유의수준
		M	SD	M	SD	M	SD		
투표활동	1998년 지방선거 참여	0.71	0.46	0.78	0.42	0.95	0.21	3.35	★★
	2002년 지방선거 참여	0.77	0.43	0.81	0.40	0.95	0.21	2.13	n.s.
선거활동	지방선거 시 투표권유	0.85	1.45	1.22	1.81	2.45	2.02	9.62	★★★
	지방선거 시 정치집회참석	0.35	0.86	0.37	0.87	1.27	1.39	9.96	★★★
단체 활동	비공식조직통한 지역사회 활동	0.26	0.72	0.47	1.08	0.41	1.22	1.40	n.s.
	공식조직통한 지역사회 활동	0.20	0.71	0.25	0.63	0.32	1.13	0.30	n.s.
접촉활동	지방의회 또는 의원 방문	0.16	0.58	0.18	0.57	0.23	1.07	0.13	n.s.
	지방집행기관 또는 관청 방문	0.18	0.59	0.10	0.38	0.23	1.07	0.58	n.s.
집단행동	지방정부 반대 서명 참여	0.83	1.05	0.76	1.20	0.41	1.10	1.40	n.s.
	지방정부 항의 집단 시위 참여	0.23	0.74	0.30	0.90	0.23	1.07	0.21	n.s.

* p < .05   ** p < .01   *** p < .001

연령별 참여유형의 분석의 결과는 <표 9-9>에서 보는 바와 같다. 먼저 투표활동은 '98년 지방선거의 경우 M의 값이 20-30대가 0.71%이고 40-50대가 0.78%이고 60대 이상은 0.95%로 나타났다. 2002년 지방선거도 20-30대는 0.77%와 40-50대는 0.81%이고 60대 이상은 0.95%로 나이가 많을수록 높은 참여율을 보이고 있다. 특히 '98년 지방선거에서는 유의도 값(F)이 3.35로 약간 크게 나타나고 있어 이들 간의 차이는 미미한 수준에서 차이가 나고 있다는 분석의 결과이다.

선거활동에 있어서는 지방선거 시 투표권유는 M의 값이 20-30대는 0.85%이고 40-50대는 1.22%이고 60대 이상은 2.45%로 나타났다. 지방선거 시 정치집회참석을 묻는 내용에서도 20-30대는 0.35%이고 40-50대는 0.37%이고 60대 이상은 1.27%로 나타나고 있다. 연령이 높을수록 선거활동에 적극적이라는 분석의 결과이다. 유의도 값을 측정하는 F값은 9.62와 9.96으로 각각 크게 나타나고 이들 간의 차이는 크다는 것을 알 수 있다.

단체 활동에서는 비공식적 조직을 통한 활동은 M의 값이 20-30대가 0.26%이고 40-50대가 0.47%이고 60대 이상은 0.41%로 40-50대가 단체 활동에 있어서 비공식적 활동이 비교적 많은 편이다. 공식적 조직을 통한 활동에서도 남자는 비공직적 참여와 비슷한 빈도비율을 보이고 있지만 30-40대에서는 공식적 활동이 비공식적 활동보다 소극적으로 나타나고 있음을 주목할 만하다.

접촉활동은 지방의회와 집행기관을 방문하거나 시의원을 방문하는 질문의 내용이다. 두 가지 질문에 M의 값이 20-30대가 0.16%이고 40-50대가 0.18%이고 60대 이상은 0.23% 거의 한 번도 방문하지 않았다고 응답하고 있으며 지방정부나 관청에 방문도 거의 비슷한 수준으로 나타나고 있다.

집단행동에 있어서는 지방정부의 반대 서명운동이나 집단시위에 관하여 묻는 질문의 내용에서 M의 값은 20-30대가 0.83%이고 40-50대가 0.76%이고 60대 이상은 0.41%으로 나타나고 있다. 반대 서명운동은 20-30대가 비교적 높게 나타나고 있다. 또한 지방정부의 항의 집단 시위는 20-30대가 0.23%이고 40-50대가 0.30%이고 60대 이상은 0.23%으로 거의 미미한 수준으로 낮은 수치를 보여주고 있다. 전주시 주민들은 대체로 집단행동에 있어서 반대서명이나 항의시위에 적극 참여하지 않고 있을 뿐만 아니라 집단행동 또한 한 번 이내로 한정하여 소극적으로 활동하고 있다는 분석의 결과이다.

<표 9-10> 교육별 참여유형

		초등학교		중학교		고등학교		대학교 이상		F	유의수준
		M	SD	M	SD	M	SD	M	SD		
투표활동	1998년 지방선거 참여	0.92	0.28	0.67	0.49	0.82	0.39	0.71	0.46	1.81	n.s.
	2002년 지방선거 참여	0.92	0.28	0.75	0.45	0.80	0.40	0.79	0.41	0.51	n.s.
선거활동	지방선거 시 투표권유	1.85	2.04	1.92	2.11	1.10	1.72	0.98	1.56	2.08	*
	지방선거 시 정치집회참석	0.77	1.17	0.67	1.07	0.33	0.82	0.45	0.99	1.08	n.s.
단체활동	비공식조직통한 지역사회 활동	0.31	0.86	0.50	1.45	0.24	0.87	0.39	0.88	0.58	n.s.
	공식조직통한 지역사회 활동	0.15	0.56	0.08	0.29	0.23	0.80	0.25	0.73	0.24	n.s.
접촉활동	지방의회 또는 의원 방문	0.00	0.00	0.42	1.00	0.14	0.64	0.18	0.62	1.00	n.s.
	지방집행기관 또는 관청 방문	0.00	0.00	0.25	0.87	0.19	0.74	0.14	0.50	0.50	n.s.
집단행동	지방정부 반대 서명 참여	0.08	0.28	0.33	0.65	0.67	1.09	0.93	1.16	3.68	***
	지방정부 항의 집단 시위 참여	0.00	0.00	0.00	0.00	0.00	1.02	0.28	0.77	0.88	n.s.

* P < .05   ** P < .01   *** P < .001

교육별 참여유형 분석결과는 <표 9-10>에서 보는 바와 같다. 투표활동은 '98년 지방선거의 경우 M의 값이 초등 졸이 0.92%이고 중등 졸은 0.67%이고 고등학교 졸은 0.82%, 대학교 이상은 0.71%로 나타났다. 2002년 지방선거도 M의 값이 초등 졸이 0.92%이고 중학교 졸은 0.75%이고 고등학교 졸은 0.80%, 대학교 이상은 0.79%로 초등 졸이 가장 높은 M의 값을 보이고 있으나 대체로 비슷한 비율 값을 보이고 있다. 특히 '98년도 지방선거와 2002년 지방선거의 투표활동이 큰 차이를 보이고 있지 않고 미미한 수준으로 분석 결과이다.

선거활동에 있어서는 지방선거 시 투표권유는 M의 값이 초등 졸이 1.85%이고 중학교 졸은 1.92%이고 고등학교 졸은 1.10%, 대학교 이상은 0.98%으로 한 번 이상 권유한 결과로 분석되고 중졸이 가장 높은 비율로 나타나고 있다. 정치집회 참석은 M의 값이 초등 졸이 0.77%이고 중학교 졸은 0.67%이고 고등학교 졸은 0.33%, 대학교 이상은 0.45%로 나타나고 있어 대체로 한 번 이하로 참석하는 수준이고 이 중에서도 고등 졸이 가장 낮은 값을 보여주고 있다. 이들 간의 유의도 값(F)은 미미한 수준에서 분석되고 있다.

단체 활동에서는 비공식적 조직을 통한 활동은 M의 값이 초등 졸이 0.31%이고 중학교 졸은 0.50%이고 고등학교 졸은 0.24%, 대학교 이상은 0.39%로 대체로 한 번 이하로 나타나고 있으며 이들 간의 유의도 값(F)도 미미한 수준이다. 공식적 조직을 통한 활동에서도 비공직적 참여와 비슷한 빈도비율을 보이고 있음을 알 수 있다. 이들 간의 유의도 값(F)도 역시 비슷한 수준에서 분석되었다.

접촉활동은 지방의회와 집행기관을 방문하거나 시의원을 방문하는 질문의 내용이다. 두 가지 질문에 M의 값이 초등 졸이 0.00%이고 중학교 졸은 0.42%이고 고등학교 졸은 0.14%, 대학교 이상은 0.18% 거의 한 번도 방문하지 않았다고 응답하고 있으며 지방 집행기관 방문 여부를 묻는 설문에도 거의 비슷한 수준에서 설문 분석의 결과가 나타났다. 이들 간의 유의도 값(F)도 미미한 수준에서 분석결과가 나타났다.

집단행동에 있어서는 지방정부의 반대 서명운동이나 집단시위에 관하여 묻는 질문의 내용에서 M의 값은 초등 졸이 0.08%이고 중학교 졸은 0.33%이고 고등학교 졸은 0.67%, 대학교 이상은 0.93% 반대서명도 약간 낮게 나타나고 있으며, 초등 졸은 전무하고 대졸 이상이 가장 높은 값이 나타났다. 이들 간의 유의도 값(F)은 3.68로 참여 유형별로 가장 높게 나타나고 있다. 서명보다는 항의 집단시위가 더 낮은 M의 값을 보여주고 있어 전주시 주민들은 대체로 집단행동에 있어서 반대서명이나 항의시위에 적극 참여하지 않고 있을 뿐만 아니라 집단행동 또한 한 번 이내로 한정하여 소극적으로 활동하고 있다는 분석의 결과이다. 이러한 분석의 결과는 전주시의 행정이 주민들로 하여금 접촉활동을 유발시키지 않을 만큼 민주적이라는 반증이기도 하지만 주민들의 공식적 참여의 문제에 있어서 참여하기를 꺼려하는 경향이 앞서기 때문이기도 하다.

〈표 9-11〉 직업별 참여유형

		하위직업		상위직업		주 부		학 생		F	유의 수준
		M	SD	M	SD	M	SD	M	SD		
투표 활동	1998년 지방선거 참여	0.83	0.37	0.75	0.45	0.65	0.48	0.57	0.54	2.94	★★
	2002년 지방선거 참여	0.80	0.40	0.88	0.33	0.84	0.37	0.62	0.51	1.41	n.s.
선거 활동	지방선거 시 투표권유	1.13	1.70	1.71	1.96	0.87	1.43	0.25	0.68	3.40	★★
	지방선거 시 정치집회참석	0.53	1.10	0.65	1.12	0.31	0.64	0.13	0.34	1.98	n.s.
단체 활동	비공식조직통한 지역사회활동	0.40	0.89	0.41	0.94	0.33	1.02	0.08	0.28	0.88	n.s.
	공식조직통한 지역사회 활동	0.32	0.88	0.41	0.94	0.13	0.49	0.17	0.64	1.24	n.s.
접촉 활동	지방의회 또는 의원 방문	0.21	0.78	0.35	0.70	0.11	0.48	0.13	0.34	0.76	n.s.
	지방집행기관 또는 관청 방문	0.22	0.77	0.41	0.80	0.06	0.24	0.04	0.20	2.09	n.s.
집단 행동	지방정부 반대 서명 참여	0.81	1.04	1.71	1.49	0.67	1.14	0.63	0.92	4.32	★★★
	지방정부 항의 집단 시위 참여	0.31	0.88	0.53	0.94	0.23	0.90	0.00	0.00	1.49	n.s.

* P〈.05   ** P〈.01   *** P〈.001

직업별 참여유형별 분석결과는 <표 9-11>에서 보는 바와 같다. 투표활동은 '98년 지방선거의 경우 M의 값이 하위직업은 0.83%이고 상위직업은 0.75%이고 주부는 0.65%, 학생은 0.57%로 나타났다. 2002년 지방선거도 M의 값이 하위직업은 0.80%이고 상위직업은 0.88%이고 주부는 0.84%, 대학교 이상은 0.62%으로 상위 직업이 가장 높은 M의 값이 나타나고 있다. 특히 '98년도 지방선거와 2002년 지방선거의 투표활동이 큰 차이를 보이고 있지 않고 미미한 수준으로 분석 결과이다.

선거활동에서 지방선거 시 투표권유는 M의 값이 하위직업은 1.13%이고 상위직업은 1.71%이고 주부는 0.87%, 학생은 0.25%로 하위 직업과 상위 직업은 한 번 이하 권유한 결과로 분석되고 주부와 학생은 그 이하로 분석되었다. 정치 집회 참석은 M의 값이 하위직업은 0.53%이고 상위직업은 0.65%이고 주부는 0.31%, 학생은 0.13%로 나타나고 있어 대체로 한 번 이하로 참석하는 수준이고 이 중에서도 학생이 가장 낮은 값을 보여주고 있다. 이들 간의 유의도 값(F)은 미미한 수준에서 분석되고 있다.

단체 활동에서는 비공식적 조직을 통한 활동은 M의 값이 하위직업은 0.40%이고 상위직업은 0.41%이고 주부는 0.33%, 학생은 0.08%로 한 번 이하로 나타나고 있으며, 이들 간의 유의도 값(F)도 미미한 수준이다. 공식적 조직을 통한 활동에서도 비공직적 참여와 비슷한 빈도비율을 보이고 있음을 알 수 있다. 이들 간의 유의도 값(F)도 역시 비슷한 수준에서 분석되었다.

접촉활동은 지방의회와 집행기관을 방문하거나 시의원을 방문하는 질문의 내용이다. 두 가지 질문에 M의 값이 하위직업은 0.21%이고 상위직업은 0.35%이고 주부는 0.11%, 학생은 0.13%으로 거의 한 번도 방문하지 않았다고 응답하고 있으며 지방 집행기관 방문 여부를 묻는 설문에도 거의 비슷한 수준에서 설문 분석의 결과가 나타났다. 이들 간의 유의도 값(F)도 미미한 수준에서 분석결과가 나타났다.

집단행동에 있어서는 지방정부의 반대 서명운동이나 집단시위에 관하여 묻는 질문의 내용에서 M의 값은 하위직업은 0.81%이고 상위직업은 1.71%이고 주부는 0.67%, 학생은 0.63%로 상위 직업이 가장 높은 값을 보이고 있으며 나머지 하위직업과 주부, 학생은 낮은 값을 보이고 있다. 이들 간의 유의도 값(F)은 4.32로 직업별 참여 유형별로 가장 높게 나타나고 있다. 서명보다는 항의 집단시위가 더 낮은 M의 값을 하위직업은 0.31%과 상위직업은 0.53%이고 주부는 0.23%, 학생은 0.00%로 나타나고 있다. 상위직업은 서명운동에는 적극적이지만 시위 참여에는 '소극적이다'는 분석의 결과이다. 그런가 하면 학생은 시위참여의 집단행동에는 응답자가 전무하다는 분석의 결과이다.

〈표 9-12〉 소득별 참여유형

		하위소득		중위소득		상위소득		F	유의수준
		M	SD	M	SD	M	SD		
투표활동	1998년 지방선거 참여	0.74	0.44	0.75	0.43	0.80	0.41	0.22	n.s.
	2002년 지방선거 참여	0.84	0.37	0.80	0.40	0.70	0.43	0.43	n.s.
선거활동	지방선거 시 투표권유	1.03	1.61	1.08	1.65	1.45	1.93	0.92	n.s.
	지방선거 시 정치집회참석	0.50	1.02	0.43	0.98	0.41	0.77	0.16	n.s.
단체활동	비공식조직통한 지역사회 활동	0.33	0.94	0.34	0.88	0.39	0.97	0.06	n.s.
	공식조직통한 지역사회 활동	0.24	0.82	0.21	0.71	0.29	0.68	0.21	n.s.
접촉활동	지방의회 또는 의원 방문	0.20	0.73	0.14	0.52	0.22	0.79	0.33	n.s.
	지방집행기관 또는 관청 방문	0.20	0.79	0.13	0.40	0.20	0.75	0.43	n.s.
집단행동	지방정부 반대 서명 참여	0.69	1.11	0.82	1.12	0.85	1.09	0.43	n.s.
	지방정부 항의 집단 시위 참여	0.24	0.92	0.25	0.75	0.29	0.90	0.05	n.s.

* $P < .05$ ** $P < .01$ *** $P < .001$

소득별 참여유형별 분석결과는 〈표 9-12〉에서 보는 바와 같다. 투표활동은 '98년 지방선거의 경우 M의 값이 하위소득은 0.74%로 중위소득은 0.75%, 상위소득은 0.80%로 나타났다. 2002년 지방선거도 M의 값이 하위소득은 0.84%로 중위소득은 0.80%, 상위소득은 0.70%로 나타나고 있다. 이들 간의 유의도 값(F)도 미미한 수준에서 차이가 나타나지 않고 있다.

선거활동에 있어서는 지방선거 시 투표권유는 M의 값이 하위소득은 1.03%로 중위소득은 1.08%, 상위소득은 1.45% 한 번 이상 권유한 결과로 분석되고 상위소득이 가장 높은 비율로 나타나고 있다. 지방선거 시 정치집회 참석은 M의 값이 하위소득은 0.50%로 중위소득은 0.43%, 상위소득은 0.98% 나타나고 있어 대체로 한 번 이하로 참석하는 수준이고 이들 간의 유의도 값(F)은 미미한 수준에서 분석되고 있다.

단체 활동에서는 비공식적 조직을 통한 활동은 M의 값이 하위소득은 0.33%로 중위소득은 0.34%, 상위소득은 0.39% 대체로 한 번 이하로 저조하게 나타나고 있으며 이들 간의 유의도 값(F)도 미미한 수준이다. 공식적 조직을 통한 활동에서도 비공식적 참여와 비교하여 비교적 낮은 비율을 보이고 있다. 이들 간의 유의도 값(F)도 역시 비슷한 수준에서 미미한 수준으로 분석되었다.

접촉활동은 지방의회와 의원 방문과 집행기관을 방문하는 질문의 내용이다. 두 가지 질문에 M의 값이 하위소득은 0.20%로 중위소득은 0.14%, 상위소득은 0.22% 거의 한 번도 방문하지 않았다고 응답하고 있으며 지방 집행기관 방문 여부를 묻는 설문에도 거의 비슷한 수준에서 약간 높은 설문 분석의 결과가 나타났다. 이들 간의 유의도 값(F)도 미미한 수준에서 분석결과가 나타났다.

집단행동에 있어서는 지방정부의 반대 서명운동이나 집단시위에 관하여 묻는 질문의 내용에서 M의 값은 하위소득은 0.69%로 중위소득은 0.82%, 상위소득은 0.85% 반대서명도 약간 낮게 나타나고 있으며, 이들 간의 유의도 값(F)은 0.43으로 참여 유형별로 크지 않다. 서명보다는 항의 집단시위가 더 낮은 M의 값을 보여주고 있어 전주시 주민들은 대체로 집단행동에 있어서 반대서명이나 항의시위에 적극 참여하지 않고 있을 뿐만 아니라 집단행동 또한 한 번 이내로 한정하여 소극적으로 활동하고 있다는 분석의 결과이다.

〈표 9-13〉 교육, 직업 및 소득별 시민의식

변 수	변수 값	M	SD	F	유의수준
교 육	초등학교	3.92	2.02	7.47	★★★
	중학교	5.64	1.91		
	고등학교	5.62	2.34		
	대학교 이상	6.61	2.28		
직 업	하위직업	6.22	2.36	1.00	n.s.
	상위직업	6.59	2.35		
	주 부	6.07	2.23		
	학 생	5.41	2.28		
소 득	하위소득	5.28	2.58	6.21	★★★
	중위소득	6.52	2.22		
	상위소득	6.28	2.19		

* $p < .05$ ** $p < .01$ *** $p < .001$

교육, 직업 및 소득별 시민의식은 <표 9-13>에서 보는 바와 같다. 전주시 주민의 시민의식을 묻는 질문의 내용은 4가지 기준을 선정하였다. 1) 지방의원이나 지방행정 공무원들은 주민의 의견을 얼마나 관심을 두고 있는가? 2) 주민이 지방 행정공무원을 접촉하기 위해서는 직접적으로 접촉할 수 없고 다른 사람을 통해서만이 가능하다. 3) 주민들이 생각할 때 지방정치란 매우 복잡하고 어려운 것이기 때문이 주민들은 이해할 수 없을 것이다. 4) 주민들이 지역사회의 문제를 대할 때 얼마나 정당의 이해관계를 떠나서 행동하는가? 이상의 4가지 질문을 내용을 변수 값으로 설정하고 M의 값과 표준편차, 유의도(F) 값을 분석하였다.

먼저 교육의 변수에서는 초졸은 M의 값이 3.92%이고 대졸 이상은 M의 값은 6.61%으로 나타났다. 전체 평균 M의 값이 5.81%일 때 중졸과 고졸은 평균값보다 약간 저조하고 대졸은 높게 나타났다. 이들 간의 유의도 값(F)은 7.74로 크게 나타나고 있어 이들 간의 의견의 차이는 크다는 분석의 결과이다. 직업적으로 시민의식의 변수 값은 상·하위직에서 주부, 학생의 M의 값은 각각 하위직업(6.22%), 상위직업(6.59%), 주부(6.07%), 학생(5.41%)으로 나타났다. 이들 간의 유의도 값(F)은 1.00으로 나타나고 있어 의견의 차이는 거의 없는 것으로 나타난다. 소득수준에 따른 시민의식을 묻는 내용에서는 상·중·하위 수준으로 분류하여 분석한 결과 이들 간의 M의 값은 각각 하위(5.28%), 중위(6.52%), 상위(6.28%)로 나타났고 이들 간의 유의도 값(F)은 6.21로 나타나고 있어 의견의 차이가 크다고 분석되었다.

따라서 전주시 주민들의 시민의식의 수준을 묻는 내용에서는 교육과 소득에 따라서 의견의 차이가 크게 나타나고 있으며 직업적 관계에 따라서는 주민들 간의 의견의 차이가 크지 않다는 연구 분석의 결과이다.

〈표 9-14〉 시민의식별 참여유형

		낮은 시민의식		중간 시민의식		높은 시민의식		F	유의 수준
		M	SD	M	SD	M	SD		
투표 활동	1998년 지방선거 참여	0.72	0.46	0.73	0.44	0.85	0.36	1.36	n.s.
	2002년 지방선거 참여	0.82	0.39	0.78	0.41	0.90	0.30	1.51	n.s.
선거 활동	지방선거 시 투표권유	0.97	1.56	0.95	1.57	2.00	2.00	6.70	★★★
	지방선거 시 정치집회참석	0.54	0.90	0.36	0.87	0.76	1.32	2.87	★
단체 활동	비공식조직통한 지역사회 활동	0.19	0.52	0.27	0.75	0.85	1.51	7.55	★★★
	공식조직통한 지역사회 활동	0.16	0.60	0.19	0.59	0.51	1.23	3.24	★★
접촉 활동	지방의회 또는 의원 방문	0.11	0.32	0.17	0.62	0.29	0.93	0.87	n.s.
	지방집행기관 또는 관청 방문	0.14	0.59	0.15	0.54	0.24	0.86	0.40	n.s.
집단 행동	지방정부 반대 서명 참여	0.30	0.66	0.81	1.10	1.15	1.37	5.94	★★★
	지방정부 항의 집단 시위 참여	0.14	0.67	0.25	0.81	0.46	1.08	1.62	n.s.

* $p < .05$ 　** $p < .01$ 　*** $p < .001$

　시민의식별 참여유형은 <표 9-14>에서 보는 바와 같다. 투표활동은 '98년 지방선거의 경우 M의 값이 낮은 시민의식은 0.72%이고 중간 시민의식은 0.73%이고 높은 시민의식은 0.85%로 평균적으로 낮은 값이 나타나고 있다. 2002년 지방선거도 M의 값이 낮은 시민의식은 0.82%이고 중간시민의식은 0.78%이고 높은 시민의식은 0.90%로 2002년 지방선거 참여율이 비교적 약간 높게 나타난다고 분석되었다. 이들 간의 유의도 값(F)은 미미한 수준이다.

　선거활동에서 지방선거 시 투표권유는 M의 값이 낮은 시민의식은 0.97%이고 중간시민의식은 0.95%이고 높은 시민의식은 2.00%로 높은 시민의식을 갖는 주민이 지방선거 시 투표를 권유하고 있다고 응답하였다. 이들 간의 유의도 값(F)은 크다고 분석결과가 나왔다. 정치 집회 참석은 M의 값이 낮은 시민의식은 0.54%이고 중간시민의식은 0.36%이고 높은 시민의식은 0.76%으로 나타나고 있어 대체로 한 번 이하로 참석하는 수준이고 이 중에서도 높은 시민의식을 갖고 있는 주민이 비교적 높은 비율을 보여주고 있다. 이들 간의 유의도 값(F)은 미미한 수준에서 분석되고 있다.

　단체 활동에서는 비공식적 조직을 통한 활동은 M의 값이 낮은 시민의식은 0.19%이고 중간 시민의식은 0.27%이고 높은 시민의식은 0.85%로 한 번 이하로 나타나고 있으며, 이들 간의 유의도 값(F)도 가장 크게 7.55%로 나타났다. 공식적 조직을 통한 활동에서도 낮은 시민의식은 0.16%이고 중간 시민의식은 0.19%이고 높은 시민의식은 0.51%로 비교적 저조한 비율이 나타나고 있으며 이들 간의 유의도 값(F)도 약간 크다고 분석되었다.

접촉활동은 지방의회와 집행기관을 방문하거나 시의원을 방문하는 질문의 내용이다. 두 가지 질문에 M의 값이 낮은 시민의식은 0.11%이고 중간 시민의식은 0.17%이고 높은 시민의식은 0.29%로 거의 한 번도 방문하지 않았다고 응답하고 있으며 시민의식이 낮을수록 지방의회를 방문하는 횟수가 낮게 나타나고 있다. 지방 집행기관 방문 여부를 묻는 설문에도 거의 비슷한 수준에서 설문 분석의 결과가 나타났다. 이들 간의 유의도 값(F)도 미미한 수준에서 분석결과가 나타났다.

집단행동에 있어서는 지방정부의 반대 서명운동이나 집단시위에 관하여 묻는 질문의 내용에서 M의 값은 낮은 시민의식은 0.30%이고 중간 시민의식은 0.81%이고 높은 시민의식은 1.15%로 시민의식이 높을수록 지방정부에 반대서명을 하거나 참여하는 양태를 보여주고 있다. 이들 간의 유의도 값(F)은 5.94로 시민의식별 지방정부에 반대서명하거나 참여하는 차이가 크다는 분석의 결과이다. 서명보다는 항의 집단시위의 M의 값은 비교적 낮은 분석의 결과이다.

Ⅳ. 제도적 변인별 참여유형

제도적 변인별 참여유형으로는 자발적 가입단체별 참여유형과 성장지

지역사회별 참여유형과 정당관여도별 참여유형을 세분하여 조사하였다. 먼저 자발적 가입단체별 참여유형은 투표나 선거활동을 하기 위해서 얼마나 사회단체에 참여하여 활동하고 있는가를 조사하였다. 성장지 지역사회별 참여유형은 서울과 5대 광역도시, 중·소도시 그리고 도시변두리와 농어촌지역을 기준으로 성장지와 현거주지와의 사회 환경의 결정요인을 중심으로 어떠한 상관관계를 갖는가를 분석하였다. 마지막으로 정당관여도별 참여유형에서는 여당의 입장과 정당을 초월한 입장 그리고 야당의 입장을 결정요인으로 투표, 선거, 단체 활동 그리고 접촉과 집단행동의 참여유형을 조사 분석했다. 이러한 제도적 변인별 참여유형은 <표 9-15>에서 <표 9-17>까지 분석의 결과가 나타나고 있다.

<표 9-15> 자발적 가입단체별 참여유형

		가입단체 없음		1개 단체가입		2개 이상 단체가입		F	유의 수준
		M	SD	M	SD	M	SD		
투표 활동	1998년 지방선거 참여	0.71	0.45	0.74	0.44	0.87	0.34	2.30	★
	2002년 지방선거 참여	0.73	0.45	0.86	0.35	0.86	0.35	3.04	★★
단체 활동	비공식조직통한 지역사회 활동	0.21	0.75	0.22	0.61	0.78	1.33	8.49	★★★
	공식조직통한 지역사회 활동	0.12	0.53	0.07	0.25	0.69	1.24	14.09	★★★
접촉 활동	지방의회 또는 의원 방문	0.10	0.47	0.05	0.22	0.43	1.06	6.67	★★★
	지방집행기관 또는 관청 방문	0.06	0.35	0.10	0.35	0.41	1.00	7.45	★★★
집단 행동	지방정부 반대 서명 참여	0.46	0.85	0.80	0.99	1.55	1.45	20.12	★★★
	지방정부 항의 집단 시위 참여	0.13	0.58	0.12	0.49	0.76	1.37	12.71	★★★

* p < .05   ** p < .01   *** p < .001

전주시 주민들이 자발적 가입단체를 알아보는 내용은 <표 9-15>에서 볼 수 있다. 지역사회의 단체종류는 정당, 노동조합과 협동조합 등 상공단체와 자문기관, 사회봉사단체, 시민단체, 친족, 학연 등 각종사회단체를 총괄하는 종류를 말하고 있다.

자발적 가입단체별 참여유형은 <표 9-15>에서 보는 바와 같이 '98

년 지방선거의 경우 "한 번도 가입한 사실이 없다"가 M의 값 0.71%로 나타나고 1개 단체가입이 0.74%이고 2개 이상이라고 응답한 주민은 0.87%로 나타나고 있다. 2002년의 지방선거에서도 '98년도와 비슷한 수준으로 M의 값이 0.73%, 0.86%, 0.86%로 나타나고 있다. 이들 간의 유의도 값(F)은 미미한 수준으로 크지 않다고 분석된다.

선거활동에서 지방선거 시 투표권유는 자발적 가입단체별 참여유형에서 M의 값은 '가입단체 없음' 0.80%이고 1개 단체가입 0.92%이고 두 개 이상 단체가입은 2.02%로 나타났다. 이들 간의 유의도 값(F)은 10.86으로 크다고 분석결과가 나왔다. 정치 집회 참석은 M의 값이 가입단체 없음은 0.31%이고 1개 단체가입은 0.30%이고 높은 2개 이상은 0.86%로 나타나고 있어 대체로 한 번 이하로 가입하고 있는 수준이고 이 중에서도 비교적 높은 비율을 보여주고 있다. 이들 간의 유의도 값(F)은 7.19로 대체로 크게 나타나고 있다.

단체 활동에서는 비공식적 조직을 통한 활동에서 자발적 가입단체별 참여유형은 '가입단체 없음'이 M의 값이 낮은 0.21%이고 1개 단체가입 0.22%이고 2개 이상은 0.78%로 나타났다. 이들 간의 유의도 값(F)도 가장 크게 8.49로 크다고 나타났다. 공식적 조직을 통한 활동에서도 가입단체 없음 0.12%이고 1개 단체가입은 0.07%이고 2개 이상 단체가입은 0.69%로 비교적 저조한 비율이 나타나고 있으며 이들 간의 유의도 값(F)도 14.09로 크다고 분석되었다.

접촉활동은 지방의회와 집행기관을 방문하거나 시의원을 방문하는 질문의 내용이다. 두 가지 질문에 M의 값이 한 번 이하는 0.10%이고 1개 단체 가입은 0.05%이고 2번 이상은 0.43%로 가입했다고 응답했다. 집행기관 방문은 한 번 이하는 0.06%, 1개 단체가입은 0.10%, 두 개 이상은 0.41%로 나타났다. 이들 간의 유의도 값은 7.45%로 비교적 크다고 나타났다.

집단행동에 있어서는 지방정부의 반대 서명운동이나 집단시위에 관하여 묻는 질문의 내용에서 M의 값은 '한 번도 가입하지 않았다'가

0.46%이고 단체가입 1개는 0.80%이고 단체가입 2개는 1.55%로 나타났다. 이들 간의 유의도 값(F)은 20.12로 가장 크게 나타났다. 따라서 이들 간의 시민의식별 지방정부에 반대서명하거나 참여하는 차이가 크다는 분석의 결과이다. 서명보다는 항의 집단시위의 M의 값은 한 번 이하는 0.13%이고 단체가입 1개는 0.12%이고 단체가입 2개 이상은 0.76%이다. 이들 간의 유의도 값은 12.71%로 대체로 크다고 분석된다.

〈표 9-16〉 성장지역사회별 참여유형

		서울		5대 광역시		중소도시		읍·도 시변두리		농어촌 지역		F	유의 수준
		M	SD	M	SD	M	SD	M	SD	M	SD		
투표 활동	1998년 지방선거 참여	0.50	0.55	0.70	0.48	0.77	0.42	0.80	0.41	0.75	0.44	0.69	n.s.
	2002년 지방선거 참여	0.67	0.52	0.75	0.45	0.79	0.41	0.81	0.40	0.83	0.38	0.33	n.s.
선거 활동	지방선거 시 투표권유	1.00	1.83	0.36	1.34	1.38	1.91	0.86	1.46	0.92	1.34	1.90	n.s.
	지방선거 시 정치집회참석	0.29	0.49	0.29	1.07	0.53	1.08	0.46	0.88	0.33	0.75	0.68	n.s.
단체 활동	비공식조직통한 지역사회활동	0.43	0.54	0.21	0.80	0.40	0.97	0.18	0.48	0.33	0.95	0.43	n.s.
	공식조직통한 지역사회 활동	0.14	0.38	0.21	0.80	0.32	0.92	0.18	0.48	0.11	0.39	1.07	n.s.
접촉 활동	지방의회 또는 의원 방문	0.00	0.00	0.14	0.54	0.21	0.74	0.14	0.45	0.13	0.54	0.40	n.s.
	지방집행기관 또는 관청 방문	0.00	0.00	0.29	0.73	0.18	0.65	0.14	0.59	0.11	0.50	0.46	n.s.
집단 행동	지방정부 반대 서명 참여	0.86	0.69	0.86	1.17	0.91	1.20	0.46	0.84	0.66	1.04	1.25	n.s.
	지방정부 항의 집단 시위 참여	0.43	0.54	0.21	0.58	0.30	0.89	0.00	0.00	0.27	0.90	0.85	n.s.

* p<.05 ** p<.01 *** p<.001

성장 지역사회별 참여유형은 <표 9-16>에서 보는 바와 같이 분석의 결과가 나왔다. 투표활동은 '98년 지방선거의 경우 M의 값이 서울(0.50%)과 5대 광역시(0.70%), 중소도시(0.77%), 읍·도시변두리(0.80%) 그리고 농어촌지역(0.75%)으로 나타났다. 2002년 지방선거도 M의 값이 서울(0.67%)과 5대 광역시(0.75%), 중소도시(0.79%), 읍·도시변두리(0.81%) 그리고 농어촌지역(0.83%)으로 거의 비슷한 M의 값을 나타내고 있다. 이들 간의 유의도 값(F)도 0.69와 0.33으로 이들 간의 크기의 차이는 미미한 수준에 머물고 있다. 선거활동에서 지방선거 시 투표권유는 M의 값이 서울

(1.00%)과 5대 광역시(0.36%), 중·소도시(1.38%), 읍·도시변두리(0.86%) 그리고 농어촌지역(0.92%)으로 서울지역과 중·소도시에 거주하는 주민은 한 번 이상의 투표권유를 하였고 나머지 지역의 주민들은 한 번 이하로 권유한 결과로 분석되었다. 지방선거 시 정치 집회 참석은 M의 값이 서울(0.29%)과 5대 광역시(0.29%), 중소도시(0.53%), 읍·도시변두리(0.46%) 그리고 농어촌지역(0.33%)으로 전체적으로 낮은 비율로 나타나고 있다. 이들 간의 유의도 값(F)은 미미한 수준에서 분석되고 있다.

단체 활동에서는 비공식적 조직을 통한 활동은 M의 값이 서울(0.43%)과 5대 광역시(0.21%), 중소도시(0.40%), 읍·도시변두리(0.18%) 그리고 농어촌지역(0.33%)으로 비교적 낮게 나타나고 있고 이들 간의 유의도 값(F)도 미미한 수준이다. 공식적 조직을 통한 활동에서도 비공식적 참여와 비슷한 빈도비율을 보이고 있음을 알 수 있다. 접촉활동은 지방의회와 집행기관을 방문하거나 시의원을 방문하는 질문의 내용이다. 두 가지 질문에 M의 값이 서울(0.00%)과 5대 광역시(0.14%), 중소도시(0.21%), 읍·도시변두리(0.14%) 그리고 농어촌지역(0.13%)으로 서울지역은 전무하고 기타 지역도 아주 저조한 비율을 보이고 있다. 또한 지방행정기관 또는 관청 방문도 지방의회나 의원을 방문하는 수준과 비슷한 수치로 나타나고 있다.

집단행동에 지방정부의 반대 서명운동이나 집단시위에 관하여 묻는 질문의 내용에서 M의 값은 서울(0.86%)과 5대 광역시(0.86%), 중소도시(0.91%), 읍·도시변두리(0.46%) 그리고 농어촌지역(0.66%)으로 나타나고 있다. 이들 간의 유의도 값(F)은 1.25로 성장 지역별 참여유형은 차이는 크지 않다. 집단행동의 서명운동에는 적극적이지만 시위참여에는 소극적이라는 분석의 결과이다. 그러가 하면 읍·도시변두리지역의 주민들은 참여율이 전무하다. 이들 간의 유의도 값(F)도 0.85 크지 않다는 분석의 결과이다.

〈표 9-17〉 정당관여도별 참여유형

		여당 입장		정당 초월입장		야당입장		F	유의 수준
		M	SD	M	SD	M	SD		
투표활동	1998년 지방선거 참여	0.82	0.39	0.71	0.46	0.81	0.40	1.79	n.s.
	2002년 지방선거 참여	0.85	0.36	0.76	0.43	0.82	0.39	1.16	n.s.
선거활동	지방선거 시 투표권유	1.09	1.59	1.10	1.72	1.28	1.84	0.10	n.s.
	지방선거 시 정치집회참석	0.49	0.89	0.38	0.90	0.67	1.50	0.96	n.s.
단체 활동	비공식조직통한 지역사회 활동	0.30	0.67	0.33	0.96	0.61	1.34	0.91	n.s.
	공식조직통한 지역사회 활동	0.22	0.66	0.17	0.62	0.78	1.44	5.80	★★★
접촉활동	지방의회 또는 의원 방문	0.20	0.66	0.12	0.48	0.44	1.25	2.25	n.s.
	지방집행기관 또는 관청 방문	0.09	0.33	0.15	0.58	0.56	1.25	4.75	★★★
집단행동	지방정부 반대 서명 참여	0.70	1.08	0.73	1.00	1.44	1.76	3.65	★★
	지방정부 항의 집단 시위 참여	0.14	0.51	0.25	0.82	0.83	1.58	5.53	★★★

* p〈.05   ** p〈.01   *** p〈.001

정당관여별 참여유형의 분석결과는 <표 9-17>에서 보는 바와 같다. 투표활동은 '98년 지방선거의 경우 M의 값이 여당입장은 0.82%이고 초당적 입장은 0.71%이고 야당입장은 0.81%로 나타나고 있다. 2002년 지방선거도 M의 값이 여당입장은 0.85%이고 초당적 입장은 0.76%이고 야당의 입장은 0.82%로 나타나고 있어 '98년도 지방선거와 2002년 지방선거의 투표활동이 큰 차이를 보이고 있지 않고 미미한 수준으로 분석된다. 또한 이들 간의 유의도 값(F)은 각각 1.79와 1.16으로 정당관여별 참여유형의 차이는 크지 않다는 것이다.

선거활동에서 지방선거 시 투표권유는 M의 값이 여당입장은 1.09%이고 초당적 입장은 1.10%이고 야당은 1.28%, 한 번 이상 권유한 결과로 분석되었다. 정치 집회 참석은 M의 값이 여당의 입장은 0.49%이고 정당 초월은 0.38%와 야당의 입장은 0.67%로 나타나고 있다. 이들 간의 유의도 값(F)은 0.96으로 비교적 낮은 수준으로 분석되었다. 단체활동에서는 비공식적 조직을 통한 활동은 M의 값이 여당의 입장은 0.30%이고 초당적 입장은 0.33%이고 야당의 입장은 0.61%로 야당의 입장이 조금 높은 비율로 나타났다. 이들 간의 유의도 값(F)도 미미한 수준으로 나타났다. 공식적 조직을 통한 활동은 여당의 입장은 0.22%와 초당적 입장은 0.17%와 야당의 입장은 0.78%으로 나타났다. 이들 간의 유의도 값(F)은 5.80으로 매우 크게 나타나고 있다.

접촉활동은 지방의회와 집행기관을 방문하거나 시의원을 방문하는 질문의 내용이다. 지방의회나 의원을 방문하는가의 질문에 M의 값이 여당의 입장은 0.20%이고 초당적 입장은 0.12%이고 야당은 0.44%로 비교적 야당의 입장에서 지방의회나 의원을 만나고 있음을 알 수 있다. 지방 집행기관 방문 여부를 묻는 설문에도 거의 비슷한 수준에서 설문조사 분석의 결과가 나타났다. 그러나 이들 간의 유의도 값(F)은 4.75로 비교적 큰 차이를 나타내고 있다. 특히 야당의 방문 비율이 여당보다 두드러지게 높게 나타나고 있다는 연구결과이다.

집단행동에 있어서는 지방정부의 반대 서명운동이나 집단시위에 관하여 묻는 질문의 내용에서 M의 값은 여당의 입장은 0.70%이고 초당적 입장은 0.73%이고 야당의 입장은 1.44%로 나타나고 있다. 그리고 지방정부에 대한 항의나 집단시위에 참여하는가에 대한 응답의 결과는 여당의 입장이 0.14%이고 초당적 입장은 0.25%와 야당의 입장은 0.83%로 나타나고 있다. 이들 간의 유의도 값(F)은 5.53으로 비교적 크게 나타났다. 정당 관여도별로 참여유형의 분석의 결과는 대체로 야당의 입장이 비교적 참여의 폭이 크고 여당의 경우는 비교적 낮은 수준에 머물고 있다는 연구의 결과이다.

V. 결 론

전주시 주민참여의 사례를 분석하기 위해서 사회 환경적 변인, 제도적 변인, 시민의식 및 주민참여와 사회 환경적 변인별 참여유형, 그리고 제도적 변인별 참여유형으로 구분하여 연구 분석하였다. 전주시 주민참여 의식의 수준과 형태를 논의한 결과 사회 환경적 변인과 제도적 변인을 결정요인은 30-40대의 젊은 계층이 많이 조사되었고 대체로 학력은 전문대 이상의 고학력자가 과반수였다. 이들은 일반 사무관리직에서부터 가정주부에 이르기까지 다양하게 분포되어 있는 실정이다. 이들의 정치적 관심도, 효능감의 정도는 비교적 높은 편이다. 그러나 지역사회의 정치적 문제에 관하여 1주일에 한 번 미만으로 나타나 아직도 성숙한 토론문화가 정착되지 못하고 관심도 정도만 높게 나타나고 있다는 것을 알 수 있다. 정치관련 신문을 1주일에 한 번 미만으로 읽는다고 한 비율이 43% 이상인 것은 정치에 관심만 있지 실질적으로 정치 관련하여 그 내용은 별로 관심을 두고 있지 않다. 반면에 TV시청은 비교적 높은 편이다.

지역정치 효능감을 알아보는 측정에서는 지방정치에 자신의 발언권이나 지방 정치인이 자신의 의견에 주의를 두지 않을 것이라고 대체로 생각하고 직접 지방정치인이나 행정공무원을 접촉하지 않고 다른 사람을 통해서 접촉하는 빈도가 높게 나왔다. 전주시 주민들은 정치적 관심은 높으나 자신의 정치적 입지는 비교적 작은 것으로 생각한다고 분석되었다. 자신이 정치관련 문제를 직접 해결하기 위해서 정치나 행정공무원을 만나지는 못하고 비교적 다른 중간단계를 접촉하게 된다고 하였다. 또한 지역사회문제에 대해서 초당적 입장에서 생각하고 있고 특정집단을 위해 편파적이지 않고 가치 중심적이라는 분석의 결과가 나타났다.

지방선거의 참여도를 측정하는 조사에서 '95년 이후 지방선거에 평균 70% 이상 참여한 것으로 나타나고 있다. 그러나 실제 95년 지방선거에서는 69%로 거의 비슷한 비율을 보이고 있지만 98년 지방선거에서는 실제 투표율이 42%로 낮은 비율이고 2002년 지방선거에서도 42% 정도의 수준에 머물고 말았다. 따라서 지방자치 부활 이후 95년 지방선거의 높은 관심도를 제외하면 98, 2002년도의 지방선거의 참여율과 실제 응답율의 차이가 적지 않게 나타나고 있다. 실질적으로 투표행위는 특정 정당의 지지도가 90%가 넘게 나타나는 현상은 지역주민의 투표행위와 정서와의 차이를 분명하게 나타내고 있으며, 이러한 이중적 투표행위는 또 하나의 연구의 과제로 남는다.

　전주시 주민들의 지방선거에 참여하는 정도는 비교적 낮은 수준이다. 특정 정당이나 정치인을 지지하기 위하여 다른 사람을 설득하거나 권유한 경험은 미미한 수준이며 더 나아가 지방선거를 위하여 정치자금을 모으거나 기부한 경험도 거의 나타나지 않는 수준이다. 지역사회에 있는 공식적인 단체의 가입 여부, 지방의회 또는 의원의 접촉빈도, 행정기관이나 관료 그리고 정당을 방문하여 진정하거나 건의하는 횟수, 방송국 또는 신문사를 방문하여 투고하는 행위 등의 이 모든 활동에 대하여 한 번도 없다가 90% 이상이다. 전주 주민은 이상의 활동에 관심을 두고 있지 않다는 분석의 결과가 나왔다. 전주시 주민이 적극적 정치참여의 수준을 묻는 내용에서는 군중집회나 집단데모는 한 번도 참여하지 않은 비율이 높게 나타나서 주민은 적극적으로 정치참여를 하지 않는다는 분석결과이다. 다만 서명운동은 좀 더 낮은 비율로 나타나는 데 한 번도 없다는 비율이 과반수이고 1~2번 정도는 35%의 수준으로 높게 나타났다.

　각종 단체에 참여는 정당의 참여는 거의 한 번도 참여하지 않는 수준이다. 노동조합이나 기타 단체에 참여 여부는 응답하지 않아 결측값으로 분석했지만 대체로 이러한 단체에 참여하고 있지 않다고 본다. 다음 지역주민의 정치참여 행태와 양상을 알아보는 분석이다. 정치문제의 관심도에서는 남녀 간에 관심이 약간 있는 정도이다. 남녀 비율에서 여자가 약간 높게 나타났다. 연령에서는 50대가 관심이 가장 많고 다음으로 40대 순이다. 관심이 가장 적은 연령은 20대로 나타났다. 따라서 지역사회 정치문제에 대해서 젊은 계층일수록 관심도가 떨어지고 나이를 들수록 지역정치에 관심을 많이 갖다가 60대가 되면 다시 떨어지고 있다고 분석된다.

사회 환경적 변인별 참여 유형으로는 주민들의 남·여 성별, 연령별, 교육의 정도, 직업, 소득에 따라 투표, 선거에 있어 얼마나 적극적으로 시위나 단체행동에 참여하였는가를 분석하였다. 나아가 시민의식별 참여유형에 따라 각각의 활동유형(투표, 선거, 단체 활동, 접촉, 집단행동 등)이 어떻게 나타나는가를 분석하였다. 성별참여유형에서는 남성이 보다 적극적으로 참여하고 있으며, 연령별로는 40−50대가 비교적 참여율이 높게 나타나고 있지만 투표참여나 선거활동에서는 60대 이상이 보다 적극적으로 활동하고 있다는 연구 분석이다. 교육별 수준에서는 투표활동이나 선거활동에서는 고졸이 약간 높은 비율을 보이고 있으나 기타의 다른 모든 활동에서는 대졸 이상이 보다 더 적극적으로 활동하고 있다는 연구의 결과이다. 직업별 참여유형에서는 직업을 갖고 있는 주민이 보다 적극적인 활동을 하고 있다는 연구의 분석이다. 학생이라고 응답한 주민은 비교적 전체적으로 소극적 활동의 양태를 보이고 있는데 이는 아마도 직업상 학생의 신분으로 활동하기에는 여러 제약요인이 수반되기 때문이다. 다만 직업관계에서도 하위직과 상위직으로 분류하여 보면, 미미한 수준에서 차이가 거의 나타나지 않지만 상위직에 있는 주민이 약간 적극적인 양태를 보이고 있다. 시민의식별 참여유형은 낮은 시민의식별 참여유형이 높은 시민의식이 거의 모든 분야에서 높게 나타나고 있으며, 보다 적극적으로 활동하고 있다는 연구 분석이다. 유의 수준분석에서도 비공식조직을 통한 지역사회활동에서 차이가 높게 나타나서 의견의 차이가 있음을 알 수 있다.

제도적 변인별 참여유형으로는 자발적 가입단체별 참여유형과 성장지 지역사회별 참여유형과 정당관여도별 참여유형을 세분하여 조사하였다. 먼저 자발적 가입단체별 참여유형은 과반수가 자발적 단체가입이 없다고 응답하였고 4명 중에 1명이 1개의 단체가입하고 있다고 응답해 주었다. 투표나 선거활동을 하기 위해서 얼마나 사회단체에 참여하여 활동하고 있는가에 연구 분석에서 성장지 지역사회별 참여유형은 서울과 5대 광역도시, 중·소도시 그리고 도시변두리와 농어촌지역을 기준으로 성장지와 현거주지와의 사회 환경의 결정요인을 중심으로 어떠한 상관관계를 갖는가를 분석하였다. 전주시 주민들은 농어촌 지역이나 읍·도시변두리의 출신자가 많은 편이며, 서울 출신은 가장 적은 빈도비율이 나타나고 있다. 마지막으로 정당관여도별 참여유형에서는 여당의 입장과 정당을 초월한 입장 그리고 야당의 입장을 결정요인으로 투표, 선거, 단체 활동 그리고 접촉과 집단행동의 참여 유형을 조사 분석하였는데, 정당을 초월한 활동을 하고 있다는 연구 결과이다. 여당과 야당을 지지하는 빈도비율은 비슷한 수준에서 빈도비율을 나타내고 있지만 대체로 야당이 조금 높게 나타나고 있다. 실제로 전주시 주민들은 설문조사의 내용과 그들의 투표행태나 선거운동은 다른 모습을 보이고 있는데 이러한 결과는 자신의 성향을 솔직하게 나타내려 하지 않거나 자신의 정치적 성향을 노출시키려 하지 않는 저의가 내제되어 있기 때문이다. 평소에는 자신의 정치적 신념이자 소신을 가치중립적으로 표명하면서 투표장에만 가면 손끝이 자신의 통제력을 벗어나 지역감정적 편향된 방향으로 투표하게 된다는 어느 정당인의 말을 주목해 볼 필요가 있겠다.

Part 10

전북지역 주민참여 의식과 행태

― 익산과 남원지역을 중심으로 ―

I. 서 론

1. 연구목적 및 연구방법

지방자치는 주민들에 의한 지방행정의 사무자치를 말한다. 지방자치 실시 이후 주민에 의한 사무자치는 지역발전을 위한 전제조건이 되었다. 그러나 우리나라의 지방자치는 주민참여에 의한 지방사무 자치처리를 기대하기는 너무나도 성급한 문제이다. 이는 주민이 지방 사무에 실제로 영향력을 행사하기 위한 방법이 제한되어 있으며 참여 통로도 지극히 한정되어 있기 때문이다.

대체로 한국에서의 지방자치가 실시된 이래 지역사회에서의 주민들은 자치에 대한 참여의 의식이 낮고 그들의 영향력도 매우 낮다고 인식하고 있다. 이러한 주민들의 낮은 참여수준은 지방자치에 대한 회의

와 불만족 지방자치의 무력감 등으로 나타나고 있다. 따라서 지방정부
에 대한 주민참여의 연구의 필요성이 제기되어 왔던 것이 사실이다.

이와 같은 필요성에 따라 본 연구는 전라북도의 대표적인 도시 농촌
통합 도시에서의 주민참여의 의식과 참여행태를 조사 연구하여 지방자
치에 있어서 주민참여의 문제점과 개선방향을 찾아보기 위한 목적으로
연구되었다. 따라서 익산과 남원지역의 주민들의 정치에 관한 시민의식
수준과 지방정치 과정에서의 참여유형과 주민행태를 조사하기 위해 면
접 설문조사를 하였다.

본 연구의 목적은 다음과 같다. 첫째, 전북을 대표하는 도시농촌 통
합도시로써 익산과 남원지역에 주민들의 기초 환경과 특성을 조사하고
이들이 주민참여에 미치는 상관관계를 규명함이 그 목적이다.

둘째, 지방정부에 대한 주민참여의 의식수준과 행태가 어떠한 결정
요인으로 작용하는가를 연구함이 목적이다. 도시농촌 통합도시의 주민
들에 대한 지방정부에 대한 참여의식이 어떠한지 주민들이 참여의식에
미치는 결정요인은 무엇인지를 규명하는 것이 연구의 목적이다.

셋째, 주민참여의식과 참여행태에 대한 변량분석을 통하여 주민참여
의 결정요인과 주민들의 환경요인과의 관계를 규명함을 목적으로 한다.
지역 주민들의 소득별, 연령별, 학력별 등이 어떻게 지방정부에 참여하
는 양태로 나타나는가를 연구하고 이들의 시민의식과의 상관관계를 연
구한다.

넷째, 주민참여의식과 참여행태에 대한 변량분석은 주민의 참여 정
도와 참여행태와의 관계를 상관 분석하여 전북지역의 주민들의 주민참
여의 행태를 연구함을 목적으로 한다.

마지막으로 주민참여 강도와 사회 환경적 변인 간의 관계를 알아보
기 위한 변량분석을 하였다. 각 지역 주민들의 주관적·관념적 인식의
정도가 어떻게 투표참여, 선거운동, 공청회 등에 나타나는가를 연구함
을 목적으로 한다.

본 연구의 방법에 있어서는 익산과 남원지역 주민들의 시민의식 수

준과 지방정치 과정의 참여행태를 조사하기 위해 면접 설문조사를 통한 자료수집과 분석을 실시하였다. 보다 구체적으로는 우선, 버바와 나이(Sidney Verba, Norman H. Nie)의 개념정의에 따라, 지방정치에 대한 주민의 관심도, 효능감, 기여도, 만족도 그리고 지식도를 중심으로 주민참여의식, 즉 시민의식의 수준을 측정하고, 각 참여유형별로 참여행태에 대해 분석한다. 이를 바탕으로 주민의 참여의식을 결정하는 사회 환경적 변인과 제도적 변인이 참여유형별 어떻게 작용하는가를 연구함이다.

먼저 사회 환경적 변인은 교육, 직업, 소득, 연령, 성 등의 종류를 의미한다. 제도적 변인은 자발적 단체가입과 지역사회에서의 정당에 관여도와 지역단위의 단체에 가입 정도를 조사하였다. 다음은 지역사회 주민들의 참여유형이다. 주민참여유형은 투표행위, 선거운동, 단체 활동, 접촉활동, 집단행동 등을 기본 유형으로 설문 항으로 작성하여 조사·연구하였다. 따라서 본 연구에서는 시민의식과 참여행태 간의 관계, 주민의 참여강도를 결정하는 요인, 그리고 시민의식과 참여유형과의 관계에 대하여 차례로 분석하고자 하였다.

2 조사대상지역에 대한 기초조사

전라북도의 14개 시·군구에서 1995년 도시농촌 통합도시는 익산시를 비롯하여 군산시, 정읍시, 남원시, 김제시이다. 이들 도시 간 거리와 중앙행정수도인 서울시와 거리를 근거로 시의 규모와 인구밀도, 시의 면적 등을 감안하여 전북의 대표할 도시 농촌통합 도시는 익산시와 남원시로 선정되었다.

익산시는 노령산맥의 천호산과 미륵산의 동부에서 서북부에 함라산 줄기가 이어지는 산세와 서부로 향하는 구릉과 대하천으로 비옥한 평원의 중심에 자리잡고 있다. 북으로는 금강을 경계로 서로는 옥구평야, 남으로는 만경강을 경계로 비옥한 평야의 중심에 있다. 호남선이 남북으로 중앙을 관통하고 익산역을 기점으로 하는 전라선과 호남선의 분기점이기도 한 익산시는 교통의 중심으로 발전하여 왔다.

익산시는 1931년 익산면이 익산읍으로 승격하고 1949년 이리부가 이리시로 개칭되고 1951년 일선 행정기구 강화로 17개 동에서 25개 동으로 분할되어 왔다. 1995년 이리시와 익산군을 통합하여 익산시가 설치되었다. 익산시의 인구규모에 있어서는 전체 가구호수 10만7천 호에 전체 인구 33만 중에서 남자가 16만5천 명과 여자가 16만6천 명으로 전년도 비율 증감율은-2.6명으로 나타나고 있어 해마다 인구가 줄어들고 있는 추세이다. 익산시의 회계년 예산규모는 일반회계와 특별회계로 구분되는데 모두 합한 총계액은 490,442,115원으로 나타나고 있다.

익산시의 경제규모는 1970년대 익산 공업단지 조성 및 실시계획 인가를 건설부로 받고 1973년 이리 수출자유지역으로 지정공고하고 익산 공업단지 조성 실시계획 인가(건설부)를 받은 이래로 귀금속 제1단지 집단화, 수출자유지역 일부와 지방공단을 흡수 수출산업단지 지정, 일반 공단 일부 수출자유지역으로 전환, 1979년 수출자유지역 일부를 일반 공업단지로 전환하였다. 1989년 수출자유지역 일부를 일반 공단으로 전환하고 1995년 익산수출자유지역관리소로 명칭 변경하여 2000년 익산자유무역지역관리원으로 명칭 변경하여 자유무역지역, 귀금속단지, 국가산업단지로 분류되어 있다.

남원시는 전라북도 남동부에 위치해 동남쪽으로는 소백산맥의 줄기를 따라 지리산이 인접하고 노령산맥과 높은 산들로 운봉고원 및 고원분지가 넓게 펼쳐져 있다. 북동부·동부·남동부가 소백산맥에 속하는 해발고도 1,000m 이상의 산지이고, 남동부는 지리산 주능선의 서부에 해당하여 경남·전남과의 경계를 이룬다.

남원시는 전라도의 중심으로 신라시대는 남원소경, 고려시대에서는 5현을 관할하는 남원부가 설치되었고, 조선시대는 남원도호부로써 1부 1

군 9현을 관할하였다. 조선시대에는 남원진영을 6현의 군사를 관장하
게 했고 전라좌영을 설치하여 군사를 관할했으며 1895년에 전라 4부
중 하나인 남원관찰부가 되었다. 1910년 남원 48방을 22개면으로 통폐
합하고 1914년 남원군으로 개칭하였다. 1931년 남원읍으로 승격되어 1
개 읍 16개면이 되었다. 1981년에는 남원읍이 시로 승격하여 남원시와
남원군으로 분리되었다가, 1995년 1월 구남원시와 남원군이 합쳐 도농
복합형의 통합시가 되었다.

　기후는 고산지대로 이루어져 있어 지역에 따라 기후차가 심한 편이
나 연평균기온 12도이고 연강수량은 1314㎜로 대륙성 기후의 특징을
보이고 있다. 남원시는 면적은 752.12㎢, 인구 10만3572명(2001)이다.
면적은 넓지만 소백산맥이 통과하여 임야가 64%를 차지하고 경지는
24%에 불과하다. 그러나 분지지형에 기인한 넓은 평지가 있어 경지 중
논의 비율이 74%로 논농사가 중심이다. 동부의 요천 주변에는 충적평
야가 발달되어 예로부터 농경지로 이용되어 왔다. 남원시 전역에서 주
곡농업이 행해지고 있는데, 운봉읍·동면 등의 동부 산간지대에서는 고
랭지농업으로 농가소득수준이 높다.

　현재 남원시는 첨단수출농공단지, 대단위 유통단지, 지방산업농공단지
등을 조성하고 확충하는 투자계획을 실시하고 있으며 전주-남원-순천
간 고속도로, 남원-새만금 간 고속도로 등을 개설하는 데에 힘쓰고 있
다. 남원시는 영호남을 연결하는 교통의 중심지이며 지리산국립공원과
인접하여 뛰어난 자연경관과 많은 유물과 유적의 고유문화가 조화된 관
광자원을 자랑한다. 백제시대에 축조된 것으로 추정되는 교룡산성에서
만인의총으로 이어지는 호국의 얼이 담긴 유적지와 이몽룡과 성춘향의
아름다운 사랑이야기가 전하는 광한루는 유명한 관광자원이다.

II. 조사방법 및 표본 집단의 특성

1. 표본추출 방법

본 연구를 위해, 각 지역별로 확률표집방식에 의해 표본 집단을 선정하였다. 각 도시의 기초적인 인구통계학적 수치와 지역별 인구분포를 감안하여, 익산지역에서 287표본, 남원지역에서 250표본을 추출하였는데, 구체적으로, 익산지역은 도시농촌 통합 이전 익산군 지역과 이리시 지역을 표본으로 선정하여 조사하였다. 남원시는 통합 이전의 남원군과 남원시의 인구비례에 의한 조사지역을 각도의 분포를 기준으로 선정하여 조사 연구하였다.

추출된 표본 집단에 대한 설문면접방식을 통해 응답 자료를 얻었고, 이 자료들을 SPSS 통계 프로그램을 사용해 분석하였다. 설문면접조사가 이루어진 시점은 익산시가 2004년 6월 초순, 그리고 남원시는 2004년 8월 초순경이다.

2. 표본 집단의 특성

〈표 10-1〉 전라북도(익산 / 남원) 시민의 특성

			연 령					
			20대	30대	40대	50대	60대 이상	Total
익산시	남자	Count	27	34	38	16	21	136
		% within 성별	19.9%	25.0%	27.9%	11.8%	15.4%	100.0%
		% within 연령	44.3%	43.6%	56.7%	43.2%	47.7%	47.4%
		% of Total	9.4%	11.8%	13.2%	5.6%	7.3%	47.4%
	여자	Count	34	44	29	21	23	151
		% within 성별	22.5%	29.1%	19.2%	13.9%	15.2%	100.0%

			연 령					
			20대	30대	40대	50대	60대 이상	Total
익산시		% within 연령	55.7%	56.4%	43.3%	56.8%	52.3%	52.6%
		% of Total	11.8%	15.3%	10.1%	7.3%	8.0%	52.6%
		Count	61	78	67	37	44	287
		% within 성별	21.3%	27.2%	23.3%	12.9%	15.3%	100.0%
		% within 연령	100.0%	100.0%	100.0%	100.0%	100.0%	100.0%
		% of Total	21.3%	27.2%	23.3%	12.9%	15.3%	100.0%
남원시	남자	Count	29	26	21	17	28	121
		% within 성별	24.0%	21.5%	17.4%	14.0%	23.1%	100.0%
		% within 연령	55.8%	54.2%	52.5%	50.0%	37.8%	48.8%
		% of Total	11.7%	10.5%	8.5%	6.9%	11.3%	48.8%
	여자	Count	23	22	19	17	46	127
		% within 성별	18.1%	17.3%	15.0%	13.4%	36.2%	100.0%
		% within 연령	44.2%	45.8%	47.5%	50.0%	62.2%	51.2%
		% of Total	9.3%	8.9%	7.7%	6.9%	18.5%	51.2%
		Count	52	48	40	34	74	248
		% within 성별	21.0%	19.4%	16.1%	13.7%	29.8%	100.0%
		% within 연령	100.0%	100.0%	100.0%	100.0%	100.0%	100.0%
		% of Total	21.0%	19.4%	16.1%	13.7%	29.8%	100.0%

　　도시별 교육 정도를 물어보는 내용은 상위 <표 10-1>에서 보는 바와 같다. 익산지역의 경우 성별, 연령별 분포는 남성이 47.4%이고 여성이 52.6%이고, 남원은 남성이 48.8%이고 여성이 51.8%로 나타나고 있다. 좀 더 구체적으로 연령별로 구분하여 보면 익산은 30대가 가장 많은 조사 수가 나타나는데 78명의 27.2%로 나타나고 있다. 다음으로 40대가 23.3%로 조사되었다. 따라서 익산은 30대~40대가 가장 많은 조사대상이 되었고 가장 적은 조사대상은 50대 12.9%로 나타나고 있다.

　　다음으로 남원시는 남성이 전체의 48.8%로 조사되었고 여성이 51.2%로 조사되었다. 그리고 가장 많은 조사대상자는 60대 이상으로 전체 조사대상 중에 29.8%가 조사되었다. 다음으로 20대가 21%로 조사되었고 50대는 가장 적은 13.7%로 조사대상으로 선정되어 조사하였다. 익산시는 30대와 40대가 많이 조사되는 반면에 남원시는 20대와 60대 이상이 가장 많이 조사되었다는 사실이다.

〈표 10-2〉 교육정도별 분포 및 특성

	익산시		남원시		전 체	
	Frequency	Percent	Frequency	Percent	Frequency	Percent
무 학	8	2.8	11	4.4	19	3.5%
초등학교	28	9.8	56	22.4	84	15.6%
중학교	27	9.4	16	6.4	43	8.0%
고등학교	109	38.0	56	22.4	165	30.7%
전문학교	24	8.4	16	6.4	40	7.4%
대학교	75	26.1	93	37.2	168	31.3%
대학원 이상	16	5.6	2	.8	18	3.4%
Total	287	100.0	250	100.0	537	100%

상위의 <표 10-2>는 도시별 표본의 교육정도별 분포를 나타낸 것이다. 익산의 경우 고등학교 졸업이 전체 인원 중 109명(38%)으로 가장 많이 조사되었고 다음으로 대학교 졸업이 75명(26.1%)으로 나타나고 있다. 또한 무학이 8명(2.8%)으로 나타나고 있는 것이 특이하다. 남원시는 대학교 졸업이 93명(37.2%)으로 나타나고 있으며 초등학교 졸업과 고등학교 졸업이 각각 56명(22.4%)으로 나타나고 있다. 또한 무학이 11명(4.4%)으로 나타나고 있다. 익산과 남원의 비교에서는 대학교 졸업은 남원이 높은 비율을 보이고 있어 남원지역이 비교적 학력이 높게 나타나고 있음을 알 수 있다.

〈표 10-3〉 직업별 분포 (익산)

	익산시		남원시		전 체	
	Frequency	Percent	Frequency	Percent	Frequency	Percent
자영업	88	30.6	42	16.8	130	24.2%
농 업	15	5.3	16	6.4	31	0.6%

	익산시		남원시		전 체	
	Frequency	Percent	Frequency	Percent	Frequency	Percent
주 부	60	20.9	70	28.0	130	24.2%
학 생	27	9.4	34	13.6	61	11.4%
회사원·종업원	49	17.0	23	9.2	72	13.4%
공무원·전문직	27	9.4	32	12.8	59	11.0%
무 직	19	6.6	33	13.2	52	0.9%
무응답·기타	2	0.7	0	0.0	2	0.04%
Total	287	100	250	100	537	100%

상위 <표 10-3>은 도시별 조사대상자의 직업별 분포를 나타낸 것
이다. 익산의 경우 자영업이 가장 많은 수 88명(30.6%)으로 나타나고,
다음은 주부가 60명(20.9%)으로 나타나고 있다. 계속해서 회사원과 공
무원, 학생의 순으로 나타나고 있다. 남원은 주부가 가장 많은 70명
(28%)을 차지하고 다음으로 자영업이 42명(16.8%)으로 나타나고, 무직
과 공무원의 순으로 조사되었다. 익산과 남원의 비교에서 자영업은 익
산이 많은 반면, 주부는 남원이 많이 조사되었다. 회사원과 공무원은
비율은 미미한 수준에서 근소한 차이로 조사대상으로 선정되었다. 무직
을 나타내는 비율에서는 익산보다는 남원이 비교적 높게 나타나고 있
음을 알 수 있다.

<표 10-4> 가계소득별 분포 (익산)

	익산시		남원시		전 체	
	Frequency	Percent	Frequency	Percent	Frequency	Percent
100만 원 이하	90	31.4	96	38.4	186	34.6%
100만 원대	118	41.1	72	28.8	190	35.4%
200만 원대	57	19.9	57	22.8	114	21.2%
300만 원대	15	5.2	17	6.8	32	0.6%
400만 원대	7	2.4	8	3.2	15	0.3%
Total	287	100.0	250	100.0	537	100%

상위 <표 10-4>는 조사대상자의 가계소득별 분포를 나타낸 것이다. 익산은 100만 원 이상이 가장 많은 41.1%를 나타내고 있고 다음으로 100만 원 이하는 31.4%로 나타나고 있다. 200만 원대 소득은 19.9%로 나타나고 있다. 그런가 하면 400만 원 이상은 2.4%로 나타나고 있지만 저조한 비율에 그치고 있다. 다음으로 남원은 100만 원 이하가 가장 많은 38.4%로 나타나고 있고, 100만 원대가 28.8%, 200만 원대가 22.8%로 나타나고 있음을 알 수 있다. 익산과 남원의 비교에서 보면 익산이 소득이 조금 높게 나타나고 있고 평균적인 비율도 높게 나타나고 있음을 알 수 있다.

〈표 10-5〉 거주기간 별 분포(익산)

	익산시		남원시		전 체	
	Frequency	Percent	Frequency	Percent	Frequency	Percent
0 - 9년	61	21.3	31	12.4	92	17.1%
10 - 19년	77	26.8	39	15.6	116	21.6%
20 - 29년	60	20.9	66	26.4	126	23.5%
30 - 39년	31	10.8	34	13.6	65	12.1%
40 - 49년	23	8.0	39	15.6	62	11.5%
50년 이상	35	12.2	41	16.4	76	14.2%
Total	287	100.0	250	100.0	537	100%

상위 <표 10-5>는 각 지역별 조사대상자의 현지 거주기간별 분포를 나타낸 것이다. 익산은 10년에서 20년이 가장 많은 77명(26.8%)으로 나타나고 다음으로 10년 이하가 21.3%이고 20년에서 30년이 20.9%로 나타나고 있다. 그러가 하면 30년 이상은 10.8%로 나타나고 50년 이상은 12.2%로 나타나고 있다. 반면에 남원은 20년에서 30년이 26.4%로 가장 많이 조사되었고 다음으로 10년에서 20년까지는 15.6%로 나타나고 있다. 50년 이상도 16.4%로 나타나고 있다. 익산과 남원의 비교에서 남원이 비교적 지역사회에서 오랫동안 거주를 하고 있음을 알 수 있고 비율도 높게 나타나고 있는 실정이다.

Ⅲ. 주민참여 의식수준과 참여행태에 관한 빈도분석

1. 주민참여 의식 수준에 대한 빈도분석

1) 지방정치에 대한 관심도
질문: 귀하는 지역사회에서 발생하는(공익과 관련된) 사안들에 대해 관심을 가지고 계십니까?

〈표 10-6〉 지역사회에 대한 관심도

		매우 부정	부정 정도	보통이다	긍정 정도	매우 긍정	합 계
익산시	빈도	42	58	89	62	36	287
	%	14.6	20.2	31.0	21.6	12.5	100.0
남원시	빈도	27	46	75	57	57	45
	%	10.8	18.4	30.0	22.8	22.8	18.0

상위에서 보는 바와 같이 <표 10-6>은 각 지역 주민들이 지역사회에서 발생하는 여러 가지 공익적 문제들에 대해 어느 정도 관심을 가지고 있는가에 대한 응답을 나타낸 것이다. 전체적으로 보면, '보통이다'가 (익산 31.0%, 남원 30.0%)를 기준으로 할 때, '관심이 있다' (그런 편이다+매우 그렇다)고 긍정적으로 답한 빈도(익산 34.1%, 남원 45.6%)로 응답을 하였고, 부정적인 응답(아닌 편이다+전혀 아니다)의 빈도(익산 34.8%, 남원 29.2%)로 응답하였다.

그리고 익산과 남원의 상대적인 빈도를 비교해 보면, 남원지역이 약간 관심도가 높게 나타나고 있다. 그런가 하면 관심도에 대한 부정의 정도는 익산이 남원지역보다 미미한 수준에서 높게 나타나고 있음을 알 수 있다. 따라서 지역사회에 대한 관심은 익산보다는 남원의 주민들이 비교적 높게 갖고 있음을 알 수 있다.

2) 지방정치 효능감에 대한 빈도분석

질문: 귀하는 지역사회의 사업결정에 참가하여 결과를 원하는 방향으로 바꿀 수 있다고 생각하십니까?

〈표 10-7〉 지방정치에 대한 효능감

		매우 부정	부정 정도	보통이다	긍정 정도	매우 긍정	합계
익산시	빈도	75	67	86	39	20	287
	%	26.1	23.3	30.0	13.6	7.0	100.0
남원시	빈도	34	65	86	49	16	250
	%	13.6	26.0	34.4	19.6	6.4	100.0

상위에서 보는 바와 같이 <표 10-7>은 각 지역 주민들이 지방정치의 과정에 대해 느끼는 효능감에 대해 조사한 결과를 나타낸 것이다. 지방정치에 대한 효능감은 관료나 정치인의 업무수행에 대해 느끼는 효능감과 자신의 참여에 대해 느끼는 효능감으로 구별되는데, 여기서는 참여에 대한 효능감을 중심으로 물어보았다.

조사결과를 살펴보면, '보통이다'가 (익산 30.0%, 남원 34.4%)를 기준으로 효능감에 대해 '부정적이다'는 (전혀 아니다＋아닌 편이다)으로 응답한 빈도(익산 49.4%, 남원 39.6%)로 나타났다. 그런가 하면 긍정적으로 답한 '그렇다'는 빈도(익산 20.6%, 남원 26.0%)로 부정이 긍정보다 높게 조사되었다. 익산과 남원의 결과를 비교해 보면, 익산보다는 남원이 비교적 높게 나타나고 있다.

전체적으로 두 지역 주민들이 느끼는 효능감은 전반적으로 낮은 수준이라고 볼 수 있다. 해당 지역주민 자신이 직접 지방정치에 참여해봐도 별로 달라질 것이 없다는 의식이 팽배해 있음을 알 수 있다.

3) 지역사회에의 기여도에 대한 빈도분석

질문: 귀하는 평소 사회활동이 지역사회에 얼마나 기여한다고 생각하십니까?

〈표 10-8〉 지역사회에의 기여도

		매우 부정	부정 정도	보통이다	긍정 정도	매우 긍정	합계
익산시	빈도	59	79	88	46	15	287
	%	20.6	27.5	30.7	16.0	5.2	100.0
남원시	빈도	30	63	81	49	27	250
	%	12.6	25.2	32.4	19.6	10.8	100.0

상위에서 보는 바와 같이 <표 10-8>은 각 지역 주민들이 자신이 평소에 지역사회에 기여하고 있다고 인식하는지에 대한 조사결과를 나타내고 있다. 우선, '기여하고 있다'고 긍정적으로 인식하고 있는 응답자의 빈도는 익산이 21.2%, 남원이 30.4%인 반면, '그렇지 않다'고 응답한 빈도의 합은 익산이 48.1%, 남원이 37.8%를 차지하고 있다. 두 도시 모두에서, 부정적인 응답 빈도가 긍정적인 응답보다 높게 나타나고 있어, 전반적인 기여도의 정도가 낮다는 것을 알 수 있다.

두 도시의 상대적인 기여도에 대한 인식 정도는 남원이 익산보다는 상대적으로 높게 나타나고 있다. 따라서 익산지역 주민들보다는 남원지역주민들이 지역사회에 기여하고 있다는 의식이 높게 나타났다고 볼 수 있다.

4) 시정 운영에 대한 만족도의 빈도분석

질문: 귀하는 현재의 시정 운영에 대해서 만족하십니까?

〈표 10-9〉 시정에 대한 만족도

		매우 부정	부정 정도	보통이다	긍정 정도	매우 긍정	합계
익산시	빈도	84	86	99	9	9	287
익산시	%	29.3	30.0	34.4	3.1	3.1	100.0
남원시	빈도	50	68	86	34	12	250
남원시	%	20.0	27.2	34.4	13.6	4.8	100.0

상위에서 보는 바와 같이 <표 10-9>는 각 지역 주민들이 전반적인 시정에 대해서 느끼는 만족감의 정도를 조사한 결과이다. 결과를 살펴 보면, 우선 전반적인 만족도가 매우 낮게 나타남을 알 수 있다. '보통 이다'라고 응답한 빈도(익산 34.4%, 남원 34.4%)로 같은 비율을 보이고 있고 양 도시 모두에서 시정에 '만족한다'는 응답빈도는 익산이 6.2% 이고 남원이 18.4%로 모두 저조한 빈도 비율을 보이고 있지만 미미한 수준에서 익산보다는 남원지역주민들이 높게 나타나고 있음을 알 수 있다.

이상의 조사 연구에서 관심도, 효능감, 기여도에서 크게 차이를 나타 내지 않았던 두 지역이 만족도 조사에서 상당한 차이를 나타낸 것은 만족도와 이들 변인들 간의 상관관계가 그리 높지 않다는 반증으로 해 석할 수도 있으며, 도시의 특성이 반영된 결과로 볼 수도 있을 것이다. 즉 시정에 대한 만족도가 익산에 비해 남원이 크게 낮게 나타나는 것 은, 농촌인심과 도시인심의 차이, 농촌과 도시 주민의 시정에 대한 기 대치의 차이, 그리고 조사대상 표본 연령의 차이 등의 요인도 영향을 미쳤을 것으로 볼 수 있다.

5) 지방정치 지식도에 대한 빈도분석

질문: 귀하께서 거주하는 시의 시의원의 이름을 기억하시는 분이 있 으면, 모두 기입하여 주십시오.

〈표 10-10〉 지방정치에 대한 지식도

		0명	1명	2명	3명	4명 이상	합계
익산시	빈도	229	48	7	1	2	287
익산시	%	79.8	16.7	2.4	0.3	0.7	100.0
남원시	빈도	144	65	21	8	12	250
남원시	%	57.6	26.0	8.4	3.2	4.8	100.0

상위에서 보는 바와 같이 <표 10-10>은 각 지역 주민들의 지방정치에 대한 지식도를 측정하여 그 결과를 나타낸 것이다. 지식도를 측정하기 위하여, 자신의 거주지역 시의원의 이름을 얼마나 알고 있는가라는 간단하면서도 기초적인 질문을 사용하였다. 조사 결과를 살펴보면, 우선 시의원의 이름을 한 명도 알지 못하는 응답자의 빈도가 아주 높게(익산 79.8%, 남원 57.6%) 나타남을 알 수 있다. 이 밖에 1명의 이름을 알고 있는 빈도가 익산 16.7%, 남원은 26.0%로 나타났으며, 4명 이상의 시의원의 이름을 알고 있는 빈도는 익산과 남원지역 모두 미미한 수준에서 조사되고 있다.

2 주민참여 의식수준에 대한 변량분석

1) 관심도와 연령·교육수준·가계소득별 변인과의 관계

〈표 10-11〉 연령별 변인에 따른 관심도의 차이 검증

			N	Mean	Std. Deviation	F	Sig.
관심도	익산	20대	61	3.02	1.218	3.896	.001
관심도	익산	30대	78	3.28	1.205	3.896	.001
관심도	익산	40대	67	3.07	1.185	3.896	.001
관심도	익산	50대	37	2.49	1.146	3.896	.001
관심도	익산	60대 이상	44	2.61	1.262	3.896	.001
관심도	익산	Total	287	2.97	1.229	3.896	.001

			N	Mean	Std. Deviation	F	Sig.
관심도	남원	20대	52	2.83	1.294	4.379	.002
		30대	48	3.23	.994		
		40대	40	2.93	1.385		
		50대	35	3.86	1.192		
		60대 이상	75	3.24	1.172		
		Total	250	3.19	1.239		

〈표 10-12〉 교육수준에 따른 관심도의 차이 검증

			N	Mean	Std. Deviation	F	Sig.
관심도	익산	무 학	8	2.63	1.768	4.196	.000
		초등학교	28	2.21	1.067		
		중학교	27	2.37	1.079		
		고등학교	109	3.07	1.245		
		전문학교	24	3.29	1.160		
		대학교	75	3.23	1.098		
		대학원 이상	16	3.13	1.310		
		Total	287	2.97	1.229		
	남원	무 학	11	3.82	1.079	1.831	.094
		초등학교	56	2.95	1.166		
		중학교	16	3.44	1.315		
		고등학교	56	3.41	1.385		
		전문학교	16	3.19	1.047		
		대학교	93	3.05	1.192		
		대학원 이상	2	4.50	.707		
		Total	250	3.19	1.239		

〈표 10-13〉 소득수준에 따른 관심도의 차이 검증

			N	Mean	Std. Deviation	F	Sig.
관심도	익산	100만 원 이하	90	2.74	1.312	3.900	.004
		100만 원대	118	2.90	1.143		
		200만 원대	57	3.19	1.156		

			N	Mean	Std. Deviation	F	Sig.
관심도	익산	300만 원대	15	3.93	1.163	3.900	.004
		400만 원대	7	3.29	1.254		
		Total	287	2.97	1.229		
	남원	100만 원 이하	96	3.18	1.265	1.119	.348
		100만 원대	72	3.29	1.227		
		200만 원대	57	3.28	1.176		
		300만 원대	17	2.76	1.300		
		400만 원대	8	2.63	1.302		
		Total	250	3.19	1.239		

상위에서 보는 바와 같이 <표 10-11>에서 <표 10-13>은 연령, 교육수준, 가계소득 수준과 같은 사회 환경적 변인과 관심도와의 관계를 분석한 것이다. 우선, 연령별 변인에 있어서는 익산은 30대>40대>20대의 순으로 관심도가 높은 것으로 나타났으며, 이러한 차이는 $p < .05$에서 유의미한 것으로 나타났다. 남원은 50대>60대>30대>40대의 순으로 높은 관심도를 나타냈으며, 이는 $p < .05$에서 유의미한 것으로 나타났다.

교육수준별로는, 익산은 전문대>대졸>대학원졸>고졸의 순으로 높은 관심도를 나타냈으며 이들 간의 유의도는 ($p < .001$)으로 유의미한 조사결과이다. 남원은 대학원졸>무학>중졸>고졸 순으로 관심도가 높게 나타나고 있으나 통계적으로 유의미한 차이를 나타내지는 않고 있다($p > .05$). 익산은 교육의 정도가 높을수록 지방정치에 관심도가 높게 나타나는 반면 남원은 전문대졸이나 대졸의 경우 관심도가 오히려 낮게 나타나고 있다.

소득수준별로는 익산이 300만 원대>400만 원대>200만 원대의 순으로 높은 관심도를 나타내고 있다. 대체로 고소득의 수준에서 비교적 높은 관심도를 보이고 있고 이들 간의 유의도에서는 $p < .05$로 유의미한 조사연구의 분석이다. 남원은 100만 원대>200만 원대>100만 원

이하의 순으로 나타나고 있다. 통계적으로 보면 P > .05에서 유의미한 차이를 나타내지 않고 있다.

2) 효능감과 연령·교육수준·가계소득별 변인과의 관계

〈표 10-14〉 연령별 변인에 따른 효능감의 차이 검증

			N	Mean	Std. Deviation	F	Sig.
효능감	익산	20대	61	2.57	1.190	.732	.571
		30대	78	2.60	1.210		
		40대	67	2.40	1.115		
		50대	37	2.30	1.288		
		60대 이상	44	2.66	1.328		
		Total	287	2.52	1.211		
	남원	20대	52	2.65	1.046	.364	.834
		30대	48	2.79	1.071		
		40대	40	2.88	1.453		
		50대	35	2.91	1.095		
		60대 이상	75	2.79	.963		
		Total	250	2.79	1.103		

〈표 10-15〉 교육수준에 따른 효능감의 차이 검증

			N	Mean	Std. Deviation	F	Sig.
효능감	익산	무 학	8	2.63	1.061	1.730	.114
		초등학교	28	2.25	1.110		
		중학교	27	2.41	1.448		
		고등학교	109	2.34	1.234		
		전문학교	24	2.71	1.083		
		대학교	75	2.73	1.119		
		대학원 이상	16	3.06	1.289		
		Total	287	2.52	1.211		

			N	Mean	Std. Deviation	F	Sig.
효능감	남원	무 학	11	3.00	1.000	1.107	.359
		초등학교	56	2.59	.910		
		중학교	16	2.88	1.408		
		고등학교	56	2.93	1.319		
		전문학교	16	3.19	1.167		
		대학교	93	2.71	1.006		
		대학원 이상	2	3.50	.707		
		Total	250	2.79	1.103		

〈표 10-16〉 소득수준에 따른 효능감의 차이 검증

			N	Mean	Std. Deviation	F	Sig.
효능감	익산	100만 원 이하	90	2.52	1.283	3.301	.012
		100만 원대	118	2.37	1.153		
		200만 원대	57	2.58	1.085		
		300만 원대	15	2.73	1.438		
		400만 원대	7	4.00	.816		
		Total	287	2.52	1.211		
	남원	100만 원 이하	96	2.74	1.078	.532	.712
		100만 원대	72	2.92	1.184		
		200만 원대	57	2.79	1.081		
		300만 원대	17	2.53	1.125		
		400만 원대	8	2.88	.835		
		Total	250	2.79	1.103		

상위에서 보는 바와 같이 <표 10-14>에서 <표 10-16>은 보는 바와 같이 효능감에 대한 연령, 교육수준, 가계소득수준별 변인관계를 분석한 것이다. 연령별 변이에 따른 효능감의 차이는 먼저 익산의 경우 60대>30대>20대 순으로 나타나고 있고 이들 간의 유의도에서는 P>.05에서 유의미한 결과는 나타나지 않았다. 남원은 50대>40대>60대와 30대의 순으로 나타나고 있고, 이들 간의 유의도는 P>.05로 유의

미한 결과는 나타나지 않는다.

　교육수준별에서는 익산은 대학원과 대졸에서 높은 효능감이 나타나고 남원도 대학원졸과 전문대졸에서 높은 효능감이 나타나고 이들 간의 유의도 P>.05에서 유의미한 결과는 나타나지 않았다.

　소득수준별에서 익산은 400만 원대에서 가장 높게 나타나고 다음으로 300만 원대 순으로 나타나고 있다. 이들 간의 유의도 분석에서는 P>.05로 유의미한 결과가 나타나고 있다. 남원의 경우 100만 원대와 400만 원대에서 비교적 높게 나타나고 있고, 통계적으로 유의미한 결과는 나타나지 않는다.

　3) 기여도와 연령·교육수준·가계소득별 변인과의 관계

<표 10-17>연령별 변인에 따른 기여도의 차이 검증

			N	Mean	Std. Deviation	F	Sig.
기여도	익산	20대	61	2.84	1.280	1.257	.287
		30대	78	2.60	1.166		
		40대	67	2.51	1.078		
		50대	37	2.43	1.015		
		60대 이상	44	2.41	1.041		
		Total	287	2.58	1.137		
	남원	20대	52	2.48	1.057	5.093	.001
		30대	48	2.69	1.075		
		40대	40	2.83	1.279		
		50대	35	3.26	1.336		
		60대 이상	75	3.27	1.018		
		Total	250	2.92	1.166		

〈표 10-18〉 교육수준에 따른 기여도의 차이 검증

			N	Mean	Std. Deviation	F	Sig.
기여도	익산	무 학	8	2.25	1.581	2.399	.028
		초등학교	28	2.32	1.020		
		중학교	27	2.19	.962		
		고등학교	109	2.47	1.159		
		전문학교	24	3.00	1.022		
		대학교	75	2.84	1.139		
		대학원 이상	16	2.75	1.065		
		Total	287	2.58	1.137		
	남원	무 학	11	3.91	.831	3.914	.001
		초등학교	56	3.00	1.044		
		중학교	16	3.38	1.360		
		고등학교	56	2.95	1.285		
		전문학교	16	3.44	1.094		
		대학교	93	2.58	1.067		
		대학원 이상	2	2.50	.707		
		Total	250	2.92	1.166		

〈표 10-19〉 소득수준에 따른 기여도의 차이 검증

			N	Mean	Std. Deviation	F	Sig.
기여도	익산	100만 원 이하	90	2.53	1.220	.292	.883
		100만 원대	118	2.58	1.158		
		200만 원대	57	2.70	1.052		
		300만 원대	15	2.40	.986		
		400만 원대	7	2.57	.787		
		Total	287	2.58	1.137		
	남원	100만 원 이하	96	3.02	1.124	1.370	.245
		100만 원대	72	3.04	1.180		
		200만 원대	57	2.74	1.142		
		300만 원대	17	2.47	1.328		
		400만 원대	8	2.88	1.246		
		Total	250	2.92	1.166		

상위에서 보는 바와 같이 <표 10-17>에서 <표 10-19>는 연령, 교육수준, 가계소득수준별 변인과 기여도와의 관계를 조사연구 분석한 것이다. 우선, 연령별 변인에 있어서, 익산은 20>30대>40대의 순으로 높은 기여도를 나타내는 것으로 확인되었으며, 이는 P>.05에서 유의미한 결과는 나타나지 않는다. 남원의 경우는 연령별 변인에 있어서도 60대 이상>50대>40대 순으로 나타나고 있다. 남원의 경우 통계적으로 유의미한 차이는 나타나지 않는다(P>.05). 이 두 도시 간의 비교에서 익산은 젊은 연령대일수록 기여도가 높게 나타나는 반면 남원은 60대 이상의 연령이 상대적으로 많을수록 높은 기여도를 나타내고 있다. 남원의 경우 전통의 도시이고 지형적으로 타 도시와 관계에서 동떨어져 있기 때문이기도 하지만 고령화되어 가는 사회에서 60대의 연령에도 활동이 줄어들지 않고 적극적이라는 조사결과이다.

교육수준에서 익산은 전문대졸이 가장 높게 나타나고 다음으로 대졸과 대학원졸 순이다. 이들 간의 통계적 유의도는 p<.05로 유의미한 결과가 나타나고 있다. 남원시는 무학이 가장 높은 기여도로 나타나고 다음으로 전문대졸과 중졸 순으로 나타나고 있다. 이들 간의 유의도는 p<.05로 유의미한 결과가 나왔다.

가계소득별 변인에서 익산시는 200만 원대가 가장 높게 나타나고 있고 다음으로 100만 원대의 순으로 나타나고 있다. 남원은 100만 원대가 가장 높게 나타나고 있고 다음으로 100만 원 이하가 그다음의 순으로 조사되었다. 이들 간의 통계적 유의도 측정에서는 P>.05에서 유의미한 결과는 나오지 않았다. 익산과 남원의 두 도시 간의 비교에서도 따른 기여감의 차이 검증은 통계학적으로 유의미한 차이를 나타내지 않는 것으로 확인되었다.

4) 만족도와 연령별·교육수준별·가계소득별 변인과의 관계

〈표 10-20〉 연령별 변인에 따른 만족도의 차이 검증

			N	Mean	Std. Deviation	F	Sig.
만족도	익산	20대	61	1.97	.966	2.616	.036
		30대	78	2.24	1.047		
		40대	67	2.24	.906		
		50대	37	2.05	.970		
		60대 이상	44	2.57	1.065		
		Total	287	2.21	1.003		
	남원	20대	52	2.37	1.138	2.071	.085
		30대	48	2.46	.988		
		40대	40	2.53	1.154		
		50대	35	2.40	1.143		
		60대 이상	75	2.85	1.062		
		Total	250	2.56	1.101		

〈표 10-21〉 교육수준에 따른 만족도의 차이 검증

			N	Mean	Std. Deviation	F	Sig.
만족도	익산	무 학	8	2.00	.926	1.101	.362
		초등학교	28	2.32	1.056		
		중학교	27	2.07	1.035		
		고등학교	109	2.06	.926		
		전문학교	24	2.33	1.129		
		대학교	75	2.35	1.084		
		대학원 이상	16	2.50	.730		
		Total	287	2.21	1.003		
	남원	무 학	11	3.45	1.128	4.972	.000
		초등학교	56	2.91	.900		
		중학교	16	1.94	.998		
		고등학교	56	2.45	1.159		
		전문학교	16	2.50	1.155		
		대학교	93	2.39	1.053		
		대학원 이상	2	4.50	.707		
		Total	250	2.56	1.101		

〈표 10-22〉 소득수준에 따른 만족도의 차이 검증

			N	Mean	Std. Deviation	F	Sig.
만족도	익산	100만 원 이하	90	2.22	1.058	.388	.817
		100만 원대	118	2.20	1.017		
		200만 원대	57	2.25	.969		
		300만 원대	15	1.93	.884		
		400만 원대	7	2.43	.535		
		Total	287	2.21	1.003		
	남원	100만 원 이하	96	2.82	1.105	2.588	.037
		100만 원대	72	2.39	1.157		
		200만 원대	57	2.44	1.000		
		300만 원대	17	2.47	1.068		
		400만 원대	8	2.00	.756		
		Total	250	2.56	1.101		

상위 표에서 보는 바와 같이 <표 10-20>에서 <표 10-22>는 연령, 교육수준, 가계소득수준별 변인과 만족도와의 관계를 분석한 것이다. 우선, 연령별 변인에 있어서는 익산은 60대>30대와 40대 순으로 시정에 대한 만족도가 높은 것으로 나타났으며, 이러한 차이는 $p < .05$에서 유의미한 것으로 나타났다. 남원은 40대의 만족도가 가장 낮은 것으로 나타나고 있으나, 통계적으로 유의미한 차이는 확인되지 않았다($P > .05$).

교육수준별 변인에서 익산은 대학원 이상과 대졸, 전문대졸 순으로 만족도가 높게 나타나고 있다. 남원은 대학원 이상과 무학에서 만족도가 높게 나타나고 있다. 이들 간의 통계적 유의도는 $p < .005$로 매우 유의미한 결과가 나타났다.

가계소득별 변인에 따른 만족도의 차이 검증에서 익산은 400만 원의 소득에서 가장 높은 만족도가 나타나고 300만 원대가 가장 낮은 만족도가 나타나고 있다. 남원은 100만 원 이하가 가장 만족도가 높게 나타나고 있고 400만 원대의 고소득에서 가장 낮은 만족도가 나타나고

있다. 이들 간의 통계적 의미의 유의도는 p<.05에서 유의미한 결과가
나타났다. 특히 남원의 경우 소득이 가장 낮은 계층에서 만족도가 가
장 높게 나타나고 있고 소득이 가장 많은 계층에서 가장 불만족한 태
도를 보이고 있다.

5) 지식도와 연령·교육수준·가계소득별 변인과의 관계

〈표 10-23〉 연령별 변인에 따른 지식도의 차이 검증

			N	Mean	Std. Deviation	F	Sig.
지식도	익산	20대	61	.18	.428	.648	.629
		30대	78	.33	.767		
		40대	67	.22	.487		
		50대	37	.32	.915		
		60대 이상	44	.25	.534		
		Total	287	.26	.635		
	남원	20대	52	.62	.867	4.578	
		30대	48	.42	.679		
		40대	40	1.10	1.317		
		50대	35	1.17	1.524		
		60대 이상	75	.56	.889		
		Total	250	.72	1.070		

〈표 10-24〉 교육수준에 따른 지식도의 차이 검증

			N	Mean	Std. Deviation	F	Sig.
지식도	익산	무 학	8	.13	.354	.554	.767
		초등학교	28	.25	.441		
		중학교	27	.22	.577		
		고등학교	109	.20	.447		
		전문학교	24	.38	.576		
		대학교	75	.32	.791		
		대학원 이상	16	.38	1.258	.554	.767
		Total	287	.26	.635		

			N	Mean	Std. Deviation	F	Sig.
지식도	남원	무 학	11	.36	.505	1.987	.068
		초등학교	56	.64	.883		
		중학교	16	.94	1.340		
		고등학교	56	1.09	1.392		
		전문학교	16	.75	.683		
		대학교	93	.54	.962		
		대학원 이상	2	.50	.707		
		Total	250	.72	1.070		

〈표 10-25〉 소득수준에 따른 지식도의 차이 검증

			N	Mean	Std. Deviation	F	Sig.
지식도	익산	100만 원 이하	90	2.53	1.220	.292	.883
		100만 원대	118	2.58	1.158		
		200만 원대	57	2.70	1.052		
		300만 원대	15	2.40	.986		
		400만 원대	7	2.57	.787		
		Total	287	2.58	1.137		
	남원	100만 원 이하	96	.60	.852	2.144	.076
		100만 원대	72	.94	1.299		
		200만 원대	57	.79	1.191		
		300만 원대	17	.41	.618		
		400만 원대	8	.13	.354		
		Total	250	.72	1.070		

　　상위에서 보는 바와 같이 <표 10-23>에서 <표 10-25>는 연령, 교육수준, 가계소득수준별 변인과 지식도와의 관계를 분석한 것이다. 우선, 연령별 변인에 있어서는 익산은 30대>50대>60대의 순으로 나타난다. 남원은 50대>40대>20대의 순으로 나타난다. 이들 간의 통계적 의미에서 유의도는 p<.001에서 유의미한 것으로 나타났다.

　　교육수준별에서 익산은 전문대졸과 대학원졸이 가장 높게 나타나고 다음으로 대학교졸 순으로 나타나고 있어 교육의 정도와 지식도가 같은 수준으로 나타나고 있다. 남원지역은 고졸이 가장 높게 나타나고 있으며 다음으로 중졸이 높게 나타나고 있다. 이들 간의 통계적 유의도 분석에서는 P > .05에서 유의미한 결과는 나오지 않았다. 교육수준별로 유의미한 차이를 나타내지는 않고 있다.

　　소득 수준별에서, 익산은 200만 원 > 100만 원 > 400만 원대의 순으로 높은 관심도를 나타내고 있다. 통계적 의미에서 유의도는 p < .05에서 유의미한 차이는 나타나지 않는다. 남원의 경우는 가계소득 100만 원대에서 가장 높은 지방정치에 대한 지식도를 나타내고 있으며 다음으로 200만 원대 순으로 나타나고 있다. 이들 간의 유의도는 P > .05에서 유의미한 결과는 나타나지 않는다.

3. 주민참여 행태에 대한 빈도분석

1) 투표 및 선거운동(권유) 참여율

질문1: 2002년 지방선거 시 투표에 참여하셨습니까?

질문2: 2002년 지방선거에서 특정후보자를 찍어달라고 주위 분에게 권유해 보신 적이 있습니까?

〈표 10-26〉 투표참가 대한 빈도분석

	투표참가			
	참가	불참	기타	합계
익산시	199	88	0	287
	69.3%	30.7%	0.0%	100.0
남원시	177	71	2	250
	70.8%	28.4%	0.8%	100.0

〈표 10-27〉 투표권유에 대한 빈도분석

	투표권유			
	있다	없다	기타	합계
익산시	45	241	1	287
	15.7%	84.0%	0.3%	100.0
남원시	48	158	44	250
	19.2%	63.2%	17.6%	100.0

상위에서 보는 바와 같이 〈표 10-26〉과 〈표 10-27〉는 각 지역별 조사 대상자의 투표 및 투표권유 활동 참가 빈도를 나타낸 것이다. 우선, 2002년 6월 13일 지방선거에서 투표에 참가했는가의 여부를 묻는 질문에 대해 익산지역은 69.3%, 남원지역은 70.8%의 조사대상자가 참가했다고 응답하고 있다.

투표권유는 의무로 여겨지는 투표참가와는 달리, 지방정치 과정에의 적극적인 참여행위로 볼 수 있다. 익산은 15.7%로 나타나고 남원은 19.2%로 나타나고 있다. 익산과 남원의 조사결과에서 보는 바와 같이 우리 사회는 누구에게 투표를 권유하는 것을 대체로 꺼려하는 경향이 크다.

2) 지역사회 관련 정보 획득 매체(경로)에 대한 빈도분석

질문: 지역사회에서 발생하는 사안들에 대해서 다음의 어떤 경로를 통해 얻고 계십니까? 다음의 보기 가운데 우선순위를 매겨 번호를 적어 주십시오.(보기: 신문, TV·라디오, 시정홍보지, 입소문, 인터넷)

〈표 10-28〉 연령별·정보획득 매체(경로)별 빈도

		신 문		TV·라디오		시정홍보지		입소문		인터넷	
		평균	표준편차	평균	표준편차	평균	표준편차	평균	표준편차	평균	표준편차
20대	익산	2.67	.889	1.72	.878	4.54	.848	3.80	.980	2.26	1.237
	남원	2.71	.957	2.10	1.257	4.23	1.293	3.35	1.385	2.56	1.178
30대	익산	2.37	.927	1.73	.963	4.17	1.086	3.38	1.302	3.40	1.342
	남원	2.56	.943	1.92	.964	4.31	1.055	3.46	1.368	2.75	1.407

		신 문		TV · 라디오		시정홍보지		입소문		인터넷	
		평균	표준편차	평균	표준편차	평균	표준편차	평균	표준편차	평균	표준편차
40대	익산	2.36	.949	1.66	.946	4.06	1.071	3.25	1.235	3.67	1.364
	남원	2.68	1.141	1.68	.917	3.83	1.196	3.48	1.240.	3.40	1.499
50대	익산	2.51	.804	1.22	.712	4.22	.750	3.11	1.048	3.97	1.236
	남원	2.94	1.305	1.51	.853	3.11	1.078	3.03	1.071	4.29	1.296
60대	익산	2.32	.800	1.27	.624	3.84	.805	2.77	.859	4.80	.462
	남원	2.93	1.082	1.43	.841	3.51	.760	2.52	1.005	4.29	1.029
합계	익산	**2.44**	**.894**	**1.57**	**.885**	**4.18**	**.975**	**3.31**	**1.167**	**3.51**	**1.443**
	남원	**2.78**	**1.082**	**1.71**	**1.005**	**3.81**	**1.135**	**3.10**	**1.267**	**4.57**	**1.029**

상위에서 보는 바와 같이 <표 10-28>은 지역사회에서 해당 주민들
이 지역사회와 관련된 정보를 얻기 위해 가장 자주 접하는 매체(경로)
를 알아보기 위한 내용을 질문한 결과이다. 평균값은, 가장 많이 이용
하는 매체 순으로 1-5번까지 순위를 적은 결과를 정리한 것이므로,
값이 적을수록 자주 이용하는 매체라고 볼 수 있다.

매체별 이용 빈도를 살펴보면, 익산지역은 TV · 라디오 > 신문 > 입소
문 > 인터넷 > 시정홍보지 순으로 나타나고 있다. 또한 남원지역에서도
TV · 라디오 > 신문 > 입소문 > 시정홍보지 > 인터넷의 순으로 나타나고
있다. 대체로 두 지역이 비슷한 분포를 나타내고 있으나, 익산은 시정
홍보지보다는 인터넷을 통하여 정보를 듣는 비율이 우선적으로 나타나
는 반면 남원은 인터넷보다는 시정홍보지를 통하여 정보를 듣는다고
응답하였다. 따라서 다른 순위의 경로는 차이가 없으나 인터넷과 시정
홍보지를 통하여 듣는다는 조사연구의 결과이다.

IV. 주민참여 의식과 참여행태에 대한 변량분석

1. 주민참여의식의 결정요인에 대한 분석

익산과 남원지역 주민의 참여의식에 영향을 미치는 요인들을 확인하기 위해 참여의식과 사회 환경적 요인 간의 변량분석을 시도하였다. 여기서 주민의 참여의식을 시민의식이라고 규정하고, 이러한 시민의식은 조사대상자들의 참여의식 수준을 나타내는 4가지 지표, 즉 지역사회에 대한 관심도, 효능감, 기여도, 그리고 지식도를 합한 값으로 산출하였다. 시민의식 평균값은 관심도 평균값과 효능감 평균값, 기여도 평균값, 지식도 평균값을 모두 합한 값에 대한 평균값을 말한다.

1) 시민의식과 성별에 따른 변인과의 관계

<표 10-29> 성별에 다른 시민의식의 차이 검증

			N	Mean	Std. Deviation	F	Sig.
시 민 의 식	익산	남자	136	8.7941	2.76785	7.530	.006
		여자	151	7.9139	2.66318		
		Total	287	8.3310	2.74407		
	남원	남자	121	9.5537	2.94378	.103	.748
		여자	127	9.6772	3.10116		
		Total	248	9.6169	3.01991		

상위에서 보는 바와 같이 <표 10-29>는 각 도시별로 성별에 다른 시민의식의 차이를 알아보기 위한 변량분석의 결과이다. 익산지역의 경우, 남자의 시민의식(평균값=8.7941)이 여자의 시민의식(평균값=7.9139)보다 다소 높은 것으로 나타나고 이들 간의 통계적으로 유의미한 차이는 p

<.05로 유의미한 결과가 나타난다. 남원지역은 남자의 시민의식(평균값 =9.5537)이 여자의 시민의식(평균값=9.6772)보다 약간 낮게 나타났지만 유의적 차이는 보이지 않았다(P >.05). 참고로, 익산과 남원 두 도시 간의 시민의식은 익산(8.3310)이 남원(9.6169)보다 다소 낮은 것으로 나타나고 있지만, 통계적으로 유의미한 차이는 확인되지 않았다.

2) 시민의식과 연령별 변인과의 관계

〈표 10-30〉 연령에 따른 시민의식의 차이 검증

			N	Mean	Std. Deviation	F	Sig.
시 민 의 식	익산	20대	61	8.6066	2.73422	1.829	.123
		30대	78	8.8205	2.83184		
		40대	67	8.2090	2.42173		
		50대	37	7.5405	3.09654		
		60대 이상	44	7.9318	2.64485		
		Total	287	8.3310	2.74407		
	남원	20대	52	8.5769	2.91948	4.680	.001
		30대	48	9.1250	2.65478		
		40대	40	9.7250	3.83631		
		50대	35	11.2000	3.03703		
		60대 이상	75	9.8533	2.44780		
		Total	250	9.6160	3.01078		

상위에서 보는 바와 같이 <표 10-30>는 익산과 남원시의 연령별 변인과 시민의식과의 변량분석 결과이다. 우선 연령대별 평균값을 살펴보면, 익산은 30대>20대>40대의 순으로 참여의식이 높은 것으로 나타났다. 즉 40대에서 50대보다는 30에서 20대에서 시민의식이 높게 나타난다. 통계학적으로 유의도는 P >.05 수준에서 유의미적인 차이를 나타내지는 않는다. 남원지역의 경우, 50대>60대>40대의 순으로 높은

시민의식을 나타내고 있고, 통계적인 유의도는 p<.05에서 유의미한 차
이를 나타나고 있다.

3) 시민의식과 교육수준별 변인

<표 10-31> 교육수준에 따른 시민의식의 차이 검증

			N	Mean	Std. Deviation	F	Sig.
시 민 의 식	익산	무 학	8	7.6250	3.46152	4.292	.000
		초등학교	28	7.0357	2.39571		
		중학교	27	7.1852	2.58750		
		고등학교	109	8.0826	2.65319		
		전문학교	24	9.3750	1.99592		
		대학교	75	9.1200	2.75072		
		대학원 이상	16	9.3125	3.13515		
		Total	287	8.3310	2.74407		
	남원	무 학	11	11.0909	2.21154	2.914	.009
		초등학교	56	9.1786	2.27322		
		중학교	16	10.6250	3.48090		
		고등학교	56	10.3750	3.68072		
		전문학교	16	10.5625	2.94321		
		대학교	93	8.8817	2.78525		
		대학원 이상	2	11.0000	1.41421		
		Total	250	9.6160	3.01078		

위에서 보는 바와 같이 <표 10-31>은 각 도시별 교육수준의 차이
와 시민의식과의 관계에 대해 분석한 결과이다. 표에 나타난 학력별
평균값을 살펴보면 익산의 경우, 전문대졸>대학원졸>대졸 순으로 높
은 시민의식을 나타내고 있으며, 이는 통계학적으로 p<.001 수준에서
유의적인 차이를 나타내고 있다. 즉 초등학교 졸업부터 고등학교 졸업
까지 학력이 높아질수록 시민의식이 높아져, 고졸수준의 학력을 가진

경우가 시민의식이 가장 높은 것으로 나타났다. 남원지역은 무학>대학
원졸>전문대졸 순으로 시민의식이 높게 나타나고 있고 이들 간의 통
계적 유의도는 p<.05로 유의미한 결과가 나타난다. 익산과 남원지역의
비교에서 익산보다는 남원이 무학과 대학원졸이 비교적 높게 나타나고
있고 유의도에서는 익산과 남원이 모두 유의한 결과가 나타났다.

4) 시민의식과 가계소득별 변인

〈표 10-32〉 가계소득에 따른 시민의식의 차이 검증

		N	Mean	Std. Deviation	F	Sig.
시민의식	익산 100만 원 이하	90	8.1556	3.03874	2.054	.087
	100만 원대	118	8.0847	2.53379		
	200만 원대	57	8.6140	2.47671		
	300만 원대	15	9.2000	2.39643		
	400만 원대	7	10.5714	3.99404		
	Total	287	8.3310	2.74407		
	남원 100만 원 이하	96	9.5417	3.00497	1.956	.102
	100만 원대	72	10.1944	3.30871		
	200만 원대	57	9.5965	2.61083		
	300만 원대	17	8.1765	2.94184		
	400만 원대	8	8.5000	2.13809		
	Total	250	9.6160	3.01078		

상위 표에서 보는 바와 같이 <표 10-32>는 각 도시별 조사대상자의
가계소득별 변인과 시민의식과의 관계를 분석한 결과이다. 익산지역의
조사 분석 결과를 살펴보면 400만 원대>300만 원대>200만 원대의 순
으로 시민의식이 높은 것으로 나타났다. 즉 가계소득 수준이 높아질수
록 시민의식도 높아진다고 볼 수 있으며, 이는 통계학적으로 p<.05 수
준에서 유의적인 차이가 나타나지 않았다. 남원지역은 100만 원대>200

만 원대＞100만 원 이하 등 순으로 나타나고 있으며, 이들 간의 유의도
는 P＞.05로 유의미한 결과는 나타나지 않았다. 대체로 익산과 남원은
소득수준이 낮은 편이며 익산보다는 남원이 소득수준이 더욱 낮게 나타
난다. 이들 간의 표준편차는 익산이 2.74407이고 남원이 3.01078로 익산
보다는 남원이 비교적 높게 나타난다.

5) 시민의식과 거주기간별 변인

〈표 10-33〉 현지 거주기간별 시민의식의 차이 검증

			N	Mean	Std. Deviation	F	Sig.
시민의식	익산	0-9년	61	8.8689	2.80758	1.540	.178
		10-19년	77	8.3636	2.68480		
		20-29년	60	8.1167	2.76842		
		30-39년	31	8.5806	2.63026		
		40-49년	23	8.5217	1.97414		
		50년 이상	35	7.3429	3.11489		
		Total	287	8.3310	2.74407		
	남원	0-9년	31	9.0323	2.54930	3.090	.010
		10-19년	39	8.9744	3.49802		
		20-29년	66	9.2727	2.84765		
		30-39년	34	9.5294	2.82022		
		40-49년	39	9.7436	3.20951		
		50년 이상	41	11.1707	2.65426		
		Total	250	9.6160	3.01078		

위에서 보는 바와 같이 ＜표 10-33＞은 조사대상자의 현지 거주기간
과 시민의식과의 관계를 분석한 것이다. 익산지역은 거주기간 0-9
년＞30년-39년＞40-49년 순으로 높게 나타나고 있으나 통계학적으로
유의도 P＞.05로 유의미한 차이는 나타나지 않았다. 그리고 남원지역은
대체로 50년 이상＞0-49년＞30-39년＞20-29년 순으로 거주기간이

길수록 시민의식이 높게 나타나고 있다. 이들 간의 통계적 유의도는 p
<.05로 유의미한 결과가 나타났다.

익산과 남원의 비교에서도 익산보다는 남원이 현지 거주지가 오래될
수록 시민의식이 높게 나타나고 익산보다는 남원이 비교적 높게 나타
나고 있다.

6) 시민의식과 거주지별 변인

〈표 10-34〉 거주지(市·郡)별 시민의식의 차이 검증

		N	Mean	Std. Deviation	F	Sig.
시민의식	舊이리시지역	215	8.3953	2.80136	.470	.493
	舊익산군지역	72	8.1389	2.57455		
	Total	287	8.3310	2.74407		

상위 표에서 보는 바와 같이 <표 10-34>는 1995년 이전의 이리시
지역과 익산군의 통합 이후 익산시를 기준으로 시민의식의 차이를 검
증하는 내용이다. 그 결과를 보면, 통합 이전 군 지역이었던 곳에 거주
하는 조사대상자의 시민의식이 시 지역 거주 조사대상자보다 다소 높
은 것을 확인할 수 있다. 통계적으로 익산시의 통합 이전과 이후의 유
의수준은 P>.05 수준에서 유의미적인 차이를 나타내지는 않는 것으로
조사 연구되었다.

V. 주민참여의식과 참여행태에 대한 변량분석

주민의식과 참여행태 간의 상관관계에 대한 분석은 아래와 같다. 우

선, 시민의식은 지방정치에 대한 관심도, 효능감, 기여도, 그리고 지식도
의 값을 설문에서 5점 척도를 사용했으므로, 각각 1에서 5 가운데 하나
의 값을 갖게 되고, 그 값이 높아질수록 시민의식이 높은 것으로 해석
된다. 이러한 시민의식의 정도와 참여행태와의 관계, 즉 투표참가, 투표
권유, 공청회 참여, 집단시위, 서명, 청원/진정, 조례감사청구, 인터넷
민원, 청탁의 9가지 유형별 참여와 시민의식의 정도와의 상관 분석을
시도하였으며, 그 결과를 나타낸 것이 아래의 <표 10−35>와 <표 10−
36>이다.

〈표 10−35〉 시민의식(익산)

		Frequency	Percent
Valid	3.00	12	4.2
	4.00	13	4.5
	5.00	22	7.7
	6.00	29	10.1
	7.00	32	11.1
	8.00	40	13.9
	9.00	39	13.6
	10.00	37	12.9
	11.00	32	11.1
	12.00	18	6.3
	13.00	7	2.4
	14.00	3	1.0
	16.00	1	.3
	18.00	1	.3
	19.00	1	.3
	Total	287	100.0

〈표 10-36〉 시민의식(남원)

		Frequency	Percent
Valid	3.00	2	.8
	4.00	6	2.4
	5.00	10	4.0
	6.00	15	6.0
	7.00	35	14.0
	8.00	26	10.4
	9.00	31	12.4
	10.00	29	11.6
	11.00	40	16.0
	12.00	19	7.6
	13.00	10	4.0
	14.00	11	4.4
	15.00	7	2.8
	16.00	4	1.6
	17.00	1	.4
	18.00	2	.8
	19.00	2	.8
	Total	250	100.0

상위 표에서 보는 바와 같이 익산지역의 시민의식의 조사결과는 시민의식의 정도와 참여행태와의 관계, 즉 투표참가, 투표권유, 공청회 참여, 집단시위, 서명, 청원/진정, 조례감사청구, 인터넷 민원, 청탁의 9가지 유형별 참여와 시민의식의 정도를 나타낸 것이다.

전체적인 분석결과는, 투표참가 등 대부분의 지방정치의 참여유형들에서는 정도의 차이는 있지만, 시민의식이 높을수록 참여가 높다는 점이 확인되었다는 것으로 정리할 수 있겠다. 특히 투표참가는 시민의식과 밀접한 상관관계가 확인되어, 시민의식을 가름할 수 있는 중요한 지표가 될 수 있음을 통계적으로 확인하였다.

〈표 10-37〉 익산시의 시민의식과 참여행태 간 상관분석

		투표 참가	투표 권유	공청회 참여	집단 시위	서명	청원／진정	조례감 사청구	인터넷 민원	청탁
시민의식		.196	.118	.177	.005	.143	.079	.	.171	-.007
		.001	.045	.003	.933	.015	.181	.	.004	.904
	N	287	287	287	287	287	287	287	287	287

〈표 10-38〉 남원시의 시민의식과 참여행태 간 상관분석

		투표 참가	투표 권유	공청회 참여	집단 시위	서명	청원／진정	조례감 사청구	인터넷 민원	청탁
시민의식		.250	.258	.207	-.006	.077	.043	.198	.058	-.055
		.000	.000	.001	.929	.223	.498	.002	.362	.385
	N	250	250	250	250	250	250	250	250	250

우선 〈표 10-37〉에 나타난 익산시의 결과를 살펴보면, 투표참가(r=.196, p<.005), 투표권유(r=.118, p<.05), 공청회 참여(r=.177, p<.005), 서명(r=.143, p<.05), 인터넷 민원(r=.171, p<005)은 정도의 차이는 있으나 모두 시민의식과 정(正)의 상관관계를 나타내며, 통계적으로 유의미한 유의수준을 나타내고 있고 이 밖에 집단시위, 청원진정 청탁과 같은 유형은 시민의식과 통계학적으로 유의미한 관계가 확인되지 않았다.

〈표 10-38〉에 나타난 바와 같이, 남원시의 경우 투표참가, 투표권유, 공청회참여 조례감사청구 등 모든 참여유형에서 정(正)의 상관관계를 나타내는 것으로 나타났지만, 투표참가(r=.250, p<.000)와 공청회 참여(r=.207, p<.005)만이 통계적으로 유의미한 유의수준을 나타냈으며, 나머지는 모두 통계학적인 유의수준을 나타내지 못하고 있다.

전체적인 분석결과는, 투표참가 등 대부분의 지방정치의 참여유형들에서는 정도의 차이는 있지만, 시민의식이 높을수록 참여가 높다는 점이 확인되었다는 것으로 정리할 수 있겠다.

VI. 주민참여 강도의 변량분석

주민참여의 강도와 사회 환경적 변인 간의 관계를 알아보기 위한 변량분석은 다음과 같이 조사·연구되었다. 앞에서 살펴본 시민의식이 조사대상자의 주관적·관념적 인식의 정도를 측정한 것이라면 주민참여 강도는 각 유형별 참여형태, 즉 투표참여, 선거운동참여, 공청회참여, 집단시위참여, 서명참여 등의 값을 합한 수치를 말하고 실제 지역정치 과정에의 참여 여부를 묻는 객관적·경험적 측정결과라는 점에서 그 차이를 나타낸다.

1. 참여강도와 성별 변인과의 관계

〈표 10-39〉 성별에 따른 참여강도의 차이 검증

			N	Mean	Std. Deviation	F	Sig.
참여강도	익산	남자	215	4.3581	1.87634	.302	.583
		여자	72	4.2222	1.62916		
		Total	287	4.3240	1.81569		
	남원	남자	121	3.9917	1.75355	1.996	.159
		여자	127	3.6850	1.66524		
		Total	248	3.8347	1.71233		

상위 표에서 보는 바와 같이 〈표 10-39〉은 각 도시별로 성별 변인에 따른 참여강도의 차이를 분석한 결과이다. 표의 내용을 살펴보면, 우선 익산지역은, 남성의 참여강도(평균값 4.3581)가 여성(4.2222)보다 약간 높게 나타나고 있으나, 통계학적인 유의수준은 P>.05의 수준에서 유의미한 결과는 나타나지 않는다. 남원지역의 경우는 남성의 참여강도

의 수치(3.9917)가 여성(3.6850)보다 다소 높게 나타나고 있으며, 이는 통계적으로 P>.05의 유의수준에서 유의적 관계를 나타내지는 않는다. 익산과 남원의 도시 간 참여강도 비교에서는 익산지역(4.3240)이 남원지역(3.8347)보다 다소 높은 수치를 나타내고 있다.

2 참여강도와 연령별 변인과의 관계

〈표 10-40〉 연령별 변인에 따른 참여강도의 차이 검증

			N	Mean	Std. Deviation	F	Sig.
참여강도	익산	20대	61	5.1967	2.17424	6.174	.000
		30대	78	4.2949	1.64442		
		40대	67	4.1791	1.78313		
		50대	37	4.1351	1.91721		
		60대 이상	44	3.5455	.87483		
		Total	287	4.3240	1.81569		
	남원	20대	52	4.1154	1.86457	3.832	.005
		30대	48	3.9792	1.79230		
		40대	40	4.2500	1.98391		
		50대	35	4.0571	1.67934		
		60대 이상	75	3.2133	1.18884		
		Total	250	3.8320	1.70629		

위의 표에서 보는 바와 같이 <표 10-40>은 연령별 변인과 참여강도 간의 관계를 분석한 결과이다. 익산지역의 연령대별 참여강도는 20대>30대>40대 순으로 높게 나타나고 있으며, 대체적으로 20-30대의 젊은 층의 참여강도가 상대적으로 높음을 확인할 수 있다. 이러한 관계는 통계적으로도 p<.001 유의수준에서 유의미한 관계를 나타내고 있다. 남원의 경우는 40대>20대>50대 순으로 참여강도가 나타나고

있다. 익산은 통계적으로 참여강도 간에는 P >.001 유의수준에서 유의미한 관계가 나타나고 있다. 즉 익산지역은 20대와 30대의 수준에서 참여강도가 높게 나타나고 있음이 이번 조사·연구에서 나타나고 있다. 또한 남원의 경우에서도 통계적인 유의수준에서 p <.05로 유의미한 차이가 나타나고 있다. 따라서 익산은 대체로 20-30대의 참여강도가 높게 나타나는 반면 남원은 40대와 20대가 비교적 높게 나타나고 있다.

3. 참여강도와 교육수준별 변인과의 관계

〈표 10-41〉 교육수준별 변인에 따른 참여강도의 차이 검증

			N	Mean	Std. Deviation	F	Sig.
참여강도	익산	무 학	8	3.5000	.75593	8.129	.000
		초등학교	28	3.3571	.67847		
		중학교	27	3.5185	.80242		
		고등학교	109	4.0459	1.51771		
		전문학교	24	4.5833	1.95419		
		대학교	75	5.3600	2.33447		
		대학원 이상	16	4.4375	1.41274		
		Total	287	4.3240	1.81569		
	남원	무 학	11	3.3636	1.20605	3.740	.001
		초등학교	56	3.0536	1.11876		
		중학교	16	4.5000	2.50333		
		고등학교	56	3.9464	1.61155		
		전문학교	16	4.5625	1.96532		
		대학교	93	4.0108	1.76003		
		대학원 이상	2	5.5000	.70711		
		Total	250	3.8320	1.70629		

상위 표에서 보는 바와 같이 <표 10-43>은 각 도시별로 교육수준과 참여강도와의 관계를 분석한 결과이다. 익산지역은, 대졸>전문대

졸>대학원 이상의 순으로 참여강도에서 높은 수치를 나타내고 있다. 남원지역은 대학원 이상>전문대졸>중졸의 순으로 나타나고 있다. 익산은 통계적 유의수준은 p<.001 수준에서 유의미한 차이를 나타나고 있고 남원도 p<.05의 수준에서 유의미한 차이를 나타내고 있다. 남원지역은 교육수준이 높을수록 참여강도가 높아진다는 점을 확인할 수 있으며, 익산도 고등학교 수준과 대학의 수준에서 교육수준이 높을수록 참여강도도 높아진다고 조사·연구된다. 전체적으로 교육의 수준이 높을수록 참여의 강도가 높다는 연구결과이다.

4. 참여강도와 가계소득별 변인과의 관계

〈표 10-44〉 가계소득별 변인에 따른 참여강도의 차이 검증

			N	Mean	Std. Deviation	F	Sig.
참여강도	익산	100만 원 이하	90	4.0778	1.46286	4.196	.003
		100만 원대	118	4.1356	1.75370		
		200만 원대	57	4.7544	1.80555		
		300만 원대	15	4.6667	2.43975		
		400만 원대	7	6.4286	3.50510		
		Total	287	4.3240	1.81569		
	남원	100만 원 이하	96	3.4896	1.58940	2.322	.057
		100만 원대	72	4.2778	1.77797		
		200만 원대	57	3.7719	1.67990		
		300만 원대	17	4.0000	1.73205		
		400만 원대	8	4.0000	2.00000		
		Total	250	3.8320	1.70629		

상위 표에서 보는 바와 같이 <표 10-44>는 각 도시별 조사대상자의 가계소득 수준의 차이가 참여강도와 어떤 관계를 나타내는지를 분

석한 결과이다. 익산지역은 400만 원대>200만 원대>300만 원대의 순
으로 참여강도가 높은 것으로 나타나고 있고, 통계적 유의도는 p<.005
에서 유의미한 결과가 나타났다. 남원지역은 100만 원대>300만 원과
400만 원대>200만 원대의 순으로 높은 참여강도를 나타내고 있다. 하
지만 전체적으로 보면 가계소득이 높은 수준을 가진 조사대상자가 가
장 참여강도가 높은 것으로 확인되며 남원은 100만 원대에서 참여강도
가 높게 나타나는 것이 이색적이다.

5. 참여강도와 현지 거주기간별 변인과의 관계

〈표 10-43〉 거주기간별 변인에 따른 참여강도의 차이 검증

			N	Mean	Std. Deviation	F	Sig.
참여강도	익산	0-9년	61	4.9836	1.92779	3.573	.004
		10-19년	77	4.2208	1.78166		
		20-29년	60	4.3500	2.01541		
		30-39년	31	4.5161	1.89510		
		40-49년	23	3.5217	1.30974		
		50년 이상	35	3.7143	1.04520		
		Total	287	4.3240	1.81569		
	남원	0-9년	31	3.7097	1.63694	.351	.881
		10-19년	39	3.9231	1.99189		
		20-29년	66	3.8182	1.36899		
		30-39년	34	4.1176	2.01155		
		40-49년	39	3.8205	1.89003		
		50년 이상	41	3.6341	1.56135		
		Total	250	3.8320	1.70629		

상위에서 보는 바와 같이 <표 10-42>는 현지에 계속 거주해 온 기
간과 참여강도와의 관계를 분석한 결과이다. 익산지역은 0-9년>30-

39년>20－29년의 순으로 높은 참여강도를 나타나고 있다. 남원지역의 경우는 30－39년>10－19년>40－49년의 순으로 나타나고 있다. 현지 거주기간에 따른 참여강도의 차이는 익산의 경우 통계적으로도 p<.05 유의수준에서 유의미한 관계가 있는 반면에 남원은 P>.05의 수준에서 유의미한 결과는 나타나지 않고 있다.

6. 참여강도와 거주지(市・郡)별 변인과의 관계

〈표 10－43〉 거주지(市・郡)별 변인에 따른 참여강도의 차이 검증

		N	Mean	Std. Deviation	F	Sig.
참여강도	이리시 지역	215	4.3581	1.87634	.302	.583
	익산군 지역	72	4.2222	1.62916		
	Total	287	4.3240	1.81569		
	남원시 지역					
	남원군 지역					
	Total					

상위 표에서 보는 바와 같이 <표 10－43>은 도농통합시인 익산지역을 대상으로 통합이전 군(郡)지역이었던 지역에 거주하는 주민과 시(市) 지역에 거주하는 주민 간의 참여강도에 있어서의 차이를 분석한 것이다. 두 지역의 참여강도의 수치(평균값)는 별로 차이가 나타나지 않고 있으며, 통계적으로도 유의미한 관계는 확인되지 않고 있다. 거주지(市・郡)별 변인은 참여강도에 거의 영향을 미치지는 않는다는 점을 확인할 수 있다.

VII. 결 론

익산지역과 남원지역의 시민의식과 주민참여 행태를 요약하면 다음과 같다. 우선, 주민들의 지역정치에 대한 의식을 측정하는 지표로 사용한, 관심도, 효능감, 기여도, 만족도, 그리고 지식도에 대한 분석을 하였다. 우선 관심도에 있어서는 익산과 남원 지역주민들이 2 / 3 정도가 지역정치에 대해 보통 이상의 관심을 가지고 있다. 주민들의 참여에 대한 효능감과 기여도에서는 부정적 인식이 강하게 나타나고 있으며 전반적으로 낮은 수준을 나타냈으며, 시정에 대한 만족도는 상당히 부정적인 것으로 확인되었다. 특히 익산의 경우, 만족도가 더욱 부정적인 것으로 나타나고 있다. 지방정치의 지식도에 있어서는 익산은 80%가 시의원 중 단 한 명도 알지 못한다고 한 반면 남원은 익산보다는 좀 더 나은 결과가 나왔다.

지방정치에의 참여방식에 대해서는 가장 핵심적이며 전형적인 참여방식인 투표참가율은 70% 가까운 주민이 투표에 참여하고 있는 것으로 조사되고 보다 적극적인 참여방식인 투표권유 활동의 경험 여부에 대한 빈도는 20%도 미치지 못하는 정도로 상당히 낮게 나타났다. 지역주민의 지역정치의 무관심을 반영하는 하나의 지표로 해석할 수 있다. 그리고 참가유형별로는, 서명에 참가한 경험이 있는 빈도가 다른 유형에 비해 압도적으로 높게 나타나고 있으며, 다음으로 인터넷을 통한 민원제기이지만 미미한 수준에서 응답하였고 다른 참여 경로는 지극히 저조한 결과로 나타났다.

다음으로, 주민들이 지역사회에 관한 정보를 획득하기 위해 주로 이용하는 매체에 관해서는, 대체로 TV · 라디오와 신문, 그리고 입소문의 순으로 나타나고 있다. 다만 대다수의 주민들이 가정에서 인터넷을 사용하고 있지만 인터넷이 정보의 수단으로 사용한다는 응답이 저조하게 나왔다. 따라서 인터넷의 활용방안과 지역사회에서 시정 홍보를 위한 대안으로 인터넷 활용의 수준을 향상시킬 필요가 있겠다.

익산과 남원 주민들의 지역사회에 대한 관심도, 효능감, 기여도, 지식도 등을 종합한 시민의식과 사회 환경적 변인과의 관계에 대한 분석에서는, 남성의 시민의식이 여성의 시민의식보다 약간 높게 나타났으며 통계학적으로 유의미한 결과가 나왔다. 학력과 시민의식과는 통계학적으로 유의미한 차이를 보이고 있다. 그리고 다소의 차이는 있지만, 젊은 층에서 중·장년층으로 갈수록, 그리고 가계소득수준이 높아질수록 시민의식도 높아진다는 점이 통계학적으로 확인되었다. 현지 거주기간과 시민의식과의 관계에 있어서는, 대체로 10-29년의 거주기간을 가진 조사대상자들보다 30년부터 50년 이상까지의 거주기간을 갖고 있는 조사대상자들의 익산주민보다는 남원주민이 시민의식이 높게 나타났다.

시민의식과 참여형태 간의 관계분석에서는, 우선 익산시의 경우, 투표참가와 투표권유의 상관계수가 -.196과 -.122로 나타나 시민의식과 부(否)의 상관관계를 나타내고 있고, 집단시위, 서명, 인터넷 민원은 모두 시민의식과 정(正)의 상관관계를 나타내고 있으며, 이는 통계학적으로 유의미한 유의수준을 나타내고 있다. 이 밖에 청원/진정, 청탁과 같은 유형은 시민의식과 통계학적으로 유의미한 관계가 확인되지 않았다. 그리고 남원시의 경우, 익산과 마찬가지로 투표참가, 집단시위, 청탁은 시민의식과 높은 부(否)의 상관관계를 나타내고, 공청회 참여와 조례감사 청구 등을 제외한 나머지의 참가유형들에서는 모두 정(正)의 상관관계를 나타내는 것으로 나타났지만, 통계학적인 유의수준을 나타내지 못하고 있다.

마지막으로 사회 환경적 변인에 따른 참여강도의 차이를 분석한 결과는, 우선, 남성의 참여강도가 여성보다 높게 나타나고 있으며, 익산과 남원의 도시 간 참여강도의 비교에서는 익산지역이 남원지역보다 다소 높은 수치를 나타내고 있다. 연령별로는 대체적으로 20-30대의 젊은 층의 참여강도가 상대적으로 높으며, 교육수준이 높을수록 참여강도가 높아진다는 점도 확인할 수 있었다. 소득별로는 익산은 200만 원대의 가계소득 수준을 가진 조사대상자가 가장 참여강도가 높고 남원은 100만 원대 가계소득이 참여강도가 높게 나타나고 있다. 그리고 현지 거주기간에 따른 참여강도의 차이는 익산은 거주기간이 짧을수록 남원은 30-39년에서 상대적으로 높게 나타나고 있다. 거주지(市·郡)별 변인 역시 참여강도에 거의 영향을 미치지는 않는다는 점을 확인할 수 있었다.

I. 서 론

1. 연구의 목적과 필요성

  지방정부에 대한 지역 도시민들의 정치의식은 지방을 이해하는 중요한 단서가 된다. 지방정부하에서 도시민의 정치의식은 지방정부의 특성과 정책방향의 척도가 될 수 있으며 해당지역의 지방문화를 이해할 수 있다.

  본 연구는 버바와 나이(Verba & Nie 1972; 1987), 그리고 페리와 그의 동료(Parry et al. 1992)의 연구 결과를 참조하여 사회 환경적 변인과 정치의식을 분류하여 조사하고 이들이 참여유형이 어떻게 나타나는가를 연구하였다. 버바와 나이(Verba & Nie 1972; 1987)는 '시민의식'이란 고도의 참여적 의식으로 정치관심도, 정치지식도, 정치 효능감,

지역사회 기여도로 구성된다고 정의하고 있다.

지방정치에서 지역 도시민의 정치행태는 사회적 변인에 의해서 많이 작용된다고 연구되어 왔다. 버바와 나이(Verba & Nie 1972)는 지방정치에서 해당 지역민의 교육 정도와 직업, 소득 등 사회 경제적 변수와 시민의식 간의 다중 상관관계 계수가 강하게 있다고 주장한다.

즉 지역 도시민의 교육의 정도와 직업, 소득수준은 개인이 점유하는 사회경제적인 지위이다. 이러한 사회경제적 지위는 시민의식이라는 정부에 대한 도시민의 의식을 형성하기에 충분하다. 이러한 시민의식은 제도적 변인에 해당하는 자발적 가입단체, 정당관여도 등의 변수가 도시민의 참여에 영향을 미치게 된다.

주민참여는 지방선거에 대한 저조한 투표율은 지방자치에 대한 국민적 무관심과 냉소적 태도를 반영하고 있다. 또한 지방정부에 대한 주민참여율은 낮은 수준에 머물고 있는 실정이다. 이에 지방정부에 대한 주민참여의 수준을 제고하는 연구의 필요성이 대두되고 다양한 참여양태가 모색되었다. 학문적 분야에서는 다양한 방법의 참여의식과 참여실태를 파악하고 평가하여 개선방안을 제시하기도 하였다. 그러나 연구의 관심에 초점이 참여방식에 국한되어 연구되는가 하면 지방행정에 참여방법인 반상회, 공청회, 각종 위원회를 통한 참여를 다루는 데 그 한계를 노정시켰다.

본 연구는 지역 도시민들의 지방정부에 대한 태도와 참여 요소를 중점적으로 조사하고 해당 지역 도시민의 참여의식과 행태를 살펴볼 필요가 있겠다. 이러한 참여의식을 전국적 차원에서 조사 분석하여 지역별 특성과 도시 간 차이와 유의점을 하나의 스펙트럼으로 분석하고자 한다. 지역 간의 도시민의 태도와 가치관 활용 요소로 무엇을 가장 소중하게 생각하는지를 파악하고 이들의 활동의 기준점이 무엇인가를 연구함을 목적으로 한다.

2 분석 틀과 연구문제

본 연구는 경기도(2개 도시), 충청도(4개 도시), 전라도(4개 도시), 경상도(4개 도시)를 각각 선정하여 해당 지역민들의 사회 환경적 변인과 정치에 대한 의식 정도 그리고 지방정치의 활동요소를 조사 연구하였다.

먼저 연구를 위해 각 지역별 확률 표집 방식으로 표본 집단을 선정하였다. 먼저 각 도별 도시별 거리와 도시농촌 통합도시를 선정하였다. 각 도별 기초적인 인구 통계학적 수치와 인구 분포를 감안하여 조사하였다.

다음으로 사회 환경적 변이는 도시거주기간, 최종학력 정도, 종교 정도, 가계소득 정도를 조사하였다. 다음으로 정치에 대한 인식 정도에 있어서는 지방정치에 대한 관심도, 효율성, 기여도, 지식도, 만족도 등을 설문조사하였다. 마지막으로 지역사회에 대한 여러 가지 문제들의 정보경로를 조사하였다. 각각의 사항에 대해서 정보경로로 얼마나 활용하는가를 우선순위 1위에서 5순위까지 지정토록 하였다. 마지막으로 지역사회 활동 요소는 중요도를 1순위에서 5순위로 지정토록 하여 설문조사하였다.

설문내용은 통계 분석하였다. 우선 빈도분석과 유의도 측정, 그리고 각 설문내용에 대한 우선순위를 조사하였다.

본 연구는 전국단위의 광범위한 지역을 대상으로 해당 지역 도시민의 지역사회에 대한 관심도와 효율성, 그리고 기여도 만족도를 측정하고 지역 활동 요소로 중요시하는 사항을 설문·조사하여 분석하였다.

Ⅱ. 기존 연구의 논의

주민참여(Citizen Participation)에 관한 연구는 행정학적 측면과 정치학적 차원에서 논의해 볼 수 있다. 주민참여는 1960년대와 70년대의 신행정학 연구에 초점을 두고 발전하여 왔다. 당시 주민참여는 행정관료와 주민을 연결하는 협조모델(consociated model) 및 고객과 조직 간의 교호작용(client organization interaction)을 강조하고 있다.

국민이 주권자로서 지방정부의 주민참여는 이미 보편화된 개념이다. 주민참여란 지역사회의 일반주민이 참여를 통하여 공적으로 결정권을 가지고 있는 사람에게 영향력을 행사하는 것이다. 사회가 복잡해지고 주민의 요구가 다양해짐에 따라 지방정부는 다양해진 주민의 요구를 받아들이기 위해서 주민참여가 필연적이라 하겠으며 참여의 바탕 위에 지방정부의 목표를 달성하는 기능은 현대행정의 책임이다. 주민참여는 국가행정의 통치구조하에서 상실되어 온 시민적 권리와 지위의 회복을 위한 운동이며 현대의 간접민주주의의 문제점에 대해서 보완적인 역할이 기대되는 새로운 사회원리라 할 수 있다.

주민참여란 공공사무에 대해서 일반인이 그 지역사회 구성원들에게 영향을 미치는 사항에 대하여 일정한 통제를 하는 과정이다. 커닝햄(Cunningham 1972)은 주민참여의 세 가지 본질적 요소를 일반소인(Common amateurs)과 권력 그리고 결정이라 하면서 주민참여란 한 사회의 일반인들이 그 사회 내의 일반적인 문제와 관련된 여러 결정에 대해서 권력을 행사하는 과정이라고 정의하였다(Cunningham 1972, 595). 랭톤(Langton 1978, 1)은 어떤 정치적 단위의 합법적인 주민으로 그 정치적 단위와 관련하여 참여하는 목표지향적인 활동으로써 주민이 주도하여 정부에 영향력을 미치는 참여운동이라고 정의하고 있다.

이상의 주민참여의 개념이 정책결정과정에서 영향과 통제 측면을 강

조하는 두 가지 정의 가운데, 중간적 견해를 취하는 벤스(Bens 1974)는
주민참여란 정책결정에 어떤 통제를 가하기 위하여 지역사회의 선거인
단과 비선거인단을 초월하여 민주주의 과정에 참여하는 한 구성요소라
고 한다. 주민참여란 지역사회 일반주민이 공적으로 결정권이 부여된
자들에게 정책이나 계획의 결정에 관하여 영향을 미칠 의도로 권력을
행사하는 과정이다. 박문옥(1982)은 주민참여란 대표민주제를 보완하는
제도이며 행정과 주민의 파이프이며 시민의 행정요소를 흡수하는 길이
며, 지방자치단체 측의 정책을 알리는 전도이며 시민의 소리를 듣는
기회이며, 정책결정에서의 참가방법의 하나이고 시민의식을 대변하는
교육방법이라고 정의하고 있다. 주민참여란 본래 정당이익단체 또는 선
출된 대표들에게 의한 제도적인 방식이기보다는 주민들이 직접적으로
참여하는 그리고 소수의 엘리트 특히 사회경제적으로 하위에 속하는
사람들이 정책결정에 영향을 미치는 것으로 정의하고 있다 이와 같이
주민참여의 개념은 학자에 따라 매우 다양하게 정의되고 있으나 여기
서 이 개념을 재정리해 보면 주민참여란 지역사회의 일반주민이 공적
으로 결정권이 부여된 행정기관이나 관료들에게 정책 또는 계획의 형
성·결정 및 집행과정에 관하여 영향을 미칠 정도로 권력을 행사하여
관여하는 행위를 말한다.

　다음은 정치학 분야에 바탕을 두고 있는 참여연구이다. 즉 비교정치
연구를 하는 과정에서 서구민주주의 제도 개념을 벗어나 정치체제 전반
에 대한 국민 또는 시민의 참가 정도를 보다 보편적인 수준에서 측정하
고 비교하려는 취지에서 형성되었다(Almond and Verba 1963; Almond
and Powell 1978; Huntington and Nelson 1976). 버바(Verba 1967)는 주
민참여란 공식적으로 권한이 부여되어 있지 않은 일반주민들이 정책결
정과정에 직접적으로 참여하거나 공식적 권한이 부여된 사람들의 행위
에 영향을 미칠 의도로 정책결정에 간접적으로 참여하는 것이라 한다.
헌팅톤과 넬슨(Huntington & Nelson)은 주민참여란 정부의 정책결정에
일반주민들이 영향을 미치려고 의도하는 행위라고 보고 있다.

이후 주민참여에 관해 보다 체계적인 연구들이 주로 미국을 대상으로 등장하게 되었다. 여기에는 우선 참여의식 또는 정향에 관한 연구가 있다(Verba and Nie 1972; Jackson Ⅲ 1973, Abravanel and Bush 1975; Abramson 1983). 참여의식(또는 참여)의 결정요인에 관해서도 연구가 있다. 이들은 주로 개인적 특성, 사회 경제적 여건, 제도적 환경 등 다양한 결정요인을 제시하고 있다(Verba and Nie 1972; Verba, Nie and Jae-on Kim 1987; Conway, 1985; Stouffer, Opheim and Susan Bland Day 1991). 그리고 주민참여 행태에 관한 연구가 있다(Herson and Bolland 1990; Verba, Schloznman, Brady and Nie, 1993).

국내의 주민참여에 관한 연구는 1970년대에는 주로 정치체제에 관한 연구가 '정치의식', '투표행태', '정치문화' 등의 차원에서 수행되었다(이홍구 1977). 1980년대에 들어서는 이러한 연구가 사회집단 및 사회계층에 관한 참여연구로 확대된다. 즉 참여연구는 농민, 대학생, 도시빈곤층, 시민, 중산층 등 특정한 사회집단 또는 사회계층에 관한 연구로 다양하게 전개되었다(안병만 1983; 강형기 1983). 1990년대에는 지방자치가 시작되면서 지방정부 또는 정책·기획과정에 대한 주민참여연구가 많이 등장한다. 다양한 연구가 있으나 이 시기에는 지방행정과 지역개발사업 등에 관한 주민참여에 관해 많은 관심을 보이게 된 것이 특정이다(김헌민 1993; 윤병구 1994). 지방자치가 본격적으로 진행되면서 주민참여에 대한 체계적인 이론서가 발간되기도 했으나 대부분의 주민참여연구는 지방정부 특정사업에 관해 이루어지게 되었다. 도시계획 쓰레기처리사업, 환경영향평가, 도시지역 환경관리 등에 대한 주민참여 연구(최효승 2001) 등이 있다.

이상에서 고찰한 바와 같이 우리나라의 경우 주민참여에 관한 연구는 역사가 깊지 않다. 또한 대부분의 연구가 실무적인 [사례연구] 위주로 진행되고 있어 체계적인 분석 틀을 기반으로 수행되고 있지도 않은 실정이다. 특히 전국적인 차원에서 여러 지역을 동시에 비교하는 포괄적인 연구는 거의 전무하다. 따라서 본 연구는 기존의 연구와는 달리 여러 지역을 대상으로 체계적인 분석 틀에 입각하여 각 지역의 주민참여 실태를 동시에 파악하고 비교함으로써 보편성을 갖춘 이론을 제공하게 된다는 점에서 기존의 연구로부터 차별화될 수 있을 것이다.

Ⅲ. 정치참여 유형과 요소

〈표 11-1〉연령 분포

		빈도 / 비율	연 령					Total
			20대	30대	40대	50대	60대 이상	
경기도	남자	Count	56	71	58	34	36	255
		% within 성별	22.0%	27.8%	22.7%	13.3%	14.1%	100.0%
	여자	Count	54	75	56	32	38	255
		% within 성별	21.2%	29.4%	22.0%	12.5%	14.9%	100.0%
	Total	Count	110	146	114	66	74	510
		% of Total	21.6%	28.6%	22.4%	12.9%	14.5%	100.0%
충청도	남자	Count	128	132	136	75	87	558
		% within 성별	22.9%	23.7%	24.4%	13.4%	15.6%	100.0%
	여자	Count	119	131	113	58	88	509
		% within 성별	23.4%	25.7%	22.2%	11.4%	17.3%	100.0%
	Total	Count	247	263	249	133	175	1067
		% of Total	23.1%	24.6%	23.3%	12.5%	16.4%	100.0%
전라도	남자	Count	118	120	115	67	98	518
		% within 성별	22.8%	23.2%	22.2%	12.9%	18.9%	100.0%
	여자	Count	108	119	95	74	152	548
		% within 성별	19.7%	21.7%	17.3%	13.5%	27.7%	100.0%
	Total	Count	226	239	210	141	250	1066
		% of Total	21.2%	22.4%	19.7%	13.2%	23.5%	100.0%

		빈도 / 비율	연령					Total
			20대	30대	40대	50대	60대 이상	
경상도	남자	Count	110	113	109	90	100	522
		% within 성별	21.1%	21.6%	20.9%	17.2%	19.2%	100.0%
	여자	Count	120	119	118	92	109	558
		% within 성별	21.5%	21.3%	21.1%	16.5%	19.5%	100.0%
	Total	Count	230	232	227	182	209	1080
		% of Total	21.3%	21.5%	21.0%	16.9%	19.4%	100.0%

상위 표는 도별 연령 분포를 조사한 내용이다. 30대의 조사 빈도가 가장 많이 조사되었고 다음으로 40대와 20대의 순으로 조사되었다. 50대는 가장 저조한 조사대상으로 선정되었다. 남녀의 비율은 대체로 비슷하나 남자가 약간 높은 빈도를 보이고 있다. 지역별 조사의 응답자는 경기도만을 제외하고는 충청도, 전라도 그리고 경상도 도시민들은 1000여 명 넘는 정도이고 경기도는 두 개의 도시만을 조사한 이유로 510명이 조사되었다.

〈표 11-2〉 도시별 거주기간

		경기도		충청도		전라도		경상도	
		Freq.	Percent	Freq.	Percent	Freq.	Percent	Freq.	Percent
거주기간	0-9년	206	40.4	213	19.9	182	17.0	182	16.9
	10-19년	149	29.2	179	16.7	197	18.4	194	18.0
	20-29년	76	14.9	264	24.7	241	22.6	285	26.4
	30-39년	44	8.6	162	15.1	152	14.2	159	14.7
	40-49년	22	4.3	139	13.0	120	11.2	129	11.9
	50년 이상	13	2.5	113	10.6	176	16.5	131	12.1
	Total	510	100.0	1070	100.0	1068	100.0	1080	100.0

상위 표는 각 도시별 해당지역에서 거주기간을 묻는 내용이다. 경기도 도시 지역민들은 10년 이하가 가장 많은 빈도의 206명(40.4%)으로 조사되었고 다음으로 10-19년이 149명(29.2%)으로 나타나고 있다. 50

년 이상 거주했다고 응답한 주민은 불과 13명(2.5%)에 불과하다. 다음 충청도 도시 지역민들은 20-29년이 264명(24.7%)으로 가장 많이 거주하고 있고 다음으로 10년 이하가 213명(19.9%)으로 조사되었다. 50년 이상 거주했다고 응답한 비율은 113명(10.6%)에 불과하다. 다음으로 전라도 도시 지역민들의 거주기간은 20-29년이 가장 많은 241명(22.6%)으로 조사되었고 다음으로 10-19년 거주했다고 응답한 빈도비율이 197명(18.4%)으로 조사되었다. 마지막으로 경상도 도시 지역민들의 거주기간은 20-29년 거주했다고 응답한 수가 285명(26.4%)으로 조사되었고 다음으로 10-19년 거주했다고 응답한 수는 194명(18.0%)으로 조사되었다.

각 도시 지역민들의 거주기간은 경기도를 제외하면 20-29년이 가장 많이 나타나고 다음으로 10-19년 정도로 조사되었다. 따라서 충청도, 전라도, 경상도 도시 지역민들은 적어도 해당지역에 20년에서 40여 년간 장기간 거주하고 있는 것으로 나타나고 있다. 반면에 경기도 지역민들은 10년 이하가 가장 많이 조사되었다.

〈표 11-3〉 최종 학력

		경기도		충청도		전라도		경상도	
		Freq.	Percent	Freq.	Percent	Freq.	Percent	Freq.	Percent
최종학력	무 학	7	1.4	31	2.9	38	3.6	14	1.3
	초등학교	23	4.5	72	6.7	171	16.0	117	10.8
	중학교	44	8.6	125	11.7	115	10.8	128	11.9
	고등학교	156	30.6	420	39.3	334	31.3	368	34.1
	전문학교	56	11.0	126	11.8	99	9.3	180	16.7
	대학교	207	40.6	271	25.3	282	26.4	249	23.1
	대학원 이상	17	3.3	25	2.3	29	2.7	24	2.2
	Total	510	100.0	1070	100.0	1068	100.0	1080	100.0

상위 표는 해당 도시 지역민들의 최종 학력을 묻는 내용이다. 먼저 경기도는 대졸이 가장 많은 207명(40.6%)으로 조사되었고 다음으로 고

등학교는 156명(30.6%)으로 조사되었다. 충청도는 고등학교 졸업이 가장 많은 420명(39.3)이고 다음으로 대졸이 271명(25.3%)으로 조사되었다. 전라도는 고등학교 졸업했다고 응답한 인원이 334명(31.3%)으로 조사되고 다음으로 대졸이 282명(26.4%)으로 조사되었다. 마지막으로 경상도 지역 도시민들은 고등학교 졸이 368명(34.1%)으로 가장 많은 빈도비율을 보이고 있으며 다음으로 대학교 졸이 249명(23.1%)으로 조사되었다.

각 도별 학력의 수준은 경기도 지역 도시민들이 가장 높은 학력을 소유하고 있으며 다음으로 전라도 지역 도시민으로 조사되었다. 반면에 경상도 지역 도시민들이 가장 저조한 학력 분포를 보이고 있다.

〈표 11-4〉 종교 분포

		경기도		충청도		전라도		경상도	
		Freq.	Percent	Freq.	Percent	Freq.	Percent	Freq.	Percent
종교	불 교	81	15.9	240	22.4	227	21.3	511	47.3
	기독교	155	30.4	212	19.8	343	32.1	205	19.0
	가톨릭	84	16.5	104	9.7	62	5.8	43	4.0
	민족종교	6	1.2	3	.3	10	.9	5	.5
	기타 종교	7	1.4	18	1.7	24	2.2	7	.6
	종교 없음	177	34.7	493	46.1	402	37.6	309	28.6
	Total	510	100.0	1070	100.0	1068	100.0	1080	100.0

상위 표는 도시 지역 종교 분포를 나타내는 내용이다. 경기도 지역 도시민들은 기독교 155명(30.4%)을 가장 많이 믿고 있는 것으로 조사되고 가톨릭(16.5%)과 불교(15.9%)로 나타나고 있다. 충청도 지역 도시민들은 불교가 240명(22.4%)으로 조사되고 다음으로 기독교가 212명(19.8%)으로 조사되었다. 전라도 지역 도시민들은 기독교가 가장 많은 343명(32.1%)으로 조사되고 불교가 227명(21.3%)으로 나타나고 있다. 경상도 지역 도시민들은 불교가 가장 많은 511명(47.3%)으로 조사되고

다음으로 기독교가 205명(19.0%)으로 조사되었다.

민족종교나 기타 종교는 미미한 수준에서 10% 이내 정도에서 조사되었고 종교가 없다고 응답한 도시 지역민들도 상당한 수가 있다. 경기도 지역민이 무교라고 응답한 수는 177명(34.7%) 정도이고 다음으로 충청도는 493명(46.1%)으로 조사되었다. 전라도 도시 지역민들은 402명(37.6%)으로 조사되고 경상도 도시 지역민들은 309명(28.6%)으로 조사되었다.

〈표 11-5〉 가계 소득

		경기도		충청도		전라도		경상도	
		Freq.	Percent	Freq.	Percent	Freq.	Percent	Freq.	Percent
가계소득	100만 원 이하	105	20.6	425	39.7	368	34.5	275	25.5
	100만 원대	160	31.4	378	35.3	417	39.0	449	41.6
	200만 원대	135	26.5	188	17.6	202	18.9	249	23.1
	300만 원대	56	11.0	42	3.9	55	5.1	65	6.0
	400만 원대	54	10.6	37	3.5	26	2.4	42	3.9
	Total	510	100.0	1070	100.0	1068	100.0	1080	100.0

상위 표는 도별 도시 지역민들의 가계소득을 나타내는 표이다. 경기도 지역 도시민들은 100만 원대 응답자가 160명(31.4%)이고 200만 원대는 135명(26.5%)으로 조사되고 있다. 충청도 도시 지역민들은 100만 원 이하는 425명(39.7%)으로 조사되었다. 다음으로 100만 원대는 378명(35.3%)으로 조사되었다. 전라도는 100만 원대는 417명(39.0%)으로 조사되었고 100만 원 이하는 368명(34.5%)으로 조사되었다. 경상도 지역 도시민들은 100만 원대가 449명(41.6%)으로 조사되고 100만 원 이하는 275명(25.5%)으로 나타나고 있다. 그리고 300만 원이나 400만 원대 이상은 경기도 도시 지역민들이 가장 많이 나타나고 있다. 그런가 하면 100만 원 이하라고 응답한 도시 지역민들은 충청도 지역민들이 가장 많이 나타나고 있다.

〈표 11-6〉 지방정부에 대한 정치의식

		N	Mean	Std. Deviation	F	Sig.
관심도	경기도	510	3.07	1.253	.119	.730
	충청도	1070	3.18	1.246	.570	.451
	전라도	1068	3.20	1.289	10.384	**.001**
	경상도	1080	3.11	1.235	20.477	**.000**
효율성	경기도	510	2.68	1.183	.003	.954
	충청도	1070	2.72	1.198	7.102	**.008**
	전라도	1068	2.68	1.236	.670	.413
	경상도	1080	2.56	1.193	13.734	**.000**
기여도	경기도	510	2.72	1.071	2.172	.141
	충청도	1070	2.77	1.064	.994	.319
	전라도	1068	2.72	1.166	.215	.643
	경상도	1080	2.70	1.064	1.473	.225
지식도	경기도	510	.24	.645	8.037	**.005**
	충청도	1070	1.51	2.155	94.787	**.000**
	전라도	1068	.63	1.558	11.773	**.001**
	경상도	1080	1.32	2.181	116.065	**.000**
만족도	경기도	510	2.56	1.047	13.346	**.000**
	충청도	1070	2.54	1.095	.119	.730
	전라도	1068	2.47	1.114	9.005	**.003**
	경상도	1080	2.35	1.021	.023	.879

상위 표는 지방자치에 대한 도시 지역민들의 정치의식을 묻는 내용이다. 관심도는 해당 지역민들이 지역사회에서 발생하는 사안들에 대해서 얼마나 관심을 갖고 있는가를 묻는 내용이다. 먼저 경기도 지역민들은 리커트 5점 척도 3.07을 나타내고 있다. 따라서 중간 정도의 응답의 결과이다. 충청도와 전라도 그리고 경상도 지역 도시민들 중에서는 전라도 지역 도시민들이 가장 '그렇다'라는 응답의 쪽으로 나타났다. 도시 지역민들 간의 유의도는 전라도 P>0.005로 나타나고 있어 전라도 4개 지역 도시 간의 차이가 나고 있다는 결과이다. 경상도 지역 주민도 P>0.000으로 경상도 지역 4개 도시 간 차이가 나타나고 있다.

다음으로 지역사회에 대한 사업결정의 효율성을 묻는 내용은 대체로 '그렇지 않다'라고 응답하고 있다. 구체적으로 경상도 지역 도시민들이 가장 '그저 그렇다'라고 응답하고 있으며 충청도 지역민들이 비교적 '그렇다'라는 응답의 결과로 조사되었다. 도시 간 차이를 나타내는 유의도는 충청도가 $P > 0.008$로 차이가 나타나고 있고 경상도가 $P > 0.000$으로 나타나고 있어 이들 지역에서 도시 간 지역민들의 응답의 차이가 나타나고 있다.

다음 기여도를 묻는 내용에서 지역 도시민들의 사회활동이 얼마나 지역사회에 기여하는가를 묻는 내용이다. 경기도는 응답자에 대한 리커트 5점 척도에서 2.72로 나타나고 있다 대체로 타 지역 도시민들도 이와 비슷한 비율에서 나타나고 있다.

다음으로 지식도는 얼마나 지방에서 해당지역의 시의원을 알고 있는가를 묻는 내용이다. 충청도와 경상도 지역 도시민들은 1명에서 2명 정도라고 응답하였고 경기도와 전라도 지역 도시민들은 1명 이하로 응답하였다. 따라서 해당 지역민들은 자신의 지역구에서 활동하는 지방 정치인을 잘 모르고 있다.

마지막으로 지역 도시민들의 지역 시정에 대한 만족도를 묻는 내용에서는 경기도 지역 도시민이 가장 높은 비율로 조사되었고 다음 순위는 충청도 지역 도시민들이었다. 전라도와 경상도 지역 도시민들은 미미한 수준에서 약간 낮은 수준에서 응답하고 있다. 해당 지역도시민들의 도시 간 차이를 묻는 내용에서는 경기도가 유의도가 $P > 0.000$으로 도시 간 차이가 나타나고 있고 전라도 지역 도시민들도 $P > 0.003$으로 도시 간 차이를 보이고 있다.

〈표 11-7〉 지역문제 정보 경로

전국 도별		N	Mean	Std. Deviation	F	Sig.
신문	경기도	510	2.47	1.207	1.198	.274
	충청도	1070	2.52	1.172	4.066	.044
	전라도	1068	2.57	1.008	.701	.403
	경상도	1080	2.60	1.116	1.368	.242
TV / 라디오	경기도	510	2.32	1.358	3.163	.076
	충청도	1070	2.29	1.404	93.875	.000
	전라도	1068	1.73	1.028	8.632	.003
	경상도	1080	1.93	1.216	.010	.920
시정홍보지	경기도	510	3.77	1.279	3.017	.083
	충청도	1070	3.72	1.213	59.878	.000
	전라도	1068	3.95	1.075	3.361	.067
	경상도	1080	3.94	1.162	5.794	.016
입소문	경기도	510	3.28	1.364	21.407	.000
	충청도	1070	3.15	1.350	42.508	.000
	전라도	1068	3.15	1.280	2.734	.099
	경상도	1080	3.21	1.353	2.707	.100
인터넷	경기도	510	3.47	1.452	2.554	.111
	충청도	1070	3.54	1.435	.193	.661
	전라도	1068	3.65	1.447	5.825	.016
	경상도	1080	3.61	1.380	3.954	.047

상위 표는 지방에서 발생하는 여러 가지 사안에 대해서 어떤 경로를 통하여 정보를 얻는가에 대한 응답의 내용을 1순위에서 5순위까지 조사한 내용이다. 먼저 신문은 그 순위에 있어서 비교적 선순위를 차지하고 있다. 신문은 응답자 지정 순위가 2순위에서 3순위 정도의 중간 정도에 응답하고 있다. 다음 TV / 라디오는 가장 선순위를 차지하고 있다. 대체로 경기도, 충청도, 전라도, 경상도 지역 도시민들은 TV / 라디오를 통해서 지역사회 문제들에 정보를 얻는 것으로 조사되었다. 특히 전라도와 경상도는 응답순위가 1.73과 1.93 정도로 상위순위를 차지하

고 있다. 다음, 시정홍보지는 가장 순위가 낮아 해당 지역 도시민들은 시정홍보지가 제대로 정보 제공을 하고 있지 못하고 있는 것으로 인식하고 있다. 다음으로 입소문은 3순위에서 4순위 정도에서 해당지역 도시민들이 정보경로로 활용하고 있는 것으로 조사되었다. 지역문제에 대한 정보경로로 인터넷은 비교적 활용 정도가 낮은 조사의 결과이다. 대체로 3순위에서 4순위 정도로 나타나고 있다.

결과적으로 해당 지역 도시민들은 지역문제에 대한 정보경로는 TV 라디오, 신문, 입소문, 인터넷, 시정홍보지 순으로 조사되었다.

〈표 11-8〉 지역사회 유력인사 활동 요소

		N	Mean	Std. Deviation	F	Sig.
출신지역	경기도	510	3.75	1.407	1.182	.278
	충청도	1070	3.39	1.464	50.294	.000
	전라도	1068	3.44	1.315	1.031	.310
	경상도	1080	3.38	1.429	34.676	.000
출신고교	경기도	510	4.71	.811	.616	.433
	충청도	1070	4.13	1.389	96.599	.000
	전라도	1068	4.57	.963	.241	.624
	경상도	1080	4.71	.814	1.508	.220
출신대학	경기도	510	3.79	1.265	5.286	.022
	충청도	1070	4.01	1.228	10.231	.001
	전라도	1068	4.09	1.251	1.848	.174
	경상도	1080	4.33	1.080	25.768	.000
혈연가문	경기도	510	4.39	1.116	.498	.481
	충청도	1070	4.17	1.207	28.545	.000
	전라도	1068	4.43	1.054	2.897	.089
	경상도	1080	4.15	1.218	18.308	.000
개인의 자질	경기도	510	2.07	1.306	.166	.684
	충청도	1070	2.67	1.599	62.026	.000
	전라도	1068	2.16	2.024	.248	.619
	경상도	1080	2.06	1.347	.275	.600

		N	Mean	Std. Deviation	F	Sig.
도덕성	경기도	510	2.71	1.448	.154	.695
	충청도	1070	3.00	1.590	29.102	.000
	전라도	1068	2.66	1.455	3.921	.048
	경상도	1080	2.74	1.398	5.004	.025
소속단체	경기도	510	3.81	1.212	.054	.816
	충청도	1070	3.96	1.206	14.760	.000
	전라도	1068	3.70	1.193	1.440	.230
	경상도	1080	3.86	1.171	10.342	.001

상위 표는 지역사회에서 유력인사로 활동하기 위한 요소들로써 얼마나 다음의 요소를 중요하게 생각하는가를 묻는 내용이다. 먼저 경기도 지역 도시민들은 개인의 자질을 가장 우선시하고 있다. 다음으로 도덕성과 출신지역을 활동요소로 생각한다고 응답하고 있고 출신고교나 혈연가문 등은 비교적 낮은 순위를 나타내고 있다. 충청도 지역 도시민들도 개인의 자질을 가장 우선한다고 응답하고 있고 다음으로 도덕성을 우선하다고 응답하고 있다. 다음 출신지역이나 소속단체는 비교적 우선 고려사항이 되지 못하고 있으며 출신고교는 가장 낮은 응답의 비율을 보이고 있다. 충청도 지역 도시민들의 4개 지역의 차이를 묻는 내용에서는 유의도 값 p<0.005로 상당한 많은 차이를 보이고 있다.

다음으로 전라도 지역 도시민들은 개인의 자질과 도덕성을 우선순위로 생각하고 있다고 응답하고 있으며 다음으로 출신지역과 소속단체를 우선 고려한다고 응답하고 있다. 상대적으로 출신고교나 혈연가문은 가장 낮은 응답의 결과를 보이고 있다. 전라도 지역 도시 간의 차이를 나타내는 유의도는 P>0.005로 차이를 보이지 않고 있다.

마지막으로 경상도 지역 도시민들의 응답의 결과는 개인적 자질은 2.06이고 도덕성은 2.74의 순으로 응답하고 있다. 반면에 출신고교나 출신대학은 4.17과 4.33의 정도에 응답의 결과를 보이고 있다. 또한 경상도 도시 간의 차이를 나타내는 유의도 출신지역과 출신대학, 혈연가문, 소속단체에서 p<0.005로 차이가 있다고 조사되었다.

Ⅳ. 결 론

이상으로 전국 지역 도시민들의 주민참여 유형과 요소를 살펴보았다. 대체로 도시민들은 30대-40대가 가장 많고 남녀가 비슷한 비율로 조사되었고, 이들의 거주기간은 경기지역이 비교적 짧은 반면 충청도, 전라도, 경상도 지역 도시민들은 20여 년 동안 거주하고 있는 것으로 나타나고 있다. 학력은 경기도가 높은 수준의 대졸이 많고 충청도, 전라도, 경상도 지역 도시민들은 고졸이 가장 많았다. 종교는 기독교와 무교가 많은 빈도비율을 보이고 있으며 민족종교는 비교적 낮은 빈도비율을 보이고 있다. 가계소득은 경기도가 비교적 높은 가계소득을 올리고 있지만, 충청도는 가장 저조한 가계소득을 올리고 있는 것으로 보인다. 그런가 하면 전라도와 경상도 지역 도시민들은 100만 원대 가계소득을 올리고 있는 것으로 조사되었다.

다음으로 지방정부에 대한 정치의식을 묻는 내용에서는 해당지역 도시민들이 비교적 중간 정도의 수준에서 정치의식을 갖고 있는 것으로 조사되었다. 구체적으로 지방정부에 대한 관심도는 중간 이상의 관심을 보이고 있으며, 또한 효율성 문제에 대해서는 중간 정도보다 약간 비치지 못하는 응답을 하고 있어 약간은 불만족하고 있는 것으로 조사되었다. 자신의 지방정부에 참여가 얼마나 기여하고 있는가를 묻는 내용에서는 대체로 기여하지 못하고 있는 것으로 분석되었다. 지방에서 활동하는 시·도의원을 얼마나 알고 있는가를 묻는 내용에서는 1명 이하이고 1명에서 2명 이하도 있다. 따라서 지역 도시민들은 지방에서 활동하는 의원들을 많이 알고 있지 못하고 있다. 지방정부에 대한 만족도는 중간 이하의 만족도를 보이고 있다. 특히 경기도와 전라도는 도시 간 차이가 많은 것으로 조사되었다.

지역 도시민들은 자신의 지역문제에 관한 정보를 어떠한 매체를 통해서 얻는가를 묻는 내용에서는 TV / 라디오, 신문 그리고 입소문 정도로 정보를 듣고 있다. 반면에 시정 홍보지는 가장 낮은 순위를 보이고 있어 지방정부에서 제공하는 시정 홍보지는 제 기능을 얼마나 하고 있는지 회의적이다. 마지막으로 지역 활동을 위한 요소로 가장 고려하는 요인을 묻는 내용에서는 개인적 자질과 도덕성을 가장 우선하고 있으나 출신고교나 혈연가문출신은 비교적 낮은 응답을 보이고 있다. 따라서 지역 활동의 요소로 고려하는 요인은 행위자 자신의 자질과 도덕성을 우선 고려하고 있는 것으로 조사되었다.

참고문헌

강형기. 1983. 『지방행정에 있어서 시민참여의 결정요인에 관한 연구』 건국대학교 대학원.

김현민 · 1993. "주민참여를 통한 도시개발과정의 민주화에 대한 연구", 『변화하는 행정과 새로운 패러다임의 모색』 한국행정학회 학술대회 논문집.

박문옥, 주민참여의 방안, 지방행정(대한 지방행정공제회, 1982, 11).

이홍구. 1977. "한국인의 정치문화와 정치발전", 『한국정치학회보』제11집.

안병만. 1983. "농촌주민의 정치태도", 『한국정치학회보』제17집.

윤병구 · 1994. "공공주체의 도시개발사업에 있어서 주민참여에 의한 활성화 방안 연구", 『대한국토도시계획학회지』제29권 제1호.

최효승. 2001. "도시 가로환경의 개선과 관리: 주민이 참여하는 가로 환경의 개선", 『도시문제』제36권 제390호, 대한지방행정공제회.

Cunningham, James V. 1972. Citizen Participation in Public Affairs, *Public Administration Review*, Special Issue(October, 1972), p.595.

Langton, Stuart. 1978. "What is citizen Participation", Stuart Langton(ed.), *Citizen Participation in America*, (Lexington: D. C. Heath and Co.).

Bens, Sharles. 1974. *Citizen Participation in Metro.* Toronto: Bureau of Mun-icipal Research,; 김종표. 1992. 『신지방행정론』(서울: 법문사).

Sidney Verba. 1967. Democratic Participation", *The Annuals of the American Academy of Political and social Science*, No.9.

Huntington, S. P. & Nelson, Joan .김학준 譯. 1979. 정치참여의 이론과 현실(서울: 일조각.)

Verba, Sidney & Norman H. Nie. 1972. *Participation in America*: *Political Democracy and Social Equality*. New York: Harper and Row.

Parry, Geraint, G. Moyser and Neil Day, 1992. Political Participation and Democracy in Britain, Cambridge: Cambridge University Press.

Almond, Gabriel A. and Sidney Verba. 1963. The Civic Culture: Political Attitudes and Democracy in Five Nations, Princeton, N. J.: Princeton University Press.

Almond, Gabriel and G. Bingham Powell, Jr. 1978. Comparative Politics: System. Process. and Policy. Boston. Mass: Little. Brown and Company.

Huntington, Samuel P. and Joan M. Nelson. 1976. *No Easy Choice*: *Political Participation in Developing Countries*, Cambridge, Mass: Harvard University Press.

Jackson Ⅲ, John S. 1973. "Alienation and Black Political Participation", The Journal of Politics vol.35 No.4, Nov.

Abravanel, M. D., and R. J. Bush. 1975. "Political Competence. Political Trust, and the Action Orientation of University Student", Journal of Politics, VoL.37. No.1, March.

Abramson, Paul R. 1972 "Political Efficacy and Political Trust among Black Schoolchildren: Two Explanation", The Journal of Politics, Vol.34, No.4. Nov.

Herson, Lawrence J. R. and John M. Bolland. 1990. The Urban Web: Politics, Policyand Theory. Chicago: Nelson—Hall Publishers.

전라북도(익산 / 남원) 분석

성별 * 연령

			연 령					Total
			20대	30대	40대	50대	60대이상	Total
성별	남자	Count	56	60	59	33	49	257
		% within 성별	21.8%	23.3%	23.0%	12.8%	19.1%	100.0%
		% within 연령	49.6%	47.6%	55.1%	46.5%	41.5%	48.0%
		% of Total	10.5%	11.2%	11.0%	6.2%	9.2%	48.0%
	여자	Count	57	66	48	38	69	278
		% within 성별	20.5%	23.7%	17.3%	13.7%	24.8%	100.0%
		% within 연령	50.4%	52.4%	44.9%	53.5%	58.5%	52.0%
		% of Total	10.7%	12.3%	9.0%	7.1%	12.9%	52.0%
Total		Count	113	126	107	71	118	535
		% within 성별	21.1%	23.6%	20.0%	13.3%	22.1%	100.0%
		% within 연령	100.0%	100.0%	100.0%	100.0%	100.0%	100.0%
		% of Total	21.1%	23.6%	20.0%	13.3%	22.1%	100.0%

거주기간

		Frequency	Percent
Valid	0 - 9년	92	17.1
	10 - 19년	116	21.6
	20 - 29년	126	23.5
	30 - 39년	65	12.1
	40 - 49년	62	11.5
	50년 이상	76	14.2
	Total	537	100.0

최종학력

		Frequency	Percent
Valid	무학	19	3.5
	초등학교	84	15.6
	중학교	43	8.0
	고등학교	165	30.7
	전문학교	40	7.4
	대학교	168	31.3
	대학원이상	18	3.4
	Total	537	100.0

종 교

		Frequency	Percent
Valid	불교	79	14.7
	기독교	186	34.6
	카톨릭	30	5.6
	민족종교	4	.7
	기타종교	16	3.0
	종교없음	222	41.3
	Total	537	100.0

가계소득

		Frequency	Percent
Valid	100만원이하	186	34.6
	100만원대	190	35.4
	200만원대	114	21.2
	300만원대	32	6.0
	400만원대	15	2.8
	Total	537	100.0

		N	Mean	Std. Deviation	F	Sig.
시민의식	익산	287	8.3310	2.74407	26.760	.000
	남원	250	9.6160	3.01078		
	Total	537	8.9292	2.93947		
관심도	익산	287	2.97	1.229	4.093	.044
	남원	250	3.19	1.239		
	Total	537	3.07	1.237		
효율성	익산	287	2.52	1.211	7.362	.007
	남원	250	2.79	1.103		
	Total	537	2.65	1.169		
기여도	익산	287	2.58	1.137	11.775	.001
	남원	250	2.92	1.166		
	Total	537	2.74	1.162		
지식도	익산	287	.26	.635	36.922	.000
	남원	250	.72	1.070		
	Total	537	.47	.893		
만족도	익산	287	2.21	1.003	14.946	.000
	남원	250	2.56	1.101		
	Total	537	2.37	1.063		
참여강도	익산	287	4.3240	1.81569	10.377	.001
	남원	250	3.8320	1.70629		
	Total	537	4.0950	1.78099		
참여이유	익산	287	2.85	1.154	4.166	.042
	남원	250	3.05	1.131		
	Total	537	2.94	1.146		
차별1	익산	287	3.79	1.187	1.027	.311
	남원	250	3.90	1.125		
	Total	537	3.84	1.159		
차별2	익산	287	2.87	1.182	7.155	.008
	남원	250	3.14	1.067		
	Total	537	3.00	1.136		

		N	Mean	Std. Deviation	F	Sig.
신문	익산	287	2.44	.894	15.281	.000
	남원	250	2.78	1.082		
	Total	537	2.60	.999		
TV / 라디오	익산	287	1.57	.885	2.826	.093
	남원	250	1.71	1.005		
	Total	537	1.64	.944		
시정홍보지	익산	287	4.18	.975	16.484	.000
	남원	250	3.81	1.135		
	Total	537	4.01	1.068		
입소문	익산	287	3.31	1.167	4.287	.039
	남원	250	3.10	1.267		
	Total	537	3.21	1.218		
인터넷	익산	287	3.51	1.443	.278	.598
	남원	250	3.58	1.509		
	Total	537	3.54	1.473		
권력	익산	287	2.41	1.030	5.107	.024
	남원	250	2.62	1.152		
	Total	537	2.51	1.093		
계몽	익산	287	3.90	1.117	2.279	.132
	남원	250	4.04	1.027		
	Total	537	3.96	1.077		
부	익산	287	4.40	.799	7.269	.007
	남원	250	4.20	.930		
	Total	537	4.30	.868		
안녕	익산	287	2.79	.946	1.292	.256
	남원	250	2.88	1.021		
	Total	537	2.83	.982		
기술	익산	287	3.60	1.072	1.880	.171
	남원	250	3.73	1.036		
	Total	537	3.66	1.057		

		N	Mean	Std. Deviation	F	Sig.
애정	익산	287	2.72	1.106	2.696	.101
	남원	250	2.88	1.131		
	Total	537	2.80	1.119		
존경	익산	287	3.64	1.143	3.221	.073
	남원	250	3.46	1.186		
	Total	537	3.56	1.166		
정직	익산	287	2.48	.992	.406	.524
	남원	250	2.54	1.030		
	Total	537	2.51	1.009		
강원출신만족	익산	287	2.99	.879	.498	.481
	남원	250	2.94	.876		
	Total	537	2.96	.877		
경기출신만족	익산	287	3.30	.786	.011	.916
	남원	250	3.30	.771		
	Total	537	3.30	.778		
경상출신만족	익산	287	2.79	1.030	.112	.738
	남원	250	2.82	.975		
	Total	537	2.80	1.004		
서울출신만족	익산	287	3.44	.882	.546	.460
	남원	250	3.50	.902		
	Total	537	3.47	.891		
전라출신만족	익산	287	3.43	.997	6.543	.011
	남원	250	3.65	.951		
	Total	537	3.53	.981		
충청출신만족	익산	287	3.19	.861	.140	.709
	남원	250	3.16	.882		
	Total	537	3.18	.870		
출신지역	익산	287	3.34	1.362	.951	.330
	남원	250	3.46	1.261		
	Total	537	3.40	1.316		

		N	Mean	Std. Deviation	F	Sig.
출신고교	익산	287	4.48	.978	3.967	.047
	남원	250	4.65	.916		
	Total	537	4.56	.952		
출신대학	익산	287	3.95	1.350	2.900	.089
	남원	250	4.14	1.259		
	Total	537	4.04	1.311		
혈연가문	익산	287	4.38	1.096	.014	.905
	남원	250	4.37	1.095		
	Total	537	4.38	1.095		
개인의자질	익산	287	2.11	1.386	.059	.807
	남원	250	2.14	1.363		
	Total	537	2.13	1.374		
도덕성	익산	287	2.98	1.479	15.643	.000
	남원	250	2.48	1.435		
	Total	537	2.75	1.478		
소속단체	익산	287	3.74	1.291	.009	.925
	남원	250	3.75	1.106		
	Total	537	3.75	1.208		
집합1	익산	287	2.92	1.092	5.108	.024
	남원	250	3.13	1.077		
	Total	537	3.02	1.089		
집합2	익산	287	3.01	1.093	12.837	.000
	남원	250	3.34	1.002		
	Total	537	3.17	1.064		
집합3	익산	287	2.61	1.238	4.599	.032
	남원	250	2.83	1.144		
	Total	537	2.71	1.199		
집합주의	익산	287	2.8467	.78379	16.878	.000
	남원	250	3.1000	.62110		
	Total	537	2.9646	.72319		1

정실주의1 * 지역

			지 역		Total
			익산	남원	
정실주의1	대인관계가 좋은	Count	105	76	181
		% within 정실주의1	58.0%	42.0%	100.0%
		% within 지역	36.6%	30.4%	33.7%
		% of Total	19.6%	14.2%	33.7%
	연고가 있는	Count	6	8	14
		% within 정실주의1	42.9%	57.1%	100.0%
		% within 지역	2.1%	3.2%	2.6%
		% of Total	1.1%	1.5%	2.6%
	자질이 우수	Count	176	166	342
		% within 정실주의1	51.5%	48.5%	100.0%
		% within 지역	61.3%	66.4%	63.7%
		% of Total	32.8%	30.9%	63.7%
Total		Count	287	250	537
		% within 정실주의1	53.4%	46.6%	100.0%
		% within 지역	100.0%	100.0%	100.0%
		% of Total	53.4%	46.6%	100.0%
		Chi-Square	.261		

정실주의2 * 지역

			지 역		Total
			익산	남원	
정실주의2	지역연고	Count	13	7	20
		% within 정실주의2	65.0%	35.0%	100.0%
		% within 지역	4.5%	2.8%	3.7%
		% of Total	2.4%	1.3%	3.7%
	정치적신념일치	Count	81	87	168
		% within 정실주의2	48.2%	51.8%	100.0%
		% within 지역	28.2%	34.8%	31.3%
		% of Total	15.1%	16.2%	31.3%
	지지정당	Count	30	34	64
		% within 정실주의2	46.9%	53.1%	100.0%
		% within 지역	10.5%	13.6%	11.9%
		% of Total	5.6%	6.3%	11.9%
	인물	Count	96	56	152
		% within 정실주의2	63.2%	36.8%	100.0%
		% within 지역	33.4%	22.4%	28.3%
		% of Total	17.9%	10.4%	28.3%
	여론	Count	15	15	30
		% within 정실주의2	50.0%	50.0%	100.0%
		% within 지역	5.2%	6.0%	5.6%
		% of Total	2.8%	2.8%	5.6%
	공약	Count	52	51	103
		% within 정실주의2	50.5%	49.5%	100.0%
		% within 지역	18.1%	20.4%	19.2%
		% of Total	9.7%	9.5%	19.2%
Total		Count	287	250	537
		% within 정실주의2	53.4%	46.6%	100.0%
		% within 지역	100.0%	100.0%	100.0%
		% of Total	53.4%	46.6%	100.0%
		Chi-Square	.067		

강원보기1평가 * 지역

			지 역		Total
			익산	남원	
강원보기1평가	1	Count	49	23	72
		% within 강원보기1평가	68.1%	31.9%	100.0%
		% within 지역	17.2%	9.4%	13.6%
		% of Total	9.3%	4.3%	13.6%
	2	Count	83	79	162
		% within 강원보기1평가	51.2%	48.8%	100.0%
		% within 지역	29.1%	32.4%	30.6%
		% of Total	15.7%	14.9%	30.6%
	3	Count	46	36	82
		% within 강원보기1평가	56.1%	43.9%	100.0%
		% within 지역	16.1%	14.8%	15.5%
		% of Total	8.7%	6.8%	15.5%
	4	Count	35	32	67
		% within 강원보기1평가	52.2%	47.8%	100.0%
		% within 지역	12.3%	13.1%	12.7%
		% of Total	6.6%	6.0%	12.7%
	5	Count	39	39	78
		% within 강원보기1평가	50.0%	50.0%	100.0%
		% within 지역	13.7%	16.0%	14.7%
		% of Total	7.4%	7.4%	14.7%
	6	Count	33	35	68
		% within 강원보기1평가	48.5%	51.5%	100.0%
		% within 지역	11.6%	14.3%	12.9%
		% of Total	6.2%	6.6%	12.9%
Total		Count	285	244	529
		% within 강원보기1평가	53.9%	46.1%	100.0%
		% within 지역	100.0%	100.0%	100.0%
		% of Total	53.9%	46.1%	100.0%
		Chi-Square	.169		

1. 타산적이다 2. 우둔하다 3. 막무가내이다 4. 우유부단하다 5. 신뢰성이 없다 6. 이기적이다

강원보기2평가 * 지역

			지 역		Total
			익산	남원	
강원보기2평가	1	Count	85	61	146
		% within 강원보기2평가	58.2%	41.8%	100.0%
		% within 지역	29.8%	24.8%	27.5%
		% of Total	16.0%	11.5%	27.5%
	2	Count	31	22	53
		% within 강원보기2평가	58.5%	41.5%	100.0%
		% within 지역	10.9%	8.9%	10.0%
		% of Total	5.8%	4.1%	10.0%
	3	Count	57	74	131
		% within 강원보기2평가	43.5%	56.5%	100.0%
		% within 지역	20.0%	30.1%	24.7%
		% of Total	10.7%	13.9%	24.7%
	4	Count	53	40	93
		% within 강원보기2평가	57.0%	43.0%	100.0%
		% within 지역	18.6%	16.3%	17.5%
		% of Total	10.0%	7.5%	17.5%
	5	Count	30	31	61
		% within 강원보기2평가	49.2%	50.8%	100.0%
		% within 지역	10.5%	12.6%	11.5%
		% of Total	5.6%	5.8%	11.5%
	6	Count	29	18	47
		% within 강원보기2평가	61.7%	38.3%	100.0%
		% within 지역	10.2%	7.3%	8.9%
		% of Total	5.5%	3.4%	8.9%
Total		Count	285	246	531
		% within 강원보기2평가	53.7%	46.3%	100.0%
		% within 지역	100.0%	100.0%	100.0%
		% of Total	53.7%	46.3%	100.0%
		Chi-Square	.099		

1. 온순하다 2. 영리하다 3. 의지가 굳다 4. 성실하다 5. 단결력이 강하다 6. 진취적이다

경기보기1평가 * 지역

			지 역		Total
			익산	남원	
경기보기1평가	1	Count	96	79	175
		% within 경기보기1평가	54.9%	45.1%	100.0%
		% within 지역	33.7%	32.2%	33.0%
		% of Total	18.1%	14.9%	33.0%
	2	Count	19	22	41
		% within 경기보기1평가	46.3%	53.7%	100.0%
		% within 지역	6.7%	9.0%	7.7%
		% of Total	3.6%	4.2%	7.7%
	3	Count	45	41	86
		% within 경기보기1평가	52.3%	47.7%	100.0%
		% within 지역	15.8%	16.7%	16.2%
		% of Total	8.5%	7.7%	16.2%
	4	Count	48	21	69
		% within 경기보기1평가	69.6%	30.4%	100.0%
		% within 지역	16.8%	8.6%	13.0%
		% of Total	9.1%	4.0%	13.0%
	5	Count	34	46	80
		% within 경기보기1평가	42.5%	57.5%	100.0%
		% within 지역	11.9%	18.8%	15.1%
		% of Total	6.4%	8.7%	15.1%
	6	Count	43	36	79
		% within 경기보기1평가	54.4%	45.6%	100.0%
		% within 지역	15.1%	14.7%	14.9%
		% of Total	8.1%	6.8%	14.9%
Total		Count	285	245	530
		% within 경기보기1평가	53.8%	46.2%	100.0%
		% within 지역	100.0%	100.0%	100.0%
		% of Total	53.8%	46.2%	100.0%
		Chi−Square	.034		

1. 타산적이다 2. 우둔하다 3. 막무가내이다 4. 우유부단하다 5. 신뢰성이 없다 6. 이기적이다

경기보기2평가 * 지역

			지 역		Total
			익산	남원	
경기보기2평가	1	Count	33	23	56
		% within 경기보기2평가	58.9%	41.1%	100.0%
		% within 지역	11.6%	9.3%	10.5%
		% of Total	6.2%	4.3%	10.5%
	2	Count	72	78	150
		% within 경기보기2평가	48.0%	52.0%	100.0%
		% within 지역	25.3%	31.6%	28.2%
		% of Total	13.5%	14.7%	28.2%
	3	Count	53	30	83
		% within 경기보기2평가	63.9%	36.1%	100.0%
		% within 지역	18.6%	12.1%	15.6%
		% of Total	10.0%	5.6%	15.6%
	4	Count	50	27	77
		% within 경기보기2평가	64.9%	35.1%	100.0%
		% within 지역	17.5%	10.9%	14.5%
		% of Total	9.4%	5.1%	14.5%
	5	Count	26	20	46
		% within 경기보기2평가	56.5%	43.5%	100.0%
		% within 지역	9.1%	8.1%	8.6%
		% of Total	4.9%	3.8%	8.6%
	6	Count	51	69	120
		% within 경기보기2평가	42.5%	57.5%	100.0%
		% within 지역	17.9%	27.9%	22.6%
		% of Total	9.6%	13.0%	22.6%
Total		Count	285	247	532
		% within 경기보기2평가	53.6%	46.4%	100.0%
		% within 지역	100.0%	100.0%	100.0%
		% of Total	53.6%	46.4%	100.0%
		Chi-Square	.007		

1. 온순하다 2. 영리하다 3. 의지가 굳다 4. 성실하다 5. 단결력이 강하다 6. 진취적이다

경상보기1평가 * 지역

			지 역		Total
			익산	남원	
경상보기1평가	1	Count	45	35	80
		% within 경상보기1평가	56.3%	43.8%	100.0%
		% within 지역	15.8%	14.3%	15.1%
		% of Total	8.5%	6.6%	15.1%
	2	Count	31	20	51
		% within 경상보기1평가	60.8%	39.2%	100.0%
		% within 지역	10.9%	8.2%	9.6%
		% of Total	5.9%	3.8%	9.6%
	3	Count	81	86	167
		% within 경상보기1평가	48.5%	51.5%	100.0%
		% within 지역	28.4%	35.2%	31.6%
		% of Total	15.3%	16.3%	31.6%
	4	Count	24	16	40
		% within 경상보기1평가	60.0%	40.0%	100.0%
		% within 지역	8.4%	6.6%	7.6%
		% of Total	4.5%	3.0%	7.6%
	5	Count	52	41	93
		% within 경상보기1평가	55.9%	44.1%	100.0%
		% within 지역	18.2%	16.8%	17.6%
		% of Total	9.8%	7.8%	17.6%
	6	Count	52	46	98
		% within 경상보기1평가	53.1%	46.9%	100.0%
		% within 지역	18.2%	18.9%	18.5%
		% of Total	9.8%	8.7%	18.5%
Total		Count	285	244	529
		% within 경상보기1평가	53.9%	46.1%	100.0%
		% within 지역	100.0%	100.0%	100.0%
		% of Total	53.9%	46.1%	100.0%
		Chi-Square	.566		

1. 타산적이다 2. 우둔하다 3. 막무가내이다 4. 우유부단하다 5. 신뢰성이 없다 6. 이기적이다

경상보기2평가 * 지역

			지 역		Total
			익산	남원	
경상보기2평가	1	Count	16	14	30
		% within 경상보기2평가	53.3%	46.7%	100.0%
		% within 지역	5.6%	5.7%	5.6%
		% of Total	3.0%	2.6%	5.6%
	2	Count	45	21	66
		% within 경상보기2평가	68.2%	31.8%	100.0%
		% within 지역	15.8%	8.5%	12.4%
		% of Total	8.5%	4.0%	12.4%
	3	Count	75	59	134
		% within 경상보기2평가	56.0%	44.0%	100.0%
		% within 지역	26.3%	24.0%	25.2%
		% of Total	14.1%	11.1%	25.2%
	4	Count	29	23	52
		% within 경상보기2평가	55.8%	44.2%	100.0%
		% within 지역	10.2%	9.3%	9.8%
		% of Total	5.5%	4.3%	9.8%
	5	Count	68	95	163
		% within 경상보기2평가	41.7%	58.3%	100.0%
		% within 지역	23.9%	38.6%	30.7%
		% of Total	12.8%	17.9%	30.7%
	6	Count	52	34	86
		% within 경상보기2평가	60.5%	39.5%	100.0%
		% within 지역	18.2%	13.8%	16.2%
		% of Total	9.8%	6.4%	16.2%
Total		Count	285	246	531
		% within 경상보기2평가	53.7%	46.3%	100.0%
		% within 지역	100.0%	100.0%	100.0%
		% of Total	53.7%	46.3%	100.0%
		Chi-Square	.005		

1. 온순하다 2. 영리하다 3. 의지가 굳다 4. 성실하다 5. 단결력이 강하다 6. 진취적이다

서울보기1평가 * 지역

			지 역		Total
			익산	남원	
서울보기1평가	1	Count	88	55	143
		% within 서울보기1평가	61.5%	38.5%	100.0%
		% within 지역	30.9%	22.5%	27.0%
		% of Total	16.6%	10.4%	27.0%
	2	Count	11	13	24
		% within 서울보기1평가	45.8%	54.2%	100.0%
		% within 지역	3.9%	5.3%	4.5%
		% of Total	2.1%	2.5%	4.5%
	3	Count	20	29	49
		% within 서울보기1평가	40.8%	59.2%	100.0%
		% within 지역	7.0%	11.9%	9.3%
		% of Total	3.8%	5.5%	9.3%
	4	Count	30	30	60
		% within 서울보기1평가	50.0%	50.0%	100.0%
		% within 지역	10.5%	12.3%	11.3%
		% of Total	5.7%	5.7%	11.3%
	5	Count	46	43	89
		% within 서울보기1평가	51.7%	48.3%	100.0%
		% within 지역	16.1%	17.6%	16.8%
		% of Total	8.7%	8.1%	16.8%
	6	Count	90	74	164
		% within 서울보기1평가	54.9%	45.1%	100.0%
		% within 지역	31.6%	30.3%	31.0%
		% of Total	17.0%	14.0%	31.0%
Total		Count	285	244	529
		% within 서울보기1평가	53.9%	46.1%	100.0%
		% within 지역	100.0%	100.0%	100.0%
		% of Total	53.9%	46.1%	100.0%
		Chi-Square	.158		

1. 타산적이다 2. 우둔하다 3. 막무가내이다 4. 우유부단하다 5. 신뢰성이 없다 6. 이기적이다

서울보기2평가 * 지역

			지 역		Total
			익산	남원	
서울보기2평가	1	Count	10	13	23
		% within 서울보기2평가	43.5%	56.5%	100.0%
		% within 지역	3.5%	5.3%	4.3%
		% of Total	1.9%	2.4%	4.3%
	2	Count	114	95	209
		% within 서울보기2평가	54.5%	45.5%	100.0%
		% within 지역	40.0%	38.6%	39.4%
		% of Total	21.5%	17.9%	39.4%
	3	Count	26	12	38
		% within 서울보기2평가	68.4%	31.6%	100.0%
		% within 지역	9.1%	4.9%	7.2%
		% of Total	4.9%	2.3%	7.2%
	4	Count	38	30	68
		% within 서울보기2평가	55.9%	44.1%	100.0%
		% within 지역	13.3%	12.2%	12.8%
		% of Total	7.2%	5.6%	12.8%
	5	Count	21	28	49
		% within 서울보기2평가	42.9%	57.1%	100.0%
		% within 지역	7.4%	11.4%	9.2%
		% of Total	4.0%	5.3%	9.2%
	6	Count	76	68	144
		% within 서울보기2평가	52.8%	47.2%	100.0%
		% within 지역	26.7%	27.6%	27.1%
		% of Total	14.3%	12.8%	27.1%
Total		Count	285	246	531
		% within 서울보기2평가	53.7%	46.3%	100.0%
		% within 지역	100.0%	100.0%	100.0%
		% of Total	53.7%	46.3%	100.0%
		Chi-Square	.233		

1. 온순하다 2. 영리하다 3. 의지가 굳다 4. 성실하다 5. 단결력이 강하다 6. 진취적이다

전라보기1평가 * 지역

			지 역		Total
			익산	남원	
전라보기1평가	1	Count	33	19	52
		% within 전라보기1평가	63.5%	36.5%	100.0%
		% within 지역	11.5%	7.8%	9.8%
		% of Total	6.2%	3.6%	9.8%
	2	Count	58	49	107
		% within 전라보기1평가	54.2%	45.8%	100.0%
		% within 지역	20.2%	20.0%	20.1%
		% of Total	10.9%	9.2%	20.1%
	3	Count	39	33	72
		% within 전라보기1평가	54.2%	45.8%	100.0%
		% within 지역	13.6%	13.5%	13.5%
		% of Total	7.3%	6.2%	13.5%
	4	Count	84	91	175
		% within 전라보기1평가	48.0%	52.0%	100.0%
		% within 지역	29.3%	37.1%	32.9%
		% of Total	15.8%	17.1%	32.9%
	5	Count	44	30	74
		% within 전라보기1평가	59.5%	40.5%	100.0%
		% within 지역	15.3%	12.2%	13.9%
		% of Total	8.3%	5.6%	13.9%
	6	Count	29	23	52
		% within 전라보기1평가	55.8%	44.2%	100.0%
		% within 지역	10.1%	9.4%	9.8%
		% of Total	5.5%	4.3%	9.8%
Total		Count	287	245	532
		% within 전라보기1평가	53.9%	46.1%	100.0%
		% within 지역	100.0%	100.0%	100.0%
		% of Total	53.9%	46.1%	100.0%
		Chi－Square	.373		

1. 타산적이다 2. 우둔하다 3. 막무가내이다 4. 우유부단하다 5. 신뢰성이 없다 6. 이기적이다

전라보기2평가 * 지역

			지 역		Total
			익산	남원	
전라보기2평가	1	Count	48	70	118
		% within 전라보기2평가	40.7%	59.3%	100.0%
		% within 지역	16.7%	28.3%	22.1%
		% of Total	9.0%	13.1%	22.1%
	2	Count	23	21	44
		% within 전라보기2평가	52.3%	47.7%	100.0%
		% within 지역	8.0%	8.5%	8.2%
		% of Total	4.3%	3.9%	8.2%
	3	Count	32	38	70
		% within 전라보기2평가	45.7%	54.3%	100.0%
		% within 지역	11.1%	15.4%	13.1%
		% of Total	6.0%	7.1%	13.1%
	4	Count	56	51	107
		% within 전라보기2평가	52.3%	47.7%	100.0%
		% within 지역	19.5%	20.6%	20.0%
		% of Total	10.5%	9.6%	20.0%
	5	Count	104	51	155
		% within 전라보기2평가	67.1%	32.9%	100.0%
		% within 지역	36.2%	20.6%	29.0%
		% of Total	19.5%	9.6%	29.0%
	6	Count	24	16	40
		% within 전라보기2평가	60.0%	40.0%	100.0%
		% within 지역	8.4%	6.5%	7.5%
		% of Total	4.5%	3.0%	7.5%
Total		Count	287	247	534
		% within 전라보기2평가	53.7%	46.3%	100.0%
		% within 지역	100.0%	100.0%	100.0%
		% of Total	53.7%	46.3%	100.0%
		Chi-Square	.001		

1. 온순하다 2. 영리하다 3. 의지가 굳다 4. 성실하다 5. 단결력이 강하다 6. 진취적이다

충청보기1평가 * 지역

			지 역		Total
			익산	남원	
충청보기1평가	1	Count	12	34	46
		% within 충청보기1평가	26.1%	73.9%	100.0%
		% within 지역	4.2%	13.9%	8.7%
		% of Total	2.3%	6.4%	8.7%
	2	Count	86	67	153
		% within 충청보기1평가	56.2%	43.8%	100.0%
		% within 지역	30.2%	27.3%	28.9%
		% of Total	16.2%	12.6%	28.9%
	3	Count	30	22	52
		% within 충청보기1평가	57.7%	42.3%	100.0%
		% within 지역	10.5%	9.0%	9.8%
		% of Total	5.7%	4.2%	9.8%
	4	Count	81	57	138
		% within 충청보기1평가	58.7%	41.3%	100.0%
		% within 지역	28.4%	23.3%	26.0%
		% of Total	15.3%	10.8%	26.0%
	5	Count	39	34	73
		% within 충청보기1평가	53.4%	46.6%	100.0%
		% within 지역	13.7%	13.9%	13.8%
		% of Total	7.4%	6.4%	13.8%
	6	Count	37	31	68
		% within 충청보기1평가	54.4%	45.6%	100.0%
		% within 지역	13.0%	12.7%	12.8%
		% of Total	7.0%	5.8%	12.8%
Total		Count	285	245	530
		% within 충청보기1평가	53.8%	46.2%	100.0%
		% within 지역	100.0%	100.0%	100.0%
		% of Total	53.8%	46.2%	100.0%
		Chi - Square	.006		

1. 타산적이다 2. 우둔하다 3. 막무가내이다 4. 우유부단하다 5. 신뢰성이 없다 6. 이기적이다

충청보기2평가 * 지역

			지 역		Total
			익산	남원	
충청보기2평가	1	Count	120	66	186
		% within 충청보기2평가	64.5%	35.5%	100.0%
		% within 지역	42.1%	26.8%	35.0%
		% of Total	22.6%	12.4%	35.0%
	2	Count	24	18	42
		% within 충청보기2평가	57.1%	42.9%	100.0%
		% within 지역	8.4%	7.3%	7.9%
		% of Total	4.5%	3.4%	7.9%
	3	Count	30	31	61
		% within 충청보기2평가	49.2%	50.8%	100.0%
		% within 지역	10.5%	12.6%	11.5%
		% of Total	5.6%	5.8%	11.5%
	4	Count	45	76	121
		% within 충청보기2평가	37.2%	62.8%	100.0%
		% within 지역	15.8%	30.9%	22.8%
		% of Total	8.5%	14.3%	22.8%
	5	Count	38	20	58
		% within 충청보기2평가	65.5%	34.5%	100.0%
		% within 지역	13.3%	8.1%	10.9%
		% of Total	7.2%	3.8%	10.9%
	6	Count	28	35	63
		% within 충청보기2평가	44.4%	55.6%	100.0%
		% within 지역	9.8%	14.2%	11.9%
		% of Total	5.3%	6.6%	11.9%
Total		Count	285	246	531
		% within 충청보기2평가	53.7%	46.3%	100.0%
		% within 지역	100.0%	100.0%	100.0%
		% of Total	53.7%	46.3%	100.0%
		Chi-Square		.000	

1. 온순하다 2. 영리하다 3. 의지가 굳다 4. 성실하다 5. 단결력이 강하다 6. 진취적이다

강원보기1평가 * 강원보기1경험

			강원보기1경험		Total
			1	2	
강원보기1평가	1	Count	13	59	72
		% within 강원보기1평가	18.1%	81.9%	100.0%
		% within 강원보기1경험	10.5%	14.6%	13.6%
		% of Total	2.5%	11.2%	13.6%
	2	Count	44	117	161
		% within 강원보기1평가	27.3%	72.7%	100.0%
		% within 강원보기1경험	35.5%	29.0%	30.5%
		% of Total	8.3%	22.2%	30.5%
	3	Count	22	60	82
		% within 강원보기1평가	26.8%	73.2%	100.0%
		% within 강원보기1경험	17.7%	14.9%	15.5%
		% of Total	4.2%	11.4%	15.5%
	4	Count	14	53	67
		% within 강원보기1평가	20.9%	79.1%	100.0%
		% within 강원보기1경험	11.3%	13.1%	12.7%
		% of Total	2.7%	10.0%	12.7%
	5	Count	12	66	78
		% within 강원보기1평가	15.4%	84.6%	100.0%
		% within 강원보기1경험	9.7%	16.3%	14.8%
		% of Total	2.3%	12.5%	14.8%
	6	Count	19	49	68
		% within 강원보기1평가	27.9%	72.1%	100.0%
		% within 강원보기1경험	15.3%	12.1%	12.9%
		% of Total	3.6%	9.3%	12.9%
Total		Count	124	404	528
		% within 강원보기1평가	23.5%	76.5%	100.0%
		% within 강원보기1경험	100.0%	100.0%	100.0%
		% of Total	23.5%	76.5%	100.0%
		Chi-Square		.231	

1. 타산적이다 2. 우둔하다 3. 막무가내이다 4. 우유부단하다 5. 신뢰성이 없다 6. 이기적이다

강원보기2평가 * 강원보기2경험

			강원보기2경험		Total
			1	2	
강원보기2평가	1	Count	47	99	146
		% within 강원보기2평가	32.2%	67.8%	100.0%
		% within 강원보기2경험	35.3%	24.9%	27.5%
		% of Total	8.9%	18.6%	27.5%
	2	Count	10	43	53
		% within 강원보기2평가	18.9%	81.1%	100.0%
		% within 강원보기2경험	7.5%	10.8%	10.0%
		% of Total	1.9%	8.1%	10.0%
	3	Count	31	100	131
		% within 강원보기2평가	23.7%	76.3%	100.0%
		% within 강원보기2경험	23.3%	25.1%	24.7%
		% of Total	5.8%	18.8%	24.7%
	4	Count	24	69	93
		% within 강원보기2평가	25.8%	74.2%	100.0%
		% within 강원보기2경험	18.0%	17.3%	17.5%
		% of Total	4.5%	13.0%	17.5%
	5	Count	13	48	61
		% within 강원보기2평가	21.3%	78.7%	100.0%
		% within 강원보기2경험	9.8%	12.1%	11.5%
		% of Total	2.4%	9.0%	11.5%
	6	Count	8	39	47
		% within 강원보기2평가	17.0%	83.0%	100.0%
		% within 강원보기2경험	6.0%	9.8%	8.9%
		% of Total	1.5%	7.3%	8.9%
Total		Count	133	398	531
		% within 강원보기2평가	25.0%	75.0%	100.0%
		% within 강원보기2경험	100.0%	100.0%	100.0%
		% of Total	25.0%	75.0%	100.0%
		Chi-Square	.201		

1. 온순하다 2. 영리하다 3. 의지가 굳다 4. 성실하다 5. 단결력이 강하다 6. 진취적이다

경기보기1평가 * 경기보기1경험

			경기보기1경험		Total
			1	2	
경기보기1평가	1	Count	51	124	175
		% within 경기보기1평가	29.1%	70.9%	100.0%
		% within 경기보기1경험	32.5%	33.4%	33.1%
		% of Total	9.7%	23.5%	33.1%
	2	Count	7	32	39
		% within 경기보기1평가	17.9%	82.1%	100.0%
		% within 경기보기1경험	4.5%	8.6%	7.4%
		% of Total	1.3%	6.1%	7.4%
	3	Count	22	64	86
		% within 경기보기1평가	25.6%	74.4%	100.0%
		% within 경기보기1경험	14.0%	17.3%	16.3%
		% of Total	4.2%	12.1%	16.3%
	4	Count	22	47	69
		% within 경기보기1평가	31.9%	68.1%	100.0%
		% within 경기보기1경험	14.0%	12.7%	13.1%
		% of Total	4.2%	8.9%	13.1%
	5	Count	23	57	80
		% within 경기보기1평가	28.8%	71.3%	100.0%
		% within 경기보기1경험	14.6%	15.4%	15.2%
		% of Total	4.4%	10.8%	15.2%
	6	Count	32	47	79
		% within 경기보기1평가	40.5%	59.5%	100.0%
		% within 경기보기1경험	20.4%	12.7%	15.0%
		% of Total	6.1%	8.9%	15.0%
Total		Count	157	371	528
		% within 경기보기1평가	29.7%	70.3%	100.0%
		% within 경기보기1경험	100.0%	100.0%	100.0%
		% of Total	29.7%	70.3%	100.0%
		Chi-Square	.161		

1. 타산적이다 2. 우둔하다 3. 막무가내이다 4. 우유부단하다 5. 신뢰성이 없다 6. 이기적이다

경기보기2평가 * 경기보기2경험

			경기보기2경험		Total
			1	2	
경기보기2평가	1	Count	12	44	56
		% within 경기보기2평가	21.4%	78.6%	100.0%
		% within 경기보기2경험	7.8%	11.7%	10.6%
		% of Total	2.3%	8.3%	10.6%
	2	Count	48	100	148
		% within 경기보기2평가	32.4%	67.6%	100.0%
		% within 경기보기2경험	31.2%	26.6%	27.9%
		% of Total	9.1%	18.9%	27.9%
	3	Count	16	67	83
		% within 경기보기2평가	19.3%	80.7%	100.0%
		% within 경기보기2경험	10.4%	17.8%	15.7%
		% of Total	3.0%	12.6%	15.7%
	4	Count	19	58	77
		% within 경기보기2평가	24.7%	75.3%	100.0%
		% within 경기보기2경험	12.3%	15.4%	14.5%
		% of Total	3.6%	10.9%	14.5%
	5	Count	19	27	46
		% within 경기보기2평가	41.3%	58.7%	100.0%
		% within 경기보기2경험	12.3%	7.2%	8.7%
		% of Total	3.6%	5.1%	8.7%
	6	Count	40	80	120
		% within 경기보기2평가	33.3%	66.7%	100.0%
		% within 경기보기2경험	26.0%	21.3%	22.6%
		% of Total	7.5%	15.1%	22.6%
Total		Count	154	376	530
		% within 경기보기2평가	29.1%	70.9%	100.0%
		% within 경기보기2경험	100.0%	100.0%	100.0%
		% of Total	29.1%	70.9%	100.0%
		Chi-Square	.044		

1. 온순하다 2. 영리하다 3. 의지가 굳다 4. 성실하다 5. 단결력이 강하다 6. 진취적이다

경상보기1평가 * 경상보기1경험

			경상보기1경험		Total
			1	2	
경상보기1평가	1	Count	23	57	80
		% within 경상보기1평가	28.8%	71.3%	100.0%
		% within 경상보기1경험	13.1%	16.1%	15.2%
		% of Total	4.4%	10.8%	15.2%
	2	Count	15	35	50
		% within 경상보기1평가	30.0%	70.0%	100.0%
		% within 경상보기1경험	8.6%	9.9%	9.5%
		% of Total	2.8%	6.6%	9.5%
	3	Count	59	108	167
		% within 경상보기1평가	35.3%	64.7%	100.0%
		% within 경상보기1경험	33.7%	30.6%	31.6%
		% of Total	11.2%	20.5%	31.6%
	4	Count	8	32	40
		% within 경상보기1평가	20.0%	80.0%	100.0%
		% within 경상보기1경험	4.6%	9.1%	7.6%
		% of Total	1.5%	6.1%	7.6%
	5	Count	31	62	93
		% within 경상보기1평가	33.3%	66.7%	100.0%
		% within 경상보기1경험	17.7%	17.6%	17.6%
		% of Total	5.9%	11.7%	17.6%
	6	Count	39	59	98
		% within 경상보기1평가	39.8%	60.2%	100.0%
		% within 경상보기1경험	22.3%	16.7%	18.6%
		% of Total	7.4%	11.2%	18.6%
Total		Count	175	353	528
		% within 경상보기1평가	33.1%	66.9%	100.0%
		% within 경상보기1경험	100.0%	100.0%	100.0%
		% of Total	33.1%	66.9%	100.0%
		Chi-Square	.273		

1. 타산적이다 2. 우둔하다 3. 막무가내이다 4. 우유부단하다 5. 신뢰성이 없다 6. 이기적이다

경상보기2평가 * 경상보기2경험

			경상보기2경험		Total
			1	2	
경상보기2평가	1	Count	3	27	30
		% within 경상보기2평가	10.0%	90.0%	100.0%
		% within 경상보기2경험	1.9%	7.3%	5.7%
		% of Total	.6%	5.1%	5.7%
	2	Count	18	46	64
		% within 경상보기2평가	28.1%	71.9%	100.0%
		% within 경상보기2경험	11.3%	12.5%	12.1%
		% of Total	3.4%	8.7%	12.1%
	3	Count	47	87	134
		% within 경상보기2평가	35.1%	64.9%	100.0%
		% within 경상보기2경험	29.4%	23.6%	25.3%
		% of Total	8.9%	16.4%	25.3%
	4	Count	13	39	52
		% within 경상보기2평가	25.0%	75.0%	100.0%
		% within 경상보기2경험	8.1%	10.6%	9.8%
		% of Total	2.5%	7.4%	9.8%
	5	Count	57	106	163
		% within 경상보기2평가	35.0%	65.0%	100.0%
		% within 경상보기2경험	35.6%	28.7%	30.8%
		% of Total	10.8%	20.0%	30.8%
	6	Count	22	64	86
		% within 경상보기2평가	25.6%	74.4%	100.0%
		% within 경상보기2경험	13.8%	17.3%	16.3%
		% of Total	4.2%	12.1%	16.3%
Total		Count	160	369	529
		% within 경상보기2평가	30.2%	69.8%	100.0%
		% within 경상보기2경험	100.0%	100.0%	100.0%
		% of Total	30.2%	69.8%	100.0%
		Chi-Square	.057		

1. 온순하다 2. 영리하다 3. 의지가 굳다 4. 성실하다 5. 단결력이 강하다 6. 진취적이다

서울보기1평가 * 서울보기1경험

			서울보기1경험		Total
			1	2	
서울보기1평가	1	Count	82	59	141
		% within 서울보기1평가	58.2%	41.8%	100.0%
		% within 서울보기1경험	33.1%	21.2%	26.8%
		% of Total	15.6%	11.2%	26.8%
	2	Count	6	17	23
		% within 서울보기1평가	26.1%	73.9%	100.0%
		% within 서울보기1경험	2.4%	6.1%	4.4%
		% of Total	1.1%	3.2%	4.4%
	3	Count	14	35	49
		% within 서울보기1평가	28.6%	71.4%	100.0%
		% within 서울보기1경험	5.6%	12.6%	9.3%
		% of Total	2.7%	6.7%	9.3%
	4	Count	25	35	60
		% within 서울보기1평가	41.7%	58.3%	100.0%
		% within 서울보기1경험	10.1%	12.6%	11.4%
		% of Total	4.8%	6.7%	11.4%
	5	Count	33	56	89
		% within 서울보기1평가	37.1%	62.9%	100.0%
		% within 서울보기1경험	13.3%	20.1%	16.9%
		% of Total	6.3%	10.6%	16.9%
	6	Count	88	76	164
		% within 서울보기1평가	53.7%	46.3%	100.0%
		% within 서울보기1경험	35.5%	27.3%	31.2%
		% of Total	16.7%	14.4%	31.2%
Total		Count	248	278	526
		% within 서울보기1평가	47.1%	52.9%	100.0%
		% within 서울보기1경험	100.0%	100.0%	100.0%
		% of Total	47.1%	52.9%	100.0%
		Chi-Square	.000		

1. 타산적이다 2. 우둔하다 3. 막무가내이다 4. 우유부단하다 5. 신뢰성이 없다 6. 이기적이다

서울보기2평가 * 서울보기2경험

			서울보기2경험		Total
			1	2	
서울보기2평가	1	Count	6	16	22
		% within 서울보기2평가	27.3%	72.7%	100.0%
		% within 서울보기2경험	2.8%	5.1%	4.2%
		% of Total	1.1%	3.0%	4.2%
	2	Count	99	110	209
		% within 서울보기2평가	47.4%	52.6%	100.0%
		% within 서울보기2경험	45.6%	35.1%	39.4%
		% of Total	18.7%	20.8%	39.4%
	3	Count	14	24	38
		% within 서울보기2평가	36.8%	63.2%	100.0%
		% within 서울보기2경험	6.5%	7.7%	7.2%
		% of Total	2.6%	4.5%	7.2%
	4	Count	22	46	68
		% within 서울보기2평가	32.4%	67.6%	100.0%
		% within 서울보기2경험	10.1%	14.7%	12.8%
		% of Total	4.2%	8.7%	12.8%
	5	Count	18	31	49
		% within 서울보기2평가	36.7%	63.3%	100.0%
		% within 서울보기2경험	8.3%	9.9%	9.2%
		% of Total	3.4%	5.8%	9.2%
	6	Count	58	86	144
		% within 서울보기2평가	40.3%	59.7%	100.0%
		% within 서울보기2경험	26.7%	27.5%	27.2%
		% of Total	10.9%	16.2%	27.2%
Total		Count	217	313	530
		% within 서울보기2평가	40.9%	59.1%	100.0%
		% within 서울보기2경험	100.0%	100.0%	100.0%
		% of Total	40.9%	59.1%	100.0%
		Chi-Square	.157		

1. 온순하다 2. 영리하다 3. 의지가 굳다 4. 성실하다 5. 단결력이 강하다 6. 진취적이다

전라보기1평가 * 전라보기1경험

			전라보기1경험		Total
			1	2	
전라보기1평가	1	Count	33	18	51
		% within 전라보기1평가	64.7%	35.3%	100.0%
		% within 전라보기1경험	11.3%	7.5%	9.6%
		% of Total	6.2%	3.4%	9.6%
	2	Count	57	50	107
		% within 전라보기1평가	53.3%	46.7%	100.0%
		% within 전라보기1경험	19.5%	20.9%	20.2%
		% of Total	10.7%	9.4%	20.2%
	3	Count	35	37	72
		% within 전라보기1평가	48.6%	51.4%	100.0%
		% within 전라보기1경험	12.0%	15.5%	13.6%
		% of Total	6.6%	7.0%	13.6%
	4	Count	101	74	175
		% within 전라보기1평가	57.7%	42.3%	100.0%
		% within 전라보기1경험	34.6%	31.0%	33.0%
		% of Total	19.0%	13.9%	33.0%
	5	Count	41	33	74
		% within 전라보기1평가	55.4%	44.6%	100.0%
		% within 전라보기1경험	14.0%	13.8%	13.9%
		% of Total	7.7%	6.2%	13.9%
	6	Count	25	27	52
		% within 전라보기1평가	48.1%	51.9%	100.0%
		% within 전라보기1경험	8.6%	11.3%	9.8%
		% of Total	4.7%	5.1%	9.8%
Total		Count	292	239	531
		% within 전라보기1평가	55.0%	45.0%	100.0%
		% within 전라보기1경험	100.0%	100.0%	100.0%
		% of Total	55.0%	45.0%	100.0%
		Chi-Square	.442		

1. 타산적이다 2. 우둔하다 3. 막무가내이다 4. 우유부단하다 5. 신뢰성이 없다 6. 이기적이다

전라보기2평가 * 전라보기2경험

			전라보기2경험		Total
			1	2	
전라보기2평가	1	Count	63	53	116
		% within 전라보기2평가	54.3%	45.7%	100.0%
		% within 전라보기2경험	20.9%	22.9%	21.8%
		% of Total	11.8%	10.0%	21.8%
	2	Count	24	20	44
		% within 전라보기2평가	54.5%	45.5%	100.0%
		% within 전라보기2경험	8.0%	8.7%	8.3%
		% of Total	4.5%	3.8%	8.3%
	3	Count	48	22	70
		% within 전라보기2평가	68.6%	31.4%	100.0%
		% within 전라보기2경험	15.9%	9.5%	13.2%
		% of Total	9.0%	4.1%	13.2%
	4	Count	61	46	107
		% within 전라보기2평가	57.0%	43.0%	100.0%
		% within 전라보기2경험	20.3%	19.9%	20.1%
		% of Total	11.5%	8.6%	20.1%
	5	Count	85	70	155
		% within 전라보기2평가	54.8%	45.2%	100.0%
		% within 전라보기2경험	28.2%	30.3%	29.1%
		% of Total	16.0%	13.2%	29.1%
	6	Count	20	20	40
		% within 전라보기2평가	50.0%	50.0%	100.0%
		% within 전라보기2경험	6.6%	8.7%	7.5%
		% of Total	3.8%	3.8%	7.5%
Total		Count	301	231	532
		% within 전라보기2평가	56.6%	43.4%	100.0%
		% within 전라보기2경험	100.0%	100.0%	100.0%
		% of Total	56.6%	43.4%	100.0%
		Chi-Square	.378		

1. 온순하다 2. 영리하다 3. 의지가 굳다 4. 성실하다 5. 단결력이 강하다 6. 진취적이다

충청보기1평가 * 충청보기1경험

			충청보기1경험		Total
			1	2	
충청보기1평가	1	Count	16	29	45
		% within 충청보기1평가	35.6%	64.4%	100.0%
		% within 충청보기1경험	10.6%	7.7%	8.5%
		% of Total	3.0%	5.5%	8.5%
	2	Count	48	105	153
		% within 충청보기1평가	31.4%	68.6%	100.0%
		% within 충청보기1경험	31.8%	27.9%	29.0%
		% of Total	9.1%	19.9%	29.0%
	3	Count	18	34	52
		% within 충청보기1평가	34.6%	65.4%	100.0%
		% within 충청보기1경험	11.9%	9.0%	9.8%
		% of Total	3.4%	6.4%	9.8%
	4	Count	39	99	138
		% within 충청보기1평가	28.3%	71.7%	100.0%
		% within 충청보기1경험	25.8%	26.3%	26.1%
		% of Total	7.4%	18.8%	26.1%
	5	Count	17	56	73
		% within 충청보기1평가	23.3%	76.7%	100.0%
		% within 충청보기1경험	11.3%	14.9%	13.8%
		% of Total	3.2%	10.6%	13.8%
	6	Count	13	54	67
		% within 충청보기1평가	19.4%	80.6%	100.0%
		% within 충청보기1경험	8.6%	14.3%	12.7%
		% of Total	2.5%	10.2%	12.7%
Total		Count	151	377	528
		% within 충청보기1평가	28.6%	71.4%	100.0%
		% within 충청보기1경험	100.0%	100.0%	100.0%
		% of Total	28.6%	71.4%	100.0%
		Chi−Square	.273		

1. 타산적이다 2. 우둔하다 3. 막무가내이다 4. 우유부단하다 5. 신뢰성이 없다 6. 이기적이다

충청보기2평가 * 충청보기2경험

			충청보기2경험		Total
			1	2	
충청보기2평가	1	Count	60	126	186
		% within 충청보기2평가	32.3%	67.7%	100.0%
		% within 충청보기2경험	39.5%	33.4%	35.2%
		% of Total	11.3%	23.8%	35.2%
	2	Count	10	30	40
		% within 충청보기2평가	25.0%	75.0%	100.0%
		% within 충청보기2경험	6.6%	8.0%	7.6%
		% of Total	1.9%	5.7%	7.6%
	3	Count	19	42	61
		% within 충청보기2평가	31.1%	68.9%	100.0%
		% within 충청보기2경험	12.5%	11.1%	11.5%
		% of Total	3.6%	7.9%	11.5%
	4	Count	37	84	121
		% within 충청보기2평가	30.6%	69.4%	100.0%
		% within 충청보기2경험	24.3%	22.3%	22.9%
		% of Total	7.0%	15.9%	22.9%
	5	Count	9	49	58
		% within 충청보기2평가	15.5%	84.5%	100.0%
		% within 충청보기2경험	5.9%	13.0%	11.0%
		% of Total	1.7%	9.3%	11.0%
	6	Count	17	46	63
		% within 충청보기2평가	27.0%	73.0%	100.0%
		% within 충청보기2경험	11.2%	12.2%	11.9%
		% of Total	3.2%	8.7%	11.9%
Total		Count	152	377	529
		% within 충청보기2평가	28.7%	71.3%	100.0%
		% within 충청보기2경험	100.0%	100.0%	100.0%
		% of Total	28.7%	71.3%	100.0%
		Chi-Square	.235		

1. 온순하다 2. 영리하다 3. 의지가 굳다 4. 성실하다 5. 단결력이 강하다 6. 진취적이다

색 인

오관석

저자는 전북대학교에서 박사학위를 수여받은 후, 전북대, 원광대,
충남대, 전주대에서 연구와 강의를 하였고 현재
호남대학교 초빙교수로 활동 중이다.

주요 저서

지방 정치사회와 엘리트(2007) 한국학술정보(주)
자본주의 국가의 이해(2007) 한국학술정보(주)
정보사회와 미디어정치(2007) 인간사랑
사이버 정치와 e‒거버먼트 (2004) 인간사랑

공저

지역사회 권력구조 문헌이해 (2002) 도서출판 오름
그 밖에 8편의 공저와 수십여 편의 학술논문 재

지방 정치문화와 참여

- 초판 인쇄   2007년 11월 30일
- 초판 발행   2007년 11월 30일

- 지 은 이   오관석
- 펴 낸 이   채종준
- 펴 낸 곳   한국학술정보㈜
          경기도 파주시 교하읍 문발리 513-5
          파주출판문화정보산업단지
          전화 031) 908-3181(대표) · 팩스 031) 908-3189
          홈페이지 http://www.kstudy.com
          e-mail(출판사업부) publish@kstudy.com
- 등   록   제일산-115호(2000. 6. 19)
- 가   격   24,000원

ISBN   978-89-534-7899-2 93340 (Paper Book)
        978-89-534-7900-5 98340 (e-Book)